KB241190

21세기의 한국고고학

vol. I

崔夢龍 編著

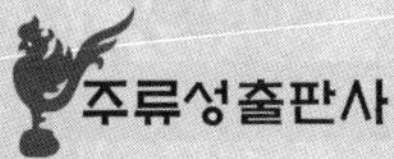

21세기의 한국고고학

- 희정 최몽룡 교수 정년퇴임논총(Ⅰ) -

崔夢龍 編著

서문

이 책의 발간은 2006년 9월 9일(토) 서울 강남구 신사동에 위치한 릿츠 · 칼튼 호텔의 옥산뷔페에서 있었던 編著者의 '出版紀念會 및 回甲宴'(회갑일은 9월 13일임)에서 弟子들이 모여 2012년 2월 28일에 있게 될 停年退任論叢을 만들려고 하는 계획을 발의한데서 비롯된다. 앞으로 남은 5년 동안 금년부터 시작해 매년 한 권씩 모두 다섯 권의 책이 만들어 지게 될 것이다. 그 제목은 다음과 같다.

제 1권: 고고학의 방법과 이론 및 고고학과 자연과학

제 2권: 한국의 선사고고학

제 3권: 한국의 역사고고학 및 고고학과 고대사

제 4권: 한국의 고고학과 외국의 고고학 및 대외교류사

제 5권: 한국고고학사와 앞으로의 전망

그러나 필자와 전공분야에 따라 한꺼번에 원고의 收合이 여의치 못해 원고가 들어오는 대로 책을 발간하고, 최종적으로 完刊이 될 때 처음 만들어진 제 1-5권의 제목에 따라 다시 분류하여 편집하기로 하였다. 그 내용은

각각의 필자를 대표할 수 있는 학문적인 성과와 21세기의 한국고고학의 현주소를 보여줄 수 있는 것으로서 과거에 발표했던 것을 수정 · 보완해서 내도 좋도록 하였다. 이번에 먼저 나온 책은 『21세기의 한국고고학-희정 최몽룡 교수 정년퇴임 논총(Ⅰ)』이다. 서울대학교 문리과대학(현 인문대학교)에 고고인류학과가 창설이 된 것이 1961년 3월로 46년이 지났으며, 이 책의 완간이 되는 편자자의 정년 무렵은 科 創設 이후 반세기가 된다. 그동안 축적된 고고학 · 고대사와 그에 관련되는 자연과학의 지식은 『고등학교 국사교과서』(1988년 이후 5 · 6 · 7차 간행) 와 『한국사』 1-4권(1997-2002년 국사편찬위원회 간행)에 반영이 되어왔지만 西歐世界의 고고학 수준과 비교하면 아직도 요원하다 하겠다. 그래도 부끄러움을 무릅쓰고 앞으로의 고고학의 학문적인 발전을 위해 그 기초를 만들어 내고자 하였다. 이 책들의 筆者들은 編著者와의 學緣과 地緣에 관계없이 오로지 학문적으로 맺어지고 있다. 다시 말하자면 편저자를 중심으로 하는 하나의 학파(school)인 셈이다. 編著者도 "동북아시아적 관점에서 본 한국청동기 · 철기시대 연구의 신경향 -다원론적 입장에서 본 한국문화의 기원과 편년설정- "이란 권두논문으로 『21세기의 한국고고학』이란 책의 서두를 시작하는데 일조를 하게 되었다. 시작은 무척 어렵고 여러 가지 말을 많이 듣게 된다. 그래도 한국 고고학의 올바른 앞길을 제시하는데 도움을 줄 것이라는 素朴한 생각에서 이 책의 발간을 서두르게 되었다. 이 책의 발의에는 목포대학교 崔盛洛과 영남대학교 李淸圭 교수의 힘이 컸다. 이들을 비롯한 이성주(강릉대), 강형태(국립중앙박물관), 임미영(바르 일란대 연구원), 이헌종(목포대), 홍형우(국립문화재연구소), 김선우(옥스포드대 박사과정) 등의 여러 필자들에게 마음에서 우러나오는 謝意를 전하고자 한다.

2008년 9월 6일(토)

63세를 맞아 編著者 希正 崔夢龍 씀

차 / 례

21세기의 한국고고학

vol. I

동북아시아적 관점에서 본 한국청동기·철기시대 연구의 신경향
-다원론적 입장에서 본 한국문화의 기원과 편년설정-

崔夢龍*

Ⅰ. 서언

21세기 한국고고학은 발굴의 증가, 연구 인력의 확대, 다양한 연구방법의 적용 등으로 그 연구주제는 다양화 되고 있다. 특히 청동기시대의 새로운 자료들은 기존에 설정되었던 여러 문화개념 및 편년을 재고하게끔 한다. 최근 여러 청동기시대 유적에서 측정된 절대연대를 감안하면 남한 청동기시대의 상한이 북한의 경우처럼 기원전 15세기까지 거슬러 올라가는

* 서울대학교 고고미술사학과. 이 글은 2007년 11월 17일(토) 강릉시 강원대학교 동해안 해양생물교육연구센터에서 행해진 제35회 한국상고사학회 학술발표회 기조강연의 원고에 최근의 새로운 자료를 보완한 것이다.

것이 분명하다. 그러나 최근 오히려 빗살문토기와 공존하는 突帶文/刻目突帶文(덧띠새김무늬)토기 등의 존재로 早期의 설정이 가능하며, 청동기시대의 상한은 기원전 20세기까지, 철기시대 전기의 상한은 기원전 400년으로 소급될 수 있다. 전반적인 연대소급은 단순한 절대연대치의 축적만을 의미하는 것은 아니다. 바로 한국과 인접한 북한, 중국 동북지방, 그리고 러시아의 체계적인 비교검토가 요구된다는 것을 의미한다. 이런 점에서 한국고고학은 동북아시아적 관점에서 살펴보아야 한다.

필자는 청동기시대와 철기시대 전·후기의 고고학적 연구에서 노정된 여러 문제들에 꾸준히 관심을 가져오면서 다음과 같은 여러 사안들을 도출해 내게 되었다. 필자의 입장은 학계에서 통용되어 오던 여러 생각과는 매우 다른 새로운 것이었으나, 이 중 상당 부분은 점진적으로 학계에 수용되고 있으며, 많은 연구자들이 관심을 표명하고 있어 매우 다행스럽게 생각하고 있다. 필자의 견해는 주로 최근 4~5년 사이에 새로이 확인된 고고학 자료들을 토대로 이루어졌는데, 과거 필자의 입장들이 오히려 최근 발굴되는 자료들에 의해 뒷받침되고 있는 실정이다. 한국고고학에서 청동기와 철기시대 전기의 연구 성과는 1997년도 국사편찬위원회에서 나온『한국사 3 : 청동기문화와 철기문화』의 수준을 넘지 못한다. 또 대부분의 최근 연구들도 이 시기에 해당하는 자료의 수집 내지 추가에 불과하여 청동기시대와 철기시대 전기의 정치·사회·문화상을 뚜렷이 밝히기에는 매우 미흡하다. 즉, 국사편찬위원회의『한국사』3권이 발행된 지 9년이 지난 오늘날에도 산발적인 자료 보고 이외에 이를 종합할 만한 연구 성과는 찾아보기 어렵고, 이를 대신할 만한 것이『최근의 고고학 자료로 본 한국고고학·고대사의 신 연구』(최몽룡, 2006, 주류성)와『한국 청동기·철기시대와 고대사회의 복원』(최몽룡, 2008, 주류성)이다. 이 책 중 청동기와 철기시대 연구의 개관(槪觀)과 해제(解題)격인「동북아시아적 관점에서 본 한국 청동기·

철기시대 연구의 신경향-다원론의 입장에서 본 한국문화의 기원과 새로운 편년설정-」이란 글은 앞서 언급한 필자의 책『최근의 고고학 자료로 본 한국고고학 · 고대사의 신 연구』(2006)와『한국 청동기 · 철기시대와 고대사회의 복원』(2008)의 연구범위와 틀을 크게 벗어나지 못하고 있다.

다행히도 소련이 레닌 · 스탈린 때부터 유지해 온 공산주의 이념을 탈피하고 자본주의 체제의 러시아로 정치적 상황을 탈바꿈하면서 이루어진 1990년 9월 30일 한-러 수교와 1992년 8월 24일 한-중 수교 이후 한국학자들은 러시아 · 중국학자들과 자유롭게 고고학적인 지식을 교환할 수 있게 되었다. 또 상호 협조 하에 공동으로 심도있는 연구를 시도할 수 있게 되었다. 시베리아와 극동지역은 현 러시아의 우랄산맥 근처에 위치한 쉐라야빈스크 시를 경계로 그 이동 지역에 위치하고 있다. 이곳에는 오브, 예니세이, 레나와 아무르 등 4대 강이 흐르고 있다. 이 강들의 많은 지류 상에서 우리 문화와 관련된 유적들이 많이 보인다. 이 강들에 위치한 유적들과 그들의 문화에 대해 국내에서도 최근 활발히 소개되고 있다. 그리고 중국의 遼寧省과 吉林省의 고고학 연구도 한국문화의 기원에 중요한 자료를 제공해준다. 최근 러시아 관계 연구가 중국에 비해 활발하며, 연구결과로 나온 단행본만 추려보면 다음과 같다.

최몽룡, 1993,『한국문화의 원류를 찾아서』-고고기행-, 學硏文化社.

데.아.아브두신 저, 정석배 역, 1993,『蘇聯考古學槪說』, 學硏文化社 考古學叢書 7.

崔夢龍 · 李憲宗 編著, 1994,『러시아의 고고학』, 學硏文化社 考古學叢書 8.

국립중앙박물관, 1995,『알타이문명전』.

데.엘.브로단스키 · 정석배 역, 1996,『연해주의 고고학』.

최몽룡 · 김선우, 2000,『한국지석묘 연구이론과 방법』, 주류성.

최몽룡 · 이헌종 · 강인욱, 2003, 『시베리아의 선사고고학』, 주류성.
블라지미르 꾸바레프 · 이헌종 강인욱 역, 1999, 『알타이의 제사유적』, 학연문화사.
V.I. 몰로딘 · 이헌종 · 강인욱 역, 2000, 『고대알타이의 비밀』, 학연문화사.
블라지미르 꾸바레프 · 이헌종 · 강인욱 역, 2003, 『알타이의 암각예술』, 학연문화사.
A.P. 데레비안코 · 이헌종 · 강인욱 역, 2003, 『알타이의 석기시대 사람들』, 학연문화사.
몰로딘 · 강인욱 역, 2003, 『고대시베리아의 예술세계』, 주류성.
최몽룡 · 김경택 · 홍형우, 2004, 『동북아 청동기시대 문화연구』, 주류성.
서울대학교 박물관, 2005, 『초원의 지배자』, 시베리아고대문화 특별전.
국립문화재연구소, 2006, 『아무르 · 연해주의 신비』 한 · 러 공동발굴특별전.
최몽룡, 2006, 『최근 고고학 자료로 본 한국 고고학 · 고대사의 신 연구』, 주류성.
최몽룡, 2008, 『한국 청동기 · 철기시대와 고대사회의 복원』, 주류성.

II. 편년

필자는 청동기, 철기시대 전기와 후기(삼국시대 전기)의 고고학과 고대사의 흐름의 일관성에 무척 관심을 가져 몇 편의 글을 발표한 바 있다. 1988년~2008년의 제5 · 6 · 7차 고등학교 국사교과서에서부터 1997년~2002년

국사편찬위원회에서 간행한 한국사 1, 3과 4권에 이르기까지 초기 철기시대와 원삼국시대란 용어대신 새로운 編年을 設定해 사용해오고 있다. 한국고고학 편년은 구석기시대-신석기시대-청동기시대(기원전 2000년~기원전 400년)-철기시대 전기(기원전 400년~기원전 1년)-철기시대 후기(삼국시대 전기 또는 삼한시대 : 서기 1년~서기 300년: 종래의 원삼국시대)-삼국시대 후기(서기 300년~서기 660/668년)로 설정된다. 그래서 새로이 설정한 한국고고학의 시대구분 및 그 실제 연대는 다음과 같이 정리된다.

◆ 구석기시대 : 구석기시대를 전기 · 중기 · 후기로 구분하는 데에는 별다른 이견이 없으나, 전기 구석기시대의 상한에 대해서는 연구자들 사이에 상당한 이견이 있다. 전기 구석기시대 유적들로는 평양 상원 검은모루, 경기도 연천 전곡리[사적 268호, 2003년 5월 5일 日本 同志社大學 松藤和人 교수팀에 의해 최하층이 30만 년~35만 년 전으로 측정되었다. 산소동위원소층서(Oxygen Isotope Stage) 또는 동위원소층서(Marine Isotope Stage)로는 9기(334000~301000 BP)에 해당한다.], 충북 단양 금굴과 청원 강외면 만수리, 파주 교하읍 와동 유적 등이 있으나 그 상한은 학자에 따라 70~20만 년 전으로 보는 등 상당한 이견이 있다. 최근 충청북도 청원군 강외면 만수리(오송 만수리) 구석기시대 제 5 문화층의 연대가 日本 同志社大學 松藤和人 教授팀에 의해 55만 년 전의 연대가 나와 그곳 만수리와 파주 교하읍 와동 출토 주먹도끼의 제작연대가 50만 년 전 가까이 갈 수 있음이 추정되고 있다. 산소동위원소층서(Oxygen Isotope Stage), 또는 동위원소층서(Marine Isotope Stage, MIS)로는 14기(568000~528000 BP)에 해당함.

◆ 신석기시대 : 기원전 10000/8000년~기원전 2000/1500년

신석기시대의 경우 제주도 한경면 고산리 유적(사적 제412호)에서 우리

나라에서 가장 연대가 올라가는 기원전 8000년(10500 BP)이라는 연대측정 결과가 나왔는데, 이 유적에서는 융기문토기와 유경삼각석촉이 공반되고 있다. 강원도 고성 문암리 유적(사적 제426호)은 이와 비슷한 시기에 속한다. 그리고 양양 오산리(사적 394호) 유적의 연대는 BC 5200이다.

◆ 청동기시대 : 기원전 2000년~기원전 400년. 기원전 1500년은 남북한 모두에 적용되는 청동기시대의 상한이며, 연해주지방(자이시노프카 등)-아무르 하류지역, 만주지방과 한반도내의 최근 유적 발굴조사의 성과에 따라 청동기시대 조기는 기원전 20세기까지 올라간다. 현재까지 확인된 고고학 자료에 따르면 櫛文土器시대 말기에 약 500년간 청동기시대의 시작을 알려주는 突帶文토기가 공반하며(청동기시대 조기: 기원전 2000년~기원전 1500년), 그 다음 單斜線文이 있는 二重口緣토기(청동기시대 전기: 기원전 1500년~기원전 1000년), 구순각목이 있는 孔列토기(청동기시대 중기: 기원전 10세기~기원전 7세기)와 硬質무문토기(청동기시대 후기: 기원전 7세기~기원전 5세기)로의 이행과정이 나타나고 있다. 그리고 지석묘는 기원전 1500년에서부터 시작하여 철기시대 전기 말, 기원전 1년까지 존속한 한국 토착사회의 묘제로서 이 시기의 多源(元)的인 문화요소를 수용하고 있다.

◆ 철기시대 전기 : 기원전 400년~기원전 1년. 종래의 초기 철기시대. 최근 粘土帶토기 관계 유적의 출현과 관련하여 종래의 기원전 300년에서 기원전 400년으로 상한을 100년 더 올려 잡는다. 이 시기는 점토대토기의 단면의 형태에 따라 I기(전기), II기(중기)와 III기(후기)의 세 시기로 나누어진다. 그리고 마지막 III기(후기)에 구연부 斷面 三角形 粘土帶토기와 함께 다리가 짧고 굵은 豆形토기가 나오는데 이 시기에게 新羅와 같은 古代國家가 형성된다. 이 중 衛滿朝鮮(기원전 194년~기원전 108년)은 철기시대 전

기 중 III기(후기)에 속한다.

◆ 철기시대 후기(삼국시대 전기) : 서기 1년~300년, 또는 삼국시대 전기/삼한시대

◆ 삼국시대 후기: 서기 300년~서기 668년

◆ 통일신라시대: 서기 668년~서기 918년

III. 문화계통

1. 구석기시대

종전까지 남한의 구석기시대의 상한은 충북 단양 도담리 금굴 유적으로 현재 적어도 70만 년 전부터 시작되는 것으로 보고 있다. 그리고 평양 상원군 흑우리 검은모루 동굴의 경우 100만 년으로 거슬러 올라간다. 이들 유적들은 구석기시대 전기에 속하는 것으로 알려졌지만 일반적으로 학계에서 인정받을 수 있는 정확한 연대를 보여주지 못하고 있다. 그리고 이러한 연대를 입증할 만한 지질학과 고생물학적 증거도 뚜렷이 제시 못하고 있는 실정이다. 그리고 이들 유적 출토 동물 화석군과 석기를 포함하는 유물들을 한반도 이외의 지역 다시 말해 중국이나 시베리아 지역과의 비교는 이루어지지 않고 있다. 그래서 우리 민족의 기원이나 문화의 시작이 정확히 어디에서부터 出自했는지에 대해 모르고 있는 실정이다.

그러나 그 다음 단계인 35만~20만 년 전 전후가 되면 우리 민족과 문화의 기원에 대한 약간의 실마리가 풀리고 있다. 경기도 연천군 전곡리에서 나오는 우리의 역석기 문화 전통을 예니세이 강 상류의 카멘니로그와 라즈로그 II(이 유적은 민델-리스 간빙기층으로 20~40만 년 전까지 거슬러 올라갈 수 있다) 유적, 몽고령의 고르노 알타이 지역 사간 아부이 동굴, 내몽고자치구 大窯읍 투얼산 사도구 유적, 요녕성 營口 金牛山 유적과 비교해 볼 수도 있을 것이다. 그렇다면 이제까지 구석기시대 우리가 알지 못했던 시베리아의 예니세이 강 상류-몽고(알타이)-내몽고-요녕(만주)-연천 전곡리로 이어지는 문화 루트도 현재 새로운 가설로도 이야기할 수 있겠다. 그리고 동쪽 아시아에로의 전파 시발점은 1991년 구소련공화국의 하나였던 그루지아(Georgia)의 드마니시(Dmanissi/Dmanisi) 유적에서 발견된 180만 년 전의 Homo ergaster(Koobi Fora, Kenya에서 발견된 working men의 의미를 가진 170~150만 년 전의 화석인류로 추정되며 아프리카에서 발견된 가장 오래된 H. erectus로 여겨진다. 그러나 최근 Homo georgicus로 새로이 명명되고 있다.)가 될 가능성이 많겠다.

후기 구석기시대가 되면 전국 곳곳에 유적이 분포한다. 이는 한반도 전역에 사람이 살고 있었다는 이야기가 된다. 이제까지 구석기시대의 유적과 유물이 전혀 보고된 바 없는 인천광역시에서도 구석기시대의 유물이 보고되고 있다. 강화도 내가면 오상리 소재 지석묘(인천광역시 기념물 제16호) 옆에서 석영제 팔매돌(bola)이, 인천시 연수구 선학동 문학산 청동기시대 溝狀遺構 옆에서 석영제 망치돌과 兩刃石器(chopping tool), 그리고 화성군 서신면 장외리와 향남면 동오리, 남양주 호평동, 인천 서주 원당 4지구와 인천 불로 3지구에서 석영제 다면석기와 찍개가 나와 적어도 경기도만 국한해 보더라도 전역에 후기 구석기시대 유물이 나올 가능성이 높아졌다. 이는 당시 급격한 인구의 증가(population increase)나 이동(mobility)

을 들 수 있다. 그러나 현재로서는 우리 문화계통의 자생성이 적어도 후기 구석기시대부터 있어온 것으로 짐작이 된다.

최근 전라북도 용담댐 내 진안 진그늘은 전라북도 금강 상류에서 최초로 발굴된 2만 년 전후의 후기 구석기시대 대규모 살림터 유적으로 특히 슴베찌르개(stemmed points)가 많이 발견되고 있다. 이 유물은 금강의 중·하류 쪽의 대전 용호동, 공주 석장리, 남한강변의 단양 수양개, 섬진강 유역의 순천 월평리, 낙동강 유역의 밀양 고래리 등 거의 남한 전 지역에서 발견되는데, 일본에서는 北海道 白湧 服部臺 유적 등지에서 발견 보고 예가 많아 우리 구석기시대와의 편년관계 설정을 기다리고 있는 형편이다. 최근 경기도 지방에서 발견된 대표적인 구석기 유적으로는 남양주시 호평동, 와부읍 덕소리, 인천 서구 불로 3지구와 원당 4지구 등을 들 수 있다. 그중 남양주 호평동에서는 벽옥(jasper), 옥수(chalcedony)를 비롯한 흑요석(obsidian)으로 만들어진 석기들이 많이 출토되었으며, 유적의 연대는 30000~16000 BP로 후기 구석기시대에 속하는데, 응회암제 돌날, 석영제 밀개가 나오는 1문화층(30000년~27000년 BP)과 흑요석제석기와 좀돌날 제작이 이루어진 2문화층(24000년~16000 BP)의 두 층으로 나누어진다. 옥수와 흑요석의 돌감 분석결과가 아직 발표되지 않았고, 비교가 가능한 고고학 자료의 축적이 부족해 그 원산지나 기원을 이야기하기는 아직 이르나, 지금까지의 연구 결과에 따르면 내몽고, 중국 그리고 백두산 등 다양한 지역으로부터 반입되었을 가능성이 크다. 그리고 당시 文身用으로 이용되었을 가능성이 있는 흑요석제 뚜르개에 나있는 혈흔이 현미경 분석으로 새로이 확인되고 있다. 최근 발굴·조사된 중국 산서성(山西省) 벽관(薛關) 하천(下川), 산서성(山西省) 치욕(峙峪, 28135±1330년 BP)과 내몽고 사라오소(薩拉烏蘇)골, 러시아의 알단강 유역, 쟈바이칼과 우스티까라꼴(Ustikaracol) 등이 이 유적과 관련이 있을 것으로 추정되고 있다.

2. 중석기시대

다음의 중석기시대는 구석기시대에서 신석기시대로 넘어오는 과도기시대(transitional period)로 이 시기는 기원전 8300년경 빙하의 후퇴로 나타나는 새로운 환경에도 여전히 구석기시대의 수렵과 채집의 생활을 영위하고 도구로서 세석기가 많이 나타나며, 신석기시대의 농경과 사육의 점진적인 보급으로 끝난다. 지속되는 기간은 각 지방마다 달라 빙하기와 관련이 없던 근동지방의 경우 갱신세(홍적세)가 끝나자마자 농경이 시작되었으며 영국의 경우 기원전 3000년경까지도 전환이 이루어지지 않았다.

우리나라에서는 유럽의 편년체계를 받아들여 중석기시대의 존재의 가능성을 이야기하게 되었으며 통영 상노대도, 공주 석장리, 거창 임불리, 홍천 화화계리 등의 유적이 증가함에 따라 고등학교 국사교과서에서도 주로 그 존재 가능성을 언급하게 되었다. 북한에서도 종래 후기 구석기시대의 늦은 시기로 보던 평양시 승호구역 만달리와 웅기 부포리 유적도 중석기시대에 포함할 수 있게 되었다. 그러나 유럽의 중석기시대의 개념이 동북아시아 전역에서 보편적인 것으로 수용될 수 있는지에 대하여는 회의적인 견해도 있다. 하나의 시대로 보기보다는 구석기시대에서 신석기시대로 넘어가는 과도기적인 것으로 보는 견해도 있다. 그 이유는 전형적인 유럽식 석기 문화가 나타나지 않으며 극동지역에서 가장 연대가 올라가는 하바로브스크 시 근처 아무르 강 유역의 오시포프카 문화의 토기와 비교될 수 있는 토기가 제주도 한경면 고산리에서 나오고 있는 점도 들 수 있다. 오시포프카 문화의 대표적인 유적은 아무르 강 사카치 알리안(현지어인 시카치 알리안이란 명칭도 맞으나 현재 구미의 표기인 사카치 알리안으로 통일하기로 하였음) 근처에 있으며, 이들은 갱신세 최말기에 속한다는 점도 들 수 있다. 여기에 비해 근동지방의 경우 토기의 출현은 간즈다레 유적이 처음으로 그 연대도 기원전 7000년에 해당한다. 만약에 극동지방에서 가장 연대가 올라가는 오시포프카 문화의 설정을 보류한다 하더라도 지금부터 7~8000년 전 극동지역 신석기-청동기시대를 아우르는 大貫靜夫의 平底의 深鉢形土器를 煮沸具로 갖고 竪穴住居에 살고 있던 독자적인 고고학 문화인 '極東平底土器' 문화권이나 그에 해당하는 문화 설정도 가능한 시점에 이르고 있다. 그리고 구석기시대의 낮은 해수면의 시기로부터 빙하가 서서히 소멸되기 시작하면서 해수면도 따라서 상승하기 시작하였으며 지난 10000년 전에는 현재보다 약 20m 아래에 위치하였다. 결과적으로 15000년 전에서 10000년까지의 약 5000년 사이에 약 100m의 해수면 급상승이 일어났던 것이다. 10000년 전부터는 해수면의 상승속도는 점차 줄어들었으며 지난 5000년 전에는 현재와 유사한 위치까지 해수면이 올라오면서 경사가 낮은 구릉들 사이의 계곡들이나 해안지역에서는 충적층이 형성되기 시작하여 현재와 유사한 지형을 만들었던 것이다. 그래서 Blytt와 Sernander의 빙하기 이후의 식물에 의한 해안선과 기후대의 거시적인 연구결과(macro scopic study)인 Preboreal, Boreal, Atlantic, Subboreal과 Subatlantic의 다섯가지 期는 이 시기를 연구하는데 매우 도움이 된다.

3. 신석기시대

우리는 지금까지 한국 신석기시대의 상한은 강원도 양양군 손양면 오산리 유적(사적 394호)의 기원전 6000년경(현재의 AMS의 연대는 기원전 5200년)으로 잡아왔다. 그러나 이 유적이 그 근처 潟湖 형성 후에 만들어지고, 발굴과 층위 자체의 문제점 등으로 보아 우리나라 신석기시대 최초의 유적이 되기에는 회의가 많다. 강원도에서만 오산리보다 연대가 올라가는 유적이 1998년 12월~1999년 3월 문화재연구소에서 발굴한 강원도 고성군 문암리(사적 426호)에서 발굴되었다. 이곳에서는 오산리식의 특징적인 압날문토기와 문암리에서 출토된 독특한 문양구성의 덧무늬(융기문)토기의 출토와 아울러 오산리보다 연대가 올라가는 집자리의 추가(A지구 최하층)발굴이 있어 주목된다. 그러나 제주도 한경면 고산리(사적 411호, 10500년 BP) 유적의 발굴 결과로 이 유적이 현재까지 우리나라의 최고의 유적으로 인정되고 있다. 아직 정식 학술조사보고서가 나오지 않았지만 가설로서 이 유적은 세 시기로 나누어 볼 수 있겠다. 즉 1) 세석기와 석핵이 나오는 후기 구석기시대, 2) 융기문토기와 무경석촉이 나오는 신석기 I기, 3) 유경석촉이 나오는 신석기 II기이다. 그러나 이 층을 셋으로 세분하기에는 너무나 얇아, 나오는 유물의 형식학적 분류만이 가능하다. 만약에 층의 구분이 안 되더라도 1)과 2)의 세석기와 융기문토기의 결합만 보더라도 이 유적의 상한은 아무르 강 중부 평원 북부의 범위에 있는 11000~12000 BP(기원전 10000년 전후)의 오시포프카 문화에 속하는 가샤 유적이나 바이칼 호 근처의 우스트 카랭카(기원전 7000년경), 일본 長崎縣 北松浦郡 吉井町 福井동굴(12700, 10750 BP), 佐世保市 泉福寺동굴이나 愛媛縣 上浮穴郡 美川村 上黑岩(12165, 10125 BP)岩陰 유적과의 관련성도 충분히 있다.

러시아 극동지구 아무르 강 하류에 암각화로 유명한 사카치 알리안 마을 주변에 집중되어 있는 가샤 유적이 있으며 이들은 오시포프카 문화에 속한다. 발굴자인 비탈리 메드베데프에 의하면 이 유적들은 1975년 이후 1990년까지 8차의 조사가 실시되었으며, 롬(loam)층 바로 위가 중석기층이고, 중석기층 바로 위의 신석기시대 주거지 바닥면하 점토층에서 세석기와 함께 10편의 토기편이 출토되었다고 한다. 토기는 350℃ 정도(우리의 무문토기의 경우 573℃ 전후에서 구워짐, 경질무문토기는 700℃~850℃ 사이임)에서 구워진 것으로 그 층에서 얻은 목탄의 방사성 탄소 연대는 12960±

120 BP이다. 그리고 오시포프카 문화에 속하는 유적이 현재까지 5개소로 사카치 알리안의 유적 3개소와 우수리 강 하류의 베누코보, 오시노바야 레치카의 두 군데이다. 오시포프카 문화에 유사한 유적도 두 군데나 되는데, 하나는 가샤 지구 근처이고, 다른 하나는 南쟈바이칼의 세렝가 강 근처이다. 모두 토기가 나오고 있으며 그 연대 전자는 12000년~10500 BP 사이이고 후자는 11500±100 BP이다. 그래서 지금부터 11000년~12000년 전에 최고의 토기가 발견되고 지역은 아무르 강 유역이다. 당시의 토기는 更新世 말 맘모스나 주변의 대형 동물이 사라져 없어짐에 따라 대신 연어과에 속하는 어류로서 식료를 대신하고 수혈움집에서 정착 생활의 병행과 함께 이의 저장을 위해 토기가 발생하고 있다는 것이다. 따라서 토기는 중석기시대 새로운 환경의 변화와 생계 전략의 하나로 만들어진 것으로 보고 있다.

또 다른 중요한 유적으로 아무르 강 하류의 수추 섬을 들 수 있다. 1930년대에 유적의 존재가 알려진 후, 알렉세이 오클라드니코프 및 비탈리 메드베데프에 의해 10여 차례 발굴되었다. 기본적으로 기원전 4000년~기원전 2000년 초엽의 말르이쉐보 문화와 보즈네세보 문화에 속하는 집자리와 유물들이 발견되는데 토기는 평저의 심발형이 주류를 이룬다. 토기의 문양은 압인문, 융기문이 주로 시문된다. 수추 섬의 신석기문화는 특히 한국의 함경북도 웅기 굴포리 서포항 2·3기 층과 같은 시기이며, 기형 및 문양에서 유사성이 엿보인다. 그러나 최근 大貫靜夫는 東三洞이나 西浦項 최하층, 그리고 연해주 최고의 토기로 여겨지는 고르바드카 3 상층, 이리스타야 I, 치모훼프카 I, 우스치노프카 III와 아무르 강의 사카치 알리안 오시포프카 문화에 속하는 가샤 유적에서 보이는 原始無文土器(大貫의 無文土器, 오끄라드니꼬프의 平滑土器)의 존재에 대해 회의를 느끼며 앞으로 자료의 증가를 기다려야 한다고 언급하고 있다. 그 대신 그는 신석기와 청동기시대 또는 유문토기와 무문토기의 구분 대신 한반도 동북부의 西浦項 1~3

층, 羅津, 農圃, 중국 동북부의 新開流(黑龍江省 密山市 興凱湖畔)와 鶯歌嶺 하층, 연해주 남부의 자이사노프카 I, 테체에 하층과 오레니 I, 아무르 강 하류의 가샤, 마르시에보, 콘돈과 보즈네세노프카, 그리고 아무르 강 중류의 그라마투하, 노보페트로프카와 오시노보에 湖 유적 등의 極東지역을 묶어 '極東平底土器'란 용어를 새로이 만들어내고 새로운 극동지역의 문화권을 설정하고 있다.

그리고 최근 강원도 양양군 현남면 地境里 빗살문 토기 집자리 7호(기원전 3355년 : I)과 6호(기원전 3035년 : II), 양양군 손양면 가평리(4570± 60. 기원전 3000년경), 고성군 죽왕면 文岩里(사적 426호) 등지의 새로운 발굴조사가 이루어짐에 따라 강원도 신석기시대 전기[오산리(사적 394호, 기원전 5200년), 춘천 교동, 문암리], 중기(지경리 I, II)와 후기(춘성군 內坪 : 이 유적을 파괴하고 들어간 청동기시대 중기의 공렬토기유적의 연대는 기원전 980년이며, 돌대문토기가 나타나는 유적은 현재 고고학 편년으로는 기원전 2000년~기원전 1500년 사이임)로 지역 편년 설정을 하고, 전기의 경우 함북 선봉군 굴포리와 무산 범의구석(호곡)을 중심으로 하는 동북지방, 중기의 경우 황해도 봉산군 지탑리와 평남 온천군 궁산리 유적으로부터 영향을 밝혀내고 있다. 문화의 전파는 시기와 지역에 따라 다르다는 것이 뚜렷이 나타나고 있다. 그만큼 생각보다 복잡한 양상을 보이고 있으며 문화의 기원상 多源論이 필요하다.

또 구라파에 LBK(Linear Band Keramik) 문화가 있다. 다뉴브 I 문화(Danubian I Culture)라고 불리우는 이 문화는 유럽 중앙과 동부에서 기원전 5000년대부터 쉽게 경작할 수 있는 황토지대에 화전민식 농경(slash and burn cultivation)을 행하였고 또 서쪽으로 전파해 나갔는데, 이 문화와 공반된 토기의 문양이 우리의 빗살문(櫛文/櫛目文) 토기와 유사하여 '線土器文化(Linear Pottery culture)라 한다. 이것의 獨譯이 Kammkeramik(comb pottery)로 번역하면 櫛文(櫛目文)土器로 우리말로는 빗살문토기이다. 일찍부터 이 문양의 토기들은 우리나라 신석기시대 빗살문토기의 기원과 관련지어 주목을 받아왔다. 해방전 藤田亮策은 아마도 이 LBK의 토기들을 우리나라의 신석기시대 토기들의 조형으로 생각하고 이들이 스칸디나비아를 포함하는 북유럽으로부터 시베리아를 거쳐 북위 55도의 환북극 지대를 따라 한반도에 들어 왔다고 주장하였다. 이와 같은 견해는 金元龍에 이어져 "북유럽의 토기는 핀란드, 스웨덴, 북독일, 서북러시아의 카렐리아 지방에서 흑해 북안의 오카, 볼가 강 상류 지방에 걸쳐 유행한 뾰족밑 또는 둥근밑의 半卵形 토기이다. 표면은 빗같은 多齒具의 빗살 끝으로 누른 점렬(密集斜短線列)과 뼈송곳의 끝을 가로 잘라 버린 것 같은 것으로 찌른 둥글고 깊은 점(pit)列을 서로 교체해 가며……이를 영어로는 Comb-pit ware라고 부르며……북부 시베리아의 환북극권 신석기문화의 대표적 유물로 되어 있다". 이러한 견해는 후일 시베리아 흑룡강 상류 쉴카 강 북안의 석회굴에서 나온 빗살문토기(흑룡강 상류의 수렵 · 어로인으로 기원전 2000년~기원전 1000년경 거주)를 우리의 빗살문 토기가 바이칼 지구를 포함하는 범 시베리아 신석기문화에 포함시키게 된다. 그리고 한강유역의 첨저토기와 함경도의 평저토기도 원래는 한 뿌리로 알타이지역을 포함하는 바이칼 호 주변이 그 기원지가 될 가능성이 많다는 수정된 견해도 만들어지고 있다. 그러나 이러한 견해는 11000~12000년 전 극동지방 최초의 토기가 나오는 오시포프카 문화의 대표적인 가샤 유적을 발굴한 비탈리 메드베데프나 '極東平底土器論'을 주창한 大貫靜夫의 새로운 견해에 나옴으로 해서 한국 신석기 문화의 기원과 연대 그리고 각 토기의 형식에 따른 새로운 문화전파 문제가 수정되지 않으면 안 되게 되었다.

중국의 요녕지방의 신석기시대를 보면 요서지방의 內蒙古 阜新縣 沙羅鄉 查海(기원전 6000년), 興隆窪 文化(기원전 5050년), 內蒙古 敖漢小山 趙寶溝

(기원전 4000년), 內蒙古 赤峰의 紅山 文化(기원전 3500년)와 遼東 長山列島 小河沿 文化(기원전 3000년 이후), 요중지방의 新樂 文化(기원전 4500년), 遼寧 新民 扁保子 文化(기원전 3000년), 요동지방의 小珠山과 丹東 後窪 文化(기원전 4000년~기원전 2500년) 등 기원전 4000년~기원전 3000년경의 우리의 櫛文(빗살무늬)토기와 관계되는 주요 유적들이 발굴되고 그 편년 또한 잘 정리되고 있다. 그 중 신락 유적에서 나타나는 토기 표면의 연속호선문(갈 '之' 자문), 金州市 城內 제2 유치원 근처의 즐문토기편, 그리고 河北省 武安 磁山(기원전 5300년)과 遷西 西寨 등지의 즐문토기들은 우리의 즐문토기문화 형성에 많은 영향을 주었을 것이다.

농경의 기원문제 역시 또 다른 한국문화의 계통과 관련된 문제점이다. 벼농사의 경우 중국 호남성 풍현 팽두산의 기원전 7000년경의 벼(물벼)와 절강성 하모도촌의(기원전 5000년~기원전 4600년, 기원전 5008년) 인디카와 야생종의 중간형의 벼를 비롯하여 극동아시아에 있어서 벼의 기원이 중국이라고 인정할 정도의 많은 자료가 나오고 있다. 우리나라의 경우 신석기시대 최말기에 속하는 경기도 우도, 김포 가현리와 일산을 비롯하여 평남시 남경 호남리(기원전 999년, 기원전 1027년), 여주 흔암리(기원전 1260년~기원전 670년, 청동기 전기에서 중기에 해당)와 전남 나주 가흥리(기원전 1050년)의 청동기시대의 유적에서 보고 되고 있다. 청동기시대 상한을 현재 기원전 2000년경으로 간주할 때 현재 벼가 인구의 급격한 증가와 더불어 단위 소출량을 증대시키는 관개농업으로 재배되는 것은 공렬토기가 나오고 인구가 갑자기 증가하는 청동기시대 중기(기원전 10세기~기원전 7세기)시대로 여겨진다. 울산 무거동, 논산 마전리(기원전 475년)와 이들보다 시기가 떨어지는 마한의 서기 2세기경의 천안 장산리 유적들이 이를 입증한다. 최근 전북 진안 용담댐 내 망덕과 갈두(갈머리) 신석기 중-말기 유적에서 여러 점의 석제 보습(石犁)이 출토하였는데, 이는 해안가의 어패류에 의존해 살아가던 패총 형성의 신석기시대의 전형적인 유적과 달리 내륙지방에서 농경을 기반으로 하는 살아가던 신석기시대의 토착 농경사회의 또 다른 모습의 환경적응의 결과를 보여준다. 이와 같이 농경의 경우 살아가는 환경에 대한 적응, 곡물의 분석과 더불어 생활방식의 형태로부터 이웃 문화로부터의 영향과 현 민속자료의 비교에 이르기까지 다양한 연구가 필요하다.

4. 청동기시대

신석기시대에 이어 한반도와 만주에서는 기원전 2000년~기원전 1500년 경부터 청동기가 시작되었다. 그 시기는 신석기시대와 청동기시대 早期人들이 약 500년간 공존하면서 신석기인들이 내륙으로 들어와 농사를 짓거나 즐문토기의 태토나 기형에 무문토기의 특징이 가미되는 또는 그 반대의 문화적 복합양상이 나타기도 한다. 이는 通婚圈(intermarrige circle, marriage ties or links)과 通商圈(interaction shpere)의 결과에 기인한다. 그리고 이들은 한반도 청동기시대 상한문제와 아울러, 앞선 전면 또는 부분 빗살문토기와 부분적으로 공반하는 돌대문토기와 이중구연의 공반성, 그리고 신석기시대에서 청동기시대에로의 이행 과정 중에 나타나는 계승성 문제도 앞으로의 연구방향과 과제가 될 것이다. 최근의 발굴 조사에 의하면 한반도의 청동기시대의 시작이 기원전 20세기~기원전 15세기를 오를 가능성이 한층 높아졌다. 이는 이중구연토기와 공렬토기에 앞서는 돌대문(덧띠새김무늬)토기가 강원도 춘성 내평, 정선 북면 여량 2리(아우라지, 기원전 1240년), 강릉시 초당동 391번지 허균 · 허난설헌 자료관 건립부지, 춘천 천전리(기원전 1440년), 홍천 두촌면 철정리, 홍천 화촌면 외삼포리, 경기도 가평 상면 연하리, 인천 계양구 동양동, 진주 남강댐내 옥방일대(동아대 · 선문대 등 조사단 구역, 기원전 1590년~기원전 1310년, 기원전 1620년~기원전 1400년의 연대가 나왔다.)와 경주 충효동 유적을 비롯한 여러 곳에서 새로이 나타나고 있기 때문이다. 각목돌대문(덧띠새김무늬)토기의 경우 中國 遼寧省 小珠山 유적의 상층과 같거나 약간 앞서는 것으로 생각되는 大連市 郊區 石灰窯村, 遼東彎연안 交流島 蛤皮址, 長興島 三堂 유적(기원전 2450년~기원전 1950년경으로 여겨짐), 吉林省 和龍縣 東城鄕 興城村 三社(早期 興城三期, 기원전 2050년~기원전 1750년), 그리고 연해주의 자이사노프카의 올레니와 시니가이 유적(이상 기원전 3420년~기원전 1550년)에서 발견되고 있어 서쪽과 동쪽의 두 군데에서 영향을 받았을 가능성이 많다. 이들 유적들은 모두 신석기시대 말기에서 청동기시대 조기에 속한다. 이중구연토기와 공렬토기가 나오는 강원도 춘천시 서면 신매리 주거지 17호 유적(1996년 한림대학교 발굴, 서울대학교 '가속기질량분석(AMS)' 결과 3200±50 BP 기원전 1510년, 문화재연구소 방사성탄소연대측정결과는 2840±50 BP 기원전 1120년~기원전 840년이라는 연대가 나옴), 경기도 평택 지제동(기원전 830년, 기원전 789년), 청주 용암동(기원전 1119년), 경주시 내남면 월산리(기원전 970년~기원전 540년, 기원전 1530년~기원전 1070년 사이의 두 개의 측정연대가 나왔으나 공반유물로 보아 기원전 10세기~기원전 8세기에 속할 가능성이 높다. 실제 중간연대도 기원전 809년과 기원전 1328년이 나왔다), 충주 동량면 조동리(1호 집자리 2700±165 BP, 1호집자리 불땐 자리 2995±135 BP 기원전 10세기경), 대구시 수성구 상동 우방 아파트(구 정화여중 · 고)와 속초시 조양동 유적(사적 376호)들이 기원전 10세기~기원전 7세기경으로, 그리고 강릉시 교동의 집자리 경우 청동기시대 전기에서 중기로 넘어오는 과도기적인 것으로 방사성 탄소측정 연대도 기원전 1130년~기원전 840년 사이에 해당한다. 여기에서는 구연부에 短斜線文과 口脣刻目文이 장식된 孔列二重口緣土器가 주류를 이루고 있어 서북계의 角形土器와 동북계의 공열토기가 복합된 양상을 보여준다. 이는 하바로프스크 고고학박물관에서 볼 수 있다시피 얀꼽스키나 리도프카와 같은 연해주지방의 청동기문화에 기원한다 하겠다. 최초의 예로 이제까지 청동기시대 전기(기원전 15세기~기원전 10세기) 말에서 청동기시대 중기(기원전 10세기~기원전 7세기)에 걸치는 유적으로 여겨져 왔던 경기도 여주군 점동면 흔암리 유적(경기도 기념물 155호)을 들었으나 이곳 강릉 교동 유적이 앞서는 것으로 밝혀졌다. 서북계와 동북계의 양계의 문화가 복합된 최초의 지역이 남한강 유역이라기보다는 태백산맥의 동안인 강릉일 가능성은 앞으로 문화 계통의 연구에 있어 많은 시사점을 제공해준다. 또 속초시 조양동(사적 376호)에서 나온 扇形銅斧는 북한에서 평안북도 의주군 미송리, 황해북도 신계군 정봉리와 봉산군 송산리, 함경남도 북청군 토성리 등지에서 출토 예가 보고되어 있지만 남한에서는 유일한 것이다. 청동기시대의 시작은 기원전 20세기까지 올라가나 청동기와 지석묘의 수용은 그 연대가 약간 늦다. 이는 청동기시대 전기와 중기 이중구연토기와 공열 토기의 사용과 함께 청동기가 북으로부터 받아들여졌다고 보기 때문이다. 속초 조양동의 경우 바로 위쪽의 함경남도의 동북 지방에서 전래되었을 가능성이 많다.

우리나라의 거석문화는 지석묘(고인돌)와 입석(선돌)의 두 가지로 대표된다. 그 연대는 청동기와 철기시대 전기에 속한다. 그러나 기원전 4500년 전후 세계에서 제일 빠른 거석문화의 발생지로 여겨지는 구라파에서는 지석묘(dolmen), 입석(menhir), 스톤써클(stone circle : 영국의 Stonehenge가 대표), 열석(alignment, 불란서의 Carnac이 대표)과 연도(널길) 있는 석실분(passage grave, 또는 access passage), 연도(널길) 없는 석실분(gallery grave 또는 allé couverte)의 5종 여섯 가지 형태가 나타난다. 이 중 거친

활석으로 만들어지고 죽은 사람을 위한 무덤의 기능을 가진 지석묘는 우리나라에서만 약 29000기가 발견되고 있다. 중국의 요녕성 절강성의 것들을 합하면 더욱더 많아질 것이다. 남한의 고인돌은 北方式, 南方式과 蓋石式의 셋으로 구분하고 발달 순서도 북방식-남방식-개석식으로 생각되고 있다. 그러나 북한의 지석묘는 황주 침촌리와 연탄 오덕리의 두 형식으로 대별되고, 그 발달 순서도 변형의 침촌리식(황해도 황주 침촌리)에서 전형적인 오덕리(황해도 연탄 오덕리)식으로 보고 있다. 우리나라의 지석묘 사회는 일반적으로 전문직의 발생, 재분배 경제, 조상 숭배와 혈연을 기반으로 하는 계급사회로 인식되고 있다. 그러나 지석묘의 기원과 전파에 대하여는 연대와 형식의 문제점 때문에 현재로서는 구라파 쪽에서 전파된 것으로 보다 '韓半島 自生說' 쪽으로 기울어지고 있는 실정이다.

여기에 비해 한 장씩의 판석으로 짜 상자모양으로 만든 石棺墓 또는 돌널무덤(石箱墳)의 형식이 있다. 金元龍은 "이러한 석상분은 시베리아 청동기시대 안드로노보기에서부터 나타나 다음의 까라숙-따가르기에 성행하며 頭廣足狹의 형식과 屈葬法을 가지며 우리나라에 전파되어 청동기시대 지석묘에 선행하는 형식이다. 그리고 이 분묘는 확장되어 북방식 지석묘로 그리고 지하에 들어가 남방식 지석묘로 발전해 나가는 한편 영남지방에서는 石槨墓로 발전해 삼국시대의 기본 분묘형식으로 굳히게 된다고 보고 있다." 즉 그는 석관묘(석상분)-지석묘(북방식/남방식)-석곽묘로 발전한다고 생각하며, 대표적인 석관묘의 유적으로 銅泡와 검은 긴 목항아리가 나온 江界市 豊龍里, 鳳山郡 德岩里, 丹陽 安東里를 들고 있다. 석관묘(석상분)와 지석묘의 기원과 전파에 대하여는 선후 문제, 문화 계통 등에 대해 아직 연구의 여지가 많다. 최근 끄로우노프까 강변에서 발견된 얀꼽스키 문화(기원전 8세기~기원전 4세기)에서도 고인돌과 유사한 구조와 그 속에서 한반도에서 나오는 석검, 관옥 등 비슷한 유물들이 확인되고 있다.

그러나 포항 인비동과 여수 오림동에서 보는 바와 같이 우리나라에 들어온 기존의 청동기(비파형 또는 세형동검)와 마제석검을 사용하던 청동기-철기시대 전기(여수 화동면 화양리의 고인돌은 기원전 480년~기원전 70년 사이이다.)의 한국 토착사회를 이루던 지석묘사회에 쉽게 융화되었던 모양이다. 우리의 암각화에서 보여주는 사회의 상징과 표현된 신화의 해독이 아무르 강의 사카치 알리안의 암각화와 기타 지역의 암각화와의 비교연구, 그리고 결과에 따른 문화계통의 확인이 현재 한국문화의 기원을 연구하는 데 필수적이다. 이들은 한반도의 동북지방의 유물들과 많은 연관성을 가지고 있다. 극동지역 및 서시베리아의 암각화도 최근에 남한에서 암각화의 발견이 많아지면서 그 관련성이 주목된다. 시베리아, 극동의 대표적인 암각화로는 러시아에서도 암각화의 연대에 대하여 이론이 많지만 대개 청동기시대의 대표적인 암각화 유적은 예니세이 강의 상류인 손두기와 고르노알타이 우코크의 베르텍과 아무르 강의 사카치 알리안 등을 들 수 있다. 이에 상응하는 우리나라의 대표적인 암각화는 울주군 두동면 천전리 각석(국보 147호), 울주 언양면 대곡리 반구대(국보 285호), 고령 양전동(보물 605호) 등을 들 수 있으며, 그 외에도 함안 도항리, 영일 인비동, 칠포리, 남해 양하리, 상주리, 벽연리, 영주 가흥리, 여수 오림동과 남원 대곡리 등지를 들 수 있다. 울주 천전리의 경우 人頭(무당의 얼굴)를 비롯해 동심원문, 뇌문, 능형문(그물문)과 쪼아파기(탁각, pecking technique)로 된 사슴 등의 동물이 보인다. 이들은 앞서 언급한 러시아의 손두기, 베르텍, 키르(하바로브스크 시 동남쪽 Kir 강의 얕은 곳이라는 의미의 초루도보 쁘레소에 위치)와 사카치 알리안의 암각화에서도 보인다. 이의 의미는 선사시대의 일반적인 사냥에 대한 염원, 어로, 풍요와 多産에 관계가 있을 것이다. 또 그들의 신화도 반영된다. 사카치 알리안 암각화의 동심원은 '아무르의 나선문(Amur spiral)으로 태양과 위대한 뱀 무두르(mudur)의 숭배와 관련이 있으며 뱀의 숭배 또한 지그재그(갈 '之' 字文)문으로 반영된다. 하늘의 뱀과 그의 자손들이 지상에 내려올 때 수직상의 지그재그(이때는 번개를 상징)로 표현된다. 이 두 가지 문양은 선의 이념(idea of good)과 행복의 꿈(dream of happiness)을 구현하는 동시에, 선사인들의 염원을 반영한다. 그리고 그물문(Amur net pattern)은 곰이 살해되기 전 儀式 과정 중에 묶인 끈이나 사슬을 묘사하며, 이것은 최근의 아무르의 예술에도 사용되고 있다. 현재 이곳에 살고 있는 나나이(Nanai, Goldi)족의 조상이 만든 것으로 여겨지며 그 연대는 기원전 4000년~기원전 3000년경(이 연대는 그보다 후의 청동기시대로 여겨짐)으로 추론된다고 한다. 이들은 肅愼-挹婁-勿吉-靺鞨-黑水靺鞨生女眞-金(서기 1115년~1234년)...滿州-淸(서기 1616년~1911년)으로 이어지는 역사상에 나타나는 種族名의 한 갈래로 현재 말갈이나 여진과 가까운 것으로 여겨지고 있다. 이들은 청동기시대에서 철기시대 전기에 속하는 것으로 볼 수 있다. 그리고 영일만(포항, 형산강구)에서부터 시작하여 남원에 이르는 내륙으로 전파되었음을 본다. 아마도 이들은 아무르 강의 암각화문화가 海路로 동해안을 거쳐 바로 영일만 근처로 들어온 모양이며 이것이 내륙으로 전파되어 남원에까지 이른 모양이다. 청동기시대의 석관묘, 지석묘와 비파형동검의 전파와는 다른 루트를 가지고 있으며, 문화계통도 달랐던 것으로 짐작이 된다.

아무르 강 유역 하바로프스크 시 근처 사카치 알리안 등지에서 발견되는 암각화가 울산 두동면 천전리 석각(국보 제147호)과 밀양 상동 신안 고래리 지석묘 등에서 많이 확인되었다. 특히 여성의 음부 묘사가 천전리 석각과 밀양 상동 신안 고래리 지석묘 개석에서 확인된 바 있다. 후기 구석기시대 이후의 암각화나 민족지에서 성년식(Initiation ceremony) 때 소녀의 음핵을 잡아 늘리는 의식(girl' s clitoris-stretching ceremony)이 확인되는데, 이는 여성의 생식력이나 성년식과 관계가 깊다고 본다. 그리고 울주 언양면 대곡리 반구대의 암각화(국보 285호)에 그려져 있는 고래는 지금은 울주 근해에 잘 나타나지 않고 알라스카 일대에서 살고 있는 흑등고래(humpback whale) 중 귀신고래(Korean specimen whale)로, 당시 바닷가에 면하고 있던 반구대 사람들의 고래잡이나 고래와 관련된 주술과 의식을 보여준다. 이는 미국과 캐나다와 국경을 접하고 있는 벤쿠버 섬과 니아만 바로 아래의 태평양 연안에서 1970년 발굴조사된 오젯타의 마카족과도 비교된다. 그들은 주로 고래잡이에 생계를 의존했으며, 예술장식의 주제에도 고래의 모습을 자주 올릴 정도였다. 제사유적으로도 양평 양서 신원리, 하남시 덕풍동과 울산시 북구 연암동 등에서 발견되어 열등종교 중 다령교(polydemo nism)에 속하는 정령숭배(animism), 토테미즘(totemism), 샤마니즘(무교, shamanism), 조상숭배(ancestor worship)와 蘇塗(asylum)와 같은 종교적 모습이 점차 드러나고 있다. 그리고 인류문명의 발달사를 보면 청동기시대에 국가가 발생하는 것이 일반적인데, 한반도의 경우는 이와는 달리 철기시대 전기에 이르러 衛滿朝鮮(기원전 194년~기원전 108년)이라는 최초의 국가가 등장한다. 참고로 우리나라에서의 국가 발생은 연대적으로는 수메르보다는 2800년, 중국의 상(商)보다는 약 1500년이 늦다.

5. 철기시대

철기시대 전기는 점토대토기의 출현과 철기의 사용이 시작된 때부터 청동기가 완전히 소멸되고 전국적으로 본격적인 철 생산이 시작될 무렵까지의 시기로, 절대연대로는 기원전 400년을 전후한 시기부터 기원을 전후한 시기에 해당된다. 이것은 최근 점토대토기 관계 유적의 출현과 관련하여 종래의 기원전 300년에서 기원전 400년으로 상한을 100년 더 올려 잡을 수 있다. 점토대토기의 출현은 철기시대의 시작과 관련이 있다. 최근의 질량가속연대측정(AMS)에 의한 결과 강릉 송림리 유적이 기원전 700년~기원전 400년경, 안성 원곡 반제리의 경우 기원전 875년~기원전 450년, 양양 지리의 경우 기원전 480년~기원전 420년(2430±50 **BP**, 2370±50 **BP**), 횡성군 갑천면 중금리 기원전 800년~기원전 600년 그리고 홍천 두촌면 철정리(A-58호 단조 철편, 55호 단면 직사각형 점토대토기)의 경우 기원전 640년과 기원전 620년이 나오고 있어, 철기시대 전기의 상한 연대가 기원전 5세기에서 더욱더 올라 갈 가능성도 있다는 것이다. 철기시대는 점토대토기의 등장과 함께 시작되는데, 현재까지 가장 이른 유적은 심양 정가와자 유적이며 그 연대는 기원전 5세기까지 올라간다. 이 시기는 점토대토기의 단면의 원형, 직사각형과 삼각형의 형태에 따라 I기(전기), II기(중기)와 III(후기)의 세 시기로 나누어진다. 그리고 마지막 III기(후기)에 구연부 斷面 三角形 粘土帶토기와 함께 다리가 짧고 굵은 豆形토기가 나오는데 이 시기에 新羅와 같은 古代國家가 형성된다. 이 중 한반도 최초의 고대국가인 衛滿朝鮮(기원전 194년~기원전 108년)은 철기시대 전기 중 III기(중-후기)에 속한다. 그 기원으로는 중국의 심양 정가와자 유적과 아울러 러시아 연해주의 뽈체(挹婁) 문화가 주목된다. 러시아의 연해주의 올레니 A와 끄로우노프까(北沃沮, 團結文化)에서 凸자형과 呂자형집자리가 나와 앞으로의 기원과 연대문제에 새로운 주목을 받고 있다. 그리고 마이헤 강변 이즈웨스또프카 유적에서 발견된 석관묘에서 한국식 세형동검(말기형), 조문경과 끌(동사)이 나왔는데 우리의 편년으로는 기원전 2세기에서 기원전 1세기경에 속한다. 철기시대 전기(기원전 400년~기원전 1년)는 衛滿朝鮮(기원전 194년~기원전 108년)의 국가형성과 낙랑군의 설치(기원전 108년~서기 313년)가 중복되어 있어 한국에 있어 사실상 歷史考古學의 시작 단계이다. 이 시기에는 토광묘, 한자와 철기문화가 들어오며 후일 철기시대 후기(서기 1년

~300년)에 속하는 서기 372년(고구려 소수림왕 2년) 불교의 유입과 함께 한국의 문화는 조선시대 한일합방(1910년) 때까지 거의 전역이 중국권으로 접어들게 된다. 낙랑군의 설치와 이에 따른 중국 漢문화의 확산은 경북 영일군 신광면 마조리에서 출토되었다고 전해지는 晋대의 湖巖美術館 소장 晋率濊伯長印과 함께 주로 철기시대 전기의 유적인 강릉시 병산동과 안인리, 춘천 우두동과 율문리, 정선 신동 예미리와 동해시 송정동의 凸자형주거지에서 나오는 낙랑계통의 토기들은 東濊시대의 존재 가능성을 한층 높여준다. 최근 한식도기(낙랑도기)가 나오는 유적은 풍납동토성(사적 11호), 경기도 연천 초성리, 가평 대성리, 달전 2리와 상면 덕현리, 양주 양수리 상석정(2150±60 BP, 기원전 2세기~기원전 1세기가 중심연대), 하남시 이성산성(사적 422호), 화성 기안리, 광주읍 장지동, 강원도 강릉 안인리와 병산동, 동해 송정동, 정선 예미리, 춘천 거두리와 율문리, 충청남도 아산 탕정 명암리와 경상남도 사천 늑도 등 십여 군데에 이른다. 주로 강원도와 경기도 지역에 집중해서 漢式陶器가 나오고 있다. 이 점은 樂浪과 현도(玄菟, 기원전 108년~기원전 82년)의 影響圈을 잘 보여 주고 있다 하겠다.

특히 경기도, 충청남북도와 전라북도서 발견되는 馬韓지역의 토실은 북쪽 읍루와 관련성이 있다. 三國志 魏志 東夷傳 挹婁조에 보면 ……常穴居大家深九梯以多爲好土氣寒……(……큰 집은 사다리가 9계단 높이의 깊이이며 깊이가 깊을수록 좋다……)라는 기록에서 사다리를 타고 내려가 사는 토실에 대한 언급이 나온다. 또 1755년 Krasheninnikov나 1778년 James Cook의 탐험대에 의해 보고된 바로는, 멀리 북쪽 베링 해(Bering Sea) 근처 캄차카(Kamtschatka)에 살고 있는 에스키모인 꼬략(Koryak)족과 오날라쉬카(Oonalaschka)의 원주민인 알류산(Aleut)인들은 수혈 또는 반수혈의 움집을 만들고 지붕에서부터 사다리를 타고 내려가 그 속에서 살고 있다고 한다. 이들 모두 기후환경에 대한 적응의 결과로 볼 수 있다. 아울러 우리 문화의 원류도 짐작하게 한다.

金元龍은 현 英國 大英博物館 소장의 '鳥形柄頭 細形銅劍'이 우리나라에서 철기시대 전기의 대표적인 유물인 세형동검의 자루 끝에 '鳥形 안테나'가 장식된 안테나식 검(Antennenschwert, Antennae sword)으로 보고, 그것이 오스트리아 잘쯔캄머구트 유적에서 시작하여 구라파의 철기시대의 대명사로 된 할슈탓트(Hallstat : A-기원전 12세기~기원전 11세기, B-기원전 10세기~기원전 8세기, C-기원전 7세기, D-기원전 6세기) 문화에서 나타나는 소위 'winged chape' (날개달린 물미)에 스키타이식 동물문양이 가미되어 나타난 것으로 보았다. 이러한 예는 대구 비산동 유물(국보 137호)을 포함해 4점에 이른다. 이는 현재로서는 스키타이식 銅鍑과 青銅製 馬形帶鉤가 金海 大成洞, 永川 漁隱洞과 金海 良洞里에서 나타나는 점을 보아 앞으로 우리 문화의 전파와 수용에 있어서 의외로 다양한 가능성이 있을 것으로 보인다. 특히 銅鍑(동복)의 경우 러시아 시베리아의 우코크에서 발견된 스키타이 고분, 드네프로페트로프스크 주 오르쥬노키제 시 톨스타야 모길라 쿠르간 봉토분(1971년 모죠레브스키 발굴)과 로스토프 지역 노보체르카스크 소코로프스키 계곡 5형제 3호분(1970년 라에프 발굴), 카스피해 북안의 사브라마트, 세미레치에, 투바의 우육과 미누신스크 분지의 카카르 문화 등과 중국 遼寧省 北票市 章吉 菅子鄉 西泃村(喇嘛洞) 古墓(1973년 발굴, 鮮卑문화)과 등지에서 볼 수 있는 북방계 유물인 것이다. 우리 문화에서 나타나는 북방계 요소는 철기시대 전기(기원전 400년~기원전 1년) 이후 동물형 문양의 帶鉤나 銅鍑(동복)의 예에서와 같이 뚜렷해진다.

울릉도 북면 현포 1리의 제단은 적석으로 만들어진 직사각형의 기단 위에 3열 15개의 입석으로 이루어져 있다. 입석의 높이는 1.5~2m이며 이 중 두 개는 이곳에서 빼내 이웃 현포 초등학교 건물입구의 계단 양측에 세워 놓았다. 이런 종류의 제단은 한국 최초의 발견이다. 그러나 이와 유사한 제단은 몽고지방 청동기시대 중 까라숙 문화에서 이미 발견되고 있다. 이들은 사슴돌, 제단, 케렉수르로 불리며, 울릉도의 것과 비슷한 예로는 우쉬키인-우베르 제단 등을 들 수 있다. 울릉도에서는 현포 1리, 서면 남서리와 울릉읍 저동리에서 새로이 발견된 고인돌들, 그리고 현포 1리에서 발견된 무문토기, 紅陶편, 갈돌판과 갈돌들을 볼 때 입석이 서 있는 제단 유적은 이들과 같은 시기에 이용된 적어도 철기시대 전기(기원전 400년~기원전 1년)에 속할 수 있다고 추정된다.

그러나 주의해야 될 점도 있다. 우리의 청동기시대와 철기시대 전기의 문화계통을 논할 때 빠질 수 없는 것이 미누신스크 청동기문화 중 안드로노보(기원전 1700년~기원전 1200년), 까라숙(기원전 1200년~기원전 700년)과 따가르(기원전 700년~기원전 200년) 문화기이다. 그 중 까라숙 문화에서 돌널무덤(석상분, 석관묘, cist)이 받아들여진 것으로 생각된다. 그리고 그 다음의 따가르 문화는 전기의 청동기시대(기원전 7세기~기원전 5세기)와 후기의 철기시대(기원전 4세기~기원전 3세기)가 되는데 그곳 철기시대에도 우리의 철기시대 전기와 마찬가지로 청동거울을 쓰고 있다. 그런데 청동거울의 배면에 있는 꼭지가 우리 것은 둘인 多鈕細文鏡(잔무늬거울)으로 불리고 있는데 반해 따가르의 것은 하나인 單鈕鏡인 것이며, 또 칼도 곡검(琵琶形)이 아닌 날이 가운데가 휜, 彎入된 것이다. 따가르 문화의 청동검과 거울은 실제 만주와 한반도에서 보이는 고조선(요녕식, 비파형) 동검이나 거친무늬와 잔무늬거울과는 다르다. 이는 우리가 종래 생각해오던 청동기와 철기시대의 기원과 직접 관련지어 생각할 때 고려의 여지를 두어야 할 것이다.

그리고 경기도 가평 외서면 청평4리, 경기도 광주시 장지동, 아산 탕정 용두리, 강원도 횡성 공근면 학담리, 홍천 화촌면 성산리와 춘천 거두리와 천전리에서 출토된 해무리굽과 유사한 바닥을 지닌 경질무문토기는 아무르 강 중류 리도프카 문화와 끄로우노프까(沃沮) 문화에서도 보이므로 한반도의 철기시대에 러시아 문화의 영향을 고려할 필요가 있다. 여기에 추가하여 춘천 천전리, 신매리와 우두동 등지에서 최근 발견되는 따가르의 鐵刀子도 이와 관련해 주목을 받아야 한다. 또한 연해주지역에는 얀코브카기(페스찬느이 유적, 말라야 파투웨치카 유적 등), 끄로우노프까(크로우노브카 유적, 알레니 A, 페트로브 섬 유적, 세미파트노이유 유적 등), 라즈돌리기 등의 문화기들이 있다. 위에서 열거한 초기 철기시대의 유적들은 서로 문화적인 상관관계를 가지고 있다. 또한 이 유적들의 주거양식 및 다양한 유물군은 비슷한 시기의 한반도 선사시대 문화상과 유사한 것들이 많아, 앞으로 활발한 연구가 기대된다. 이들 극동지역의 초기 철기시대의 여러 유적과 한반도의 연관관계를 밝힌 논문이 발표되었다. 그리고 2007년 6~7월 발굴 된 연해주 남부 지역 하싼구 바라바쉬-3 얀꼽스키 주거지(철제 도끼와 화살촉을 비롯한 8점의 철제유물이 나옴)는 발굴자들의 생각보다 늦은 기원전 4세기~기원전 3세기(기원전 380년과 기원전 280년)의 연대가 나왔다고 한다. 그러나 이 유적도 한국 철기기시대와 관련성을 알려준다. 데레비안코는 아무르 지역에 형성된 우릴기와 뽈체기의 골각기, 석기, 방추차, 철부 등을 근거로 會寧 五洞유적 및 羅津 草島유적과의 관련성을 밝혔다. 실제로 뽈체(挹婁)-우릴문화는 우리나라 동북지역과 지리적으로도 인접해 있어서 비슷한 문화를 영위할 수 있었던 것으로 보인다. 단, 우리나라에서는 초기 청동기시대에 해당하는 시기를 러시아에서는 초기 철기시대로 규정하고 있어서 이와 같은 시대구분의 문제에도 양국 간의 토론 및 연구가 심화되어야 할 것이다. 또한 이 유적들의 주거양식 및 다양한 유물군은 비슷한 시기의 한반도 선사시대 문화상과 유사한 것들이 많아 앞으로 활발한 연구가 기대된다.

Ⅳ. 청동기와 철기시대의 문화

신석기시대에서 청동기시대로의 이행은 인천광역시 중구 용유도, 연평 모이도, 백령도 말등 패총, 경주 신당동 희망촌, 김천 송죽리, 경남 산청 소남리, 대구 북구 사변동과 강원도 영월 남면 연당2리 쌍굴, 정선 북면 여량 2리(아우라지), 춘천 천전리와 우두동 유적 등 빗살문 토기와 무문토기가 공존하는 유적들에서 시작되었다. 즉 이들 유적들에서는 문양과 태토의 사용에 있어 서로의 전통에 구속됨 없이 서로의 문화적인 특징을 수용하고 있음이 확인된다. 여기에는 북한에서 언급하는 繼承性도 고려되나 異質的인 두 집단이 공존하면서 서로 영향을 끼치는 것으로 보는 것이 더 좋다고 본다. 이러한 현상은 신석기시대 후기, 즉 빗살/부분빗살문토기시대부터 관찰되는데, 그 연대는 기원전 2000년~기원전 1500년경이다. 즉, 청동기시대는 돌대문(덧띠새김무늬)토기(춘성 내평 출토 隆起帶附短斜集線文土器를 의미함)와 이중구연의 토기, 철기시대는 기원전 5세기 점토대토기의 등장을 기점으로 시작되었다고 할 수 있다.

청동기시대 연구의 새 방향의 하나로 突帶文토기(융기대부단사집선문토기, 덧띠새김문토기, 돌대각목문토기 등으로도 지칭)가 전면 또는 부분빗살문토기와 함께 나타나는 문제에 주목할 필요가 있는데, 이러한 현상은 청동기시대에서 가장 이른 시기에 관찰된다. 그 연대는 기원전 2000년~기원전 1500년 사이로 추정되며, 진주 남강, 창원 쌍청리, 하남시 미사동, 강원도 춘성 내평리(소양강댐 내), 춘천 천전리, 홍천 두촌면 철정리, 홍천 화촌면 외삼포리, 인천광역시 계양구 동양동과 경주 충효동 등의 유적에서 확인된 예가 있다. 이들은 청동기시대를 조기, 전기, 중기, 후기의 4시기로 나눌 경우 早期에 해당된다. 또 아직 단정하기에는 약간 문제가 있지만 빗살문토기의 전통 및 영향이 엿보이는 연평도 모이도 패총, 경기도 시흥 능곡동, 경남 산청 소남리, 경주 신당동 희망촌 유적, 금릉 송죽리 유적과 제천 신월리 유적들도 청동기시대 조기에 포함할 수 있다. 이들 유적들은 1991~2년 조사된 김천 송죽리 유적과 연계성을 지닌다. 즉, 내륙지방으로 들어온 부분즐문토기와 이중구연의 토기가 공반되며, 그 연대는 기원전 15세기~기원전 10세기 정도가 될 것이다. 이들은 한반도 청동기시대 상한문제와 아울러, 앞선 전면 또는 부분빗살문토기와 부분적으로 공반하는 돌대문토기와 이중구연의 공반성, 그리고 신석기시대에서 청동기시대에로 이행 과정 중에 나타나는 계승성문제도 앞으로의 연구방향과 과제가 될 것이다. 그리고 아무르 강 유역과 같은 지역에서 기원하는 청동기시대의 토기들에서 보이는 한국문화기원의 다원성 문제도 앞으로의 연구과제가 된다. 철기시대의 끄로우노프까(北沃沮, 團結)의 문화의 영향도 그 한 예로 들 수 있다.

최근 많은 청동기시대 유적들이 조사되고 있는데, 아직은 가설 수준이기는 하지만 청동기시대에는 가) 전면 또는 부분의 빗살문토기와 공반하는 돌대문토기와 이중구연토기로의 이행과정에 있는 토기, 나) 단사선문이 있는 이중구연토기, 다) 공열토기와 구순각목토기(이 기간에는 逆刺式 또는 유경석촉과 반월형석도 공반한다), 라) 경질무문토기 등 네 가지 토기가 순서를 이루면서 등장했다고 생각된다. 각각의 토기가 성행하는 기간을 영어로 표현한다면 period가 가장 적절한 것으로 생각된다. 그런데 나)와 다)의 기간을 명확하게 나눌 수 있는 근거가 충분한지에 대해서는 좀더 자료를 검토해 볼 필요가 있다. 즉, 구순각목토기와 공렬문토기의 기원문제와 공반관계를 밝혀야 하기 때문이다.

한편 섭씨 700℃~850℃에서 소성된 경질무문토기는 청동기시대 후기에서 철기시대 전기에 사용되었으며 그 하한연대는 철기시대 전기의 말인 서력기원 전후라 생각된다. 그 구체적인 연대는 사적 11호 풍납토성을 축조했던 온조왕 41년, 즉 서기 23년으로 볼 수 있다. 이는 풍납토성 동벽과 서벽 바닥에서 출토된 매납용 경질무문토기의 존재를 통해 알 수 있다. 단면 원형의 점토대토기는 철기시대의 개시를 알려주는 고고학 자료로 인식되는데, 이는 중국 遼寧省 沈陽 鄭家窪子 유적부터 확인되기 시작한다. 철기시대 전기에는 단면 원형의 점토대토기와 함께 청동기시대와 철기시대에 걸쳐 제작 사용된 무문토기(경질무문토기 포함)가 보인다. 점토대토기는 그 단면형태가 원형, 직사각형, 삼각형의 순으로 발전함이 확인되어 이를 통한 세부 편년도 설정해 볼 수 있다.

각 유적에서 확인된 최대 규모 집자리의 장축 길이를 보면 평택 현곡 17m, 화성 천천리 29m, 화성 동탄면 석우리 동학산 18m, 부천 고강동 19m, 화천 용암리 19.5m, 보령 관산 24m, 시흥 논곡동 목감 15m, 청도 송읍리 18m, 화양 진라리 18m , 춘천 거두리 15m 등 15~29m에 이른다. 이들 대형 집자리의 조사 및 연구에서는 격벽시설의 유무와 격벽시설로 구분되는 각 방의 기능도 고려해야 할 것이다. 이는 기원전 5500~기원전 5000년경의 유럽의 즐문토기문화(LBK, Linear Band Keramik)의 2~40m의 장방형 주거지에서 보이듯이 아직 모계사회의 잔재가 남아 있는 것으로 해석될 수 있다. 그런데 해발 60~90m의 구릉 정상부에 자리한 이들 집자리들은 혈연을 기반으로 하는 청동기시대 족장사회의 족장의 집 또는 그와 관련된 공공회의 장소/집무실 등으로 보는 것이 좋을 것 같으며, 이러한 예는 철기시대 전기로 편년되는 제주시 삼양동(사적 416호) 유적에서 확인된 바 있다.

한반도의 청동기시대와 철기시대 전기의 토착인은 지석묘를 축조하던 사람들로 이들은 중국 요녕성 · 길림성과 한반도 전역에서 기원전 1500년에서 기원을 전후로 한 시기까지 약 1500년 동안에 걸쳐 북방식, 남방식, 그리고 개석식 지석묘를 축조하였다. 요녕성과 길림성의 북방식 고인돌 사회는 미송리식 단지, 비파형동검, 거친무늬거울 등을 標識遺物로 하는 문화를 지닌 고조선의 주체세력으로 알려져 있다. 이들은 전문직, 재분배경제, 조상숭배(사천 이금동, 마산 덕천리와 진동리 지석묘가 대표적임)와 혈연을 기반으로 하는 계급사회를 형성했으며, 이러한 계급사회를 바탕으로 철기시대 전기에 이르러 우리나라의 최초의 국가인 위만조선(기원전 194년~기원전 108년)이 등장하게 되었다.

지석묘는 조상숭배(ancestor worhip)의 성역화 장소이다. 특히 창원 동면 덕천리, 마산 진동리(사적 427호), 사천 이금동, 보성 조성면 동촌리, 무안 성동리, 용담 여의곡, 광주 충효동 등, 그리고 최근 밝혀지고 있는 춘천 천전리, 홍천 두촌면 철정리, 서천 오석리와 진주 대평 옥방 8지구의 주구석관묘 등은 무덤 주위를 구획 또는 성역화한 특별한 구조를 만들면서 祖上崇拜를 잘 보여준다. 이것도 중국 요녕성 凌源, 建平과 喀左縣의 牛河梁과 東山嘴유적의 紅山문화가 기원으로 보인다. 이 시기에 계급사회도 발전하게 된다. 우리나라에서 고인돌 축조사회를 족장사회 단계로 보거나 위만조선을 최초의 고대국가로 설정하는 것은 신진화론의 정치 진화 모델을 한국사에 적용해 본 사례라 할 수 있다. 그렇게 보면 경남 창원 동면 덕천리, 마산 진동리, 사천 이금동, 여수 화동리 안골과 보성 조성리에서 조사된 고인돌은 조상숭배를 위한 성역화 된 기념물로 당시 복합족장사회의 성격(complex chiefdom)을 잘 보여준다 하겠다. 인류문명의 발달사를 보면 청동기시대에 국가가 발생하는 것이 일반적인데, 한반도의 경우는 이와는 달리 철기시대 전기에 이르러 국가가 등장한다. 참고로 우리나라에서의 국가 발생은 연대적으로는 수메르보다는 2800년, 중국의 商보다는 약 1500년이 늦다. 최근 발굴조사에서 확인된 이 시기 집자리의 규모에 주목할 필요가 있다.

철기시대는 점토대토기의 등장과 함께 시작되는데, 가장 이른 유적은 심양 정가와자 유적이며, 그 연대는 기원전 5세기까지 올라간다. 그러나 앞으로 철기시대 연구의 문제점은 최근의 질량가속연대측정(AMS)에 의한 결과 강릉 송림리 유적이 기원전 700년~기원전 400년경, 안성 원곡 반제리의 경우 기원전 875년~기원전 450년, 양양 지리의 경우 기원전 480년~기원전 420년(2430±50 BP, 2370±50 BP), 횡성군 갑천면 중금리 기원전 800년~기원전 600년 그리고 홍천 두촌면 철정리(A-58호 단조 철편, 55호 단면 직사각형 점토대토기)의 경우 기원전 640년과 기원전 620년이 나오고 있어 철기시대 전기의 상한 연대가 기원전 5세기에서 더욱더 올라 갈 가능성이 있다는 것이다. 그리고 함경북도와 연해주에서는 이와 비슷한 시기에 끄로우노프까 문화와 뽈체 문화가 나타나는데 이들은 北沃沮(團結)와 挹婁에 해당한다. 같은 문화가 서로 다른 명칭으로 불리고 있는데, 이런 문제는 앞으로 한국과 러시아의 공동연구를 통해 해결되어 나갈 것이다. 그중 토기의 바닥이 해무리굽처럼 나타나는 경질무문토기도 충청남도 아산 탕정면 용두리, 경기도 가평 외서면 청평 4리와 가평 설악면 신천리, 홍천 화촌면 성산리, 춘천 천전리, 동해 송정동과 횡성 공근면 학담리에서 보이는데, 이들은 옥저와 관련 있는 끄로우노프까 문화의 영향으로 볼 수 있으며 그 연대도 기원전 3~서기 1세기 정도가 된다. 한반도의 철기시대에 러시아 연해주 쪽으로부터 문화영향을 고려할 필요가 있다. 그리고 2007년 6~7월 발굴 된 연해주 남부 지역 하싼구 바라바쉬-3 얀꼽스키 주거지(철제 도끼와 화살촉을 비롯한 8점의 철제유물이 나옴)는 발굴자들의 생각보다 늦은 기원전 4세기~기원전 3세기(기원전 380년과 기원전 280년)의 연대가 나왔다고 한다. 그러나 이 유적도 한국 철기시대와 관련성을 알려준다. 따라서 한국의 철기시대의 시작은 현재 통용되는 기원전 4세기보다 1세기 정도 상향 조정될 수 있는데, 이는 신석기시대 후기에 청동기시대의 문화 양상 중 국지적으로 전면/부분빗살문토기와 돌대문토기의 결합과 같은 것과 같은 맥락에서 이해될 수 있다. Ⅰ기(전기)는 Ⅰ식 세형동검(한국식동검), 정문식 세문경, 동부, 동과, 동모, 동착 등의 청동기류와 철부를 비롯한 주조 철제 농 · 공구류, 그리고 단면 원형의 점토대토기와 경질무문토기를 문화적 특색으로 한다. 그 연대는 기원전 4~3세기로부터 기원전 100년 전후로 볼 수 있다. Ⅱ기(후기)에는 Ⅱ식 세형동검과 단조철기가 등장하고, 세문경 대신 차마구가 분묘에 부장되고 점토대토기의 단면 형태는 삼각형으로 바뀐다. 또 철기시대 전기는 동과와 동검의 형식분류에 따라 세 시기로 구분될 수도 있다. 매우 이른 시기 철기시대 유적의 예로 강원도 강릉 사천 방동리 과학일반 지방산업단지에서 확인된 유적을 들 수 있다. 점토대토기의 단면 형태는 원형, 직사각형, 삼각형의 순으로 변화한 것 같다. 원형에서 삼각형으로 바뀌는 과도기에 해당하는 점토대토기 가마가 경상남도 사천 방지리, 아산 탕정면 명암리와 강릉 사천 방동리 유적에서 확인된 바 있다. 단면 직사각형의 점토대토기는 원형에서 삼각형으로 바뀌는 과도기적 중간 단계 토기로 화성 동학산 및 안성 공도 만정리, 홍천 두촌면 철정리와 제주도 제주시 삼양동(사적 416호)에서도 확인된다. 최근 경주 금장리와 견곡 하구리, 경기도 부천 고강동, 화성 동탄 감배산, 안성 원곡 반제리와 공도 만정리, 오산시 가장동, 양평 용문 원덕리, 강릉 송림리, 완주 갈동 등 이 시기에 해당하는 점토대토기 유적들이 확인되었다. 철기시대 전기는 두 시기로 구분할 수 있다. 다시 말해서 동과와 동검 그리고 점토대토기의 단면형태를 고려한다면 철기시대 전기를 두 시기가 아닌 Ⅰ기(前, 단면원형) · Ⅱ기(中, 단면장방형) · Ⅲ기(後, 단면삼각형) 세 시기의 구분이 가능할 수 있겠다. 최근 발견된 유적을 보면 완주 이서면 반교리 갈동에서는 동과 동검의 용범과 단면 원형 점토대토기가, 그리고 공주 의당면 수촌리에서 세형동검, 동모, 동부(도끼, 斧), 동사와 동착(끌, 鑿)이 토광묘에서 나왔는데, 이들은 논산 원북리, 가평 달전 2리와 함께 철기시대 전기 중 Ⅰ기(전기)의 전형적인 유적·유물들이다. 다시 말해 세형동검 일괄유물, 끌을 비롯한 용범(거푸집), 토광묘 등은 점토대토기(구연부 단면원형)와 함께 철기시대의 시작을 알려준다. 특히 이들이 토광묘에서 출토되었다는 사실은 세형동검이 나오는 요양 하란 이도하자(遼陽 河欄 二道河子), 여대시 여순구구 윤가촌(旅大市 旅順口區 尹家村), 심양 정가와자(沈陽 鄭家窪子), 황해도 재령 고산리(高山里)를 비롯해 위만조선(기원전 194년~기원전 108년) 시기와 밀접한 관련이 있는 것으로 볼 수 있다. 그리고 화성 동학산에서는 철제 끌의 용범과 단면 직사각형의 점토대토기가, 안성 공도 만정리의 토광묘에서는 세형동검과 함께 단면 직사각형의 점토대토기가 나왔는데 이들은 철기시대 전기 중 Ⅱ기(중기)의 유물들이다. 여기에는 제주도 삼양동과 홍성 두촌면 철정리 유적도 포함된다. 철기시대 전기 중 후기(Ⅲ기)에는 구연의 단면이 삼각형인 점토대토기와 다리가 굵고 짧은 豆形토기가 나오는데, 여기에는 경주 蘿井(사적 245호), 月城(사적 16호), 파주 탄현면 갈현리, 수원 고색동 유적 등이 포함된다. 그중 안성 반제리와 부천 고강동 유적은 환호로 둘러싸여 있어 제사유적으로 추측되고 있다.

철기시대 전기, 즉 기원전 400년에서 기원전 1년까지의 400년의 기간은 한국고고학과 고대사에 있어서 매우 복잡하고 중요한 시기이다. 이 기간 중에 중국으로부터 漢文이 전래되었고, 국가가 형성되는 등 역사시대가 시작되었다. 한반도의 역사시대는 衛滿朝鮮(기원전 194년~기원전 108년)으로부터 시작된다. 중국에서는 춘추시대(기원전 771~기원전 475년)에서 전국시대(기원전 475년~221년)로 전환이 이루어졌고, 한반도의 경우는 기자조선(기원전 1122년~기원전 194년)에서 위만조선(기원전 194년~기원전 108년)으로 넘어가 고대국가가 시작되었다. 국제적으로도 정치적 유이민이 생기는 등 매우 복잡한 시기였으며, 한나라의 원정군은 위만조선을 멸망시킨 후 과거 위만조선의 영토에 낙랑·대방·임둔(기원전 108년~기원전 82년, 기원전 82년에 현도로 통합됨)·현도군을 설치했다. 한반도에는 이미 마한이 존재하고 있었으며, 이어 辰韓과 弁韓 그리고 沃沮와 東濊가 등장하였다. 현재까지 확인된 고고학자료와 문헌을 검토해 보았을 때 위만조선과 目支國을 중심으로 하는 마한은 정치진화상 이미 국가(state)단계에 진입하였으며 나머지 사회들은 그보다 한 단계 낮은 계급사회인 족장단계(chiefdom society)에 머물러 있었다고 여겨진다. 당시 한반도에 존재하던 이들 사회들은 서로 通商圈(interaction sphere; Joseph Caldwell이 제안한 개념)을 형성하여 활발한 교류를 가졌으며, 특히 위만조선은 중심지 무역을 통해 국가의 부를 축적하였고, 이는 漢武帝의 침공을 야기해 결국 멸망에 이르게 되었다. 위만조선이 멸망한 해는 『史記』의 편찬자인 司馬遷(기원전 145년~기원전 87년)이 37세 되던 해이며, 평양 근처 왕검성에 자리했던 위만조선은 문헌상에 뚜렷이 나타나는 한국 최초의 고대국가이다. 위만 조선은 위만-이름을 알 수 없는 아들-손자 우거-태자 장을 거치는 4대 87년간 존속하다가 중국 한나라 7대 무제(기원전 141년~기원전 87년, 사마천의 나이 37세 때)의 원정군에 의해 멸망했다. 오늘날 평양 낙랑구역에 낙랑이, 그리고 황해도와 경기도 북부에 대방이 설치되었는데 이들은 기원전 3세기경부터 존재하고 있던 마한과 기원전 18년 마한의 바탕 위에 나라가 선 백제 그리고 남쪽의 동예, 진한과 변한에 막대한 영향을 끼쳤다. 다시 말해서 철기시대 전기에 司馬遷의 『史記』 朝鮮列傳에 자세히 기술된 衛滿朝鮮이 성립되었으며 이는 한국 고대국가의 시작이 된다. Yale Ferguson은 국가를 '경제·이념·무력의 중앙화와 새로운 영역과 정부라는 공식적인 제도로 특징지워지는 정치진화 발전상의 뚜렷한 단계'라 규정한 바 있으며, Timothy Earle은 국가를 '무력을 합법적으로 사용하고 통치권을 행사할 수 있는 지배체제의 존재와 힘/무력, 경제와 이념을 바탕으로 한 중앙집권화 되고 전문화된 정부제도' 라 정의하였다. 한편 Kent Flannery는 '법률, 도시, 직업의 분화, 징병제도, 세금징수, 왕권과 사회신분의 계층화를 국가를 특징짓는 요소들로 추가하였다. 『史記』 朝鮮列傳에는 계급을 지닌 직업적 중앙관료정부와 막강한 군사력, 계층화된 신분조직, 행정중심지로서의 왕검성, 왕권의 세습화 등 국가의 요소 여러 가지가 보이고 있으며, 위만조선은 초기에는 주위의 유이민 집단을 정복해 나가다가 차츰 시간이 흐르면서 보다 완벽한 국가체계를 갖춘 사회였으며, 이 과정에서 무역이 중요한 역할을 담당했던 것으로 보인다. 청동기시대에 도시 · 문명 · 국가가 발생하는 전 세계적인 추세에 비추어 우리나라에서는 이보다 늦은 철기시대 전기 말에 나타난다. 이는 우리나라의 문화가 이웃의 중국이나 다른 지역에 비해 발전 속도가 늦은 까닭이다. 종래 한국고대사학계에서는 청동기시대 및 철기시대의 사회발전을 부족사회-부족국가-부족연맹-고대국가로 이어지는 도식으로 설명하였으나, 부족과 국가는 결코 결합될 수 없는 상이한 개념임이 지적된 바 있다. 그리고 사회진화에 관한 인류학계의 성과 중에서 엘만 서비스(Elman Service)의 모델에 따르면 인류사회는 군집사회(band society), 부족사회(tribe society), 족장사회(chiefdom society), 그리고 고대국가(ancient state)로 구분될 수 있는데, 한국의 청동기 및 철기시대 전기는 이 중 族長社會에 해당된다. 서비스는 족장사회를 잉여생산에 기반을 둔 어느 정도 전문화된 세습지위들로 조직된 위계사회이며 재분배체계를 경제의 근간으로 한다고 규정한 바 있다. 족장사회에서는 부족사회 이래 계승된 전통적이며 정기적인 의식행위(calendric ritual, ritual ceremony, ritualism)가 중요한 역할을 하는데, 의식(ritualism)과 상징(symbolism)은 최근 후기/탈과정주의 고고학(post-processual)의 주요 주제이기도 하다. 국가단계 사회에 이르면, 이는 권력(power)과 경제(economy)와 함께 종교형태를 띤 이념(ideology)으로 발전한다. 족장사회는 혈연 및 지역공동체 개념을 기반으로 한다는 점에 있어서는 부족사회의 일면을 지니나, 단순한 지도자(leader)가 아닌 지배자(ruler)의 지위가 존재하며 계급서열에 따른 불평등사회라는 점에서는 국가 단계 사회의 일면을 지닌다. 족장사회는 하나의 정형화된 사회단계가 아니라 평등사회에서 국가사회로 나아가는 한 과정이라는 유동적 형태로 파악된다. 고인돌 축조사회를 족장사회 단계로 보거나 위만조선을 우리나라 최초의 고대국가로 본 사례는 이 모델을 한국사에 실제로 적용해 본 예들이다.

청동기시대에서 철기시대 전기에 걸치는 환호는 크기에 관계없이 시대가 떨어질수록 늘어나 셋까지 나타난다. 그들의 수로 하나에서 셋까지 발전해 나가는 편년을 잡을 수도 있겠다. 울산 북구 연암동, 파주 탄현 갈현리, 안성 원곡 반제리, 부천 고강동, 강릉 사천 방동리, 화성 동탄 동학산 등 환호유적으로는 안성 원곡 반제리의 제사유적이 대표된다. 壕는 하나이며 시기는 단면원형의 점토대토기시대에 속한다. 연대도 기원전 5~기원전 3세기경 철기시대 전기 초에 해당한다. 이제까지 환호는 경남지역이 조사가 많이 되어 울산 검단리(사적 332호), 진주 대평리 옥방 1, 4, 7지구 창원 남산을 포함하여 17여 개소에 이른다. 청동기시대부터 이어져 철기시대에도 경기-강원도 지역에만 파주 탄현 갈현리, 화성 동탄 동학산, 강릉 사천 방동리, 부천 고강동, 송파 풍납토성(사적 11호)과 순천 덕암동 등에서 발견된다. 그중에서 이곳 안성 반제리의 것은 철기시대 전기 중 앞선 것으로 보인다. 청동기시대의 것으로 제사유적으로 언급된 것은 울산시 북구 연암동이나, 철기시대의 것들 중 구릉에 위치한 것은 거의 대부분 종교 제사유적으로 보인다. 이는 청동기시대의 전통에 이어 철기시대에는 환호와 관련된 지역이 주거지로 보다 종교 제사유적과 관계된 특수지구인 別邑으로 형성된 것 같다. 울주 검단리, 진주 옥방과 창원 서상동에서 확인된 청동기시대 주거지 주위에 설치된 환호(環壕)는 계급사회의 특징 중의 하나인 방어시설로 국가사회 형성 이전의 족장사회의 특징을 보여준다. 이는 청동기시대의 전통에 이어 철기시대에는 환호와 관련된 지역이 주거지보다 종교 제사유적과 관계된 특수지구인 別邑인 蘇塗로 형성된 것 같다. 다시 말해 청동기시대의 精靈崇拜(animism)와 巫敎(shamanism)를 거쳐 철기시대에는 환호를 중심으로 전문 제사장인 天君이 다스리는 蘇塗가 나타난다. 소도도 일종의 무교의 형태를 띤 것으로 보인다. 이는 종교의 전문가인 제사장 즉 天君의 무덤으로 여겨지는 토광묘에서 나오는 청동방울, 거울과 세형동검을 비롯한 여러 巫具들로 보아 이 시기의 종교가 巫敎(shamanism)의 일종이었을 것으로 짐작된다. 이는 三國志 魏志 弁辰條에 族長격인 渠帥가 있으며 이는 격이나 규모에 따라 신지(臣智), 검측(險側), 번예(樊濊), 살계(殺奚)와 읍차(邑借)로 불리고 있었음을 알 수 있다. 그리고 이들을 대표하는 王이 다스리는 국가단계의 目支國도 있었다. 이는 정치 진화상 같은 시기의 沃沮의 三老, 東濊의 侯, 邑長, 三老, 그리고 挹婁의 酋長과 같은 國邑이나 邑落을 다스리던 혈연을 기반으로 하는 계급사회의 行政의 우두머리인 族長(chief)에 해당된다. 그러나 蘇塗는 당시의 복합 단순 족장사회의 우두머리인 세속정치 지도자인 신지, 검측, 번예, 살계와 읍차가 다스리는 영역과는 별개의 것으로 보인다. 울주 검단리, 진주 옥방과 창원 서상동에서 확인된 청동기시대 주거지 주위에 설치된 환호(環壕)는 계급사회의 특징 중의 하나인 방어시설로 국가사회 형성 이전의 족장사회의 특징으로 볼 수 있겠다. 이러한 별읍 또는 소도의 전신으로 생각되는 환호 또는 별읍을 중심으로 하여 직업적인 제사장이 다스리던 신정정치(theocracy)도 가능했을 것이다. 그 다음 삼국시대 전기에는 세속왕권정치(secularism)가 당연히 이어졌을 것이다. 즉 고고학자료로 본 한국의 종교는 정령숭배(animism)-토테미즘(totemism)-무교(shamanism)-조상숭배(ancestor worship)로 이어지면서 별읍의 환호와 같은 전문 종교인인 천군이 이 다스리는 소도의 형태로 발전한다. 앞으로 계급사회의 성장과 발전에 따른 종교적인 측면도 고려해야 될 때이다.

최근 양평 신월리에서 발견 조사된 청동기시대 중기(기원전 10세기~기원전 7세기)의 환상열석도 환호와 관련지어 생각하면 앞으로 제사유적의 발전관계를 설명하는데 도움을 줄 것이다. 이런 유적은 하남시 덕풍동과 마찬가지로 우리나라에서 처음 타나는 것이다. 유사한 환상의 제사유적과 제단은 중국 요녕성 凌源, 建平과 喀左縣의 牛河梁과 東山嘴 유적의 紅山문화에서 보이며, 그 연대는 기원전 3600년~기원전 3000년경이다. 일본에서도 이러한 성격의 環狀列石이 繩文時代後期末에 北海道 小樽市 忍路, 青森縣 小牧野, 秋田縣 鹿角市 大湯, 野中堂과 万座, 鷹巣町 伊勢堂岱, 岩木山 大森, 岩手縣 西田와 風張, 靜岡縣 上白岩 등 동북지역에서 발굴조사된 바 있다. 그중 秋田縣 伊勢堂岱 유적이 양평 신월리 것과 비슷하나 앞으로 유적의 기원, 성격 및 선후관계를 밝힐 조사연구가 필요하다.

변한, 진한, 동예와 옥저는 혈연을 기반으로 하는 계급사회인 족장사회였으며(삼한사회의 경우 청동기와 철기시대 전기와 달리 복합족장사회인 complex chiefdom이란 의미에서 君長사회란 용어를 사용해도 무방하다), 위만조선과 마한을 대표하는 목지국의 경우는 혈연을 기반으로 하지 않는 국가 단계의 사회였다. 그중 위만조선은 무력정변, 즉 쿠테타(coup d' etat)를 통해 정권을 획득한 국가 단계의 사회였다. 이들 사회에는 청동기와 토기의 제작, 그리고 무역에 종사하는 상인 등의 전문직이 형성되어 있었다. 또 이미 정치와 종교의 분리가 이루어졌으며, 무역은 국가가 주도하는 중심지무역이 주를 이루었다. 양평 신월리, 울산 야음동, 안성 반제리, 강릉 사천 방동리, 부천 고강동과의 제사유적도 이런 점에서 해석되어야 할 것이다. 또 위만조선에는 전문화된 관료가 중심이 되는 정부 및 국가 기관들이 설치되어 있었는데, 이러한 내용들은 『史記』와 『三國志』 魏志 東夷傳의 여러 기록들을 통해 뒷받침된다. 창원 동면 덕천리, 보성 조동리, 사천 이금동과 마산 진동리에서 조사된 고인돌은 조상숭배를 위한 성역화 된 기념물로 당시 족장사회의 성격을 잘 보여준다 하겠다. 그리고 계급사회의 특징 중의 하나인 방어시설도 확인된 바 있는데, 울주 검단리와 창원 서상동에서 확인된 청동기시대 주거지 주위에 설치된 環濠가 그 예이다.

한반도에 관한 최고의 民族誌(ethnography)라 할 수 있는 三國志 魏志 東夷傳(晋初 陳壽 撰 서기 233년~297년)에 실린 중국 측의 기록 이외에는 아직 이 시기의 문화를 구체적으로 논할 자료가 없다. 그러나 최근 확인된 고고학자료를 통해 보건대 중국과의 대등한 전쟁을 수행했던 위만조선을 제외한 한반도내의 다른 세력들은 중국과 상당한 문화적 격차가 있었던 것으로 짐작된다. 한사군 설치 이후 한반도 내에서 중국문화의 일방적 수용이 있었다고 해도 과언은 아닐 것 같다. 이와 같은 배경을 고려하면 부천 고강동 제사유적은 울산 남구 야음동의 제사유적(반원형의 구상유구, 토기매납 유구), 안성 원곡 반제리, 강릉 사천 방동리의 경우처럼 혈연을 기반으로 하는 청동기-철기시대의 족장사회를 형성하는 필수 불가결의 요소로 볼 수 있겠다. 시간적으로 고강동 제사유적보다 2000년 이상 앞서고 규모도 훨씬 큰 紅山문화에 속하는 遼寧 凌源 牛河梁의 제사장이 주관하던 계급사회인 종교유적이 외관상 매우 비슷함은 많은 점을 시사해 준다. 이는 파주 주월리 유적에서 확인된 신석기시대 옥장식품이 멀리 능원 우하량과 喀左 東山嘴에서 왔을 것이며, 옥산지는 遼寧 鞍山市 岫岩이 될 것이라는 시사와도 맥을 같이 한다.

통상권을 형성하고 있던 한반도내의 사회들은 중국과의 국제 무역 및 한반도 내부 나라(國)들 사이의 교역을 행하였다. 『三國志』 魏志 東夷傳 弁辰條와 倭人傳 里程 記事에는 낙랑 · 대방에서 출발하여 對馬國, 一支國, 末盧國, 奴國을 거쳐 일본의 佐賀縣 神埼 東背振 吉野け里(요시노가리)에 위치한

邪馬臺國에 이르는 무역루트 또는 通商圈이 잘 나타나 있다. 해남 군곡리(사적 449호)-김해 봉황동(회현동, 사적 2호)-사천 늑도-제주도 삼양동(사적 416호) 등 최근 확인된 유적들은 당시의 국제 통상권의 루트를 잘 보여주고 있다. 즉, 중국 하남성 南陽 獨山 또는 密縣의 玉과 半兩錢(기원전 221년~기원전 118년 사용)과 五洙錢을 포함한 중국 秦-漢대의 화폐는 오늘날의 달라(美貨)에 해당하는 당시 교역 수단으로 당시 활발했던 국제 무역에 관한 고고학적 증거들이다. 기원전 1세기경으로 편년되는 사천 늑도 유적은 당대의 국제무역과 관련해 특히 중요한 유적이다. 동아대학교 박물관이 발굴한 지역에서는 경질무문토기, 일본 彌生토기, 낙랑도기, 한식경질도기 등과 함께 반량전이 같은 층위에서 출토되었다. 반량전은 기원전 221년 진시황의 중국 통일이후 주조되어 기원전 118년(7대 漢 武帝 5년)까지 사용된 동전으로 알려져 있다. 중국 화폐는 해남 군곡리, 나주 오량동 시량, 강릉시 강릉고등학교, 제주 산지항 · 금성리, 고성과 창원 성산패총 등지에서도 출토되었다. 사천 늑도는 三國志 魏志 東夷傳 弁辰條의 '國出鐵 韓濊倭皆從取之 諸市買皆用鐵如中國用錢又以供給二郡' 의 기사와 倭人傳에 보이는 樂浪(帶方)-金海(狗邪韓國)-泗川 勒島-對馬島-壹岐-邪馬臺國으로 이어지는 무역로의 한 기착지인 사물국(史勿國?)이 아닌가 생각된다. 이외에도 국가 발생의 원동력 중의 하나인 무역에 관한 고고학 증거는 계속 증가하고 있다. 한편 역시 늑도 유적을 조사한 부산대 박물관 조사 지역에서는 중국 서안에 소재한 진시황(기원전 246년~기원전 210년 재위)의 무덤인 兵馬俑坑에서 보이는 三翼有莖銅鏃이 출토되었는데, 이와 같은 것이 양평군 양수리 상석정에서는 두 점이나 출토된 바 있다. 진시황의 무덤에 부장된 이 동촉은 진시황릉 축조 이전에 제작된 것으로 보인다. 또 흥미로운 사실은 사천 늑도에서 출토된 일본 彌生토기편의 경우 형태는 일본의 야요이토기이지만 토기의 태토(바탕흙)는 현지, 즉 한국산임이 밝혀졌다. 사천 늑도는 당시 낙랑 · 대방과 일본 邪馬臺國을 잇는 중요한 항구였다. 김해 예안리와 사천 늑도에서 나온 인골들의 DNA 분석을 실시해 보면 코캐소이드인으로 추정되어 우리가 생각하고 있는 것보다 훨씬 더 복잡하고 대양한 인종교류가 있었음이 밝혀질 것으로 추측되며, 이들에 의한 무역-통상권 역시 상당히 국제적이었을 것으로 여겨진다. 이들 유적보다는 다소 시기가 떨어지는 마한 유적으로 이해되는 전남 함평군 해보면 大倉里 倉西에서 출토된 토기 바닥에 묘사된 코캐소이드(caucasoid)인의 모습은 이러한 맥락에서 이해할 수 있다. 그리고 최근 관동대학교에서 발굴한 동해 추암동 6세기대의 신라고분에서 나온 인골은 페르시아인으로 밝혀지고 있다. 이는 페르시아 사산왕조(서기 224년~652년)대의 印文陶가 신라토기에 나타나고 잇는 것과 무관하지 않다.

최근 김해 봉황동(사적 2호) 주변 발굴에서는 목책시설이 확인되었을 뿐 아니라 바다로 이어지는 부두 · 접안 · 창고와 관련된 여러 유구가 조사되었다. 그리고 사천 늑도와 김해패총의 경우처럼 横走短斜線文이 시문된 회청색경질 토기(석기)가 출토되는데, 이는 중국제로 무역을 통한 것으로 보인다. 가락국(가야)은 서기 42년 건국되었는데, 그중 금관가야는 서기 532년(법흥왕 19년)에 신라에 합병되었다. 최근 사천 늑도 유적에서 고대 한 · 일 간의 무역의 증거가 확인되었는데, 철 생산을 통한 교역의 중심이었던 김해에서는 서기 1세기경 이래의 고고학자료가 많이 확인될 것으로 기대된다. 낙랑의 영향하에 제작되었을 것으로 추정되는 회청색 경질토기(종래의 김해식 회청색 경질토기)가 출토되었는데, 그 연대는 기원전 1세기경까지 올라간다. 가속기질량연대분석(AMS)장치를 이용해 목책의 연대를 낸다면 현재 추정되고 있는 4~5세기보다는 건국 연대 가까이로 올라갈 가능성이 많다. 한편 서울 풍납동 풍납토성(사적 11호)의 동벽과 서벽에서 성벽축조와 관련된 매납 의식의 일환으로 매장된 무문토기들은 성벽의 축조가 온조왕 41년, 즉 서기 23년 이루어졌다는 『三國史記』 기록을 고려할 때 그 하한연대가 서기 1세기 이후까지 내려가지 않을 것으로 생각된다. 이는 사적 11호 풍납동 197번지에서 미래마을 197번지 일대(영어체험마을)의 발굴조사에서 경질무문토기 3점과 함께 기체 표면에 원점을 압인한 뽈체(挹婁)의 단지형 토기와 경당지구에서 끄로우노프까(北沃沮, 團結문화)의 토기도 함께 나오고 있어 주목된다. 뽈체(挹婁)토기도 그 연대를 설정하는데 도움을 준다. 참고로 전라남도 완도 장도의 청해진(사적 308호) 주위에서 발견된 목책의 연대는 서기 840년경으로 측정되어 진을 설치한 연대인 828년(흥덕왕 3년)에 매우 근사하게 나왔다. 이는 한국의 연대편년의 설정에 가속기질량연대분석에 의해도 무방하다는 이야기다.

지석묘의 형식상 후기 형식으로 이해되는 개석식 지석묘의 단계가 지나고, 토광묘가 이 시기의 주 묘제가 되었다. 가평 달전 2리, 안성 공도 만정리, 공주 의당면 수촌리, 논산 원북리, 완주 갈동, 예천의 성주리 토광묘가 이에 해당된다. 또 자강도에서 보이는 적석총이 연천 삼곶리, 학곡리와 군남리 등지에서 확인되었는데 특히 학곡리의 경우는 기원전 2~1세기대의 중국제 유리장식품과 한나라의 도기편이 출토되었다. 이들 묘제는 백제의 국가형성의 주체세력이 되었다. 이 시대에 이르면 청동기시대 후기(또는 말기) 이래의 평면 원형 수혈주거지에 '凸'字 및 '呂'字형의 주거지가 추가된다. 그리고 삼국시대 전기(철기시대 후기)가 되면 풍납동(사적 11호), 몽촌토성(사적 297호)밖 미술관 부지, 포천 자작리와 영중면 금주리 등지에서 보이는 육각형의 집자리가 나타난다. 한/낙랑의 영향하에 등장한 지상가옥, 즉 개와집은 백제 초기에 보이기 시작한다. 온조왕 15년(기원전 4년)에 보이는 "儉而不陋 華而不侈"라는 기록은 풍납토성 내에 기와집 구조의 궁궐을 지었음을 뒷받침해 준다. 그리고 집락지 주위에는 垓子가 돌려졌다. 청동기시대 유적들인 울주 검단리, 창원 서상동 남산이나 진주 대평리의 경우보다는 좀더 복잡한 삼중의 해자가 돌려지는데, 이는 서울 풍납토성이나 수원 화성 동학산의 점토대토기유적에서 확인된다.

완주 이서면 반교리 갈동에서는 동과 · 동검의 용범과 단면 원형 점토대토기가, 화성 동학산에서는 철제 끌 용범과 단면 직사각형의 점토대토기가, 그리고 공주 수촌리에서 세형동검, 동모, 동부(도끼), 동사와 동착(끌)이 그리고 안성 공도 만정리에서는 세형동검이 토광묘에서 나왔는데, 이들은 철기시대 전기의 전형적인 유물들이다. 특히 이들이 토광묘에서 출토되었다는 사실은 위만조선 시기와 밀접한 관련이 있는 것으로 볼 수 있다. 그래서 최근 발견되고 있는 경기도 가평 달전 2리, 경기도 광주시 장지동, 충청남도 아산 탕정면 명암리, 전라북도 완주 이서면 반교리 갈동과 경상북도 성주군 성주읍 예산리 유적 등은 매우 중요하다. 낙랑의 묘제는 토광묘, 귀틀묘, 전축분의 순으로 발전해 나갔는데, 토광묘의 경우는 평양 대성리의 경우처럼 위만조선시대의 것으로 볼 수 있다.

한 무제의 한사군 설치를 계기로 낙랑과 대방을 통해 고도로 발달한 한의 문물이 한반도로 도입되었다. 500℃~850℃(엄밀한 의미에서 경질무문토기의 화도는 700℃~850℃이다)의 화도에서 소성된 무문토기 또는 경질토기를 사용하던 철기시대 전기의 주민들에게 화도가 1000℃~1100℃에 이르는 陶器와 炻器(stoneware)는 상당한 문화적 충격이었을 것이다. 송파구 풍납토성, 경기도 양평 양수리 상석정, 연천 청산면 초성리, 가평 대성리, 화성 기안리, 가평 달전 2리와 외서면 대성리, 춘천 율문리와 거두리, 강릉 안인리와 병산동, 동해 송정동과 횡성 공근면 학담리에서 확인된 한나라와 낙랑의 토기들을 통해 무문토기사회에 여과되지 않은 채 직수입된 중국의 문물을 엿볼 수 있다. 특히 강원도 지역의 낙랑도기의 연대는 漢四郡 중 臨屯의 설치(기원전 108년~기원전 82년)와 무관하지 않은 기원전 2세기~1세기경으로 볼 수 있다. 진천 삼룡리(사적 344호)와 산수리(사적 325

호)에서 확인되는 중국식 가마 구조의 차용과 그 곳에서 발견되는 한식 토기의 모방품에서 확인되듯이 토기제작의 기술적 차이를 극복하는데 적어도 1~200년간이 걸렸을 것이다. 한반도 주민들은 당시 사천 방지리나 안성 공도 만정리에서 확인되듯이 물레의 사용 없이 손으로 빚은 토기를 앙천요(open kiln)에서 구워내고 있었다. 특히 경남 사천 방지리, 아산 탕정 명암리와 강릉 사천 방동리의 경우 전자 앙천요보다 한층 발전한 원형의 반수혈요에서 점토대토기를 구운 것으로 확인된다. 서기 3~4세기 마한과 백제유적에서 흔히 보이는 토기 표면에 격자문, 횡주단사선문, 타날문 또는 승석문이 시문된 회청색 연질 또는 경질토기(陶器로 보는 것이 좋음)들이 토기 제작기술의 극복 결과인 것이다. 따라서 漢式陶器 또는 樂浪陶器가 공반되는 무문토기유적의 연대는 낙랑이 설치되는 기원전 108년에서 가까운 시기가 될 것이다. 가평 달전리 토광묘에서 한식도기와 西安소재 陝西省歷史博物館 전시품과 똑같은 한대의 戈가 출토되었고, 양평 상석정에서는 한대의 도기가 우리나라의 철기시대 전기 말에 등장하는 '凸'자형집자리에서 무문토기와 공반되는 것으로 보아 그 연대는 기원전 1세기를 내려오지 않을 것이다. 최근 한식도기(낙랑도기)가 나오는 유적은 풍납동토성(사적 11호), 경기도 연천 초성리와 삼곶리, 가평 대성리, 달전 2리와 상면 덕현리, 양주 양수리 상석정, 하남시, 하남시 이성산성(사적 422호), 화성 기안리, 광주읍 장지동, 강원도 강릉 안인리와 병산동, 동해 송정동, 정선 예미리, 춘천 거두리와 율문리, 충청남도 아산 탕정 명암리와 경상남도 사천 늑도 등 십여 군데에 이른다. 주로 강원도와 경기도 지역에 집중해서 漢式陶器가 나오고 있다. 이 점은 樂浪과 현도(玄菟, 기원전 108년~기원전 82년)의 影響圈을 잘 보여 주고 있다 하겠다. 철기시대 전기의 말기에 해당하는 기원전 108년 낙랑군이 설치된 이후 그 영향하에 한식도기가 무문토기사회에 유입되는데, 漢式陶器 또는 樂浪陶器의 공반 여부를 기준으로 시기

구분을 설정할 수도 있다. 일반적으로 통용되는 土器(pottery 또는 terra-cotta)라는 용어 대신 陶器(earthenware)란 용어를 사용한 것은 토기는 소성온도의 차이에 따라 土器－陶器(earthenware)－炻器(stoneware)－磁器(백자 porcelain, 청자 celadon)로 구분되기 때문이다. 한나라 도기의 소성온도는 1000℃를 넘고 석기의 경우는 1200℃ 전후에 달하는데, 소성온도는 토기의 제작기술을 반영하는 중요한 요소이다. 중국에서는 500℃~700℃ 정도 구워진 선사시대의 그릇을 土器라 부르고 춘추－전국시대와 한나라의 그릇은 이와 구분하여 도기라 지칭한다. 백제나 마한의 연질 · 경질의 토기는 陶器로, 회청색 신라토기는 炻器로 지칭되는 것이 보다 타당하다. 과학적 분석에 근거한 적확한 용어 선택은 우리 고고학계의 시급한 과제 중의 하나이다. 특히 시대구분의 표지가 되는 토기, 도기, 석기의 구분 문제는 보다 중요한데, 이는 이들을 구워내는 가마를 포함한 제작기술상의 문제와 이에 따른 사회발달상과 깊은 관련을 맺고 있기 때문이다.

Ⅴ. 한국문화기원의 다원성

한국의 문화는 시기와 지역에 따라 미세하나마 독자적인 편년설정이 이루어져야 한다. 또 강원도의 선사시대에서 역사시대로 넘어오는 과도기시대인 原史時代는 東濊(또는濊貊)로 대표되는데, 이 시기는 아직 국가단계 이전의 族長사회로 철기시대 전기(기원전 400년~기원전 1년)에 속한다. 한국의 고고학은 종래의 단선적인 편년관에서 벗어나 다원론적인 계통을 고려해야 하며, 이는 강원도의 경우처럼 새로운 지역적 편년의 수립이 이루어져야 한다. 또 문화의 기원에 관한 한 지역과 시기에 따라 단일 단선적인 것이 아니라 다원 · 복합적인 것이다. 그만큼 한국문화의 기원에 관한 한 아직까지 초보단계에 불과하지만 이제까지의 고고학적 증거를 보면 생각보다 여러 계통의 문화가 시기적으로 지역적으로 달리 유입되는 현상을 볼 수 있다. 이것은 한국 신석기시대의 기원이 제주도 한경면 고산리 유적(사적 412호)의 경우에서와 같이 아무르 강의 오시포프카 문화(같은 시기 horizon, collaterall, synchronic, spatial 개념으로 노보뻬트로프스카와 그라마뚜하 문화가 공존해 있다)와 연결될 가능성이 한층 높아졌으며, 그 연대도 종래 생각했던 기원전 6000년이 아니라 기원전 8000년을 올라갈 수 있게 되었다. 그리고 또 아무르 강 하류의 수추 섬에서 보는 말르이쉐보 문화기는 한국의 웅기 굴포리 서포항 2~3기의 신석기문화와 같은 유물이 출토되는 점은 아무르 강의 수추 섬-연해주의 보이즈만-함경북도 서포항 羅津 등을 연결할 수 있는 공동의 문화권 설정도 가능하다. 이는 이미 大貫靜夫의 '極東平底土器' 文化圈과도 맥을 같이 한다. 또 서해안 지구의 전형적인 즐문무늬토기는 핀란드-아무르 강의 쉴카-바이칼 호-한반도로 이어지는 문화계통보다 요녕성의 新樂과 小珠山 지구의 신석기문화와의 관련성도 생각해야 한다. 따라서 종래 한국 신석기시대의 문화의 기원만을 국한해 이야기할 때에도 단순히 북방계만으로 언급할 것이 아니라 신석기 자체 편년에 따른 다각도의 문화기원설이 제기되어야 하는 것이다. 시베리아의 청동기문화에 앞선 가장 주목되는 것은 이 지역에서 일반적으로 발견되는 즐문토기문화이다. 이 토기는 핀란드에서부터 스웨덴, 북부독일, 서북러시아의 카렐리아, 흑해 북안의 오카와 볼가 강 상류까지에 걸쳐 광범위한 분포를 보여, 후지다료사꾸[藤田亮策]와 같은 일인 학자들은 일찍이 우리 것을 북유럽에 연결시키고자 하는 시도를 해왔다. 그리고 이러한 토기는 주로 북위 55도선을 잇는 환북극(環北極)지역의 신석기시대 유적에서 많이 보이고, 최근 레나 강 지류인 알단 강 상류인 벨카친스크(기원전 4020년)와 바이칼 호 동쪽 흑룡강 상류의 쉴카 동굴에서도 발견되고 있다. 또 카자흐의 잠빌, 시베리아, 오브 강 상류인 고르노 알타이의 우코크 지역 등지에서도 발견된다. 이들 토기에는 한반도의 즐문토기에서 보이는 문양의 대부분의 요소가 보이며, 태토 또한 아주 유사하다. 우리의 토기가 북유럽에서 출발해 시베리아를 거쳐 왔다는 종래의 견해를 언뜻 수용하기에는 좀더 신중을 기하는 것이 좋을 듯하다. 왜냐하면 우리의 지역과 가장 가까운 요녕성과 길림성을 포함하는 만주지역과 북경시를 포함하는 하북성지역에서 나오는 즐문토기의 연대가 시베리아에서 나오는 토기들과 비슷하거나 좀더 올라가기 때문이다. 중국의 대표적인 유적으로는 중국 요녕성 신락(新樂, 기원전 4500년), 금주시 성내 제2 유치원 근처(기원전 3500년, 금주박물관 소장), 하북성 무안현 자산(磁山, 7300년 전, 기원전 5300년)과 천서현 서채(西寨, 6500년 전, 기원전 4550년, 이상 하북성 박물관 소장)을 들 수 있다. 앞서 언급한 수추 섬의 신석기문화 중 말르이쉐보기는 함경북도 웅기 굴포리 서포항 2~3기와 같은 것으로 알려져 한국문화의 기원이 생각보다 복잡하고 다원론적인 것을 말해주고 있기 때문이다.

즉 종전의 빗살문 토기의 단순 시베리아의 기원설은 재고 내지 폐기를 요할 때가 온 것이다. 이와 아울러 우리의 고고학 편년 중 일제시대의 식민지사관의 영향하에 만들어진 금석병용기(aneolithic, chalcolithic age)시대가 북한학자들의 노력으로 폐기되어 청동기시대로 대체된지 오래고, 그 연대의 상한도 기원전 20세기경을 오르게 되었다. 이것은 남쪽의 청동기시대 상한도 마찬가지이다. 최근 강원도 정선 북면 아우라지(기원전 1240년), 강원도 춘성군 내평, 춘천 천전리(기원전 1440년), 인천 계양구 동양동 등지의 청동기시대 조기(기원전 2000년~기원전 1500년)와 강릉시 교동, 가평읍 달전 2리, 안성 원곡 반제리 등지의 청동기시대 전기(기원전 1500년~기원전 1000년)의 유적을 비롯한 여러 유적의 상한연대가 점차 이를 증명해 주고 있다. 시베리아의 청동기시대 및 초기 철기시대는 각 지역마다 다양하게 분포하지만, 특히 한국과 관련하여 주목되는 지역은 예니세이 강 상류의 미누신스크 분지를 비롯하여 서시베리아와 우코크 지역을 중심으로 한 알타이 전역이다. 이 지방은 다시 각 지역별로, 시기별로 다양한 문화기가 있다. 현재까지 발굴자료가 증가함에 따라서 새로운 문화기가 설정되기도 하고, 기존에 나누어진 문화를 하나로 묶기도 하는 등, 이 지역의 문화를 일목요연하게 묶어보기는 어렵다. 그 문화기 중 우리의 관심을 끄는 것은 시베리아 청동기시대의 기원을 밝힐 수 있는 아파나시에보 문화기(기원전 3000년~기원전 2000년), 청동기시대 전기의 안드로노보기(기원전 1500년~기원전 1000년) (페도로보기 : 기원전 1600년~기원전 1300년), 청동기시대 후기에 해당하는 까라숙기, 초기 철기시대에 해당하는 스키타이 문화의 한 갈래인 파지리크 문화기(기원전 700년~기원전 200년) 및 따가르의 문화기 등이다. 이들 문화가 분포하는 남시베리아는 한국과 지역적으로 상당히 떨어져 있으며, 두 지역 사이의 고고학적 유적이 많지 않은 탓에 전반적인 유물조합상에 따른 비교분석은 아직 이루어지기 어렵다. 또한 우리나라에서는 청동기시대가 되면서 무문토기가 쓰이는데 반해서 시베리아 지역은 청동기시대, 나아가서 역사시대에 이르러서도 계속 즐문토기의 전통을 유지하고 있다는 점도 생각해야 할 것이다. 따라서 단순히 전체적인 기형, 문양의 특징만으로 관련성을 논하기 이전에 태토분석과 같은 자연과학적인 분석을 시도해 보는 것도 바람직하다. 시베리아 지역에 자주 나타나는 석관묘란 묘제로 보아 우리의 청동기시대의 기원을 까라숙(기원전 1000년~기원전 700년)과 따가르(기원전 700년~서기 100년)기와 연관시키려는 시도가 있으나, 석관묘는 우리나라뿐만 아니라 중국 동북지방, 오르도스 등 상당히 광범위한 지역에서 비슷한 형태로 존재한다. 또한 우리나라 및 중국 동북지방의 석관묘에서 나오는 비파형동검 및 조문경은 시베리아 지역에서는 발견되지 않는다. 따가르 문화에서 보이는 청동거울을 보면 거울의 배면에 꼭지가 하나인 單鈕이며 무늬도 다르다. 청동단검도 비파형의 형식을 가진 것은 발견된 바 없으며 검파부분의 장식도 다르다. 최근 따가르의 철검을 석검으로 모방한 예가 강원도 원주 가현리 육군병원부지에서 발견되었다. 그리고 우리나라 철기시대 전기(기원전 400년~기원전 1년)에 쓰인 세형동검 중에는 손잡이에 새 두 마리가 있는 형태의 것이 있다(이를 안테나식동검, 촉각식동검이라고도 한다). 그러한 손잡이 형태는 오스트리아의 할슈탓트에서 기원하여 남시베리아의 스키타이에서 흔히 보이는 것이다. 안테나식동검은 한반도뿐 아니라 길림지역의 세형화된 동검에서도 보이는 것으로, 이를 중심으로 시베리아에서의 구체적인 전파의 증거를 찾을 수 있다. 서남부 시베리아의 초기 철기시대를 대표하는 스키타이 문화와 한국과의 관련성은 쿠르간, 즉 봉분이 있는 적석목곽분으로 대표된다. 이것은 스키타이문화의 대표적인 무덤으로 파지리크, 베렐, 울란드릭, 우스티드, 시베, 투에크타, 바샤다르, 카란다를 비롯해 우코크 분지에서 모두 수천 기 이상 발견되었다. 스키타이인들은 초기인 기원전 9~기원전 7세기부터 초원에 거주해 왔는데, 기원전 2세기경이 되면 흑해 북안에 왕국을 세울 정도로 강성해진다. 쿠르간 봉토분은 앞에서 본 바와 같이 땅을 파고 안에 나무로 무덤방을 만들고 시체와 부장품들을 안치한 후에 위에는 돌로 둘레를 쌓고(護石) 흙으로 커다란 봉분을 만들었다. 그것의 형태와 구조는 신라의 수혈식적석목곽분과 거의 일치하는 것이다. 단지 쿠르간 봉토분의 경우 기원전 6~기원전 4세기이고 신라의 것은 서기 4~6세기의 것으로 연대적인 차이가 많이 나며, 또 중앙아시아와 우리나라 남부지방 사이의 중간지역에서 연결고리로 볼 수 있는 비슷한 유적이 나오지 않았다는 한계가 있으나, 그 관련성은 충분히 짐작할 수 있다. 또한 쿠르간 봉토분에서 발견되는 銅鍑(동복)은 중앙아시아의 유목민족이 많이 사용한 것으로 음식을 조리할 때 쓰인 것으로 보인다. 이 동복은 스키타이 뿐 아니라 중국의 북부초원지대에서도 보이며, 특히 길림지역의 楡樹 老河深(일부 학자들은 夫餘의 문화라고도 본다) 유적에서도 발견된 바가 있다. 그런데 이것과 아주 유사한 형태의 동복이 최근에 경상남도 김해의 가야시대 고분인 대성동 유적에서 발견되었다. 이 발견은 우리나라에서도 북방계 유목문화의 요소가 일정기간에 어느 정도 흡수되어 왔었음을 보여준다. 물론 이 유물은 스키타이뿐 아니라 북중국에서도 발견되는 점으로 미루어 보아 북중국을 거쳐서 한국에 들어왔을 가능성도 있다. 그러나 스키타이 문화는 기원전 9~기원전 7세기에 발생한 것으로 신라의 적석목곽분과는 적어도 수백 년 이상의 차이가 난다. 따라서 스키타이와 한국의 지리적, 시간적인 차이를 메 꾸어 줄 수 있는 유물이 없는 한, 섣불리 문화의 전파를 논하기는 어렵다.

이상에서 살펴본 바와 같이 시베리아에는 한국의 청동기문화 또는 그 이후 시기의 유물과 유적에서 유사성이 상당히 많이 존재함을 알 수 있다. 그러나 이것을 단순히 우리의 기원문제와 직접적으로 연관시키는 것은 바람직하지 않다. 이것은 철기시대 전기와 후기에서도 마찬가지일 것이다. 그러므로 이러한 부분적인 문화적 요소의 상사성을 어떻게 이해할 것인가 하는 것은 보다 체계적인 이론적인 바탕을 가지고 러시아 측의 자료를 충분히 검토한 후에야 밝혀질 수 있을 것이다. 앞으로 우리 청동기문화의 기원을 남부 시베리아에 기원을 두려던 그 동안의 시도는 전면적으로 재검토를 해야 할 것이다.

그리고 극동지역 중 아무르 지역은 타 지역에 비해 상대적으로 유적, 유물이 적은 탓에 청동기시대라고 뚜렷이 구분할 만한 유적이 발견된 예는 아직 없고, 부분적으로 청동기유물이 발견되었다. 청동기유물은 안로 강 하구, 스테파니하 골짜기, 칸돈, 사르골 지역 등에서 발견되었다. 이들 지역에서는 청동기와 함께 원저토기와 청동기를 모방한 마제석기가 공반된다. 아무르 강 하류의 에보론 호수를 비롯한 그 주변에서 청동기를 포함한 일련의 유적들이 발견되었는데, 특히 칸돈(콘돈) 유적의 신석기유적 주변에서 청동기들이 처음 발견되었다. 오클라드니코프와 데레비앙코는 이 유적들을 묶어 에보론 문화기로 부르고 있다. 그리고 초기 철기시대는 우릴기(기원전 20세기 후반~기원전 10세기 초반)와 뽈체기(기원전 5세기 : 挹婁)로 대표된다. 연해주지역, 특히 그 이 동쪽에는 시니가이기(하린스코이 근처, 시니가이 유적, 키로브스코에 Ⅰ유적), 마르가리토브카기(페름스키 Ⅱ유적, 시니 스칼르이 유적, 마략-리바로프 유적, 키예브카 유적 등), 리도브카기(블라가다트노예 Ⅱ유적, 리도브카 Ⅰ유적, 쿠르글라야 달리나 유적, 루드노예 강 둔덕에 있는 유적군) 등이 있다. 연해주지역의 초기 철기시대의 문화기로는 얀코브카기(중국에서는 錫桀米, Sidemi 문화라고도 함, 기원전 8세기~기원전 1세기), 끄로우노프까기(기원전 5~기원전 2세기, 北沃沮, 團結문화), 뽈체기(기원전 7~기원전 4세기, 挹婁), 라즈돌리기(기원전후) 등이 대표한다. 극동의 연해주에서의 마르가리토프카 문화기에서는 다양한 석재 용범과 청동무기가 발견되었다. 평저의 심발형, 단지형 호형토기들이 주를 이루며 빗살문, 점열문 등의 문양이 있다. 이 문화기에서는 신석기시대의 전통을 이은 양면잔손질을 한 석촉이 출토되었다. 시니가이 문화기도 역시 평저의 단지형, 발형, 심발형의 토기가 주를 이루며, 이들 토기상에 삼각문, 뇌문, 점열솔잎문 등의 문양이 시문되어 있다. 그밖에 방추차, 부정형의 반월형석도 등도 이 문화기의 대표적인 유물이다. 리도브카 문화기에서는 반월형 석도, 방추차, 돌괭이, 손잡이가 있는 석도, 청동기를 본뜬 석창을 비롯하여 단지형, 장경호의 토기가 대표적이다.

시베리아와 극동의 수많은 유적들을 이 짧은 글에 모두 설명할 수는 없다. 또한 개략적으로나마 정리한 유적들의 문화적 성격도 모두 검토할 수 없다. 하지만 현재까지의 연구를 검토해볼 때 생각보다 많은 요소에 공통점이 있음을 알 수 있다. 앞으로 이 관계 전공학자들에 의해 좀더 심도 있는 연구가 진행된다면 더욱더 많은 요소가 발견될 것임은 자명하다. 그럼에도 불구하고 한국문화는 시베리아로부터 단순히 단선적으로 전파되어 온 것이 아니며 문화공동체적 구조 속에서 이동과 역이동을 통한 상호 문화적 교류가 활발하였다고 보인다. 극동지역을 중심으로 전 시대에 걸쳐 교류가 있었을 것으로 보이지만 구석기 · 신석기 · 철기시대 · 역사시대에 보다 활발한 교류가 있었을 가능성이 높다. 그러나 문화적인 교류를 확인하는데 있어서 그동안 양측이 제시한 시대구분과 연대에 현격한 차이가 있다는 문제가 있다. 이 문제를 해결하는 데에는 무엇보다 양측의 연대차에 대한 검토 및 정리가 우선적으로 있어야 할 것이며, 그러한 연구를 위해서는 우선 양 지역의 자료를 양측의 학자들이 공동으로 검토해야 한다. 지금까지의 자료를 통하여 대체적으로 문화적 교류경로를 정리하여 본다면 1) 바이칼-중국 동북지방(혹은 동부몽고-중국동북지방)-한반도 서북지방-중부지방, 바이칼과 2) 아무르 지역-연해주-한반도 동북지방-동해-제주도-일본 구주 등으로 나누어 볼 수 있을 것이다. 이 교류경로는 단선적으로 위에서 아래로 온 것이 아니라 각 지역별로 끊임없는 문화적 교류 속에서 만들어진 것이다. 따라서 각 지역별로 나타나는 성격들은 대단히 복합적이며 혼합적인 특징이 나타나게 되었던 것이다. 문화의 기원에 관한 한 지역과 시기에 따라 단일 단선적인 것이 아니라 多源(多元) · 複合的인 것이다. 그만큼 한국문화의 기원에 관한 한 아직까지 초보단계에 불과하지만 이제까지의 고고학적 증거를 보면 생각보다 여러 계통의 문화가 시기적으로 지역적으로 달리 유입되는 현상을 볼 수 있다.

VI. 후언

한반도의 문화형성은 시대와 지역에 따라 그 계통이 다양하다. 이는 한국문화의 계통을 다원적인 입장에서 살펴보아야 하며 전체적인 편년을 살피기 위해 지역편년의 수립도 필요하다. 그리고 현재로서는 일부 문화적 요소에 주목해서 문화적 상관관계를 단정하기보다는 시베리아와 극동지역의 문화의 본질적인 속성을 찾는 기초적인 연구에 주력해야 할 것이다. 결국 이동경로를 설정하는 데에는 앞으로 많은 공동조사를 진행함으로써 보다 명확히 밝혀낼 수 있을 것이다. 왜냐하면 그동안 그 경로를 이어주는 유적들에 대한 자료점검도 미흡했으며, 발굴된 유적도 풍부하지 않았기 때문이다. 그래서 이들 유적에 대한 관심과 아울러 후일 그 밖의 주변지역들에 대한 발굴조사를 위한 기초 공동조사를 현재보다 더 많이 다각도로 실시하는 것이 바람직하겠다. 또한 동북아시아의 문화를 이해함에 있어서 단순히 정치적인 경계선 속에서 파악하려는 시도는 옳지 않다고 생각한다. 올바른 역사적 복원이라는 과제에 접근하기 위해서는 이들의 문화적 相似性과 相異性을 어는 특정 지역과 시기에 관계없이 잘 검토함으로써 각 시대의 문화적 공동점을 찾아내야 하며 결국은 각 시대별로 인류역사의 지도는 다시 그려지게 될 것이다.

시베리아지역[1]과 한국문화의 관련성에 대한 최초의 언급은 藤田亮策이

1) 엄밀히 말한다면 '시베리아'라는 지역은 췌랴야빈스크 시를 기점으로 서쪽으로 우랄 산맥, 동쪽으로는 바이칼 연안지역을 포괄한다. 그리고 '극동지역'은 바이칼 이동쪽에서 태평양에 맞닿는 지역을 포괄한다. 따라서 본고에서는 시베리아와 극동지역을 나누어서 살펴보겠다. 시베리아의 황인종(Mongoloid)에는 고아시아족(Palaeoasiatic people, Palaeosiberian)과 퉁구스(Tungus, Neoasiatic people)족이 있다. 고아시아족에는 축치, 꼬략, 캄차달, 유카기르, 이텔만, 켓트, 길랴끄(니비크)가, 퉁구스에는 골디(赫哲, 허저), 에벤키, 에벤, 라무트, 부리야트, 우에지, 사모예드 등이 있다. 그리고 시베리아와

즐문토기의 기원에 대해서 언급하면서부터이다. 이후 金貞培는 까라숙의 석관묘를 비롯하여, 아화나시에보에서 따가르에 걸치는 시기의 토기의 유사성에 주목하기도 하였다. 북한도 1950년대에는 우리나라 청동기시대를 시베리아와 관련성을 주장하였으나, 1960년대에 들어서면서 독자적인 발전을 주장하면서 더 이상 논의되고 있지 않는다. 이와 같이 시베리아 지역은 한국문화의 기원과 관련하여 학계의 많은 주목을 받고 있다. 하지만 그러한 관심에 비해서 정치적인 상황, 자료의 제약, 언어상의 문제로 인해서 시베리아 지역과 한국의 관련성은 구체적으로 다루어지지 못하고 英譯된 일부 자료를 단편적으로 이용하여 피상적으로 논의되는 수준이었다. 그런데 소련에서 레닌 · 스탈린 때부터 유지해온 공산주의 이념을 탈피하고 자본주의 체제의 러시아에로의 정치적 상황의 탈바꿈과 함께 이루어진 1990년 9월 30일 한-러수교 이후 한국 학자들은 러시아 학자들과 자유롭게 고고학적인 지식을 교환할 수 있게 되었으며, 또 상호협조하에 공동으로 심도있는 연구를 시도할 수 있게 되었다. 시베리아와 극동지역은 현 러시아의 우랄 산맥 근처에 위치한 췌랴뱌빈스크 시를 경계로 그 이동 지역에 위치하고 있다. 이곳에는 오브, 예니세이, 레나와 아무르 등 4대 강이 흐르고 있다. 이 강들의 많은 지류상에 우리의 문화와 관련된 유적들이 많이 보인다. 이 강들에 위치한 유적들과 그들의 문화에 대해 국내에서도 최근 활발히 소개되고 있다.

결론적으로 기원전 2000년에서 서기 300년 사이의 기간에 최초 새로이

만주(요녕성, 길림성과 흑룡강성)에서는 역사적으로, 가) 숙신-읍루-물길-말갈-흑수말갈-여진-생여진-금(1115년-1234년)-만주-청(1616년-1911년), 나) 匈奴-東胡-烏桓-鮮卑-突厥(투쥐에, 튀르크, 타쉬티크)-吐藩(투르판/티벳)-위굴(維吾爾, 回紇)-契丹(遼, 907년-1125년)-蒙古(元, 1206년-1368년), 다) 예 : 고조선, 맥 : 부여-고구려-백제/신라로 이어진다.

발견 · 조사된 고고학자료들을 동북아시아적 관점에서 본 한국고고학의 시대구분상 청동기, 철기시대 전기와 후기(삼국시대 전기)에 대한 필자의 견해는 아래와 같이 잠정적으로 정리될 수 있겠으며, 이와 같은 생각들이 밑받침되어야 앞으로의 개별적이고 구체적인 연구에 대한 새로운 방향과 전망이 이루어질 수 있겠다.

1) 한국 고고학과 고대사의 연구는 통시적 관점, 진화론적 입장, 역사적 맥락 및 통상권의 바탕 위에서 이루어져야 한다.

2) 한국문화의 계통은 각 시대에 따라 서로 다른 多元(源)的인 입장에서 파악되어야 한다. 최근 확인된 고고학 자료들은 유럽, 중국(요녕성, 길림성, 흑룡강성 등 동북삼성 포함), 몽고와 시베리아의 연해주(우수리강 포함)와 아무르 강 유역 등 한국문화의 기원이 매우 다양했음을 보여준다.

3) 남한의 청동기시대는 요녕성과 북한 지역의 경우처럼 기원전 1500년경까지 거슬러 올라가는데 그 시발점은 기원전 20~기원전 15세기경인 신석기시대 후기(말기)의 빗살-부분빗살문토기가 나타나는 유적들, 즉 강원도 춘성군 내평(소양강 수몰지구), 춘천 천전리, 경기도 가평 상면 연하리, 인천 계양구 동양동, 홍천 두촌면 철정리와 화촌면 외삼포리와 경주 충효동 유적 등 돌대문(덧띠새김무늬)토기가 공반되는 빗살문토기유적까지 거슬러 올라간다. 그리고 그 다음에 나타나는 이중구연토기, 공렬문토기/ 구순각목토기와 경질무문토기의 편년과 공반관계, 문화적 주체와 수용, 다양한 기원 등은 앞으로 학계의 중요한 연구방향이 될 것이다.

4) 신석기시대에서 청동기시대에로의 이행은 문화 계통의 다원적 기원과 함께 국지적인 문화의 수용 내지는 통합을 통해 이루어졌으며, 문화의 자연스런 계승도 엿보인다. 이러한 양상은 인천광역시 백령도 · 용유도, 경기도 시흥 능곡동, 강원도 원주 가현동, 영월 남면 연당 쌍굴, 경남 산청 소남리, 그리고 대구 북구 서변동 유적을 포함한 내륙지역에서 확인되는 전

면/부분 빗살문토기유적들에서 확인된다.

5) 우리 문화의 주체를 형성한 토착인들은 한국고고학 시대구분상 청동기시대와 철기시대 전기, 즉 기원전 1500년경에서 기원전 1년까지 한반도 전역에 산재해 있던 지석묘(고인돌) 축조인들이다. 지석묘는 그 형식상 북방식, 남방식과 개석식으로 나누어지는데, 각 형식은 서로 다른 문화 수용 현상을 보인다. 즉, 북방식과 남방식 지석묘사회는 최근 발굴조사 된 마산 진동리의 지석묘처럼 한반도 북쪽의 까라숙에서 내려온 석관묘나 중국계의 토광묘문화를 수용하기도 했으며, 한반도 남부의 철기시대 전기의 지석묘사회에서는 보다 늦게 등장한 개석식 지석묘를 기반으로 馬韓이 형성되기도 했다.

6) 청동기시대의 精靈崇拜(animism), 토테미즘(totemism), 巫敎(shamanism), 조상숭배(ancestor worship)를 거쳐 철기시대에는 환호를 중심으로 전문제사장인 天君이 다스리는 별읍(別邑)인 蘇塗가 나타난다. 이것도 일종의 무교의 형태를 띤 것으로 보이며 여기에는 조상숭배(ancestor worship)의 믿음이 종교의 형태로 강화된다. 마한의 고지에는 기원전 3~기원전 2세기부터의 단순 족장사회에서 좀더 발달한 복합족장사회인 마한이 있었다. 이는 三國志 魏志 弁辰條에 族長격인 渠帥(또는 長帥, 主帥라도 함)가 있으며 이는 격이나 규모에 따라 신지(臣智, 또는 秦支 · 踧支라고도 함), 검측(險側), 번예(樊濊), 살계(殺奚)와 읍차(邑借)로 불리고 있었음을 알 수 있다. 이는 정치 진화상 같은 시기의 沃沮의 三老, 東濊의 侯, 邑長, 三老, 그리고 挹婁의 酋長과 같은 國邑이나 邑落을 다스리던 혈연을 기반으로 하는 계급사회의 行政의 우두머리인 族長(chief)에 해당된다. 그러나 蘇塗는 당시의 복합 · 단순 족장사회의 우두머리인 세속정치 지도자인 신지, 검측, 번예, 살계와 읍차가 다스리는 영역과는 별개의 것으로 보인다. 그리고 마한에도 마찬가지 경우로 생각되나, 이들을 대표하는 王이 다스리는

국가단계의 目支國도 있었다. 그러나 天君이 다스리는 종교적 別邑인 蘇塗는, 당시의 복합 단순 족장사회의 우두머리인 渠帥의 격이나 규모에 따른 이름인 신지, 검측, 번예, 살계와 읍차가 다스리는 세속적 영역과는 별개의 것으로 보인다.

7) 철기시대의 상한은 기원전 5세기경까지 올라가며 이 시기에는 점토대토기가 사용된다. 철기시대 전기 중 말기인 기원전 1세기경에는 다리가 짧고 두터운 두형(豆形)토기가 나타나며, 이 시기 남쪽 신라에서는 나정(사적 245호)에서 보여주는 바와 같이 국가가 형성된다. 철기시대 전기와 후기(삼국시대 전기)에 보이는 점토대토기 · 흑도 · 토실과 주구묘를 포함한 여러 가지 고고학자료와 문헌에 보이는 역사적 기록들은 당시의 정치 · 사회 · 문화가 매우 복잡했음을 보여준다. 이 시기의 역사 서술은 이들을 바탕으로 이루어져야 하는데, 이는 일찍부터 기정사실로 인식되고 있는 고구려사와 같은 역사적 맥락에서 파악되어야 한다.

8) 한반도의 歷史時代가 시작되는 衛滿朝鮮의 멸망과 漢四郡의 설치는 『史記』의 편찬자인 司馬遷(기원전 145년~기원전 87년)이 37세에 일어난 사건으로, 위만조선과 낙랑 · 대방의 존재는 역사적 사실로 인정되어야 한다. 위만조선의 王儉城과 樂浪은 오늘날의 평양 일대로 보아야 한다.

9) 백제는 기원전 3~기원전 2세기에 이미 성립된 마한의 바탕 위에서 성립되었으므로 백제초기의 문화적 양상은 마한의 경우와 그리 다르지 않다. 백제의 건국연대는 『三國史記』 「백제본기」의 기록대로 기원전 18년으로 보아야 한다. 마한으로부터 할양받은 한강유역에서 출발한 백제가 강성해져 그 영역을 확장해 나감에 따라 마한의 세력 범위는 오히려 축소되어 천안-익산-나주로 그 중심지가 이동되었다. 백제 건국 연대를 포함한 『삼국사기』의 초기기록을 인정해야만 한국고대사를 무리 없이 풀어 나갈 수 있다. 그래야만 최근 문제가 되고 있는 고구려와 신라 · 백제와의 초기 관계사를

제대로 파악해 나갈 수 있다. 따라서 삼국사기의 신라, 고구려와 백제의 국가형성 연대는 그대로 인정해도 무방하다 하겠다. 그리고 앞으로 이들 국가 형성에 미친 漢/樂浪의 영향도 고려해야 한다. 따라서 삼국사기의 초기 기록을 무시하고 만든 원삼국시대란 용어의 적용은 적합하지 않다. 여기에 대해 三國時代 前期(서기 1년~서기 300년)란 용어를 대체해 쓰는 것이 좋겠다. 최근 고구려사의 연구가 활발하며 삼국사기에 기록된 고구려 관계 기사는 그대로 인정이 되고 있다. 고구려, 백제와 사의 연구가 활발하며 『三國史記』에 기록된 고구려 관계 기사는 그대로 인정이 되고 있다. 고구려, 백제와 신라의 역사적 맥락으로 볼 때 고구려의 主敵은 백제와 신라이지 원삼국이 아니라는 점이다.

10) 한성시대 백제(기원전 18년~서기 475년)도 석성을 축조했는데, 하남 이성산성(사적 422호), 이천 설봉산성(사적 423호)과 설성산성(경기도 기념물 76호), 그리고 안성 죽주산성(경기도 기념물 69호) 등이 그 좋은 예들이다. 그 석성 축조의 기원은 제 13대 근초고왕대인 서기 371년 고구려 고국원왕과의 평양 전투에서 찾을 수 있다. 고구려는 일찍이 제 2대 유리왕이 서기 3년 즙안의 國內城을 축조했고, 제 10대 산상왕 2년(서기 198년)에는 丸都山城을 축조한 바 있음으로 이들은 역사적 기정사실로 받아들여지고 있다. 이 시기는 三國時代 後期(서기 300년~서기 668년) 初에 속하나 고구려와 관련지어 볼 때 삼국시대 전기의 문화상과 무관하지 않다.

| 참고문헌 |

강인욱 · 천선행

2003 러시아 연해주 세형동검 관계유적의 고찰, 한국상고사학보 42집.

강릉대학교 박물관

1998 강릉 병산동 공항대교 접속도로 건설부지내 문화유적 발굴조사 지도위원회 자료.

2000 발굴유적유물도록.

2001 양양 지리 주거지.

강원문화재연구소

2002 춘천시 신북읍 발산리 253번지 유구확인조사 지도위원회자료.

2003 화천 생활체육공원 조성부지내 용암리유적.

2003 영월 팔괘 I.C. 문화재 시굴조사 지도위원회자료.

2004 국군 원주병원 주둔지 사업예정지역 시굴조사.

2004 동해 송정지구 주택건설사업지구내 문화유적-시굴조사 지도위원회 자료-.

2004 강릉 과학일반지방산업단지 문화유적 발굴조사.

2004 춘천 우두동직업훈련원 진입도로 확장구간내 유적발굴조사지도위원회자료.

2004 천전리 유적.

2005 춘천 천전리 유적 : 동면-신북간 도로 확장 및 포장공사구간내 유적 발굴조사 4차 지도위원회자료.

2005 정선 아우라지 유적-정선 아우라지 관광단지 조성부지 시굴조사 지도위원회의 자료-.

2005 국군 원주병원 문화재 발굴조사.

2005 춘천 천전리 유적 : 동면~신북간 도로확장 및 포장공사구간 내 유적발굴조사 4차 지도위원회자료.

2005 고성 국도 7호선(남북연결도로) 공사구간 내 유적조사 지도위원회 자료.

2005 속초 대포동 롯데호텔 건립부지 내 유적시굴조사 지도위원회 자료.

2005 국도 38호선(연하-신동간)도로 확 · 포장공사구간 내 유적 발굴조사 지도위원회 자료.

2005 강릉 입암동 671-3번지리 3필지 아파트 신축부지 내 유적 발굴조사 지도위원회자료.

2005 춘천 율문리 생물 산업단지 조성사업부지 유적.

2005 춘천 신매리 373-6 번지 유적.

2006 홍천 철정리 유적Ⅱ 지도위원회 자료.

2006 춘천-동홍천간 고속도로건설공사 문화유적 지도위원회 자료.

2006 서울-춘천 고속도록 7공구 강촌 I.C.구간 내 유적 발굴조사 지도위원회 자료-.

2006 춘천 우두동 유적-춘천 우두동 직업훈련원 진입도로 확장구간 내 유적 발굴조사 3차 지도위원회의 자료.

2006 춘천 거두 2지구 택지개발사업지구 내(북지구) 유적 발굴조사 2차 지도위원회의자료.

2006 원주 가현동 유적 3차 지도위원회의 자료.

2006 홍천 구성포-두촌간 도로 · 확포장공사내 유적 발굴조사, 홍천 철정리 유적Ⅱ.

2006 외삼포리유적 고속국도 제60호선 춘천~동 홍천간(4공구) 건설공사구간내 지도위원회의 자료.

2006 정선 아우라지유적, 정선 아우라지 선사유적 공원 조성부지 2차

발굴조사 1차 지도위원회의 자료.

2007 원주 가현동 유적-국군병원 문화재 발굴조사 제 4차 지도위원회의 자료-.

2007 홍천 철정리 유적 II -홍천 구성포-두촌간 도로 · 확포장공사내 유적 발굴조사 제 4차 지도위원회자료-.

2008 춘천-동홍천간 건설공사 구간 내 유적 발굴조사 지도위원회.

경기대학교 박물관

2004 화성 동탄면 풍성주택 신미주아파트 건축부지 문화유적 발굴조사 현장설명회자료.

경기도 박물관

1999 파주 주월리 유적.

2001 포천 자작리유적 긴급발굴조사-지도위원회자료-.

2004 포천 자작리 Ⅱ-시굴조사보고서-.

경남문화재연구원

2003 창원 외동 택지개발사업지구내 발굴조사 지도위원회자료.

2004 울산 연암동 유적발굴 지도위원회자료.

경남발전연구원 역사문화센터

2001 김해 봉황동 시굴조사 지도위원회자료.

2003 가야인 생활체험촌 조성부지내 김해 봉황동 발굴조사 지도위원회 자료집.

2005 마산 진동 유적.

경상남도 남강유적 발굴조사단

1998 남강 선사유적.

경상북도 문화재연구원

2001 대구 상동 정화 우방 팰리스 건립부지내 발굴조사 지도위원회 및

현장설명회 자료.

2002 경주 신당동 희망촌 토사절취구간내 문화유적 시굴지도위원회자료.

2003 대구-부산간 고속도로 건설구간(제4 · 5공구) 청도 송읍리 Ⅰ · Ⅲ 유적 발굴조사 지도위원회자료.

2003 포항시 호동 쓰레기 매립장 건설부지내 포한 호동취락유적 발굴조사-지도위원회 및 현장설명회자료-.

2003 성주 · 백전 · 예산 토지구획정리사업지구내 성주 예산리유적 발굴조사 지도위원회 및 현장설명회자료.

경주문화재연구소

1994 경주서악지역지표조사보고서, 학술연구총서 7.

계명대학교 박물관

2004 개교 50주년 신축박물관 개관 전시도록.

고려대학교 매장문화재연구소

2001 대전 대정동 유적.

2003 서천 도삼리유적.

공주대학교 박물관

1998 백석동유적.

2000 용원리 고분군.

국립문화재연구소 유적조사연구실

1999 '98-'99 고성문암리 신석기유적발굴조사 성과발표: 문화관광 보도자료.

2001 풍납토성 Ⅰ.

2001 나주 복암리 3호분.

2002 올림픽 미술관 및 조각공원 건립부지 발굴조사 현장지도회의 자료.

2003 연평 모이도 패총.

국립문화재연구소 한성백제학술조사단

2004 풍납동 재건축부지(410번지외) 발굴(시굴)조사 자문회의 자료.

2004 2004 풍납토성(사적 11호) 197번지 일대(구 미래마을 부지) 발굴조사 지도위원회 회의자료.

2006 풍납토성 197번지 일대 3차 발굴조사.

국립중앙박물관

2000 원주 법천리 고분군-제 2차 학술발굴조사-.

2002 원주 법천리 유적발굴조사 보고서.

군산대학교 박물관

2002 군산 산월리 유적.

기전문화재연구원

2001 기흥 구갈(3)택지개발 예정 지구내 구갈리 유적발굴조사 설명회 자료(8).

2002 용인 보종리 수지빌라트 신축공사부지내 유적 시・발굴조사 4차 지도위원회 자료.

2002 안양시 관양동 선사유적 발굴조사 지도위원회자료.

2002 연천 학곡제 개수공사지역 내 학곡리 적석총 발굴조사.

2003 화성 발안리마을 유적・기안리 제철유적발굴조사, 현장설명회자료 14.

2004 평택 현곡지방산업단지내 문화유적 발굴조사 3차 지도위원회 자료집.

2004 안성 공도 택지개발 사업부지내 유적 발굴조사, 1차 지도위원회 자료(5・6지점).

2004 경춘선 복선전철 사업구간(제 4공구)내 대성리유적 발굴조사.

2004 안양 관양동 선사유적 발굴조사보고서.

2004 오산 가장 지방산업단지내 문화유적 시굴조사.

2004 안성 공도 택지개발 사업지구내 유적발굴조사 : 2차 지도위원회 자료(1 · 3 · 5지점).

2005 안성 공도 택지개발 사업지구내 유적 발굴조사 : 3차 지도위원회 회의자료(3지점 선공사지역 · 4지점).

2006 성남~장호원 도로공사(2공구)문화유적 시굴조사 지도위원회자료.

2007 시흥 능곡택지지구개발지구내 능곡동유적 발굴조사 현장설명회 자료 30.

김권구

2003 청동기시대 영남지역의 생업과 사회, 영남대학교 대학원 박사학위 청구논문.

김민구

2007 부여 송국리유적 장방형주거지 출토 탄화목재의 연구, 한국상고사학보 55호.

김재윤

2003 한반도 각목돌대문토기의 편년과 계보, 부산대학교 대학원 문학석사 학위논문.

金貞培

1973 韓國民族文化의 起源, 고려대학교 출판부.

김원용

1983 예술과 신앙, 한국사론 13, pp. 306~333.

교육부

2002 국사, 고등학교 국사교과서, p.19.

대동문화재연구원

2006 대구 상인동 98-1번지 일원 아파트 신축부지내 문화재 발굴조사.

대한민국 문화재청 국립문화재연구소 · 러시아 과학원시베리아분소 고고민족학연구소
2000~3 러시아 아무르강 하류 수추섬 신석시대 주거유적 발굴조사보고서.

도유호
1960 조선원시고고학, 과학백과사전 출판사.

동아대학교 박물관
2000 사천 늑도 유적 3차 발굴조사자료.

목포대학교 박물관
2001 탐진 다목적(가물막이)댐 수몰지역내 문화유적 발굴조사 개요.
2002 탐진다목적댐 수몰지역내 문화유적발굴조사(2차) 지도위원회 및 현장설명회자료.

목포대학교박물관 · 동신대학교박물관
2001 금천-시계간 국가지원지방도시사업구간내 문화재발굴조사 지도위원회와 현장설명회자료.

문화공보부 문화재관리국
1974 팔당 · 소양댐 수몰지구유적발굴.

문명대
1984 대곡리 암벽조각 반구대, 동국대학교.

밀양대학교 박물관 · 동의대학교 박물관
2001 울산 야음동 유적.

방유리
2001 이천 설봉산성 출토 백제토기연구, 단국대사학과 석사학위논문.

서울대학교 박물관
2002 용유도 유적.

서울역사박물관
2003 풍납토성.

선문대학교 역사학과 발굴조사단

2000 강화 내가면 오상리 고인돌 무덤 발굴조사 현장 설명회 자료.

2002 강화 오상리 지석묘 발굴 및 복원보고서.

성균관대학교 박물관

2000 여수 화장동 유적 제 2차 조사 현장설명회 사진자료.

2004 경기도 양평군 양수리 상석정마을 발굴조사, 3차 지도위원회자료.

2004 경기도 양평군 양수리 상석정마을 발굴조사 약보고서.

석광준 · 김종현 · 김재용

2003 강안리 고연리 구룡강, 백산자료원.

세종대학교 박물관

2000 평택 지제동 유적.

2001 하남 미사동 선사유적 주변지역 시굴조사.

2002 연천 고인돌조사 현장설명회자료.

2003 포천-영중간 도로확장 구간내 유적(금주리 유적) 문화유적 발굴조사 약보고.

2005 하남 덕풍골 유적 -청동기시대의 집터 제의유적 및 고분조사-.

2005 하남 덕풍-감북간 도로확포장구간 중 4차 건설구간 문화유적 발굴조사 약보고서.

2006 하남 덕풍골 유적.

2006 남양주 가운동 고인돌유적 주변지역 지표조사 보고서.

송화섭

1992 남원 대곡리 기하문 암각화에 대하여, 백산학보 42, pp.95~134.

1994 선사시대 암각화에 나타난 석검 석촉의 양식과 상징, 한국고고학보 31, pp.45~74.

수보티나 아나스타샤

2005 철기시대 한국과 러시아 연해주의 토기문화 비교연구, 서울대학교 대학원 석사학위 논문.

순천대학교 박물관

2000 여수 화장동 문화유적 발굴조사(2차).

2001 광양 용강리 택지개발지구 2차 발굴조사회의자료.

2002 여천 화양경지정리지구 문화유적 발굴조사.

서울역사박물관 · 한신대학교

2008 서울 풍납토성 경당지구 2차 발굴조사 현장설명회 자료집.

신라대학교 가야문화연구소

1998 산청 소남리유적 발굴현장설명회.

심재연 · 김권중 · 이지현

2004 춘천 천전리 유적, 제 28회 한국고고학 전국대회 발표요지.

안재호

2000 한국농경사회의 성립, 한국고고학보 43.

연세대학교 박물관

2004 영월 연당리 피난굴(쌍굴)유적 시굴조사 현장설명회자료.

2004 연당 쌍굴: 사람, 동굴에 살다, 2004년 연세대학교 박물관 특별전 도록.

연세대학교 원주박물관

2004 안창대교 가설공사 부지내 문화유적 시굴조사 지도위원회자료.

2004 춘천 삼천동 37-12번지 주택건축부지내 문화유적시굴조사 지도위원회자료.

2005 원주 태장 4지구 임대주택 건설부지 문화유적 발굴조사 2차지도위원회 자료.

영남대학교 민족문화연구소

2003 대구 월성동 리오에셋아파트 건립부지내 문화유적 발굴조사 지도위원회 및 현장설명회자료집.

영남문화재연구원

2001 진천 코오롱아파트 신축부지내 대구 진천동 유적 발굴조사.

2002 청도 진라리유적 발굴조사 현장설명회자료.

2006 대구 대천동 공동주택 신축부지내 대구 대천동 511-2번지 유적 발굴 조사.

예맥문화재연구원

2007 동해 송정동 도로개설부지 내 유적 발굴조사 지도위원회의 자료.

울산문화재연구원

2003 울주 반구대 암각화 진입도로 부지내 유적 시굴·발굴조사 지도위원회자료집.

윤덕향

1986 남원 세전리유적 지표수습 유물보고, 전남문화논총 1집.

원광대학교 박물관

2000 익산 영등동 유적.

이숙임

2003 강원지역 점토대토기 문화연구, 한림대학교 대학원 문학석사 학위논문.

이은창

1971 고령 양전동 암각화조사보고, 고고미술 112, pp.24~40.

이훈·강종원

2001 공주 장선리 토실유적에 대한 시론, 한국상고사학보 34호.

이훈·양혜진

2004 청양 학암리 유적, 제 28회 한국고고학 전국대회 발표요지.

인하대학교 박물관

2000 인천 문학경기장내 청동기유적 발굴조사 현장설명회자료.

임세권

1994 한국 선사시대 암각화의 성격, 단국대 박사학위논문.

장명수

1992 영주 가흥동 암각화와 방패문 암각화의 성격고찰 택와 허선도선생 정년기념 한국사학논총.

정동찬

1988 울주 대곡리 선사바위그림의 연구, 손보기박사정년기념 고고인류학논총, pp.329~434.

정한덕

2000 중국고고학 연구, 학연문화사.

제주대학교 박물관

1999 제주 삼양동 유적.

제주문화예술재단 문화재연구소

2001 신제주-외도간 도로개설구간내 외도동 시굴조사 보고서.

2003 제주 국제공항확장부지내 문화유적 발굴조사-지도위원회 및 현장설명회자료-.

중앙문화재연구원

2001 논산 성동지방 산업단지 부지내 논산 원북리 유적.

2002 대전 테크노밸리 사업부지내 문화재 발굴조사 지도위원회자료.

2003 가오 주택지 개발사업지구내 대전 가오동 유적-지도 · 자문위원회자료-.

중원문화재연구소

2004 고속국도 40호선 안성-음성간(제5공구)건설공사 사업부지내 안

성 반제리 유적 발굴조사.

2005 중앙선 덕소-원주간 복선전철 제 15-17지구 삼성리유적 발굴조사 지도위원회 자료.

2006 청원 I.C.~부용간 도로공사 구간내 남성골 유적 시 · 발굴조사 - 지도위원회 및 현장설명회자료.

2006 양평 오빈리 유적, 중앙선 덕소-원주간 복선전철 구간내 제5공구 1지역 문화유적 발굴조사.

최몽룡

1973 원시채석문제에 관한 일소고, 고고미술 119, pp.18~21.

1985 고고분야, 일본 對馬 · 壹岐島종합학술조사보고서, 서울신문사.

1987 欣岩里 先史聚落址の 特性, 한국고고학보 20, pp.5~21.

1993 한국문화의 원류를 찾아서, 학연문화사.

1997 청동기시대와 철기시대, 한국사 3, 국사편찬위원회.

1999 나주지역 고대문화의 특성, 복암리고분군, 전남대학교박물관.

1999 철기문화와 위만조선, 고조선문화연구, 한국정신문화연구원.

2000 21세기의 한국고고학, 21세기의 한국사학, 한국사론 30.

2000 흙과 인류, 주류성.

2002 선사문화와 국가형성, 고등학교 국사, 교육인적자원부.

2002 고고학으로 본 문화계통, 한국사 1, 국사편찬위원회.

2006 최근의 고고학 자료로 본 한국고고학 · 고대사의 신연구, 주류성.

2006 위만조선 연구의 신국면을 맞아, 계간 한국의고고학 창간호.

2006 최근 경기도에서 발굴 조사된 고구려 유적과 그 역사적 맥락, 경기도박물관 1월 19일) 우리곁의 고구려전 기조강연.

2006 다원론의 입장에서 본 한국문화의 기원과 시베리아, 한 · 러 공동 발굴특별전 아무르 · 연해주의 신비, 국립문화재연구소.

2006 영산강유역의 고대문화-청동기, 철기시대와 마한-, 나주시 · 동신대박물관.

2006 마한연구의 새로운 방향과 과제, 충청남도역사문화원.

2006 장사 마왕퇴 전한고분 -고구려 고분벽화와 관련된 몇 가지 단상-, 한국의 고고학 겨울호, 주류성.

2006 철기시대의 새로운 연구방향, 강원고고학회 2006년 추계학술대회.

2007 최근의 고고학자료로 본 한국 고고학 · 고대사의 신 연구, 주류성.

2007 동북아시아적 관점에서 본 한국청동기 · 철기시대 연구의 신경향-다원론적 입장에서 본 한국문화의 기원과 편년설정-, 제 35회 한국상고사학회 학술발표회 pp.1-48.

2008 한국 청동기 · 철기시대와 고대사회의 복원, 주류성.

2008 多源論의 입장에서 본 한국문화의 기원과 시베리아, 동북아세아문화학회 제 16회국제학술대회, Far-Eastern Narional Technial University, Vladivostok pp.3-26.

최몽룡 · 김경택

2005 한성시대 백제와 마한, 주류성.

최몽룡 · 김선우

2000 한국지석묘연구 이론과 방법-계급사회의 발생-, 주류성.

최몽룡 외

1999 덕적군도의 고고학적 조사연구, 서울대학교 박물관.

최몽룡 · 유한일

1987 삼천포시 늑도 토기편의 과학적 분석, 삼불 김원용교수 정년퇴임 기념논총 I.

최몽룡 · 신숙정 · 이동영

1996 고고학과 자연과학-토기편-, 서울대학교 출판부.

최몽룡 · 최성락 · 신숙정

1998 고고학연구방법론-자연과학의 응용-, 서울대학교 출판부.

최몽룡 · 최성락

1997 한국고대국가형성론, 서울대학교 출판부.

최몽룡 · 이청규 · 김범철 · 양동윤

1999 경주 금장리 무문토기유적, 서울대학교 박물관.

최몽룡 · 이헌종 · 강인욱

2003 시베리아의 선사고고학, 주류성.

최성락

2001 고고학여정, 주류성.

2002 삼국의 성립과 발전기의 영산강유역, 한국상고사학보 37호.

최성락 · 김건수

2002 철기시대 패총의 형성배경, 호남고고학보 15집.

최정필 · 하문식 · 황보경

2000 평택 지제동 유적, 세종대학교 박물관.

충남대학교박물관

1999 대전 궁동유적 발굴조사.

2001 대전 장대지구 문화유적 발굴조사 지도위원회 회의자료.

2001 아산 테크노 콤플렉스 지방산업단지 조성부지내 아산 명암리 유적

충청남도 역사문화원

2002 부여 백제역사재현단지 조성부지내 문화유적조사 발굴약보고, 부여 · 합정리 Ⅱ.

2003 공주 의당농공단지 조성부지내 발굴조사 : 공주 수촌리 유적.

2004 서산 음암 대여 아파트 신축공사부지내 서산 부장리 유적 현장설명회자료.

2005 공주 우성씨에스 장기공장 신축부지내 문화유적 발굴조사 개략 보고서.

2005 계룡 포스코 The#아파트 신축공사부지내 문화유적 시굴조사 현장설명회.

2006 아산 탕정 LCD단지 조성부지내(2구역)내 문화유적 발굴조사 1차 현장설명회[2-1 지점 발굴조사 및 1지점 시굴조사].

2007 아산 탕정 LCD단지 조성부지 〈2구역〉내 2-2 지점 문화유적 발굴조사.

2007 아산 탕정 T/C 일반산업단지 확장부지내 II지점 문화유적 발굴조사.

2007 아산 탕정 LCD단지 조성부지[2구역]내 문화유적 발굴조사 5차 현장설명회자료[3지점 발굴조사].

2008 아산 탕정 제2일반지방산업단지 조성부지내 1지역 1지점 문화유적 시굴조사 현장설명회자료.

충북대학교 박물관

2000 박물관안내.

2001 청원 I.C.~부용간 도로확장 및 포장공사구간 남산골산성 및 주변 유적발굴조사 현장설명회 자료.

충북대학교 중원문화연구소

1999 청주 정북동토성 Ⅰ.

충청매장문화재연구원

2001 대전 월평동 산성.

2002 천안 운전리유적 현장설명회자료.

2002 대전 자운대 군사시설공사 사업부지내 자운동 · 추목동 유적 발굴조사 현장설명회자료.

2002 장항–군산간 철도연결사업 구간내 군산 내흥동 유적.

2002 국도 32호선 서산–당진간 국도확장 및 포장공사구간내 문화유적 발굴조사–1차 현장설명회 회의자료.

한국문화재보호재단

2000 청주 용암유적(Ⅰ · Ⅱ).

2000 청주 송절동유적.

2001 하남 천왕사지 시굴조사–지도위원회자료–

2002 제천 신월토지구획 정리사업지구내 문화유적발굴조사 지도위원회자료.

2002 인천 원당지구 1 · 2구역 문화유적 발굴조사–1차 지도위원회자료–.

2002 인천 검단 2지구 1 · 2구역 문화유적 시굴조사–지도위원회자료.

2002 시흥 목감중학교 시설사업 예정부지 문화유적 발굴조사–지도위원회자료–.

2003 울산권 확장 상수도(대곡댐)사업 평입부지내 3차 발 및 4차 시굴조사 약보고서.

2003 인천 검단 2지구 2구역 문화유적 발굴조사–지도위원회 자료–.

2003 인천 불로지구 문화유적 시굴조사–지도위원회자료–.

2003 인천 원당지구 4구역 문화유적 발굴조사–4차 지도위원회자료–.

2004 인천 원당지구 4구역 문화유적 발굴조사–6차 지도위원회자료–.

2004 인천 동양택지개발사업지구(1지구)문화유적 발굴조사 지도위원회자료.

2005/2006, 신갈–수지간 도로 확 · 포장공사 예정구간 문화유적 발굴조사–3차 및 6차 지도위원회의 자료.

2006 성남 판교지구 문화유적 1차 발굴조사–3차 지도위원회의 자료–.

2007 성남판교지구 문화유적 1차 발굴조사-4차 지도위원회자료-.

한국역사민속학회

1995 한국 암각화의 세계.

한국토지공사 토지박물관

2001 연천 군남제 개수지역 문화재 시굴조사 지도위원회자료.

2005 개성공업지구 1단계 문화유적 남북공동조사보고서.

2006 연천 호루고루(2차 발굴조사 현장 설명회자료).

한림대학교 박물관

2002 경춘선 복선전철 제 6공구 가평역사부지 문화유적 시굴조사.

2003 동해고속도로 확장 · 신설구간(송림리)문화유적 발굴조사보고서.

2003 경춘선 복선전철 제6공구 가평역사부지내 문화유적 발굴조사 지도위원회자료.

2004 경춘선 복선전철 제5공구내 청평리유적 문화재 시굴조사 지도위원회 자료집.

2005 공근 문화마을 조성사업 문화재 발굴조사 지도위원회 자료집.

2005 청평-현리 도로공사 중 매장문화재 발굴조사지구(C지구) 지도위원회 자료집.

2005/2006, 춘천 천전리 121-16번지 내 문화유적 발굴조사 지도위원회 자료집.

한백문화재연구원

2006 서울-춘천고속도로 5공구 내 유적발굴조사 1차 지도위원회 자료집.

2006 청평-현리 도로공사 예정구간 문화재 발굴조사(A지구) 지도위원회 자료집.

2006 청평-현리 도로공사 예정구간 문화재 연장 발굴조사(A-다지구) 지도위원회 자료집.

2007 서울-춘천 고속도로 5공구 I,J,K지구 시(발)굴조사 2차 지도위원회자료집.

2007 청평-현리 도로공사 예정구간 A지구 2차 연장발굴조사 지도위원회 자료집.

한신대학교 박물관

2002 화성 천천리유적.

한양대학교 박물관

1996 부천 고강동 선사유적 발굴조사보고서, 한양대학교 박물관/문화인류학과 총서 제 9집.

1998 부천 고강동 선사유적 제 2차 발굴조사보고서, 한양대학교박물관/문화인류학과 총서 제 11집.

1999 부천 고강동 선사유적 제 3차 발굴조사보고서, 한양대학교 박물관/문화인류학과 총서 제 13집.

2000 이성산성(제8차 발굴조사보고서).

2001 이성산성 제9차 발굴조사 현장설명회.

2000 부천 고강동 선사유적 제4차 발굴조사보고서, 한양대학교 박물관/문화인류학과 총서 제 17집.

한양대학교 문화재연구소

2002 부천 고강동 선사유적 제5차 발굴조사 보고서.

2004 부천 고강동 선사유적 제6차 발굴조사 지도위원회자료.

2005 부천 고강동 선사유적 제7차 발굴조사 지도위원회자료.

호남문화재연구원

2003 전주시 관내 국도대체 우회도로(이서-용정) 건설구간내 완주갈동 유적 현장설명회자료.

홍미영 · 니나 코노넨코

2005　남양주 호평동 유적의 흑요석제 석기와 그 사용, 한국구석기학보 제12호.

홍미영 외

2008　남양주 호평동 구석기유적, 한국토지공사.

홍형우

2006　아무르강 유역 및 연해주의 철기시대, 한 · 러공동발굴특별전 아무르 · 연해주의 신비 강연회 자료집.

황용훈

1987　동북아시아의 암각화, 민음사.

藤尾愼一郎

2002　朝鮮半島의 突帶文土器, 韓半島考古學論叢, 東京.

中山清隆

2002　繩文文化と大陸系文物, 繩文時代の渡來文化, 雄山閣.

大貫靜夫

1992　豆滿江流域お中心とする日本海沿岸の極東平底土器 先史考古學論集 제2집, pp.42~78.

1998　東北あじあの考古學, 同成社, p.38.

藤田亮策

1930　櫛目文土器の分布に就いて, 青丘學叢 2號.

ユーリ · M.リシリエフ

2000　キア遺跡の岩面刻畵, 民族藝術 vol.16, 民族藝術學會, pp.71~78.

Alexei Okladnikov

1981　*Art of Amur*, Harry N.Abrams, INC., Pb. Newyork, p.92.

Arxeologia USSR

1987　*Bronze Period of Forest Region in USSR*, Moskva, p.357.

A. P. Derevianko

1973 *Early Iron Age in Priamurie*, Novosibirsk.

1976 *Priamurie* –B.C.1st Millenium, Novosibirsk.

E. I. Derevianko

1994 *Culturial Ties in the Past and the Development cultures in the Far Eastern Area*, 韓國上古史學報 第16號.

Eric Deldon et al. ed.

2000 *Encyclopedia of Human Evolution and Prehistory*, Garland Pb.co., New York & London.

Glyn Daniel

1970 *A Hundred Years of Archaeology*, Gerald Duckworth & Co. Ltd.

Prudence Rice

1987 *Pottery Analysis–A source book–*, Chicago & London: University of Chicago.

Timothy Taylor

1996 *The Prehistory of Sex, Bantam Books*, New York Toronto.

Yves Coppens & Henry de Lumley(Pr face)

2001 *Histoire D'ancêtres*, Artcom.

V. Medvedev

1994 ガシャ遺跡とロシア地區東部における土器出現の問題について, 小野昭・鈴木俊成編, 環日本海地域の土器出現の様相, 雄山閣, pp.9~20.

〈Abstract〉

New Perspectives in the Research of the Korean Bronze, and Former & Later Iron Ages

-The Origin of the Korean Culture and Northeast Asia in terms of the Polyhedral Theory, and Establishing New Chronology-

Choi Mong-Lyong

Professor of Seoul National University

Since the normalization of diplomatic relations between Korea and Russia, and China according to the treaty on September 30, 1990, and on August 24, 1992 respectively, a lot of archaeological information flow has been made it possible for Korean archaeologists confirm the origin of Korean culture and establish new chronology of Korea Bronze and Iron Ages in terms of polyhedral theory. And the origins of the Korean culture are thought to have been applied with polyhedral or polyphyletic theory as far as Northeast Asia centering on Siberia is concerned. Siberia, northeastern China and Mongolia are the most important melting places from which various cultural elements regardless time and space are diffused according to the chronology of Korean archaeology. Such archaeological evidence based upon relics and artefacts as comb-patterned pottery, plain-coarse pottery with band appliqué, stone cist, antennae sword, petroglyph et alii.

are representative for identifying the cultural diffusion and relationship between Northeast Asia and Korean peninsula, and especially the origin of Korean culture through the Palaeolithic/Mesolithic Age(or Transitional Period, 10000? BC~8000 BC), Neolithic Age (8000 BC~2000/1500 BC), Bronze Age(1500/2000 BC~400 BC) the Former Iron Age(400 BC~1 BC) and Later Iron Age or Former Three Kingdoms Period(1 AD-300 AD) during the prehistoric times of Korea. They can be traced back to such northern places adjacent to the Korean peninsula as the Amur river valley region and the Maritime Province of Siberia including the Ussuri river basin, Mongolia, and the Manchuria(the northeastern three provinces) of northern China, which means that surrounding northern part of the Korean peninsula is to be revalued as the places of the origin and diffusion of Korean culture, as already shown from the recently found archeological remains and artefacts in the whole Korean territory.

And also new perspectives in the Bronze and Iron Age of Korean Archaelogy in terms of polyhedral theory has made it possible that analysis and synthesis of archaeological data from the various sites excavated so far by several institutes nationwide and abroad provided a critical opportunity to reconsider archaeological cultures and chronology of Korean Bronze, Iron Ages and Former Three Kingdoms Period, and I have tried to present my own chronology and sub-periodization of Korean Bronze and Iron Ages with some suggestions, including a new perspective for future studies in this field.

Though it is still a hypothesis under consideration, the Korean Bronze Age(2000/1500 BC~400 BC) can be divided into four phases based on distinctive pottery types as follows :

1. Initial Bronze Age(2000 BC~1500 BC) : a pottery type in the transitional stage from Jeulmun comb pattern pottery to plain coarse pottery with band appliqué decoration on the rim, and plain coarse pottery with double rim or Jeulmun pottery decoration.

2. Early Bronze Age(1500 BC~1000 BC) : double rimmed plain coarse pottery with incised short slant line design on the rim.

3. Middle Bronze Age(1000 BC~600 BC) : pottery with a chain of hole-shaped decoration on the rim and pottery with dentate design on the rim.

4. Late Bronze Age(600 BC~400 BC) : high temperature fired plain coarse pottery(700~850℃).

The Former Iron Age(400 BC~1 BC) can be divided into two phases based on distinctive set of artifacts as follows as well :

1. Iron Age A(earlier phase) : pottery types such as high temperature fired plain coarse pottery(700~850℃) and pottery with clay strip decoration on the rim(section : round), mould-made iron implements and bronze implements such as phase Ⅰ Korean style dagger, dagger-axe, fine liner design mirror, ax, spear and chisel.

2. Iron Age B(later phase) : bronze implements such as type Ⅱ Korean style dagger, horse equipments and chariots, forged iron implements and pottery with clay strip decoration on the rim(section: triangle).

On the other hand, cross-section shape of clay strip attached to pottery can be a criterion to divide the Iron Age into three phases. The shape of clay strip had been changed in the order of section with round phase Ⅰ, rectangular phase Ⅱ and triangular shapes phase Ⅲ, and each shape of the cross-section represent each phases of the Former Iron Age, respectively.

All the three types of clay strip potteries in terms of the section on the rim of surface, usually accompanied by the Korean type bronze dagger, are buried in the earthen pit tomb, indicating the beginning of the Former Iron Age(ca 400 B.C.) in Korean peninsula.

Korean academic circles have to fully accept a record illustrated in the Samguksagi(三國史記) as a historical fact that King Onjo, the first king of Baekje Kingdom, founded Baekje(百濟) in the territory of Mahan in 18 BC during the Later Iron Age, or Former Three Kingdoms Period, Baekje had been coexisted with Lolang(樂浪) and Mahan(馬韓) in the Korean Peninsula with close and active interrelations forming an interaction sphere. Without full acceptance of the early records of the Samguksagi, it is impossible to obtain any productive scholarly outcome in the study of ancient Korea. For quite a long time period, Korean archaeological circles have used a concept and term of Proto-Three Kingdom Period. However, it is time to replace the inappropriate and illogical term and concept, the Proto-Three Kingdom Period with the Later Iron Age or the Former Three Kingdoms Period(AD 1~AD 300).

型式論과 系統論

- 日本 帝國主義 考古學의 物質文化 解釋에 대한 비판적 검토 -

李盛周*

Ⅰ. 머리말

한국의 고고학, 즉 한국의 과거에 대한 근대적인 고고학 연구는 日本 帝國主義 時代에 시작되었다. 일제 강점기 직전부터 고고학적 조사를 목적으로 한국을 방문한 일본인 고고학자들 즉 鳥居龍藏, 八木奘三郎, 關野貞 등의 활동(齊藤忠 1974a, 高正龍 1996, 高橋潔 2001)으로부터 시작하여 朝鮮總督府가 中樞院에 古蹟調査委員會를 두고 고고학 조사를 제도적으로 실천하기 시작하였다. 이렇게 한국의 고고학은 일본 제국주의 고고학에서 출발하였고(西川宏 1970a) 이 고고학 실천은 해방 후 한국고고학계가 일제시대

* 강릉대학교 사학과

성과에 거의 전적으로 의존해야 했을 정도로, 상당한 수준으로 축적되었다. 해방 이후 한국 고고학의 연구는 한국인 연구자에게 넘어 왔다. 물론 해방 이후에도 한국의 고고학은 당분간 日本 考古學者들에 의해 더 많은 연구가 이루어졌지만 적어도 유적을 발굴하는 권한은 우리가 넘겨받았다. 日本 帝國主義 考古學으로부터 시작하였으나 韓國考古學이 한국의 고고학이려면 일본 제국주의 고고학과는 다른 방향을 모색해야 했다. 말하자면 비판과 함께 그 대안이 모색되어야 했다.

적어도 남한과 북한에서 비판의 공통기초는 民族主義의 觀點이었다. 간단히 말해 우리 민족의 역사와 문화를 제대로 이해하려면 제국주의 고고학자들이 왜곡시킨 해석들을 바로 잡아야 한다는 관점이다. 그간 植民地時代 일본 제국주의 고고학에 대한 비판은 대체로 두 가지 방향으로 요약될 듯 싶다. 첫째는 제국주의 고고학자들이 식민사관에 기초하여 한국의 과거를 해석했기 때문에 사실을 왜곡하였고, 왜곡하는데 고고학자료를 이용했다는 점에 비판의 초점을 두고 있다(李進熙 1964, 西川宏 1970a, 申叔靜 1993). 근래에 인류학의 관점에서 식민지 지배 이데올로기를 합리화하는데 고고학 자료를 포함한 물질문화를 표상하는 전략이 맞추어져 있다고 비판하는 것(전경수 1998, 최석영 2001)도 식민사관에 대한 저항의 일부라고 본다. 둘째로는 일본 제국주의 고고학자들의 발굴 수준이 저급하고 적어도 고고학 자료를 함부로 다루고 있다는 비판이다(李熙濬 1987, 1990). 그러나 일제시대 한국에서 고고학적 활동을 했던 사람들은 해방 후에 자신들의 고고학적 실천이 결코 소홀하지 않았다고 변론한다(藤田亮策 1951, 梅原末治 1969). 어쩌면 이 두 가지 관점은 植民史觀을 民族主義 입장에서 비판하고 고고학 조사연구의 시대적인 한계를 현재의 수준에서 비판하는 다소 상대적이며 지금은 식상해진 관점이 아닌가 싶다.

비판은 대안의 모색을 위한 것이어야 한다. 그 대안의 모색이 무엇이었는가는 남한과 북한 고고학계의 입장이 달랐고, 남한의 경우 그것이 진정한 제국주의 고고학의 대안이었는가는 좀 더 체계적인 고찰을 필요로 한다.

우리의 20세기는 그 앞쪽 반이 식민체제였고 나머지 반은 분단체제이다. 물론 세계사적으로 보아 植民地時代-脫植民地時代, 冷戰時代-脫冷戰時代 경험을 함께 하고 있지만 식민체제 이후 분단체제로 접어든 우리 20세기는 세계사의 한 부분으로 특수한 역사이다. 식민체제에서 우리의 지적인 탐구를 통제해 왔던 규율이 있었듯이 분단체제에서 우리의 사고에 한계를 지워주웠던 이념이 있었다. 일찍이 근대 고고학의 해석을 결정적으로 지배해온 것은 民族主義, 帝國主義, 植民主義 정치이념이라는 지적이 있었다(Trigger 1984). 특히 제 지역의 民族中心主義는 脫植民地化의 시대에도 세계 제 지역 고고학의 담론에 지속적으로 영향력을 행사해 왔다.

식민체제 하에서나 해방 이후의 체제에 있어서 이념적인 규율이 우리의 지적 사고에 부정적 영향력을 행사해 온 것에 대해 비판하는 것이 이 논문의 목적은 아니다. 즉 노골화된 이념적 표현을 논박하고자 하는 것이 이 논문의 목적은 아니라는 것이다. 이 논문에서는 고고학이란 학문의 분과를 과학이라고 규정하고 과학적인 것이 되기 위해 모색했던 고고학의 방법론과 해석에서 이념적인 문제점을 찾고자 한다. 과학적이라 주장되어 온 고고학의 담론에서 제국주의 이념에 의해 영향 받고 규제되어 온 부분들을 찾아내어 검토해 보고자 한다. 어쩌면 우리는 식민사관의 비판이란 차원에서는 세부적인 수정이 남아 있더라도 충분히 논의한 것 같다. 그러면서도 작금에 제국주의시대 고고학을 근본적으로 극복하지 못하고 있는 것은 식민사관을 비판하지 못해서가 아닌 듯 싶다(李盛周 1995).

여기서 필자는 型式論이란 方法論으로 系統論이란 考古學的 關心에 답하려는 연구관점을 비판적으로 검토해 보고자 한다. 이러한 관점은 식민지시대를 벗어난 지금에도 우리에게 남아 있어 정치사적 상상력이 발휘된 유물중심주의 연구들로 반복되어 등장하고는 한다. 필자는 이 글을 통해 그러한 전제들의 근원을 찾으면 일본 제국주의시대 고고학의 전제에 다다른다고 말하려고 한다. 그리고 본 논문에서는 이 현실을 한국 고고학이 20세기의 체제교체를 특수하게 경험하면서 가지게 된 문제점이라고 주장할 것이다.

II. 帝國主義 考古學의 方法으로서 型式論

日本考古學者에 대한 自評(都出比呂志 1995)이나 英美考古學者들의 지적에서도 일본고고학은 "遺物中心의 硏究" 혹은 "型式學 爲主의 硏究"라는 지적을 받는다(Barnes 1993: 39). 물론 우리 고고학도 서구고고학자들의 눈에는 그렇게 평가되는 것을 보면(Nelson 1983, 1993: 2) 韓·中·日 동양 삼국의 고고학이 민족주의적 관심에 傾倒된 고고학이며, 遺物中心의 型式學的 方法論에 치중한다는 것을 공통점으로 지적하는 것도 사실이다.

型式論 혹은 형식학적 방법은 濱田耕作에 의해 유럽으로부터 처음으로 일본 고고학에 도입(濱田耕作 1922)되었다고 한다(橫山浩一 1985: 大井晴男 1987: 27). 濱田耕作은 1922년도에 당시로는 처음으로 고고학입문서라 할 만한 책을 간행하는데 고고학의 방법론으로 형식학에 대해 설명하고 있다. 적어도 濱田耕作에게 型式論이란 것은 무엇보다도 편년에 필요한 도구였다. 濱田耕作이 고고학의 방법이라고 말한 層位學的 方法, 型式學的 方法, 土俗學的 方法 등 중에(濱田耕作 1922: 102-12), 형식학적 방법은 일종의 편년의 수단으로 간주되어 왔다. 濱田은 형식학적 방법에 대해

"人類의 製作品은 生物界의 현상과 같이 새로운 형식은 오래된 형식으로부터 변화되어 온 것으로 세월과 함께 簡單自然的인 것에서 複雜人爲的인 것으로 되어 가는 進化論的 원칙에 따른다. 이 방법으로 하나의 형식과 다른 형식 사이의 선후를 상대적으로 추정할 수 있다(濱田耕作 1922: 105)."

라고 말하는 것을 보면 형식학적인 방법을 상대연대의 결정수단 이상으로 생각하지는 않았던 것 같다.

濱田耕作이 소개한 型式論은 遺物을 통해 과거를 알아낸다는 지극히 상식적인 수준의 전제에서 고고학의 기본적인 방법론으로 받아들여졌던 것으로 보인다. 그런데 型式論에 대해 日帝時代 考古學者들이 취한 태도는 상이하다. 첫째, 철저히 형식학적 방법을 실천했던 연구자들이 있는데 이들도 형식학에 대한 이해의 방식은 조금 달랐다. 예컨대 中谷治宇二郎이나 小林行雄의 경우처럼 형식의 본질에 대한 논의로부터 형식학적 방법 그 자체에 대해 개념적인 분석을 당시로서는 꽤 심도 있게 진행시킨 연구자가 있는가 하면, 山內淸男과 같이 상당히 치밀한 형식분류를 시도하고 型式이나 樣式의 용어를 자주 쓰면서도 개념적인 분석은 회피한 연구자도 있었다. 둘째로 型式學 그 자체에 대한 논의에도 관심이 없고 형식학을 철저하게 실천하지도 않았던 연구자가 있었는데, 굳이 예를 들자면 일제시대 한국에서 활동했던 官學者 그룹이 대부분은 그러한 경우이다. 형식학에 대한 개념적인 분석을 하였거나 형식학의 실천에 철저했던 연구자들은 관학자로 대우받은 연구자도 아니고 비교적 젊은 연구자에 속하였기 때문에 그들의 연구가 당시 학계에 어떻게 받아들여졌고 어떠한 영향을 끼쳤는지는 분명하지 않다. 다만 제국주의 고고학자들에게 형식학적 방법이 고고학의 기본적 절차로 받아들여 왔다는 것은 인정되기 때문에 상당한 관심의 대상은 되었으리라 생각된다. 그러나 이차 세계대전 후에 일본 고고학 연구자들은 형식학의 절차와 방법에 대해 개별 논문마다 나름대로 심각하게 논의해 온 것이 사실이다.

현대적인 관점에서 보면 型式이란 고고학 분류절차의 결과로서 정의되는 운영적이고 개념적인 단위이다[1]. 만일 인간행위의 특정한 방식에 의해 유물에 반복적으로 나타나기 때문에 인지되고 논의되어야 할 유형이 있다면 그것은 양식(style)이라고 해두는 것이 적절할 것이다. 그런데 일본 제국주의 고고학의 형식론에서는 도구적인 단위개념과 역사적 문화적 실체를 개념화한 단위를 혼동하여 항상 形式, 型式, 樣式을 실체로서의 단위와 연결시키려고 노력해 왔다. 濱田耕作이 소개하는 고고학의 방법론은 앞서 말한 세 가지이고, 中谷治宇二郎은 여기에 綜合的硏究法과 心理學的硏究法을 추가하고 있다(中谷治宇二郎 1943: 45-64). 심리학적 연구법은 지금 보면 논의의 대상이 되기 어려운 방법론이기 때문에 제외해두는 것이 나을 듯싶다. 현대적 관점에서 유물의 출토상황에 대한 인식의 문제가 층위적 방법이라면 문화단위의 시공적인 관계와 같은 분석의 방법이나 인류학적인 유추의 문제를 종합적인 방법과 토속학적인 방법이라고 다루는 것 같다. 그런데 中谷이나 小林과 같은 연구자는 형식학적 방법에 대해 유물분류의 기법으로서 한정시켜 설명하지 않았다. 형식에 대한 확장된 논의를 통해 形式, 型式, 樣式의 본질에 대해 설명하면서 그것을 역사적 실체에 연

1) 현대 영미고고학에서 학사적인 연구가 아니고서는 사실 형식학(typology)이란 단어를 찾아보기가 어려울 정도이다. Type이란 말은 교과서에도 나오고 특히 유물이나 유적을 상대편년할 때 형식학(typology)인 작업을 하면서도 거의 이론적, 방법론적 논의의 대상으로 여기지 않는다. 아마 야외고고학자로 분류될 만한 연구자와 과학철학자가 공동으로 집필한 1991년도 형식학에 대한 연구서가 마지막 작업인 듯하다(Adams and Adams 1991). 19세기 후반과 20세기 전반의 특히 북유럽 고고학자 및 문화사고고학자들에게 방법론의 대표와 같이 여겨지던 것과 견주어 보면 형식학은 그 지위가 많이 하락한 셈이다.

결 지우려 했다.

谷治宇二郎은 고고학의 방법으로서 形態的分析法에 대해

> "같은 종류의 遺物을 가급적 많이 모아서 그 類를 나누고, 樣式을 결집시켜, 樣式內의 變異와 다른 樣式과의 關係를 살피는 것"(中谷治宇二郎 1929, 1943: 50)

라고 하면서 형식 분류의 기본개념에 대해 설명한다. 그리고 形式(form)과 型式(type), 그리고 樣式(style)과 型(pattern)을 구분하는데, 고고학에서 유물분류가 단순한 분류가 아니라 일종의 (位階的)分類體系(taxonomy)의 성격을 가지고 있다고 보았던 것 같다. "形式은 엄밀히 말하면 生物學에서의 종과 같은 것이고 하나의 遺物形式 안에서 AB의 型式을 나눌 수 있다는 것이다.

> "遺物이 文化的 所産이고 그 形式의 變化를 追求하는 일이 바로 文化推移의 方向을 추구하는 것... 分類는 결국 主觀의 문제이다. 主觀을 이끌어 내는 것은 自身이 어떤 하나의 學問的 立場에서 決定하는 것이고 그것은 客觀的인 형에 대한 觀察과 상치된다(中谷治宇二郎 1929, 1943: 51-6)."

이라고 하면서 대상으로서의 유물은 객관적인 실체이며 그것을 관찰한 결과도 객관적인 요소들이지만 그 요소들 중에 필요한 것을 선택하여 형식이나 양식을 파악하는 것은 주관적이라고 보는 것이다. 中谷은 관찰의 이론 의존성을 이해하지는 못했지만 있는 그대로를 찾는 분류가 아니라는 "分類의 任意性"에 대한 인식은 분명히 가진 듯하다. 이러한 인식은 小林行雄이 樣式概念의 歷史化라는 논의를 할 때 다시 드러난다.

매몰된 문화를 유물과 함께 파내어야만 하는 고고학자에게는 문헌사가처럼 사료의 진위(의 판정)으로부터 시작할 필요가 없다. 잃어버린 세계의 전양상을 파악하기 위해서 ……가능한 방법을 다하여 유물을 모사하고 현실의 뛰어넘기 어려운 다양성을 있는 그대로 포착하기 위한 노력…… 역사학 일반이 성립될 수 있도록 하는 방법은 중요한 것을 선택하고 관련에 따라서 통일종합하는 것이다. 과학적 연구는 사물을 있는 그대로 제시하는 것이 아니다(小林行雄 1933: 223-4).

고고학에 있어서 대상의 양식이라는 것은 그 내용으로서 대상의 외적표현일 뿐만 아니라 대상의 배후에 존재하는 일체의 문화사적 관계 - 예를 들면 精神史的 背景, 社會的 生産過程 등 - 를 내포하는 것이다(小林行雄 1933: 228).

"시대성을 가진 요소"를 선별하여 분류를 행하는 일은 어떻게 이루어지며 그 이론적 필연성은 어떻게 생각할 수 있는가? ……유물형태 중에서 그 변화가 시간적 의미를 가지는 것을 선별 ……한 시대에서 다른 시대로의 시간적 추이를 최대한 명료하게 표시하는 일이다. ……양식개념의 역사화는 개성을 時空論에 고정시키고 樣式과 樣式保持者에 의해 기초지움으로써 時代樣式 …… 地域樣式, 民族樣式, 階級樣式 ……등이 구분된다(小林行雄 1933: 235-237).

다시 말해서 유물을 분류하고 그것을 개념화하는 작업 자체가 어떤 이론적 전제가 요청된다는 사실을 中谷이나 小林 등은 암묵적으로 깨닫고 있었던 것은 분명하다. "樣式論"에 선구적인 작업을 했던 兩人의 연구는 그들식 표현에 따르면 형식론의 분석을 통하여 역사과학으로 나가는 길을 개척하고자 한 것이라고 평가할 수 있다. 그들은 형식론의 단위와 역사적 실체가 이러 저러하게 관련된다고 주장했는데 지금의 관점에서 보면 이론적인 논의가 필요한 부분은 바로 그것이 어떻게 관련될 수 있는지에 대해서일 것이다. 그러나 이 점에 대해서는 체계적인 논의를 거의 찾아 볼 수 없다.

日本 帝國主義 考古學은 굳이 그것을 경험과학이라고 한다면 고고학적 자료에 대한 형태론적 분석에서 역사과학적 사실로 나아가는 절차를 연구의

기본으로 삼고 있었다고 보아도 좋을 듯 싶다. 中谷과 小林과 같은 연구자는 이러한 면에서 당시로서는 상당한 수준의 논의를 진행시킨 것으로 평가된다. 그러나 형식학적 단위와 역사적 실체를 바로 연결시키고 양식의 변화를 역사적 사실과 직접 관련시키는 방식의 연구를 정당화 해왔다는데 결정적인 문제점을 가지고 있다.

日本에서 考古學은 歷史學의 일부이고 그들의 역사과학은 독일의 歷史主義的 傳統에 가깝다는 견해(林鎌作 1987)에 동의한다. 그런데 정당하고 과학적인 정신과학 혹은 역사과학의 자격기준을 일본고고학자들은 흥미롭게도 "實證的"이라는 데서 찾고 있다. 하지만 實證(主義)的인 방법, 혹은 그 논증절차는 역사과학을 정당화할 수 없다. 그럼에도 일본 제국주의 고고학이 실증적인 역사과학이라는 것을 가치로운 학문추구의 방향으로 삼는다고 하는 데는 일본의 역사과학자들이 실증주의에 대해 무언가 오해가 있는 것 같다. 말하자면 實證(主義)라는 것을 Comte의 고전적 실증주의에서 현대의 논리실증주의적 과학철학등과 관련시키고 역사과학을 Ranke 이후 Weber에 이르는 新칸트학파의 정신과학으로서 역사과학이라고 이해한다면 양자는 결코 상보적일 수 없다.

實證主義는 文化的 價値理念 등에 관해서는 관심이 전혀 없으나 Rickert, Weber의 역사과학에서는 가치관련적 이해의 절차가 무엇보다 중요한 것이다. 외부세계에 대한 관찰과 경험을 토대로 예측하고 설명할 수 있어야 하는 실증주의 지식은 생활세계 안에서 의미를 이해하고자 하는 역사과학적 지식과는 상반적이다. 보편적이고 일반적인 이론을 목표로 하는 실증주의에서 개별적이고 특수한 사상에 대해 이해하고자 하는 역사과학의 목적은 실현되기 어려운 점이 있다.

일본 제국주의 고고학자들은 자신들의 분야가 역사과학임을 분명히 한다.

고고학은 과거인류의 물질적 유물을 연구하는 학문이며 자연과학과 대립되는 문화과학의 연구방법 중에 문헌학적 방법과 함께 고고학적 방법이 있다(濱田耕作 1922, 1974: 22).
학문 중에 있어서도 그 방법에 의해 구분되는 자연학과 역사학의 경우 전자가 보편타당성의 학문이라 한다면 후자는 특수성파악의 학문이라고 할 수 있을 것이다. 역사학에 있어서는 시간적으로 세계를 규정하여 현실적으로 존재할 수 있는 사상을 탐구하는 것이다. 그리고 그 현실은 유일의 양상밖에 보여주지 않으므로 (역사학에서는) 그것을 어떻게 깊이 이해하는가가 문제이다(杉原莊介 1943: 14-15).

일본의 고고학은 통일방법론의 노정을 밟는 실증주의적인 것이 아니고 정신과학과 자연과학의 방법론적, 본질적 차이를 강조했던 이른 바 신칸트학파의 전통을 따르고 있는 것이다. 그럼에도 실증적 방법론의 가치를 높이 받드는 것은 일본고고학에서 실증이란 말의 어의가 본래 실증주의의 그것과는 다르게 이해되고 있기 때문이다. 제국주의시대 이래 일본고고학에서는 실증이란 말을 단순하게 우리의 진술내용과 우리 밖의 객관적 사실이 일치해야 한다는 의미로 이해한 것 같다. 말하자면 실증에 대한 일본고고학의 관념은 고고학이나 사회과학 일반의 오랜 역사를 통해 정립되어 온 것에 기초한 것이 아니고 "객관적인 과학"에 대한 소박한 믿음에 지나지 않는다.

과학은 학설이나 논의가 아니고 사실이고 실물이다(松本彦七郎 ; 林謙作 1987 : 118에서 재인용).
나는 학설이 반드시 학문적 사실 위에 서야만 한다고 보며, 정체를 알 수 없는 상식에 따라 학문적 사실을 해석하는 것은 정도가 아니라고 생각한다(山內淸男 ; 林謙作 1987 : 118에서 재인용).

이러한 고고학적 사실의 객관성과 실재성, 그리고 사실과 그에 대한 진술과의 상응성에 대한 일본 고고학의 믿음은 근대고고학의 형성기로부터 유래한다. 특히 실증적 진리의 관념은 유물 · 유적으로 대표되는 고고학적 자료에 대한 관찰의 수준에서 먼저 용인된다. 그 다음으로 형식 분류의 단위에 부여된 관념, 유물의 분포를 통해 설정된 분포권의 의미도 넌지시 객관화될 수 있는 사실로 받아들인다. 나아가 고고학적 자료로부터 관찰되고 조직되는 사실과 역사적 혹은 문헌해석으로 도출된 사실이 과감하게 일치되는 경향을 제국주의시대 일본고고학에서 볼 수 있으며 그것을 실증주의라고 오해하는 것도 흔히 본다.

> 역사에 있어서는 그 주체인 인간을 해명하는 것이 선결과제이다. 고문서학은 그 자료의 대부분이 주체자를 명시하고 있어서 주체자와 사상의 관계는 이미 결정된 것이다. 그러나 고고학에 있어서 사상은 즉물적이라 명확하지만 그 주체자는 하나도 명확하지 않다. 고고학적 방법이란 것은.... 사상의 주체자 및 그것과 사상과의 관계를 명료하게 하는데... 중심적인 과제가 있다. ......고고학은 과거의 역사적 사실을 탐구하는 학문으로.... 型式 · 形態 · 樣相의 세 가지(概念)을 추구해야 하는 목표가 있다. ......이러한 개념을 통해서 ......단편적인 고고학 자료는 역사적 사실로서, 곧 역사적 자료로서 그 가치를 높일 수 있는 것이다(杉原莊介 1943: 24-25).

제국주의시대에 형식론에 대해 심도 있는 논의를 진행시키면서 일부 연구자이긴 하지만 현실의 복잡성과 형식이라는 개념적인 실체와 현실과의 사이에는 괴리가 있음을 희미하게나마 느끼게 해주었다. 그러나 實證的 역사과학에 대한 소박한 믿음이 개념적인 분석이나 이론적 논의보다는 유물 그 자체, 발굴에서 관찰된 사실 그 자체가 더욱 중요하다는 믿음을 심어 주었다. 그래서 발견된 사실과 문화적, 역사적 사실을 과감하게 일치시키게 되는 것을 보게 된다. 결국 당시 제국주의 고고학의 주된 관심인 인간집단 및 인종의 확인과 그 이주의 사실 등이 유물을 분류하여 인지된 유물양식의 단위, 그 지리적 분포, 그리고 변동과 자연스럽게 연결됨을 볼 수 있게 된다.

Ⅲ. 帝國主義 考古學의 關心으로서 人種主義 系統論

부르스 트리거는 제국주의시대의 고고학 해석을 평가하면서 人種主義的 편견들과 單線進化論的인 文化優劣論을 강도 높게 비판하고 있다(Trigger 1989: pp. 110-18). 19세기 유럽인의 역사관과 인류학적 세계관에서 보는 인종주의는 이런 내용을 가지고 있다. 성장과 퇴보를 거듭하는 역사의 과정은 민족 혹은 종족을 단위로 이루어지는데 민족 혹은 종족은 인종적인 특질, 즉 氣質 · 情緖 · 道德 등과 같은 선천적인 성격을 가지고 있다는 것이다(Bowler 1987 17-71). 이러한 인종주의적인 해석과 관심은 19세기 후반 일본에 근대 考古學 · 人類學을 도입했던 歐美人들에 의해 도입되었다고 한다. 즉 Morse, Siebold 등은 일본의 선사시대 인종은 누구인가? 그들은 어디로부터 기원하며 그 종적 계통은 어떻게 분류되는가? 그리고 그들의 인종적 특질은 어떠한가? 하는 문제를 설명하는 것이 그들 연구에 중심적인 화제였다(工藤雅樹 1979: 149-155). 일본에서 근대고고학을 개척해온 고고학자들의 연구를 보면 조사된 유물에 대해 설명하다가 너무도 자연스럽게 이 유물을 소유했던 인종은 과연 누구일까라는 질문으로 옮겨감을 보게 된다.

필자는 성립기의 近代 歷史學 · 考古學 · 人類學이 함께 몰두하였던 인종론적인 관심이 결국 이후 고고학에서의 문화계통론으로 귀착하였다고 생각한다. 일본 제국주의 고고학의 성립과정에서 자민족에 대한 인종적 자기규정의 관심은 고고학적 담론이 지배하였던 것 같다(工藤雅樹 1987). 人種論은 自國人種의 身體的 特質을 東南亞로부터 北海道에 이르는 현존인종과 비교하여 관련성 및 인종적 기원을 찾았던 것처럼 고고학에서도 유물을 통하여 인종의 기원과 문화적 특성은 물론 문화에 반영되었다고 주장되는 기질이나 정서, 잠재능력까지도 언급되었다. 이러한 인종론적 관심이 고고학적으로 보다 체계화된 것이 계통론이라고 할 수 있다. 明治時代의 이른바 日本 石器時代 人種論爭에서 보면 인종적에 기원을 찾기 위해 세 가지 종류의 자료, 즉 體質資料, 神話·傳說 文獻資料, 考古學資料로부터 증거를 수집했다. 이러한 증거들로부터 내려진 결론은 일본민족이 적어도 둘 이상의 기원을 가지고 있다는 것이며 현실은 지극히 모호하고 복잡하여 표면화된 인종론으로 다루기는 점점 어렵다는 것을 느꼈을 것 같다. 그래서 구체적인 인종적 기원이나 갈래가 아니라 문화적 계통이라는 보다 복잡하고 내재화된 현상으로 다루려는 계통론으로 옮아 간 것이 아닌가 한다. 하지만 계통론은 인종주의적 전제에 기초해 있는 것은 분명하다.

일본 제국주의 고고학에서 계통론이 성립하는 데는 두 가지 배경을 생각해 볼 수 있을 것 같다. 첫째는 20세기 초 유럽으로부터 근대고고학을 수입할 때 당연히 함께 들어온 "고고학적 문화"에 대한 개념이다. 유물양식의 조합은 문화이고 특정한 문화는 그것을 소유한 종족이나 인종집단을 전제로 하는 관념이다. 그리고 둘째로는 일본 제국주의의 대륙진출에 따른 연구대상 영역의 확대라는 역사적 배경을 무시할 수 없을 것이다. 즉 광범위한 영역에서 자료를 수집할 수 있게 되고 수집된 자료를 서로 관계 지우는 방법이 계통론인 셈이다.

20세기 초 "考古學的 文化"에 대한 관념으로서 코시나(G. Kossinna)의 정의를 자주 인용한다. 이른바 거주고고학이라고 부르는 코시나의 방법은 고고학적인 영역을 뚜렷이 경계지워 정의할 수 있고 그 영역은 의심할 바 없는 민족 혹은 종족의 거주영역이라는 것이다(Trigger 1978 81-84, Veit 1989 36-42. Härke 1991 187-191). 이러한 近代文化史考古學의 考古學的 文化에 대한 관념의 도입, 특히 당시 군국주의로 가는 일본에 있어 Kossinna의 국수주의적 관점의 도입(Wiwjorra, I)은 지극히 자연스러운 과정이었을 것이다. 20세기 전반까지만 하더라도 유럽고고학은 선사시대 인종 및 그와 관련된 문화단위를 찾아내기 위해 고고학적 자료를 분석했다. 그 결과 클라크가 벽돌모델이라고 불렀던(Clarke 1968: 263-4) 고고학적 문화단위의 지리적인 분포도가 작성되었다. 그것은 물론 고고학자료에 대한 객관적인 분류와 요약이라고 말할지 모른다. 그러나 그것이 민족주의적인 입장에서 출발한다면 자국 혹은 자민족의 역사로부터 현존민족(國家)과의 연결점을 고고학적 방법을 동원하여 찾으려는 노력의 결과물이 될 것이며 문화단위들 사이의 類似性이랄까 有關性은 자신들이 편리한대로 특정 種族·民族의 移住, 征服 등과 관련시켜 해석될 것이다.

系統論이란 것은 적어도 한국과 일본의 고고학 연구에서는 흔히 사용된 용어이며 구체적으로 실천되어 온 연구분야이다. 따라서 명확한 정의도 필요하겠는데 현대적인 개념으로는 정의하기 곤란하다. 필자는 한편으로 時·空間的으로 서로 연결된 문화단위들 사이의 유사성에 대한 해석이며, 동시에 특정 문화단위내의 제 요소들이 시공간적으로 어떻게 나타나게 되었는가에 대한 해명 정도로 이해하고자 한다. 20세기 초의 문화사 고고학에서는 Montelius的인 방법대로 유물의 시·공적 분포를 단위화하고 이 단위들 사이의 관계성만을(Jones 1997: 15-39) 기술하려 한다면 그것이 人種論的 系統論이 되어야만 할 필요는 없을 것이다. 유물의 時·空的 分布單位=考古學的 文化=人種 혹은 민족의 역사적 단위라는 등식을 무리 없이 받아들였던 "考古學的 文化"에 대한 당시의 관념이 자연스럽게 인종론적 계통론으로 고고학적 관심과 실천을 유도한 것으로 이해된다. 특히 민족과 그

문화의 기원이 단일하지 않고 여러 갈래가 있다고 가정될 때 그러한 갈래들을 변별하고 추적하는 작업이 계통론이라고 할 수 있을 것이다.

"考古學的 文化"에 대한 유럽 文化史考古學의 관념이 계통론에 概念的·方法論的 기초를 제공했다면 계통론적 고고학 연구의 실천을 현실적으로 가능하게 했던 것은 일본 군국주의의 대륙침략에 의한 고고학적 조사영역의 확대 때문이라고 할 수 있다. 일본열도 내의 민족적인 계통 중에 대륙으로부터의 이주민이 있다고 했을 때 열도 내의 자료만으로는 입증하기 어려울 것이다. 그 계통을 추적하기 위해서는 한반도와 대륙으로 조사영역을 확대해야만 할 것이다.

> 淸日戰爭의 결과로 東亞에 있어서 日本의 지위를 향상시키고 朝鮮에 있어 일본의 세력을 확립하게 되었고 이 정치적 발전에 따라 조선의 고고학적 연구를 착수함에 이르렀다. … 今日에 있어서는 일본고고학을 연구하는데 日本內地의 자료에 만족하는 사람은 아무도 없으며 朝鮮 滿洲는 물론 中國과 다른 東亞諸地方을 하나로 하여 비교 연구하는 것이 보통이다(濱田耕作 1939: 289-90).

韓半島와 滿洲地域에서 활동했던 고고학연구자들은 확실히 일본 내에서 활동하던 학자들보다 훨씬 계통론적 연구에 관심이 높았다. 한반도를 식민지화한 이후 朝鮮總督府를 중심으로 關野貞, 谷井濟一, 今西龍 등에 의해 주로 樂浪遺蹟과 高句麗遺蹟을 단편적으로 조사하다가 1916年에는 朝鮮總督府 中樞院에 古蹟調査委員會를 두고 전국적인 규모로 발굴조사를 포함한 5개년간의 체계적인 유적조사계획을 세우게 되었다(梅原末治 1969). 이것이 일제의 한반도 고고학 조사연구의 본격적인 시작이었다. 1926년에 들어서 東京大學과 京都大學, 즉 兩帝國大學의 고고학자인 濱田耕作, 原田叔人, 水野淸一, 田澤金吾, 島田貞彦 등을 중심으로 東亞考古學會가 결성되었고 1929

년에는 東方考古學叢刊이라는 이름으로 第 1冊의 報告書가 발간되었다(東亞考古學會 1929). 古蹟調査委員會와 東亞考古學會의 발굴조사와 보고서 간행 등의 고고학적 활동은 식민지역을 대상으로 한 것이었는데 일본 국내에서의 활동을 훨씬 능가하는 것이었다.

大正 · 昭和初年의 일본 고고학자 사회에는 무언가 이분화된 경향성이 공존함을 볼 수 있다. 제국주의 정부의 지원을 받아 학계의 중심적인 역할을 했던 東京 · 京都 兩帝國大學의 학자집단이 있었다면 보다 젊고 재야적인 성격의 고고학자들이 있었다(淺田芳朗 1981 63-64, 都出比呂志 1970, 1989) 濱田耕作, 水野淸一, 原田叔人, 江上波夫 등 東亞考古學會를 중심으로 한 집단이 전자요, 후자는 森本六爾, 小林行雄, 山內淸男 등을 대표로 하는 東京考古學會의 집단이었다. 후자의 연구자 집단이 이루어 놓은 고고학의 방법론이나 자료해석의 관점은 이후 일본 고고학계에 지대한 영향을 주었으나 당시로서는 전자의 관학아카데미즘을 형성하고 있던 학자들의 고고학적 활동이 지배적이었던 것으로 이해된다. 이 東亞考古學會를 중심으로 한 官學者集團의 고고학적 관심이 계통론에 있었다.

帝國主義時代 官學者그룹이 계통론을 논할 때 거의 절대적인 전제로 받아들여 온 것은 그들 민족의 고대문화가 계통이 다른 몇 가지 문화요소가 서로 뒤섞여 있다는 사실이다. 그래서 계통을 몇 갈래로 나누는데 古亞細亞 人種이 지녀온 선주민문화, 한반도를 거쳐온 중국문화, 북방아시아로부터 온 스키타이문화 등의 요소가 혼합되어 있다는 것이다(濱田耕作 1939: 73-115). 그래서 자국문화의 본질은 이해하기 위해서는 그 系統을 파악해야 하고 그 계통을 파악하기 위해서는 한반도는 물론 東亞 전체를 연구대상으로 해야 한다는 관점이 제기된 것이다. 계통론은 제국주의적인 팽창이 배경으로 작용하지 않고서는 논의될 수 없었던 담론이었고 그래서 한마디로 제국주의 고고학자의 주된 관심사요 그 이념의 실천이라고 말하고

자 한다. 한국고고학을 연구하는 근본적인 목적에 대해 藤田亮策은 『朝鮮考古學研究』의 序文에 다음과 같이 쓰고 있다.

> 大和民族의 本源과 그 人種的 혹은 言語的 傳來를 알기 위해서 우리 先輩學者들이 多年間 연구한 후에도 아직 만족스런 결론에 도달하지는 못하였다. 그래도 우리 大和民族의 骨肉에 다량의 半島人의 피가 섞여 있고, 또 半島의 山河에 머물렀던 北方諸民族이나 漢民族의 다수가 一衣帶水를 건너 천오백년 상서로운 땅에 안주했다는 것은 역사적으로 분명히 알려져 있다(藤田亮策 1948: 4).

IV. 帝國主義 考古學의 批判과 代案

지금까지 일본 제국주의 고고학을 두 가지 측면에서 검토하였다. 먼저 실증주의에 대한 오해, 이론적인 논의와 개념적인 분석이 생략된 형식학적 방법을 비판적으로 검토하였고 한국에 진출한 관학자 그룹의 계통론적인 관심의 문제점을 지적하였다. 2차 세계대전 이후 일본의 소장고고학자들도 제국주의시대를 반성하면서 두 가지 측면에서 비판하였다. 첫째로 皇國史觀, 植民主義 帝國主義 理念으로 왜곡된 고고학적 주장들과 둘째로 사회현실로부터 도피하여 "最低 科學性"만 보장받으려는 無思想性의 개별적인 형태론적 연구의 측면(近藤義郎 1985)에서 비판하는 것이다. 첫째의 경향은 두말할 필요 없이 東亞考古學會, 韓國植民地考古學을 지적함이고, 둘째의 경향은 소박한 실증에 대한 믿음에 기초하여 역사과학으로서의 의미가 없는 형식학적 연구자들을 지적한 것이다.

그동안 우리 고고학계에서는 제국주의시대 일본 고고학을 본질적인 면에서 비판하기보다 식민사관에 의한 역사적 사실의 왜곡부분만을 비판하는데 그쳤다. 식민지배를 합리화하기 위해 주장된 "日鮮民族同源論", 한국 민족문화에 대한 優劣論的 評價, 그리고 半島的 性格論, 外因論, 他律論, 停滯論 등을 비판하는 정도였다. 이러한 방식의 주장들은 고고학적인 논문보다는 미술사적 평론(文明大 1977)이나 기타 잡문들에서 흔하기 때문에 고고학적으로 논의되어야 부분이 적다고도 할 수 있다. 식민사관 · 식민주의 고고학적 관점에 대해 우리가 自民族優越主義에서 우리 민족문화에 만족스런 평가를 내린다고 제국주의고고학을 극복할 만한 대안이 나오는 것은 아니다. 우리고고학의 일부에는 계통론적인 관심이 뿌리 깊게 남아있고 유물중심적인 형식론이 실증적인 타당성을 지녔다는 믿음이 굳게 남아 있는 것도 사실이다. 한마디로 식민사관을 민족주의 정치이념으로 비판했을 뿐 제국주의시대 고고학적 담론의 진정한 문제가 무엇인지 평가해 보지 않았던 것이다(李盛周 1995).

韓 · 中 · 日 세 極東地域의 국가에서 제국주의시대 고고학을 극복하는 과정에서 공통점도 있지만 그 비판이나 대안의 제시가 서로 다르다. 이와 같이 제국주의시대 고고학연구를 청산하는 과정이 조금씩 다른 이유는 현대사의 전개과정이 서로 달랐기 때문인 것으로 보인다. 중국 · 북한 · 일본에 있어서는 마르크스주의 유물사관이 제국주의시대 고고학을 극복하는 방향을 제시해주었다. 일본을 제외한 중국 · 남 · 북한은 민족주의의 이념이 제국주의시대 식민사관을 극복하는 관점으로 제시되었다는 공통점이 있다. 중국고고학에 있어서는 2차 세계대전 이전부터 민족사의 서술과 유물사관에 입각한 세계사적 발전도식을 그들의 고고학 증거들을 통하여 확인하는 작업이 고고학 연구의 목적이었고 그것은 2차 대전 이후의 연구에도 자연스럽게 계승되고 지속될 수 있었다(Chang 1981). 중국의 일부가 비록 半植民地的 狀態에 놓여 있었다 하더라도 일본 제국주의 고고학의 연구성과를

민족주의의 입장에서 식민사관이라고 비판할 필요가 없었을 것으로 보인다.

일본은 그들 자신이 식민지를 지배했던 제국주의국가였으므로 제국주의시대 고고학에 대한 비판은 중국이나 한국과는 달리 國粹主義的 民族主義를 극복하는 것이 과제였다. 오히려 식민지역의 先史 · 古代文化에 대한 담론을 民族優越主義, 植民史觀, 皇國史觀이라고 비판하고(西川宏 1970a, 1970b), 인종주의적 계통론으로 다른 연구관점을 억압했던 점을 반성하였다(西川宏 1970a, 1970b). 그리고 이러한 왜곡된 관점들이 자국의 선사 · 고대의 역사를 역사과학적으로 연구하는데 장애가 되어왔다고 지적하기도 한다(近藤義郎 1968, 西川宏 1970a, 1970c).

무엇보다도 마르크스주의 고고학자들은 일본고고학의 과학적 성격이 크게 달라지는데 결정적인 역할을 한 것으로 보인다. 일본고고학의 과학성에 있어서 일대변환이라고 생각되는데 그 요지는 두 가지로 나누어 볼 수 있다. 첫째는 고고학적 현실에 대한 자기반성, 자기비판적 관심의 증대라고 할 수 있다. 2차 세계대전 이전에는 학문적으로만 내재화되어 고고학을 역사학적 과제로 이끌고 있었지만 전후부터는 歷史教育, 文化財 保存 등 사회 · 문화활동과 右派政府의 政策批判에까지 가고 있었다. 둘째로는 고고학적 자료로부터 生産關係 – 社會關係의 변수를 발견하려 했고 생산관계의 構造的인 변동에 관심을 두고 史的唯物論에 기초한 역사과학적 설명을 시도한다는 것이다. 새로 제기된 문제의 해결을 위해서는 발굴조사자료의 질과 양을 높여야 하며 그래서 과학적인 학술발굴이 필요해야 하고 "集團的 · 組織的 調査"가 이루어져야 한다고 강조하기도 했다(和島誠一 1937). 패전 이전부터 유물론연구회를 중심으로 하여 역사학 분야에서 본격적으로 제기하기 시작한 사적유물론은 선사 · 고대사회에 대한 이해의 방식을 바꾸어 놓았다. 그중에도 특히 渡部義通의 "日本原始共産社會의 生産 및 生産力

發展”이라는 논문을 비롯한 『日本歷史教程』과 같은 유물론자의 공동저서는 이후 고고학연구에 큰 영향을 주었다. 禰津正志(1934), 和島誠一(1937)의 史的唯物論에 기초한 고고학적 접근은 단순히 관점의 전환 혹은 마르크스주의 이론적 전제에서만 평가될 수 없다. 무엇보다 중요한 의의는 고고학의 과학적 활동에 대한 자기반성, 자기비판적 자세의 중요성을 강조하게 되었다는 점과 고고학적 활동 전반에 대해, 즉 자료의 수집에서 분석, 논증에 이르기까지 새로운 방법론 이론적 전제가 필요함을 역설했다는 점이다.

和島誠一은 大正期의 고고학적 연구를 다음과 같이 평가하였다.

> 이 시기의 뛰어난 고고학자들은 엄중하게 실증적인 태도를 지키고 그 안에서 일정한 성과를 거두었다. 그러나 동시에 이것이 無方法的인 資料追隋主義를 생겨나게 하고 고고학을 역사학의 과제로부터 멀어지게 하는 경향이 생겨나게 됨도 부정할 수 없다(和島誠一 1970: 99-100).

초창기 마르크스주의 고고학자들의 노력이 가져온 진정한 결실은 전후에 볼 수 있게 된다. 초창기 Marx주의 고고학자들을 계승하여 고고학연구회를 중심으로 한 연구성과들은 일본식의 사회 고고학연구의 독자성과 특성을 보여준다. 물론 그들의 주된 관심은 유물사관에 기초한 역사학의 과제를 실천하는데 있다. 그래서 유물에 대한 類型學的 硏究, 分布圈 · 文化圈論, 單純傳播論 등을 거부하고 사회의 내적발전의 요인과 과정을 고고학적 자료상에서 확인하고자 하였다. 선사시대에 있어서 생산기술의 발전에 따른 생산력발전과 생산관계의 문제에 관심이 집중되고(田邊昭三 1956, 藤田等 1956, 1958, 近藤義郎 1957, 近藤義郎 · 岡本明郎 1957) 사회적 실체와 노동의 분화, 사회관계, 계급의 발생 등 사회의 구조적인 측면들을 고고학자료에서 확인하고자 노력하였다(近藤義郎 1959, 和島誠一 1966, 都出比呂志 1968).

북한의 고고학계에서는 해방직후부터 제국주의시대 고고학의 성과들을 비판하는 것 자체가 그들 고고학 실천의 새로운 과제를 설정하는데 기초가 됨을 자각하고 있었다. 그리고 제국주의 고고학을 극복하는 일은 고고학이란 학문을 둘러싼 制度的, 理論的, 方法論的, 技術的인 제측면들을 정비하는 일이라는 점도 알고 있었다(정백운 1958). 물론 제국주의 고고학에 대한 비판의 관점과 북한 고고학의 이론적 실천의 과제는 마르크스-레닌주의였다.

해방직후 북한고고학계가 과업으로 설정한 것은 일제시대 연구의 잔재를 청산하는 일과 막스-레닌주의적인 역사관과 방법론으로 진정한 과학으로서의 고고학을 정립하는 일이었다. 그 실천방안으로서 북한학계에서는 제도적인 정비를 시도했다. 과학적으로 훈련된 고고학 간부를 길러내는 일, 文化財保護政策을 집행할 수 있는 기관을 설치하는 일, 개발에 앞선 救濟發掘調査를 제도화하는 일이었다. 1947년 5개의 역사박물관을 설치하고 각도와 중앙에 古蹟保存委員會를 두었다. 이듬해 이를 "물질문화유물조사보존위원회"로 개칭하고 7개의 역사박물관을 전국에 골고루 배치시켰다. 이러한 制度的인 정비와 정책적인 뒷받침이 해방이후 1960년대까지 북한 고고학의 괄목할 만한 성장을 가져온 것이다(정백운 1958, 李進熙 1959, 1964). 그리고 고고학의 방법론적인 실천에 있어서도 발굴조사 기술의 개발, 생활유적 조사에 대한 관심, 遺物複合體의 인식과 그 연대결정 등 기본적인 문제에서 보다 과학적이고 타당성 있는 학문적 기초를 정립하고자 했다.

이에 비해 남한학계는 제국주의시대 고고학을 비판하고 그것을 극복할 만한 理論的 · 方法論的 · 制度的 代替物이 없었던 것 같다. 해방 직후 상당히 오랜 기간 동안 남한학계에서는 식민사관에 대한 비판이 있었을 뿐 식민지시대의 고고학 연구에 대한 이론적, 혹은 이념적인 비판은 거의 찾아보기 어렵다(李基白 1971, 1877, 姜晋哲 1987, 李萬烈 1976, 金龍燮, 1966).

오히려 제국주의적 민족우월론을 우리 입장에서 부활시켜서 선사시대 민족활동 무대를 공간적으로 확장시킨다든지 부족한 자료적 근거를 가지고 삼시대구분법에 의거 선사문화 발전단계를 세계사적인 것으로 만들려고 했다. 결국 남한의 고고학계는 제국주의시대 고고학 연구와 실천을 제대로 평가하고 극복할 만한 사유의 형식이 없었다(李盛周 1990, 1995). 그리고 오랫동안 북한과 일본의 유물론적 고고학연구와는 단절된 채 주로 傳播論的·系統論的 관심을 가진 일본학자들과 교류를 하였다.

필자는 일제시대 일본고고학자들이 남겨주고 우리가 지금까지 극복하지 못하고 있는 근본적인 문제는 系統論的 關心, 人種主義的 文化論, 騎馬民族征服說과 같은 특정민족의 이주 - 정복가설, 개별유물 중심의 무비판적 역사주의라는 과학관 등이라 지적하고 싶다. 우리 고고학계에 계통론적 관심이 남아 반복적으로 논의되는 이유는 고고학을 민족사학의 일부로 인식하고 있기 때문이다. 개별자들에서 나타나는 여러 역사적인 표징들을 관찰하여 그 의미와 목적들을 이해한다는 독일 역사주의 전통이 일본에 수입되어 소위 실증주의(?)사학이라는 이름으로 한국 역사학계에 뿌리를 내렸다. 그래서 고유한 내적인 의미와 구조적인 특성, 목적성을 가지는 개별자들로서 개인, 민족, 인종, 국가, 문화 등이 가정되었고 한편으로는 研究·分析의 단위로서, 또는 이해를 위하여 주목해야할 개별자로서 민족이란 실체의 개념이 중요했다. 대체로 여러 갈래의 민족과 그 문화가 선사시대로부터 들어와 복합되어 있다고 가정된다(예를 들면 金廷鶴 1966, 金貞培 1972, 1973 등 다수). 그래서 고고학은 현재 우리 국가 단위의 민족과 그 문화의 역사적 특질을 이해하기 위하여 그 기원과 계통을 해명하는 것이 목적이 된다. 그렇다면 이것은 일본제국주의시대 인종주의적 계통론과 하나도 다를 바가 없다.

사실 이러한 제국주의 시대의 인종주의 계통론은 해방이전부터 유물사관에 의해 철저히 비판된 적이 있었다(백남운 1933:18-9). 유물사관은 인종주의적 문화계통론이나 역사적 특수주의를 거부하고 세계사적 발전의 과정, 역사의 법칙성을 강조해 왔다. 그래서 유물사관은 북한, 일본, 중국의 고고학계에서 제국주의고고학을 비판하고 그 대안을 제시하는데 결정적인 역할을 했다. 우리 고고학 연구에서 제국주의적인 계통론이 해방 이후에도 제대로 평가되지 못한 것은 그에 대한 대안으로서 유물사관과 같은 사유형식이 허용되지 못했기 때문이다. 우리의 20세기 역사가 식민체제에서 분단체제로 이행하면서 지적탐구를 한계 지우는 규율이 지속적으로 작용한 것은 분명한 것 같다(李盛周 1990).

V. 맺음말

일본에서의 근대고고학은 19세기 말 20세기 초에 유럽의 고고학 연구전통이 유입되어 시작되었다. 江戶時代의 遺蹟·遺物에 대한 조사와 연구로부터 일본 근대고고학의 출발점으로 잡는 것(齊藤忠 1974b)은 다소 國粹主義的 발상인 듯 싶다. 일본 근대고고학 초기에 思惟形式과 이론적 전제, 그리고 방법론적 절차 등은 20세기 전반의 유럽고고학 전통에서 찾을 수 있기 때문이다. 특히 일본의 초기 고고학을 이끌었던 濱田耕作, 中谷治宇二郞, 森本六爾 등은 유럽에서 수학한 경력을 가지고 있다. 유럽 근대고고학으로부터 들여온 형식학적 방법과 文化史考古學, 人種主義 關心과 解釋, 單線進化主義的인 文化優劣論 등은 한국을 강점하고 대륙으로 팽창하던 정세와 맞물리면서 일본 제국주의 고고학을 성립시키는 재료가 되었다.

해방이후 우리 학계에서는 일본제국주의 고고학의 담론들이 식민지배의 합리화와 문화적 통치에 기여하였다는 점에서 그리고 식민사관에 의해 우리 역사를 왜곡되게 해석했다는 점에 초점을 맞추어 비판해 왔다. 이러한 비판과 수정은 물론 중요하지만 이것만으로 제국주의 일본고고학을 비판하고 극복하였다고 생각할 수는 없다. 실제로 우리 학계가 충분히 검토하지 못했고 그래서 우리학계 일부의 관심과 믿음으로 남아 있는 제국주의 고고학의 요소가 있다는 것이다.

필자는 그것을 인종주의적 계통론에 대한 관심, 이론적, 혹은 개념적인 분석이 결여된 유물중심의 형식론, 잘못 이해된 실증주의 등이라고 생각한다. 이러한 제국주의적인 요소는 우리 학계에만 남아 있는 것이 아니다. 騎馬民族征服王朝說이 대표이겠지만(江上波夫 1965, 石田英一郎 外 1958) 그러한 인종주의적 계통론과 전파론적인 해석의 틀은 일본학계의 일부에도 뿌리 깊게 남아 있어(Fawcett 1995) 한 · 일 간의 고고학적 대화의 방식을 지배하고 있기도 하다. 우리의 경우 일본 제국주의 고고학의 전통이 강하게 잔존하는 이유는 식민체제로부터 분단체제로의 이행과정에서 유물사관과 같은 강력한 비판과 대안의 도구가 시험되지 못한 탓이 크다고 생각한다. 그리고 한편 일본에서 한국고고학 혹은 한 · 일관계의 고고학 연구자들과 대화를 지속하면서 제국주의 고고학적 사고를 주고받는 가운데 버리지 못하고 남아 있는 것이 있는지 반성해 볼 필요가 있다.

| 참고문헌 |

姜晋哲

1987 「停滯性理論 批判」, 『韓國史市民講座』 創刊號, 서울: 一潮閣.

旗田魏

1987 「日本에 있어서 韓國硏究의 傳統」, 『韓國史市民講座』 創刊號, 서울: 一潮閣.

金容燮

1966 「日本 · 韓國에 있어서 韓國史敍述」, 『歷史學報』 31, 歷史學會.

金貞培

1972 「古朝鮮의 民族構成과 文化的 複合」, 『白山學報』 2.

1985 『韓國古代의 國家起源과 形成』, 서울:高麗大學校出版部.

金廷鶴

1966 「考古學으로 본 韓國民族」『白山學報』1, 白山學會.

文明大

1977 『韓國美術史學의 理論과 方法』, 서울: 悅話堂.

백남운(윤한택역)

1933 『조선사회경제사』, 서울: 이성과현실.

申淑靜

1993 「우리나라 신석기문화 연구경향-1945년까지-」, 『韓國上古史學報』 12, 韓國上古史學會.

李基白

1971 「植民主義的 韓國史觀 批判」, 『民族과 歷史』, 서울:一潮閣.

1987 「半島的 性格論 批評」, 『韓國史市民講座』 創刊號, 서울: 一潮閣.

李萬烈

1976 「日帝官學者들의 植民史觀」, 『韓國의 歷史 認識』 下, 서울: 創作과 批評社.

李盛周

1990 「新石器時代」, 『國史館論叢』 16, 國史編纂委員會.

1995 「帝國主義時代 考古學과 그 殘迹」, 『古文化』, 韓國大學博物館協會.

李熙濬

1987 「慶州 皇南洞 第109號墳의 構造 再檢討」, 『三佛 金元龍教授 停年退任記念論叢』 I (考古學編), 서울:一志社.

1990 「解放前의 新羅 · 伽耶古墳發掘方式에 대한 硏究-日帝下 調査報告書의 再檢討(2)-」, 『韓國考古學報』 24, 韓國考古學會.

전경수

1998 「한국박물관의 식민주의적 경험과 민주주의적 실천 및 세계주의적 전망」 한국문화인류학회 편, 『韓國人類學의 回顧와 展望』, 서울: 集文堂.

최석영

2001 『한국 근대의 박람회 · 박물관』, 서울: 서경문화사.

江上波夫

1965 「日本における民族の形成と國家の起源」, 『東洋文化硏究所紀要』 32.

高橋潔

2001 「關野貞を中心とした朝鮮古蹟調査行程」, 『考古學史硏究』 9, 東京木曜クラブ.

高正龍

1996 「八木奘三郎の韓國調査」, 『考古學史硏究』 6, 東京木曜クラブ.

工藤雅樹

1979　「研究史・日本人種論」, 東京: 吉川弘文館.

1987　「日本人種・民族論」,『論争學說 日本の考古學』 I (總論), 東京: 雄山閣.

近藤義郎

1957　「初期 水稻農業の技術的達成について」,『私たちの考古學』 4-3, 考古學研究會.

1959　「共同體と單位集團」,『考古學研究』 6-1, 考古學研究會.

1985　『日本考古學研究序說』, 東京: 岩波書店.

近藤義郎・岡本明郎

1957　「日本にける初期農業生産の發展」;『私たちの考古學』 4-2, 考古學研究會.

大井晴男

1987　「日本考古學にける方法・方法論」,『論争學說 日本の考古學』 I (總論), 東京: 雄山閣.

都出比呂志

1968　「考古學からみた分業の問題」,『考古學研究』 15-2, 考古學研究會.

1970　「森本六爾論」,『考古學研究』 16-4, 考古學研究會.

1986　「日本考古學と社會」,『岩波講座 日本考古學』 7 (現代と考古學), 東京: 岩波書店.

1989　「森本六爾論」,『彌生時代の研究』 10 (研究の步み), 雄山閣.

1995　「日本考古學の國際化の前提」,『展望考古學』, 考古學研究會.

東亞考古學會

1929　「篦子窩」 東方考古學叢刊 第一册: 東亞考古學會.

藤田等

1956　「農業の闢始と發展」-特に石器の生産めぐる問題-,『私たちの考古學』 9, 考古學研究會.

1958 「初期農耕の發展に關する二・三の問題」,『私たちの考古學』 5-3, 考古學研究會.

藤田亮策

1951 「朝鮮古文化財の保存」,『朝鮮學報』 1, 朝鮮學會.

1948 『朝鮮考古學研究』, 京都: 高桐書院.

梅原末治

1969 「日朝併合の期間に行なわれた半島の古墳調査と保存事業にたずされっは一考古學從の回想錄」,『朝鮮學報』 51, 朝鮮學會.

1973 『考古學六十年』, 東京: 平凡社.

彌津正志

1934 「原始日本の經濟と社會」,『歷史學研究』 4-5, 歷史學研究會.

濱田耕作

1922 『通論考古學』, 大鐙閣. (有光敎一編, 1974, 「日本考古學選集」 13.-濱田耕作集(上)-, 東京: 築地書館.)

1932 「考古學研究法」(譯書), 岡書院.

1939 「考古學研究」, 座石寶刊行會, pp.289-90.

山內清男

1939 『日本遠古之文化』, 先史考古學會. (佐藤達夫編, 1974, 『日本考古學選集』 21-山內清男-, 東京: 築地書館.)

杉原莊介

1943 『原史學序論』-考古學的方法による歷史學確立への試論-, 葦牙書房.

西川宏

1968 「帝國主義下の朝鮮考古學」,『朝鮮研究』 7, 日本朝鮮研究所.

1970a 「日本帝國主義下における朝鮮考古學の形成」, 『朝鮮史研究會論文集』 7, 朝鮮史研究會.

1970b 「日本考古學の帝國主義的 思想」, 『考古學研究』 16-3, 考古學研究會.

1970c 「朝鮮考古學における系統論について」, 『考古學研究』 17-1, 考古學研究會.

石田英一郎 外

1958 『日本民族の起源』, 東京: 平凡社.

小林行雄

1934 「先史考古學に於る樣式問題」, 『考古學』 4-8, 東京考古學會.

李進熙

1959 「解放後における朝鮮考古學の發展」, 『考古學研究』 6-2, 考古學研究會.

1964, 「朝鮮考古學の成果と課題」, 『考古學研究』 11-1, 考古學研究會.

林謙作

1987 「考古學の科學」, 『論爭・學說 日本の考古學』 1(總說), 東京: 雄山閣.

田邊昭三

1956 「生産力發展の諸段階」-彌生時代における鐵器をめぐって-, 『私たちの考古學』 1, 考古學研究會.

齊藤忠

1974a 「學史上における鳥居龍藏の業績」, 『日本考古學選集』 6, -鳥居龍藏集(上)-, 東京: 築地書館: pp. 1-10.

1974b 『日本考古學史』, 日本歷史學會 編, 日本歷史叢書, 東京: 吉川弘文館.

中谷治宇二郎

1929 『日本石器時代提要』, 東京: 岡書院.

1943 『校訂日本石器時代提要』, 東京: 奈良: 養德社.

淺田芳朗

1981 『考古學の殉教者一森本六爾の人と學績』, 東京: 栢書房.

和島誠一 (三澤章)

1937 「日本考古學の發達と科學的精神」, 『唯物論研究』 11-60 · 62, 唯物論研究會.

1967 「彌生時代社會の構造」, 『日本の考古學』 Ⅲ(彌生時代), 河出書.

1970 「日本考古學の發達と科學的精神」, 『考古學研究』 16-4, 考古學研究會.

横山浩一

1985a 「總論」-日本考古學の特質-, 『岩波講座 日本考古學』 Ⅰ(研究の方法), 東京: 岩波書店.

1985b 「型式論」-日本考古學の特質-, 『岩波講座 日本考古學』 Ⅰ(研究の方法), 東京: 岩波書店.

Adams, W. Y. and E. W. Adams

1991 *Archaeological Typology and Practical Reality*, Cambridge: Cambridge University Press.

Barnes, G.

1993 *China Korea and Japan, The Rise of Civilzation in East Asia*, London: Thames and Hudson.

Bowler, P.

1989 *The Invention of Progress, -The Victorians and the Past*, London: Blackwel.

Chang, K. C.

1981 Archaeology and Chinese Historiography, *World Archaeology* 13. London: Loutledge, 156-169.

Clarke, D. L.

1968 *Analytical Archaeology*, London: Mathuen.

1979 Towards analytical archaeology In Clarke, D. L.(ed) *Analytical Archaeologist*, New York: Academic Press, 144-179.

Fawcett, C.

1995 Nationalism, and Postwar Japanese Archaeology, Khol, P. and Fawcett C. (eds) *Nationalism, Politics, and the Practice of Archaeology*, Cambridge: Cambridge University Press, 232-46.

Härke H.

1991 All Quiet on the Western Front? Paradigms, Methods and Approaches in West Geman Archaeology In Hodder, I. (ed) *Archaeological Theory in Europe*, London: Routledge, 187-222.

Jones. S.

1997 *The Archaeology of Ethnicity*, London: Routledge.

Nelson, S. M.

1983 The Past Decade in Korea Archaeology, 『韓國考古學年報』10, 서울大學校博物館.

1993 *The Archaeology of Korea*, Cambridge: Cambridge University Press.

Trigger, B.

1978 *Time and Tradition*, New York: Columbia University Press.

1984 Alternative archaeologies : nationalist, colonialist, imperialist, *Man*19, 355-70.

1989 *History of Archaeological Thought*, Cambridge: Cambridge University Press.

Veit, U.

1989 Ethnic concepts in German Prehistory : a case Study on the Relationship between Cultural Identity and Archaeoloical Objectivity In S. J. Shennan (ed) *Archaeological Approaches to Cultural Identit*y, London: Unwin Hyman: pp. 35–56.

Wiwjorra, I.

1996 German Archaeology and its Relation to Nationalism and Racism, Diaz–Andreu, M. and Champion, T.(eds) Nationalism, and Archaeology in Europe, London: UCL Press, 164–88.

〈Abstract〉

Typological Approaches to "Cultural Genealogy"

-Archaeological Interests and practices in Pursuit of the Ethnic Origin-

Sung-joo Lee

(Kangnung National University)

The pre-war Japanese archaeologists had too much emphases on the objective and detailed typology of artifacts to reconstruct the "cultural history". They naively believed that the first aim of archaeology should be to describe the national history as it had been and assumed that the only reliable method of approaching to it must be the formal analysis of artefacts as historical facts. When the Japanese imperial regime ruled over the Northeast Asia including the Korean Peninsular, the Manchuria and the Japanese Archipelago, the imperial archaeologists tried to reconstruct the genealogy between the cultures distributed in the different geographical regions and attributed to the different time phases based on the ethno-centric interests. After the Second World War, the critiques from the Marxism renovate the perspectives of the archaeology as cultural history. And they made it possible to rethink the methods to analyze the archaeological records to approach to the socio-economic organization in the past. But in Korean archaeologist society, where the Marxist thoughts were not permitted under the military dictatorship, the imperialist views have had quite a lot of influence on the Korean archaeological interest and practices.

후기구석기시대의 3T 연구방법론*

-형태학, 기술학, 사용흔학-

이헌종**

I. 머리말

동북아시아의 구석기 시대에 대한 연구는 최근 고고학적 자료뿐 아니라 지질학, 고인류학, 고생태학 및 다양한 주변 학문의 도움을 받아 유적을 평가하고 이를 바탕으로 각 지역 간의 문화-역사적인 상관관계(**Авдусии** 1977 ; **Мартынов** 1982 ; **Кузнецов** 1992)[1]를 밝히기 위해 선사인들의 이동과 전

* 본 논문은 이헌종 1995, 「후기구석기시대의 연구방법에 대한 검토」, 『경희사학』 19집, 경희대학교사학회에 실린 논문을 일부 수정한 것임을 밝혀둔다. 영문요약문을 번역해 준 문경오 박사께 감사드린다.

** 목포대학교 역사문화학부

1) 러시아에서 고고학은 고고학자료와 특별한 방법론의 도움으로 과거 인류의 역사를 연구하는 역사학이다라는 인식이 있다. 특히 오클라니드코프(A.P.Okladnikov)를 비롯한 그의 제자들 즉 데레비안

파라는 명제를 해결할 뿐만 아니라 이들의 환경과 생활복원에도 여러 가지 중요한 결과들을 도출해 왔다. 하지만 구석기연구의 가장 중요한 관심은 무엇보다도 도구에 대한 세부적인 분석에 있는데, 그 도구를 설명하기 위한 방법들을 수용하는데 소극적인 입장을 취하는 학자들이 종종 있다. 구석기연구는 결국 유적의 발견, 즉 인간의 잔존물의 발견으로부터 시작된다. 석기는 바로 그 잔존물을 대표한다.

실험실 연구의 바탕은 발굴과정에서 잘 기록된 고고학 유물이다. 하지만 항상 충분한 양의 유물이 발견되는 것은 아니다. 따라서 불충분한 유물에 대하여 극대화된 자료를 얻기 위해서는 다양한 실험실 방법들이 요구된다. 한정된 문화적 산물, 석기 기능의 불확실성, 유적의 평면상의 잔존물들의 의미를 파악하는 어려움 등 유물을 가지고 작업을 할 때 발생하는 과제를 해결하기 위해서 필수적으로 연구자는 자신의 다양한 연구방법들을 가지고 있어야 한다.

구석기 연구가 시작된 이래 형태학(Typology)은 가장 기본적인 실험실 연구 방법이었다. 1960년대에 접어들어 형태학 분석의 발전은 기본적으로 석기제작 기술을 분석하고, 박리 과정을 복원함으로써 더욱 구체화 되었다(Tabarev 1994). 구석기 학자들은 오랫동안 구석기인들에 의해 남겨 졌던 다양한 석기 문화의 기원, 이동 및 적용과정 등의 과제를 해결하고자 하였다. 이러한 과제를 해결함에 있어서 형태학적 분석은 세계 여러 지역에서 가장 중요한 연구방법이었다.

최근 들어 구석기 연구에서 첫 번째로 중요하게 부각되는 것이 구석기인들의 생활상을 복원하는데 있다. 이것은 구석기 시대를 역사적인 측면에

코(A.P.Derevianko), 바실리예브스키(R.S.Vasilievsky) 등 노보시비르스크 학교의 주요학자들은 기존의 단계론적인 해석을 벗어나 문화-역사학적 접근방식을 활용하여 고고학자료를 해석해왔다.

서 해석하기 위한 시도이기도 하다. 선사시대 사람들의 생활을 복원하기 위해서는 기본적으로 유적의 평면상의 분석, 도구의 기능분석 및 고환경의 복원이 필요하다. 역시 50년대에 형태학의 발전과 함께 그 이전부터 계속 시도되어온 기능분석이 세메노프와 그의 연구실 동료들에 의해 시도되었고 구석기연구의 새로운 방향을 제시하게 되었다(Семенов 1957). 이 연구는 실험고고학에 바탕을 두고 있는 연구방법으로서 실험을 통하여 고고학의 결과를 역으로, 즉 검증을 통하여 발굴된 고고학적 자료를 복원하는데 그 바탕을 두고 있다. 실험고고학적 모델과 고고학 자료를 서로 비교할 때 선사인의 행위적 성격과 그 전통을 이해하는데 많은 자료를 얻을 수 있다. 사용흔학 역시 다른 실험고고학과 같이 긴 실험 과정이 요구된다. 그 동안의 연구 성과를 주목하지 않은 인내심이 없는 형태학자들은 현대 고고학적 과제를 해결하는데 시간을 낭비하는 부적당한 연구방법이라고 생각한다. 하지만 이 연구 결과는 지속적으로 다양한 시도를 거쳐 축적되어 가고 있으며, 특히 구석기시대 사람들의 생활방식에 대한 평면상의 복원을 가능케 하여 피상적인 석기에 대한 해석에 새로운 방향을 제시해 준다.

결국 구석기 시대에 대해 구체적이면서 효과적으로 연구할 수 있는 방법은 형태학, 기술학, 사용흔학적 연구 방법이라고 할 수 있다. 이러한 연구방법들이 각각 나뉘어 활용되거나 부분적으로 채택하는 경향을 띠고 있는 즈음에서 이러한 연구방법의 성격, 그들의 한계성, 상호연관성, 독자적 영역 등을 규정하는 것은 새로운 철학적 견해를 고고학에 이용하는 것과 함께 방법론을 보강하는 것으로서 중요하다. 현대 고고학에서는 지속적으로 시도되는 신고고학 혹은 후기 과정고고학 등의 철학적 접근방식을 보다 구체화 시킬 수 있는 연구방법론이 요구된다. 1990년대 있었던 많은 이론고고학 연구 가운데 이성주, 추연식의 글은 여러 이론적 논쟁을 잘 이해할 수 있게 해준다(李盛周 1994, 秋淵植 1994). 이러한 철학적 접근방식을 구석기시대에 어떻게 적용시킬 것인가 하는 것은 구석기를 연구하는 학자들의 실질적인 과제 중 하나이다.

그동안 철학적 사고는 고고학의 내용을 서술함에 있어서 중요한 바탕이 되어 왔는데, 많은 역사문화적 공통점을 모아 이를 모델로 삼아 새롭게 발견되는 고고학적 사실을 연역적으로 분석해 왔으며, 충분한 방법론과 자료를 기초로 하여 귀납적인 방법을 채택하기도 하였다. 왜냐하면 귀납적 방법으로 추적한 많은 고고학적 사실이 하나의 동일한 체계로 종합될 때 그러한 체계는 하나의 모델로 정착될 수 있었기 때문이다.

고고학은 과거의 물질적인 자료를 바탕으로 그 생활상을 복원하는 학문이다. 이를 위해서 철학적 접근방식은 역사적 상황에 따라 다양하게 수용 발전될 수 있을 것이다. 고고학자에게는 무엇보다도 그 문화를 서술하는 것이 중요한 과제이지, 철학적 견지를 주장하고 고집하는데 있는 것은 아니다. 따라서 과정고고학적 접근방식과 후기과정고고학은 보다 종합적으로 고고학을 해석하고 고고학적 사실을 밝히는데 필요한 한 접근방식에 불과한 것이다. 단편적인 이론고고학은 실질적으로 고고학 인류의 잔존물이 가지고 있는 다양성을 모두 포용하지 못한다. 그러므로 고고학이론은 종합되어야 하며 궁극적으로 인간학(Humanology)으로 귀결되어야 한다(이헌종 등 2006).

연구방법을 시도하는 첫 번째 방식은 귀납적으로 설명되어야 하지만 이미 귀납적 방법으로 완성된 유형의 반복은 하나의 모델로 정착된다. 하지만 모델을 만들기 위한 과정으로서 각 유형 간의 비교는 그러한 유형을 도출하기 위한 연구방법을 어떤 것으로 채택하였는가 하는 것에 따라 해석에 많은 오차가 발생할 것이다. 체계적이며 다양한 기본적인 연구방법들이 없는 유형들은 산발적이거나 부분적인 유사성을 가지고 유추해석을 통해 같은 성격의 유형으로 간주될 수 있기 때문이다. 특히 구석기시대에 대한 연구에는 유물의 한계성과 연구방법의 부재로 해석상 많은 문제가 야기되어온 것은 잘 알려져 있는 사실이다.

그동안 후기구석기시대에 대한 연구를 종합하여 볼 때 형태학과 부분적인 기술적 측면의 검토, 산발적인 지질학적인 고생태학적인 분석 등 그동안 있어왔던 연구방법과 결론들은 후기구석기시대를 하나의 역사적 사실로 접근해 나아가는데 충분치 않다. 따라서 이 시대에 대한 연구를 보다 과학적으로 파악하기 위해서는 일단 귀납적 접근방식을 활용하여야 할 것이며 바른 유추해석을 위해 전략적인 다양한 연구 방법을 찾아내는 것이 중요하다.

II. 형태학 분석의 영역과 한계성

이미 언급했듯이 형태학은 실험실 연구방법으로서 구석기시대의 연구에서 가장 보편적인 연구방법이다. 후기구석기시대에 있어서 형태학적 분석은 한정된 분류체계 속에서 유물의 법칙성을 찾아 형태표를 만들고 이를 바탕으로 각 유적의 대체적인 성격을 규정하고 구석기인들의 이동방향을 석기 형태의 상사성과 상이성을 통해서 밝혀 나아가는 데 목적을 둔다. 석기를 분석함에 있어서 먼저 "석재 상에 인류의 행위가 적극적으로 표현된 생산물" 즉 석기 상에 선사시대 사람들의 사상이 잘 표출된 주요 석기를 연구대상으로 삼는다(Volkov, 李憲宗 1993). 원칙적으로 형태학은 석기의 기능적인 측면의 이해를 철저히 배제한다.

오랫동안 여러 유적에서 발견된 석기의 형태를 규정하기 위해 보편적인 형태표를 만들고자 하는 시도가 많았다. 그런데 구석기학자들은 보르드

(bordes 1961)나 브레질리온(Brezillon 1968) 등을 비롯한 많은 고전 형태학자들에 의해서 만들어진 형태표를 무비판적으로 활용하여 왔다. 형태표들은 보편적인 것에 대한 추구가 아니라 각 유적이 포함하고 있었던 석기의 형태적 특성을 기초로 만들어진 것이다. 여러 유적에서 사용되어온 형태표들은 경제활동의 특성, 독특한 환경 및 석재에 좌우되는 유적들의 성격과 깊게 연관되어 있으므로 각 유적들이 가지고 있는 석기의 성격을 대표한다.

유럽의 구석기 유적들 중 이들 주변에 퇴적암과 화산암계의 양질의 석재를 이용한 유적들이 많다. 이들 유적의 석기들을 분석함에 있어서 구석기학자들은 먼저 계측기준을 마련하여 그 계측기준에 의한 결과를 석기의 성격과 연관시키는 경향이 있다. 또한 통계를 이용하여 각 석기의 계측에 의한 수적인 평가를 형태학 분석에 활용한다. 이러한 통계를 활용할 때에는 많은 양의 석기 및 부산물들이 있을 때 여러 기준들을 발견할 수 있을 것이다. 하지만 형태학에서의 통계 시스템은 그 분석기준을 어떻게 만드는가에 따라 결과에 상당한 차이가 발생하게 되므로 이 방법을 보편화시키기에는 상당히 주관적인 성격을 가지고 있다.

동북아시아의 석기문화의 특징은 그 사용된 석재에 크게 좌우되기 때문에 계측기준을 활용할 수 있는 석기의 정형성을 기대할 수 없다. 이 지역의 석재는 구석기인들이 그들의 전통을 매 이동지역마다 동일한 과정으로 석기제작을 수행할 만큼 충분히 질이 높지 않다. 석재의 질은 석기를 제작하는 잔손질뿐만 아니라 석기의 형태에 결정적인 요인이 되는 격지나 돌날 등과 같은 1차 생산물을 몸돌로부터 생산하는 박리과정까지 모든 석기제작 과정에 직접적인 영향을 끼친다(Rolland et al 1990). 이것이 형태학적인 특성을 계측기준으로 설명할 수 없는 결정적인 요인이 된다. 한반도의 구석기시대에 대한 연구에서도 유럽에서 활용한 계측기준을 활용한 예가 있으나 대표적인 몇 예만 보더라도 이러한 계측기준에 의한 자료들이 뚜렷한 결론을 내지 못하고 있음을 알 수 있다(문화재연구소 1983; 林炳泰·李鮮馥 1988; 이선복 외 1990 등).

따라서 동북아시아의 후기구석기시대의 석기들에 대한 형태학적 분석을 시도함에 있어서 가장 중요한 연구대상은 석기가 가지고 있는 속성, 즉 인류에 의해서 다양하게 표현된 표식들이며 이 표식의 특징을 기초로 각 유적의 석기 문화의 성격을 규정하는 것이 보다 생산적일 것이다(Абрамова 1979). 통계처리에 의해 석기 상에 남아 있는 몇 가지 표식들이 반복될 때 석기의 형태가 결정된다(Деревянко, Маркин, Василев 1994).

석기에 나타나는 표식을 중심으로 분류를 시도할 때 기술적인 특성을 함께 확인한다면 각 유적의 석기문화에 대해 보다 총체적인 해석을 할 수 있다. 후기구석기인들은 석기를 제작할 때 그들이 직면해 있는 환경에 맞도록 그들이 인지하고 있는 기술을 극대화하여 목적한 석기를 제작하기 위한 이상적인 기술을 채택하였을 것이다. 그 결과로 만들어지는 석기들이 주요 석기군에 속한다[2]. 이러한 석기들이 각 유적의 석기문화를 보다 잘 이해할 수 있게 하는 지표 석기가 된다. 하지만 이러한 주요 석기는 후기구석기유적에서도 그렇게 많은 양이 출토되는 것은 아니다. 대부분의 석기들은 보조석기 범주에 속한다. 이러한 보조석기들은 그 성격상 형태학적 분석으로 추적할 수 없는 경우가 많다. 예를 들어 후기구석기인들이 잔손질이 없는 1차 생산물을 석기로 활용한 경우 그 사용 시간이 길지 않거나 사용대상물이 강한 재질이 아닐 때 이를 형태학적으로 분류하는 것은 불가능하다. 따라서 석기 상에 나타난 형태적인 특성은 그 속에 포함되어

2) 주요석기와 보조석기에 대해서는 V.Volkov, 이헌종, 앞의 논문, pp.379-382에 자세하게 설명되어 있다.

있는 기술적인 속성을 함께 분석하여야 할 것이다. 결국 형태학적 분석만으로는 한 유적의 유물군에 존재하는 모든 속성을 밝힐 수 없기 때문이다.

그러므로 후기구석기시대를 연구함에 있어서 우선 유적의 성격과 각 유적의 지표 석기를 분류하는 것이 중요하다. 일반적으로 형태학자들은 세부적인 형태표를 활용해서 각 석기 형태의 수량을 활용하는 경향이 자주 있으며, 이러한 결과를 지역적으로 묶어 특정한 문화권을 설정하는 경향이 있다[3]. 하지만 일정한 지역 안에 동일 전통의 후기구석기시대의 유적으로 판명된 유적의 성격에 따라 석기의 구성에 상당한 차이가 있음을 알 수 있다(Василиевский 1989). 즉 동일 지역에 동일한 구석기시대 사람들이 정착하였다 하여도 다양한 점거 양상과 주변 석재 환경에 따라 석기군의 양상은 현격한 차이를 보일 수 있다.

구석기인들은 주변 환경의 지속적인 변화로 인하여 생존을 위하여 항상 보다 적당한 생활조건을 갖춘 적소(niche)를 찾아 이동한다. 그러나 그 과정에서 자주 예기치 않은 환경에 처하게 된다. 구석기인들이 항상 생활하기에 편리한 장소나 석기제작을 위한 적당한 석재를 발견할 수는 없다. 이러한 에피소드적인 상황은 이동과정에서 자주 접하게 되며 그러한 단순한 과정 속에서도 유적이 형성된다. 이러한 에피소드적인 유적의 대다수의 석기들은 각 지점의 특수성에 따라 일부 주요 석기들을 제외하고 그 유적의 기능에 맞는 석기들로 구성된다. 따라서 같은 집단의 유물들이라 할지라도 때에 따라서 기술·형태적으로 상당한 차이를 보여 줄 수 있다.

3) 구석기시대를 연구하는 러시아의 형태학자들은 자주 유적들을 평가하고 비교하는데 각 유적에서 나타나는 특징적인 일부 석기의 수량을 활용하여 이들의 석기문화의 유사성을 추적하는 경향이 있다. 그러한 비교연구에 대표적인 학자는 수학고고학자인 홀류슈킨(Ю.П.Холюшкин)으로서 컴퓨터를 활용하여 석기들의 수적 비교로 문화권을 추적하는 연구방법을 활용하고 있으며 그러한 그의 견해가 Ю.П.Холюшкин 1984; V.Larichev 1992에 잘 나타나 있다.

그러므로 이러한 에피소드적인 유적들과 풍부한 유물을 포함하고 있는 유적을 비교한다는 것은 바람직하지 않다. 더욱이 석기에 대한 수적평가를 바탕으로 이러한 다른 성격의 유적들을 비교하는 것은 해석상에 큰 무리를 가져 올 수 있다. 다시 말해서 현재 우리가 발견하고 있는 유적은 시대를 대표하는 큰 의미보다는 그 공간 안에서 행해진 인류 행위의 단편을 보여주고 있음을 말해 주는 것이다.

유적을 분류함에 있어서 학자들 간에 약간씩의 견해 차이는 있으나 대체로 이들을 크게 둘로 나누어 볼 수 있다(Касымов, Крижевская 1987). 첫째로 구석기인들이 짧은 시간동안 머물다 간 유적들은 臨時住居遺蹟(living floor)이며, 둘째로 구석기인들이 오래 동안 머물던 곳이거나 지속적으로 이들이 되돌아와 정주하는 유적은 永久住居遺蹟(home base)이라고 할 수 있다. 두 그룹의 유적들의 유물들에 대한 일련의 구성과 특성은 1차 생산물, 몸돌 및 석기 등 각 범주상의 질적인 혹은 양적인 측면에서의 차이가 존재한다는 것을 말할 필요도 없을 것이다.

먼저 영구주거유적은 가장 좋은 주변조건 즉 양질의 석재, 경제활동이 용이한 식생구조를 가진 영역, 적당한 기후조건 및 지형조건 등을 가지고 있는 곳이 될 것이다. 특히 이 주거 유적에는 자주 주거흔적과 노지, 저장공, 다수의 예술품 및 매장구조 등이 나타나며, 이러한 특징이 나타나는 곳은 보다 쉽게 주거유적의 성격을 규정할 수 있을 것이다. 하지만 만일 이러한 성격이 부분적으로만 나타날 경우, 그 유적을 점거한 구석기인의 사고체계에 인식되어 있는 전통이 잘 표출된 주요 석기의 양적, 질적 특성이 유적의 성격을 밝히는데 중요한 근거가 된다. 영구주거유적은 완성되었거나 혹은 이미 사용되었거나 혹은 사용 중 폐기된 주요 석기군의 양이 상당히 많을 것이며, 다양한 형태의 석기들이 발견될 것이다. 이 석기들은 이 지점을 검거한 구석기인들의 전통을 잘 이해할 수 있는 특징을 나타내 준다.

반면에 몸돌이나 그의 산물인 1차 생산물들은 비교적 임시 주거유적에 비하여 두드러지지 않으며 양적으로도 많지 않다.

임시주거유적은 1) 우연성과 2) 목적성의 특징을 지닌 두 유형으로 나눌 수 있을 것이다. 우연성을 지닌 임시 주거유적은 피크닉 유적, 일시적인 사냥유적(예를 들어 갑작스럽게 많은 사냥물을 얻은 경우 형성된 유적), 이동시 잠깐 머문 단기 임시유적 등으로 나눌 수 있다. 목적성을 지닌 임시 주거유적은 지속적인 사냥유적(예를 들어 kill site), 석기제작소 등을 들 수 있다. 이 두 유형의 임시 주거유적의 차이는 우연성 임시 주거유적의 성격을 파악하면서 알 수 있다. 우연성 유적들은 일시적으로 접한 상황에 적응하기 위한 석기제작 행위의 산물을 포함하고 있으며 따라서 유물의 양도 많지 않다. 또한 석기제작소 및 포획물 작업지역 등과 같은 개별적 성향의 유물군의 성격이 복합적으로 나타날 수 있을 것이다. 기능 분석의 도움이 없이는 이와 같이 부분적인 목적을 가진 일시적인 유적의 성격을 규정하는 것은 용이하지 않다. 왜냐하면 그러한 일시적인 상황에서 구석기인들이 주요석기를 만들어 작업하기보다는 보조석기로 작업을 진행하기 때문에 형태학적으로 그 석기의 성격을 밝힐 수 없다. 만일 석기들을 동물이나 물고기를 작업하는데 사용했다면 석기들의 날 손상도 거의 없기 때문에 특정 석기들이 폐기되어 발견되지 않는 한 형태학적인 분석은 불가능하다.

석기제작소는 보다 쉽게 알 수 있다. 이 성격의 유적에서는 많은 몸돌과 1차생산물이 발견된다. 물론 작업과정에서 만들어진 주요석기 중 손상을 입은 것이든지 사용흔이 없는 주요 석기든지 미완성의 석기들이 나타날 수는 있으나 대체로 주요 석기의 빈도수는 현격히 줄어들 것이다. 특히 석기제작소에서는 석기제작자들이 석기를 만들면서 폐기한 것들을 주의깊게 조사하였을 때 이들의 기술적인 제작과정을 밝힐 수 있는 일련의 접합유물을 찾을 수 있다. 또한 기능분석의 결과도 이들의 석기들 상에 사용 흔적이 드물게 나타난다는 점을 보여준다. 이러한 작업 날 이외의 일부 지점에 집중적인 사용 흔적이 나타나는 것은 대개 손잡이, 매개체용 도구, 고정도구 등 추가적인 목적을 위한 것들에 의해 영향을 받은 것이므로 주의를 요한다.

석기의 형태학적인 분류를 시도할 때 질적인 분석은 결국 석기의 잔손질 분석과 연관된다. 특히 잔손질의 형태는 자주 석기의 형태를 결정한다. 하지만 잔손질에 대한 분석 기준은 기술적인 측면과 깊은 연관관계를 가지고 있음을 보여준다. 만일 기술적인 양상을 간과한다면 석기를 만드는 과정에서 장인이 표현한 생각을 추적할 수 없다.

잔손질 분석에서 가장 주요 관심은 그 위치와 상태이다. 잔손질의 상태와 위치에 대하여 분석할 때 분석자는 자주 석기의 특성을 파악하기 위한 일련의 질문들은 만든다(Деревянко, Фелингер, Хлюшкин 1986). 이러한 질문들을 종합하면 몇 가지 기술적 측면의 질문과 함께 9가지로 정리할 수 있다.

1) 박리기술(a. 직.간접떼기, b. 눌러떼기)
2) 박리된 면의 크기(a. 大-x〉5mm, b. 中-2〈 x 〈5mm, c. 小-x〉2mm, d. 혼합)
3) 박리된 면의 성격 (a. 비늘형, b. 평행형, c. 준평행형, d. 계단형, e. 혼합)
4) 날의 상태(a. 직선날, b. 볼록날, c. 오목날, d. 톱날, e. 혼합)
5) 잔손질의 위치(a. 끝날, b. 측날, c. 끝날-측날, d. 구석날, e. 전날, f. 끝날과 두측날)
6) 잔손질된 날의 수 (a. 외날, b. 양날, c. 여러 날 혹은 전날)
7) 잔손질의 확산정도-석기의 중앙선을 기준으로(a. 중앙선에 가까운 정

도, b. 중앙선에 못 미치는 정도, c. 날 가까이, d. 혼합)

8) 잔손질의 각도 (a. 수직에 가까운−90° 〈 x 〈 70°, b. 아주 가파른−70° 〈 x 〈45°, c. 가파른−45°〈 x 〈30°, d. 덜 가파른−45°〈 x 〈10°, e. 거의 편평한−x〉10°)

9) 박리된 면의 위치(a. 등면, b. 배면, c. 외날상의 양면, d. 양날상의 교차면)

형태학적 분석에서 석기의 형태를 규정하는데 가장 중요한 요소는 잔손질의 위치이다. 그런데 형태학자들은 그 위치를 어떻게 보느냐에 따라 자주 석기의 형태를 주관적으로 규정하는 경향이 많아 동일한 석기의 경우에도 각각 학자들 간에 다른 형태의 석기로 분류되는 경향이 있다. 예를 들어 끝날과 옆날에 가파른 잔손질이 되어 있는 긁개에 대하여 학자들 간에 마치 측면에 잔손질을 가진 끝날긁개 혹은 인접한 날에 잔손질이 있는 긁개 혹은 가로날 잔손질이 있는 측날긁개 등 여러 가지 형태표가 만들어질 수 있다. 형태학적 분석은 이러한 문제를 해결할 방법을 가지고 있지 않다. 왜냐하면 형태학으로는 방법론상 어떠한 구체적인 기능을 설명할 수 없는 속성을 가지고 있기 때문이다. 그러므로 연구자가 석기의 기능을 설명할 수 없는 속성들을 찾는 방법론을 지속적으로 인식하지 않는다면 형태학적 분석은 계속 공론으로만 남게 될 것이다.

구석기인들이 석기를 만드는 이유는 그 석기를 도구로 사용할 분명한 목적을 가지고 있기 때문이다. 그러한 원칙을 파악 한다면 석기의 형태는 보다 구체화 될 것이며 작업날의 위치, 즉 작업날과 보조날의 상관관계를 추적할 수 있을 것이다.

여러 형태의 석기를 분석할 때 발생하는 문제를 해결하기 위해서는 실험을 통한 검증과정을 거친 기술적인 측면과 기능적인 측면의 연구의 도움을 받아야 할 것이다. 이러한 분석과정은 형태학적 방법을 보다 강화시켜 주며 보다 객관적이며 선사시대 사람들의 행위 양식이 고정된 석기에 대한 보다 살아있는 해석을 가능케 한다.

그러므로 석기 상에 있는 잔손질의 위치는 단순히 형태학적 속성만을 가진 것이 아니며 기술적인 속성을 포함하고 있다. 이러한 연구가 가능하다면 석기에 대한 용어를 선정하는 데에도 보다 본질적으로 접근할 수 있을 것이다.

위에서 언급한 잔손질에 대한 9가지 질문 중 4, 9번을 제외 하고는 모든 질문이 잔손질의 상태와 연관되어 있다. 이 질문들은 형태학적 측면에서 석기를 분류하는데 중요한 것들이지만 원칙적으로 기술적인 특성과 연관되어 있다. 기술적인 측면에서 잔손질의 상태는 석질에 따라 변화될 수 있다. 이에 대한 보다 충분한 결과를 얻기 위해서는 잔손질의 양상에 대한 질적인 측면에서의 통계처리를 하는 것이 필요하다. 이 분석의 속성상 이들의 통계로 얻어진 미세한 차이들은 그다지 큰 정보를 제공해주지 못하므로 통계에 의한 결과의 선택에도 주의가 필요하다.

잔손질 상태에 대해 검토할 때 잔손질이 없는 보조 석기 상에 남아있는 "활용 잔손질"에 주의를 기울여야 한다(Keeley 1980; Филипов 1983). 이 활용 잔손질은 특히 긁기, 뚫기 등과 같은 날 손상의 정도가 많이 나타나는 행위의 과정에서 보다 뚜렷하게 나타나게 된다. 따라서 이러한 잔손질의 양상은 육안으로 쉽게 파악되는 것이 아니므로 통계를 통한 순수한 결과를 얻는데 많은 오류를 가져올 수 있다.

오랫동안 형태학적 분석은 구석기시대 연구에 가장 중요한 방법이었다. 하지만 이 방법은 이미 완성된 객체, 즉 석기가 가지고 있는 다양한 속성을 모두 밝힐 수 없다. 그 동안에도 석기연구에서 기술적인 측면의 이해가 보다 강화되었을 때 형태학적 측면의 방법도 더욱 발전하게 된 것이다. 최근 많은 시베리아 구석기학자들이 기존의 형태학자의 틀을 벗어나 자주 "기술-형태학"이라는 용어를 사용하는 것은 기술학의 도움 없이 형태학적 접근 방식만으로는 석기의 성격을 설명하는데 많은 어려움이 있다는 것을 인식 하고 있는 것이다.

형태학적인 연구 방법에 또 하나 중요한 문제가 있는데 그것은 분류체계와 석기형태에 대한 명칭이다. 석기의 분류체계에 대한 이해는 자주 연구자가 소속된 학파나 석기에 대한 개인적인 이해 정도에 좌우된다. 이러한 양상은 석기에 대한 보편적인 이해와 석기에 대한 공동의 용어를 선택할 수 없게 한다. 문제는 형태학이 가지고 있는 가장 큰 약점이며, 그 속성상 해결할 수 없는 부분이다. 이 문제를 해결하지 못하면 이 연구 방법은 성공적인 연구방법으로 존재할 수 없다. 특히 형태학자들이 자주 석기용어와 기능을 분리하는 경향은 형태학으로는 이 문제를 해결할 수 없다는 것을 간접적으로 보여주는 것이다(Деревянко, Маркин, Васильев 1988).

그러므로 한정된 지역의 여러 성격의 후기구석기시대의 유적들을 조사함에 있어서 모든 형태의 유적을 통틀어 수적인 비교와 통계적인 분석을 시도해서는 효과적인 정보를 얻을 수 없다. 그러므로 보다 체계적으로 유적의 성격을 분류하여야 하는 것은 당연하다. 그렇지만 아직까지 우리나라에서 이 연구가 본격적으로 시도되지 않아 성격규정 자체가 쉽지만은 않은 과제이다. 유적에 대한 성격이 설정되면 구체적으로 주요석기들에 대한 질적인 분석과의 비교가 요구된다. 형태학적인 분류의 중요한 목적은 바로 주변의 다른 유적과 비교할 수 있는 주요석기들을 분류하는 것이다. 주요석기군은 본질적으로 기술적인 속성을 포함하고 있으며 이러한 속성은 형태학적 특성과 함께 석기문화의 분포권역과 후기구석기인들의 이동과정을 밝혀보는 주요 지침이 될 것이다.

Ⅲ. 기술적 분석, 그 영역과 특성

후기구석기시대의 유물군에는 주요석기 이외에도 보조석기, 다양한 형태의 몸돌 및 그 부산물인 1차생산물이 포함되어 있다. 이 유물들에 대한 세부적인 분석은 자주 유적 점거인의 석기제작 전통과 몇 가지 습관 등 흥미로운 자료를 제시해 준다. 이러한 연구는 결국 연구대상 유적에 점거했던 구석기시대 사람들에 의해 시도된 모든 초기 박리과정을 추적하는 기술적인 측면과 연관되어 있다.

충분한 기술적인 이해는 새로운 형태학적인 접근을 가능하게 한다. 보에다(E.Boeda)는 석기에 대한 분석을 시도하는데 형태학적인 접근만으로는 불충분하다는 견해를 밝히고 있으며(Boeda 1991; 1993), 기술적인 분석의 중요성을 인식하는 것이 현대 구석기연구의 일반적인 인식이라고 할 수 있다.

르로아 구르안(Leroi-Gourhan)의 기술적 측면에서의 체인구조(cha' nes operatoires)이론은 기술적인 박리과정에 대한 정확한 이해를 가져다주는데 기초하고 있다. 이 이론은 유럽의 구석기시대연구에 잘 활용되고 있으며 프랑스의 구석기학자들에게는 중요한 고전적인 이론이다(Leroi-Gourhan 1976; Olive 1998). 하지만 시베리아와 극동 그리고 그 주변지역의 후기구석기시대 유적에 적용하려면 구석기인들의 신체적 특성과 전통적인 박리과정 이외에 추가 조정기술이 요구되는 석재의 특성 등을 다시 검토해야 한다. 그럼에도 불구하고 이 이론은 우리에게 기술학을 독자적인 연구방법으로 분리시킬 수 있도록 하는 데 결정적인 역할을 하였다(Inizan, Roche, Tixier 1992). 석재에 대한 분명한 지식과 기술적인 과정의 결과로 얻은 잘 제작된 유물은 긴 기간 동안의 축적된 경험의 결과이며, 경험으로 인한 지식과 정신구조 속에 이미 고정화되어진 숙련된 과정의 표현이다. 그 축적된 결과의 반복을 전통이라고 할 수 있다. 이러한 전통을 추적하기 위해서는 석재의 선택으로부터 1차생산물을 생산하는 전 과정을 축적하여야 하며, 실험과정을 통하여 석재가 갖고 있는 특성을 검증하여야 한다.

실험고고학적 접근방법은 어떤 과정을 통하여 다양한 형태의 1차생산물이 나타났는가 하는 점을 밝히는데 중요하다. 이러한 질문을 해결하기 위해서는 어떤 과정에서 몸돌을 만들어 1차생산물을 박리하였는가 하는 과정을 밝히면서 알 수 있다. 몸돌 자체에는 이러한 1차적인 일정한 기술적인 구조의 흔적이 남아있다. 몸돌은 3차원적인 구조를 가지고 있다. 그러므로 몸돌은 단순히 형태를 가지고 설명될 수 없으며, 전체의 제작과정을 입체적인 구조 속에서 복합적으로 관찰되어야 한다. 1차적인 기술적 구조에 대한 세밀한 실험적 분석 결과는 일정한 전통을 지닌 몸돌의 속성을 복원할 수 있다. 몸돌을 분석해 나갈 때 다음과 같이 네 가지 측면에 주의를 기울여야 한다. 1) 장인에 의해 이상적으로 계획된 몸돌의 박리과정에 적합한 석재의 선택, 2) 타격면의 상태, 3) 박리면을 위한 위치선정, 4) 고정방법을 위한 손질 등이다. 이러한 네 가지 요소는 이미 만들어져 있는 몸돌, 즉 유적에서 발견된 몸돌을 통하여 장인의 정신구조 속에 계획된 프로그램을 밝혀낼 때 필요한 것들이다.

후기구석기시대 사람들이 몸돌을 통하여 적당한 1차 생산물을 얻어야 하는 가장 중요한 이유는 이미 계획된 기능적인 의미의 석기를 얻기 위해 필수적인 것이기 때문이다. 따라서 장인에 의해 계획된 일련의 주요 석기는 환경의 요구와 그에 따른 자원획득전략에 의해서 만들어지는데 그 석기가 만들어지기까지는 하나의 정제된 수순을 통하여 만들어진다. 그러므로 완성된 석기에 대한 형태학적 분석도 중요하지만 그 석기가 만들어지기까지의 전 과정을 추적하는 것이 유적을 점거한 구석기인의 전통을 밝히는데 보다 많은 정보를 제공해 준다.

그밖에 몸돌 연구에서 자주 접하게 되는 비 성공적인 몸돌에 주의를 기울이게 된다. 이러한 몸돌들은 장인에 의해서 석재가 잘못 선택되었던지, 기술적용에 실패했거나 혹은 "교육용 목적"의 몸돌이었을 것이다. 몸돌에 대한 기술-형태학적 측면에서의 분석표에 자주 이러한 몸돌들이 포함되어 통계 처리되는 경향이 있다. 또한 여러 형태의 새로운 몸돌 제작과정이 보이는 경우도 있으나 기술적인 측면에서의 시각으로는 일부 제한된 기술전통의 틀을 벗어나지 못한다. 그러므로 이러한 몸돌들에 대한 무분별한 분석 및 분류는 기술적 전통을 밝혀 나아가는데 오히려 혼돈만 가져올 수 있다.

결국 기술적인 설명은 1차 생산물과 석기를 산출하는 모든 생산과정을 밝히는 것이며, 보다 두드러진 한정된 특성들을 찾아내는 것이다. 이러한 과정은 석기가 가지고 있는 속성과 깊게 연관된 것이다. 그러므로 형태학(Typology)과 기술학(Technology)은 석기문화를 설명하는데 통합된 방법으로 활용되어야 하며 형태학적인 설명은 기술적인 것을 수반하여야 한다.

그럼에도 불구하고 기술적인 설명은 형태학적인 설명보다 더 구체적이며, 선사시대 사람들의 전통을 밝히는 자신의 독특한 영역을 가지고 있다. 기술적인 분석은 더욱이 민족지적인 자료와 실험고고학적인 자료를 포함하고 있어서 당시의 생활상과 이들의 정신 구조를 밝혀 나아가는데 보다 더 적절한 방법이 된다.

현재 후기 구석기연구의 과제는 기술적인 분석이 형태학을 보강하는 역할을 할 뿐 아니라 구석기시대 사람들의 생산행위와 석기제작 전통을 실험적인 검증과 민족지적인 자료와의 비교를 통하여 구석기인들의 전통을 밝혀주는 독자적인 방법이라는 것을 분명히 인식하는 것이다.

IV. 사용흔학(Traceology), 그 역할과 기술-형태학과의 관계

이미 언급한 것들을 요약하면 형태학은 제한된 분류체계를 활용하여 이미 "완성된 부산물"에 나타나 있는 여러 형태적 속성을 연구하는 것이다. 기술적 분석은 '어떻게' 혹은 '어떤 방법으로' 석기를 만들었는가 하는 것을 연구하는 것일 것이다. 그렇다면 사용흔 분석은 '왜' 석기를 만들었는가 하는 문제를 해결하는 것으로서 석기의 기능을 확인하는 것이 주요 과제이다.

舊 레닌그라드 고고학 연구소의 세메노프에 의해서 구체화된 이 분석법은 단순한 생물학적 현미경으로 석기 상에 남아있는 여러 흔적들을 조사하였다. B.A. Bonch-Osmolovsky에 의해 구체화된 사용흔 분석에 대한 그의 관심은 1940년부터 시작되었다(Семенов 1940). 그의 연구는 석기의 진정한 기능을 설명하려는 것뿐만 아니라, 선사인들의 생산과정에서의 목적 및 생산과정의 기술적인 문제까지 폭넓게 이루어졌다(Семенов, Коровкова 1983). 이러한 연구의 시작과 그 발전과정은 현재 사용흔학 분석방법의 기초가 되었다. 이러한 단계를 '古典使用痕學期' 라고 말할 수 있을 것이다. 당시 구소련 고고학자들에게는 아직 단계론에 대한 인식이 강하게 남아 있을 때 각 단계의 생산관계를 밝혀 나아가는데 이 방법은 중요한 연구 방법으로 인식되었다.

사용흔 분석방법은 특히 석기시대를 연구하는 학자들에게 새로운 시각을 갖게 하였다. 예를 들자면 1차 생산물에 대한 조사과정에서 발견되는 사용흔이 있는 보조석기들을 통하여 구석기시대인들의 석기사용 범위를 알 수 있게 되었다. 또한 기존의 습관적인 석기에 대한 인식을 바꾸어 놓는 기능적인 측면에서의 석기의 의미를 파악할 수 있게 되었다. 더욱이 석기에 대한 기능을 어느 정도 밝힐 수 있게 됨으로써 오랫동안 시도되어 온 전통적인 주거지고고학(settlement archeology)을 통한 사회복원이라는 명제를 구석기시대에까지 확대할 수 있었다. 당시 이 새로운 연구 방법은 방법적인 측면의 개선이라는 과제를 갖고 있었으면서도 구석기인들이 살았던 평면상의 생활면을 복원할 수 있었을 것이라는 가능성을 제시함으로써 구석기시대에 대한 연구의 새로운 획을 긋게 한 것이다. 하지만 당시 구소련 내부의 구석기 학자들은 이러한 연구의 실용성에 대해 많은 의구심을 가지고 있었으며, 지금도 형태학자들을 통한 많은 비판이 있다.

하지만 이와 같은 성공적인 연구방법은 유럽과 미국의 여러 학자들에게 큰 반향을 일으키게 되었다. 세메노프와 레닌그라드학파의 그 제자들이 계속 고전적인 방법을 고수할 때 이들은 기존의 연구방법과 결과를 비판하며 새로운 시도를 지속하였다. 그러한 노력들은 결국 킬리(L.H.Keeley)에 의해 종합되었다(Keeley 1977; 1980). 킬리의 방법은 기존의 것과 달리 보다 강하고 다양한 배율의 현미경을 이용하였으며, 그 분석방향과 대상에 큰 변화를 가져왔다. 이러한 새로운 연구방법은 현대 사용흔학을 보다 과학적이며 신빙성 있는 연구방법으로 자리 잡을 수 있게 한 '使用痕學의 發展期' 가 될 것이다.

기존의 레닌그라드 학파에서 주로 활용했던 현미경은 단순현미경으로서 10-40배 정도의 배율을 가지고 있을 뿐이며, 측면에서 빛을 주기 때문에 시각적인 오차가 있었다. 그러므로 이 현미경으로는 석기 상에 남은 사용선, 날의 단 상태, 사용면의 요철상태, 날의 부수어짐, 윤의 강도 및 존재여부 등 석기 상에 나타난 외형적인 변화를 확인할 수 있었지만 석기로 작업한 작업 자료에 대한 구체적인 분석은 불가능 하였다. 석기도 역시 뚜렷한 사용 흔적이 잘 남는 긁개, 망치, 뚜루개, 잔손질용 도구 및 대형 석기류(주먹도끼, 까귀, 찍개 등) 등에 나타나는 사용흔적은 분석하기가 쉽지 않다. 더욱이 보조석기에 대한 분석은 세메노프의 방법으로는 어렵다. 그러므로 이러한 한계성을 극복하기 위해서는 새로운 연구방법이 요구되었던 것이다.

이러한 문제를 보다 구체적으로 해결하기 위해서는 먼저 현미경의 구조적인 발전이 있어야 했다. 그런데 킬리가 사용흔 분석에 사용한 현미경은 500배까지 그 배율을 확대할 수 있는 강한 배율을 가지고 있으며, 유물에 반사 그늘이 생기지 않도록 빛이 렌즈를 통과하여 수직으로 비추어 석기를 조사할 수 있게 되어 있다(Keeley 1980). 이 현미경으로는 석기 사용 당시 형성된 부분의 미세면에 대한 분석이 가능했으며 젤리와 같은 느낌의 여러 형태의 약한 굴곡면의 변화를 읽을 수 있었다. 이것은 결국 석기 상에 형성된 사용흔의 강도가 약하더라도 부분적으로 흔적이 집중된 지역을 찾아내어 관찰할 수 있게 된 것이다.

이러한 미세기복면의 구조는 이 현미경 상에서 어떤 재료를 작업했는가에 따라 각각 다르게 나타난다. 석기 상에 남아있는 이와 같은 미세흔의 구조적 차이는 작업재료를 분리할 수 있는 가능성을 제시해 준 것이다.

이러한 킬리의 연구방법은 단순한 석기의 기능을 밝히는 것뿐 아니라 보다 다양한 고고학적 사실들을 추적할 수 있게 되었다. 세메노프의 방법으로 결정하기 어려웠던 석기상에 남아있는 사용흔의 세부적인 분석도 가능해졌다. 이러한 분석의 결과는 결국 이미 만들어져 있는 석기를 분석하여 결정된 형태학적인 측면에서의 석기명칭을 보다 구체화할 수 있게 한 것이다. 현실적으로 도구의 이름은 그 도구의 외형에서 표출되는 미적 특성을 설명하는 것이 아니라 그 도구의 기능을 대표하는 것이다. 물론 외형적으로도 많은 석기의 기능을 밝힐 수 있는 형태적 유사성이 있지만 그러한 유사성만으로는 석기의 기능을 정확하게 설명할 수 없다.

이러한 연구는 결국 실험적인 결과를 동반한 검증을 거쳐 더욱 분명한 결과를 낳게 되었다. 따라서 사용흔 분석연구는 대부분 실험을 통하여 얻어진 결과를 바탕으로 석기의 흔적을 추적하는 보다 과학적인 접근 방법인 것이다(Moss 1983; Vaughan 1985; Gijn 1990; Volkov, Lee, H.J. 1992). 더욱이 석기 상에 남아있는 미세흔에 대한 보다 정확한 표준을 만들기 위해 여러 사용흔 학자들은 석기의 사용흔을 각각 관찰하고 각 학자들의 견해를 종합하여 하나의 표준을 만드는 blind test를 실시하고 있다(Bemforth 1988).

구석기시대인들이 제작한 석기들이 항상 연구하기에 적합한 상태로 보존되는 경우는 드물다. 많은 석기에는 지화학적인 영향으로 석기표면에 녹이 형성되었거나 혹은 석재가 이러한 연구를 가능케 하지 않은 특성을 갖고 있다. 킬리의 연구방법에는 석재의 색, 재질의 강도, 구조에 따라 결과적으로 많은 오차가 일어날 수가 있다. 즉 석영이나 화강암, 현무암 등 재질이 고르지 못하거나 무색 혹은 투명한 유리질의 석재로 만든 석기는 킬리의 방법으로는 사용여부에 대한 분석을 하기가 쉽지 않다. 이러한 석기들은 결국 수천 배까지 그 배율을 확대하여 그 석기 상에 남아 있는 미세한 여러 사용흔적을 추적하여 석기 여부를 판정해야 한다(Mansur-franchomme 1983; Knutsson 1988). 이러한 연구를 가능케 한 현미경이 전자주사 현미경(SEM)이다. 이러한 현미경의 사용은 사용흔학사에 또 하나의 전환점을 마련한 것이다.

시베리아와 극동지역의 석기들에 대한 연구 경험으로 위에서 설명한 세 현미경은 역시 각각 따로 사용되어서는 안 된다. 이 세 현미경은 석기 분석에 전략적으로 사용되어야 한다.

사용흔학은 지난 60여 년간 발전과정을 겪으면서 구석기시대의 연구에서 중요한 연구방법의 하나로 자리를 잡아갔으며, 형태학의 결과를 보다 강화시키는 바탕이 되었다. 그동안 축적된 분석자료들은 기술-형태학적 측면에서 설정된 많은 가설들을 확인할 수 있게 되었다. 최근 석기상에 나타나는 사용흔의 양상, 사용흔이 있는 석기의 빈도수, 원재료의 빈도수 등에 대한 사용흔 분석은 각 유적의 성격을 이해하는데 많은 도움을 준다. 그와 함께 유적이 재 퇴적 되지 않았다면 그 발굴된 지점에 대한 선사인들의 생활상을 직접 복원할 수 있는 가능성을 갖게 되었다. 이러한 자료들의 축적은 또한 보다 세부적인 구석기인들의 생활상을 복원할 수 있게 한다.

최근 우리나라에서도 사용흔 분석의 사례가 늘고 있다. 그 몇 사례를 들어보자면 대표적인 유적으로 장흥리유적(최복규 외 2001), 수양개유적(이융조, 공수진 2002), 호평동유적(홍미영, 코노넨코 2005), 망상동 기곡유적(최삼용 2007) 등이다. 장흥리유적과 기곡유적의 경우는 석기 상에 나타난 사용흔을 발견하는 수준의 연구였다면 호평동유적은 주요석기뿐 아니라 보조석기에 이르기까지 그리고 실제 사용흔의 종류까지 밝히는 단계까지 연구가 이루어졌다. 실제로 장흥리유적과 기곡유적의 사용흔에서는 긁개 상에 나무를 다룬 흔적이 매우 뚜렷하게 나타나고 있어 주목된다. 수양개유적에 대한 분석은 역시 호평동유적에서처럼 N. Kononenko에 의해 이루어졌으며 슴베찌르개의 기능의 다양성을 밝혀내는 중요한 사용흔 연구였다(이융조, 공수진 2002:18-22).

한편 사용흔 분석을 통해 석기를 기능적 측면에서 파악할 때 석기의 원기능을 충분히 이해하고 설정된 석기에 형태표를 만들 수 있다(Volkov 1994). 이미 언급한 것처럼 석기가 만들어 지는 원인을 고려한다면 이 형태표는 단순히 석기의 형태와 그 표식을 중심으로 만들어진 형태학적 형태표보다 실질적이다. 또한 이미 형태적 특성에 따라 설정된 석기들의 세부적인 기능분석을 통해서 석기의 형태와 기능과의 상관관계를 밝힐 수 있게 되었다(Volkov, 李憲宗 1992).

이와 같이 사용흔학은 분석자의 주관성 문제, 사용흔 형성과정에 대한 이해부족, 석기 자체의 속성에 대한 이해 부족, 시간소비형 연구 등과 같은 문제점의 지적(Seong C.T. 2002 등) 속에서도 기술-형태학과 깊은 상호 연관관계를 가지고 있을 뿐 아니라 구석기 시대인의 경제활동을 복원하는 자신의 독특한 영역을 확보하게 되었다.

V. 맺음말

추연식이 인용한 것처럼 고고학 연구란 고고학 자료의 성격으로 말미암아 불가피하게 제한적일 수밖에 없고 따라서 그 추론이란 것이 어떤 경우에는 추측의 범주에 지나지 않을 수 없다는 것을 인정하면서도 유추의 적용 폭을 확장시키기 위해서는 모든 고고학자가 방법론적인 측면을 개발해야할 필요가 있음을 강조하였다(秋淵植 1994). 이것은 특히 자료의 한계가 뚜렷한 구석기시대 연구에 보다 필요한 것이다. 물론 그 학자들이 비판하며 제기한 무리한 확대에 대한 주관성 문제는 당연히 고려되어야 할 것이다. 과정고고학이든지 후기과정고고학이던지 어떤 방식의 철학적 사고에 입각한 것이라 할지라도 고고학적인 결과는 결국 그 당시 과거의 역사와 문화를 설명하는 것이어야 한다. 선사시대, 특히 구석기시대 연구는 양적인 결과로 복원될 수 없으며, 통계를 활용하더라도 질적인 속성을 다룬 결과를 복원에 활용하여야 할 것이다. 복원의 가장 중요한 바탕은 그 사실을 추적하기 위한 많은 자료이다. 구석기인들의 환경을 복원하기 위해 많은 자연과학의 도움을 받는 것(이헌종 외 2006)과 구석기시대의 유물을 가지고 이를 복원해 나가는 것은 구석기 연구에 필수적인 것일 것이다. 그러므로 구석기인들의 문화적 산물에 담겨져 있는 많은 사실을 과장 없이 밝혀내고 또한 바로 해석하기 위해서는 충분한 과정을 거친 연구방법을 수용하는 것이다. 따라서 형태학(Typology), 기술학(Technology), 사용흔학(Traceology)은 후기구석기시대의 연구에 필수 불가결한 방법들이다.

이 방법들은 서로 깊은 관계를 가지고 있으면서도 각각 독특한 영역을 가지고 있다. 형태학적 분석은 가설적으로 설정된 석기 유형들을 주변 지역과의 비교를 통하여 그 관계성을 규정하고, 이동과정을 설명할 수 있을 것이다. 하지만 이 방법으로는 기술적인 특성과 그 전통을 구체적으로 밝힐 수 없다. 그러한 문제는 기술적인 분석을 통해서만 해결할 수 있는 것이다. 기술적 분석은 제한된 지역 간에 존재하는 돌, 뼈, 뿔, 나무 등을 이용하여 도구를 만드는 기술적인 전통, 습관 및 인류의 활동과정을 규정함으로써 그들의 사회적 성격을 밝히는데 초점을 맞춘다. 이 연구방법은 고고학 유물에 대한 실험실에서의 조사뿐만 아니라 실험을 통하여 검증하고 민족지적인 자료를 통하여 유추함으로써 보다 확실한 결과를 얻을 수 있다. 사용흔 분석은 인간이 평면상에 남겨놓은 흔적을 보다 구체적으로 파악할 수 있으며 이로 인하여 그 유적의 성격을 정의하는데 중요한 자료를 제시해 준다. 이 자료들이 지속적으로 축적된다면 구석기시대인들의 생활방식을 보다 실질적으로 복원할 수 있을 것이다.

과정고고학의 영향으로 자주 활용되는 통계적인 방법도 역시 형태학적 분석과 양적 자료에 기초한다면 생산적인 결과를 얻을 수 없을 것이다. 통계라는 것은 이러한 충분한 연구방법들을 통한 질적 평가의 결과를 바탕으로 세워져야 해석상 무리도 없으며 그 유용성이 극대화 될 수 있다. 형태학만으로는 이러한 모든 다양성 속에서 통일성(Unity of varity)를 찾아갈 수 없다.

이 세 가지 연구방법은 각각 자신의 취약한 부분을 가지고 있다. 하지만 이 세 연구방법은 서로 상호 보완적이다. 형태학과 기술학 및 사용흔학은 부분적으로 마치 가설과 검증관계를 가지고 있다고 보인다. 이 방법들을 활용하여 고고학 자료를 보다 역사 문화적으로 해석하기 위해서는 구석기학자들에게 철저한 준비과정이 필요하다. 왜냐하면 이 방법들은 구석기연구에서 가장 기초가 되는 것들이기 때문이다.

| 참고문헌 |

〈국문〉

국립문화재연구소

1983 『全谷里』.

이선복 외

1990 『옥과구석기유적』, 서울대학교박물관 · 곡성군.

李盛周

1994 「Post-modernism考古學과 展望」, 『韓國上古史學報』 第7號, 韓國上古史學會.

이융조 · 공수진

2002 「수양개유적의 슴베 연모에 대한 새로운 연구」, 『한국구석기학보』 제6호, 한국구석기학회.

이헌종 · 김정빈 · 정철환 · 임현수 · 이혜연 · A.P. Derevianco · M.I. Dergachova · N.S. Bolikhouskaya

2006 영산강유역의 구석기 고고학과 4기 지질학, 학연문화사.

임병태 · 이선복

1988 「신평리 금평 구석기」, 『주암댐 수몰지구 문화유적 발굴조사보고서(V):구석기,입석,와요지』, 전남대학교박물관 · 전라남도.

최복규 · 최삼용 · 최승엽 · 이해용 · 차재동

2001 『장흥리 구석기유적』, 강원고고학연구소.

최삼용

2007 「동해 망상동 기곡 유적 석기에서 관찰된 미세흔적의 성격」, 『한국구석기학보』 제16호, 한국구석기학회.

秋淵植

1994 「考古學 推論에 있어서 文化特殊的 相關關係의 活用」, 『韓國上古史學報』 第10號, 韓國上古史學會.

홍미영 · 니나 코노넨코

2005 「남양주 호평동 유적의 흑요석제 석기와 그 사용」, 『한국구석기학보』 제12호, 한국구석기학회.

Volkov P.(이헌종 역)

1994 후기구석기시대의 주요석기의 기능과 작업기준, 『韓國上古史學報』 第15 , 韓國上古史學會.

Volkov P., 이헌종

1993 「석기의 기능분석의 목적과 대상」, 『韓國上古史學報』 第14號, 韓國上古史學會.

〈영문 · 불문〉

Bemforth D.B.

1988 Investigation microwear polishes with blind tests: the Institute results in context, *Journal of Archaeological Science* 15.

Binford L.S.

1987 Searching for camps and missing the evidence?, *The Pleistocene old world*.

Boeda E.

1991 Approche de la variabilité des systémes de production lithique des industries du Paleolithique inférieur et Moyen: chronique d' une variabilite attendue, *Techniques et culture*.

Boeda E.

1993 Levallois: Un concept volumétrique des methodes une

technoloque, The definition and the interpretation of Levaloise technology: *International conference*, University of Pensylvania and Havard.

Bordes F.

1961 *Typologie du paleolitique ancien et moyen*, Bordeaux : Delmas.

Brezillon M.

1968 *La denomination des obhets de pierre taillee*.-P. : CNRS.

Gijn A.L.van

1990 *The wear and tear of flint*, Netherland.

Inizen M.-L., H.Roche, J.Tixer

1992 *Technology of Knapped Stone*, CREP.

Keeley L.H.

1977 The functions of paleolithic flints tools, *Scientific American* Vol. 237 No.5 California.

Keeley L.H.

1980 *Experimental determination of stone tool uses*, Chicago.

Knutsson K

1988 Making and using stone tools, Aun N 11. Uppsala.

Leroi-Gourhan A.

1976 La Grande Paroisse(Siene-et-Marne). Les habitats Magdaleniens de Pincevant, *Livret-Guide Al: Sud du Bassin parisien, 9-e congres de l'U.I.S.P.P.*, Nice.

Mansur-franchomme M.E.

1983 Scanning Electron Microscopy of dry hide working tools: The role of abrasives and humidity in microwear polish formation,

Journal of Archaeological science 10(3).

Moss E.H.

1983 Functional analysis of flint implements, *BAR International Series*, N177, Oxford.

Olive M.

1988 Une habitation Magdalenienne d' Etiolles, *Memories de la societe prehistorique francaise*, Tome 20.

Rolland N., H.L.Dibble

1990 A new synthesis of Middle Paleolithic variability, *American Antiquity* 55(3).

Seong C.T.

Issues in lithic use-wear studies, 『한국구석기학보』 제6호, 한국구석기학회.

Tabarev A.V.

1994 Some technico-typological aspects of secondary trimmings, 『韓國上古史學報』 第15號, 韓國上古史學會.

Vaughan P.C.

1985 *Use-wear analysis of flaked stone tools*, University of Arizona Press, Tucson, Arizona.

Volkov P.V., Lee H.J.

1992 The recent traceological investigation in Northern Asia, 『韓國上古史學報』 第12號, 韓國上古史學會.

〈노문〉

Авдусин Д.А.

1977 Археология СССР, Москва.

ВаслиевскнйР.С., С.А.Гладышев

1989 Верхнний палеолит Южиого Примория, Новосибирск.

Деревнко А.Р., С.В.Маркин, С.А.Васильев

1994 Плеолитовепение, Новосибирск.

Касымов М.П., Л.Я.Крижевская

1969 О класификации кремнедобывающих мастерских, СА.

Кузнецов А.М.

1992 Позднийпалеолит Приморья, Владивосток.

Мартынов А.И.

1982 Археология СССР, Москва.

Петлин В.Т.

1986 Палеолитические памятники Западно-Сибирской равнины, Новосибирск.

Семенов С.А.

1940 Результаты исследования роверхнести каменных орудий -БКИЧ с. 110-113.

Семенов С.А.

1957 Первобытная технология. -Л.

Семенов С.А.

1983 Технология древнейших происводств, -Л.

Табарев А.В.

1992 Две концепции финального палиеолта Приморъя. Палеокология и расселение древнего человека в СевернойАзин и Америке. Красноярск.

〈Abstract〉

Upper Paleolithic 3T Research Methodology

Heon-jong Lee
(Mokpo National University)

Typology, Technology and Traceology are essential ways to study on Upper Paleolithic Age. These ways have a deep relationship with each other, and also have the fields of their own. The typology can be provided the relationship by comparing the hypothetically fixed stone patterns with those of the surrounding area, and then will be able to explain their travelling process. However, using this method, we can not concretely figure out the technical characteristics and the tradition. These problems could be only solved by the technology. The technological analysis focuses on figuring out social characteristics by prescribing the various active process of mankind and the technical tradition and habit to make tools of stones, bones, horns and woods existed in restrictive area. This method could obtain more definite result with not only the experiment on archeological artifacts as well as the research, but also the analogy of ethnographical data. With the traceology, we can figure it out more concretely and functionally to the trace that mankind remained on a plane. Causing from this, the traceology presents important data to define the characteristics of artifacts.

In case that these data are accumulated continuously, we would be able to restore it more authentically to the lifestyle of a paleolithic man. The 3T methodology is an inter-complementary and also a basic research methodology to explain the paleolithic culture. This methodology could bring the completion of the data in order to analyze Paleolithic Archaeology with the help of the Quaternary Geology.

한국고고학의 연구방향

최성락*

Ⅰ. 머리말

한국고고학의 연구방향을 설정하기 위해서는 우선적으로 한국고고학이 발전하여 온 과정과 현재 당면한 과제들을 살펴보아야 하고, 한편으로는 고고학의 학문적인 성격과 세계고고학의 연구동향을 파악하여야 할 것이다.

한국고고학은 1946년 경주 壺杅塚 발굴을 기점으로 잡는다면 그 역사가 60년이 넘는다. 1950년대는 국립박물관을 중심으로 고고학 조사가 이루어졌고, 1961년 대학에 고고학 관련학과가 만들어졌으며 대학 박물관이 발

* 목포대학교 역사문화학부

굴조사에도 참여하게 되었다. 대학에 고고학 관련학과가 본격적으로 설치된 것은 1980년대 이후이고, 지금은 전국적으로 10개 이상의 대학에 학부과정과 대학원과정이 설치되고 있어 고고학 전공자를 교육시키고 있다. 또 1968년 국립중앙박물관을 중심으로 만들어졌던 한국고고학회와 1976년 한국고고학연구회(후에 한국고고학회로 변경함)가 창립된 이래로 고고학과 관련된 각종 학회들이 10여 개를 넘어서고 있다.

그리고 국토개발이 본격화된 1990년대 이후에는 발굴의 수가 증가하기 시작하였다. 더구나 1999년 7월에 개정된 문화재보호법에 의해 일정 면적(30,000㎡) 이상의 모든 국토개발에는 사전지표조사가 의무화되면서 발굴조사의 규모와 횟수가 크게 증가하였고, 발굴을 전담하는 기관도 각 도마다 서너 개씩 만들어졌다.

이와 같이 외형적으로 크게 성장한 반면에 고고학의 학문적 성격에 대한 관심은 매우 적었다고 볼 수 있다. 즉 한국고고학의 연구목적, 정체성, 방법과 이론 등에 대한 논의가 극히 드물어 방법론의 부재현상을 나타내기도 한다. 반면에 서양고고학에서는 이러한 고고학 명제에 대한 논의가 계속되어 왔다. 특히 1960년대 등장한 신고고학(과정고고학)과 1980년대 이를 비판하면서 등장한 후기과정고고학은 고고학 자료를 분석하고 해석하는데 필요한 방법과 이론뿐만 아니라 철학적 토대에 대한 논의도 상당히 진척되고 있다.

이러한 상황에서 한국고고학의 연구방향을 어떻게 설정하는가는 매우 중요한 문제일 것이다. 2000년에 "21세기 한국고고학의 방향"에 대한 학술대회(한국고고학회 2000)와 개별적 논고(최몽룡 2000, Rhee and Choi 2001, 강봉원 2001)가 있었지만 더 이상의 논의가 계속되지 못하고 있다. 필자는 상기한 학술대회에서 한국고고학의 연구방향에 대한 의견을 일차적으로 제시한 바가 있으나 당시에는 서양고고학의 연구경향을 잘 파악하지 못한 상태였다. 따라서 본고에서는 먼저 고고학이 어떠한 학문인가 하는 문제와 고고학연구의 기본틀에 대하여 살펴본 연후에 한국고고학의 연구방향을 제시해 보고자 한다[1].

II. 고고학이란 어떠한 학문인가?

1. 정의와 연구목적

考古學이라는 용어는 영어인 Archaeology의 번역어이다. archaeos(과거, 古)와 logos(논리, 학문)라는 말의 합성어로 문자 그대로 옛 것을 생각하는 학문이다. 옥스퍼드 영어사전에 의하면 이것은 그리스어인 'arkaiologia'에서 온 것으로서 그 의미가 '고대 일에 대한 담론'이라고 한다. 한편 考古라는 단어는 중국에서 北宋代 이후에 사용되었으나 학문으로서 고고학은 서양으로부터 출발한 것이다. 즉 Archaeology가 考古學으로 처음 번역된 것은 일본에서 19세기 말이고, 이후 한국에서도 사용되었다.

중세 유럽에서 르네상스가 시작되면서 好古主義(antiquarianism)가 싹텄고, 19세기 중반에 이르러 고고학이 하나의 학문으로 정착되었다. 하지만 당시의 고고학은 여전히 "과거 인류의 물질적 유물을 취급하는 과학"으로 정의되었다(Hogarth 1899, 江上波夫 1975에서 재인용). 이와 같은 정의는 19세기 말 혹은 20세기 초까지 유럽에서 지속되었다. 또 일본에서 처음 발

1) 이 글은 「한국고고학의 연구방향」, 『지방사와 지방문화』7-2(역사문화학회편, 2004)를 부분적으로 수정하고 보완한 것이다.

간된 개론서인 『考古學通論』에서도 "고고학은 과거 인류의 물질적 유물을 연구하는 학문"으로 정의되고 있다(濱田耕作 1922).

오늘날의 고고학은 단순히 물질적 자료를 연구하는 학문에서 벗어나 다양하게 정의되고 있다. 즉 "고고학은 과거의 사건들을 배열하고, 기술하며, 그 의미를 설명하기 위하여 물질적 자료를 통해 사회적인 그리고 문화적인 과거를 연구하는 학문"(Sharer and Ashmore 1979:559)이거나 "고고학이란 가장 이른 시기부터 현재까지 고대 인간사회에 대한 과학적인 연구"(Fagan 1999) 등으로 정의되고 있다.

좀 더 자세한 정의를 살펴보면 "고고학은 물질적 자료로부터 인류의 과거를 연구하고, 고고학의 연구목적, 즉 고고학 자료의 형태(form)와 시공간적인 분포를 고려하고, 과거의 기능(function)과 고대의 행위를 결정하며, 문화의 진행과정(process) 혹은 어떻게(how) 그리고 왜(why) 문화가 변화되었는지를 밝히고, 문화적 의미(meaning)를 이해하는 것이다"(Sharer and Ashmore 1993: 35). 여기에서 말하는 물질적 자료(material remains)란 과거 인간들의 행위에 의해 남겨진 것으로 이를 고고학에서는 考古學 資料(archaeological materials) 혹은 考古學 記錄(archaeological record)이라고 한다. 고고학 자료에는 遺物과 遺構 이외에도 自然遺物 등이 있다. 자연유물이란 인간이 직접 만든 도구가 아닌 짐승의 뼈, 식물의 씨앗 등 인간과 관계를 가진 일체의 자연물을 말한다.

결국 고고학이란 과거 인류들이 남긴 물질적 자료를 통해 당시의 문화, 즉 행위, 사회적 조직, 이념 등을 복원하고, 그들의 문화가 어떻게 그리고 왜 변화되었는가와 그들 문화의 의미를 연구하는 학문으로 정의될 수 있다.

다음으로 고고학의 연구목적을 살펴보면 고고학의 研究思潮에 따라 각기 다르게 제시하고 있다. 傳統考古學(traditional archaeology) 혹은 文化歷

史考古學(culture historical archaeology)에서는 文化를 人間集團의 規範으로 다루고, 선사시대의 유물이란 이러한 공유된 상상·가치·믿음의 부산물로 여겨진다. 따라서 전통고고학은 유물의 형식분류와 편년을 통해 과거 문화의 시간적인 순서를 정하고 고고학 자료에 나타나는 물질문화의 복원에 치중하였다. 즉 전통고고학은 과거 문화사의 복원과 생활상의 재구성을 연구목적으로 삼고 있다.

1960년대에 등장한 新考古學(new archaeology) 혹은 過程考古學(processual archaeology)은 당시까지의 전통고고학의 연구목적을 비판하면서 고고학 자료가 인간행위의 소산인 이상 거기에는 비물질적 행위도 반영되어 있으므로 고고학은 당연히 정신세계를 비롯하여 당시 사회의 총체를 밝히고, 인간행위와 문화 진화과정의 법칙, 즉 문화의 변천과정(cultural process)을 밝히는 것을 목표로 하여야 한다고 주장하였다. 또한 과정고고학자들은 과거 문화의 복원을 단순한 기술(description)이 아니라 설명(explanation)의 차원으로 변화시키려 하였다. 즉 그들은 과거 문화에 대해 무엇이(what), 언제(when), 어디서(where) 등의 의문보다는 과학적 방법을 통하여 어떻게(how), 왜(why) 등의 의문에 대하여 설명(explanation)하려고 하였다(Binford 1968).

이러한 시도는 1980년대 전반에 대두된 後期過程考古學(post-processual Archaeology)에 의해 계승되었는데 특히 호더(I. Hodder)는 물질 자료를 통해 당시 인간들의 상징적인 행위를 유추할 수 있다고 전제하면서 당시 문화의 의미(meaning)를 추구하고자 하였다. 즉 어떻게 문화가 만들어졌으며 그것이 상징(symbol)하는 것이 무엇인지를 연구하려고 한다(Hodder 1986). 또한 그는 과거 사회관계 속에서 수동적으로 관여되었을 기능을 설명해서 되는 것이 아니라, 그 사회관계 내에서 능동적인 매개체로서 역할을 하였을 물질문화의 의미를 해석(interpretation)해야 하며, 이러한 의미는 물질문화를 과거 사회적 그리고 역사적 맥락(context) 속에서 理解(understanding)해야만 파악이 가능하다고 주장하였다. 그리고 물질문화는 하나의 텍스트(text)로 읽혀져야 한다는 것이다. 그리고 이러한 물질문화를 문화적 의미와 문화전략 차원을 포함하고 있는 모든 통합 환경 속에서 맥락화시켜야만 그 물질문화가 가지는 상징적 의미 혹은 메시지가 해독될 수 있다고 주장하였다(Hodder 1982, 추연식 1997:90-91).

이들 연구사조의 차이를 다음과 같은 글에서 명확히 대비해 주고 있다.

> "20세기 고고학은 다양하고 복잡한 접근이 이루어지고 있다. 이들 중에 가장 빠른 것은 문화역사적접근인데 고고학 기록의 기술과 과거 사건들을 시공간적으로 배열하는 것을 기초로 과거의 사건이 무엇이, 언제, 그리고 어디에서 일어났는지 관심을 가지고 있다. 1960년대의 문화과정적접근은 과거에 일어난 사건을 설명하고 문화변화의 일반적인 과정을 확인하면서 과거의 사건이 어떻게, 그리고 왜 이루어졌는지에 중점을 두었다. 세 번째는 1980년대에 나타난 후기과정고고학으로 과거의 의미를 이해하려고 시도하였다. 이들 고고학자도 역시 과거 사건에 대해 왜 라는 의문에 목적을 두려고 하는데, 다만 고대사람의 관점에서 외부자의 설명 대신에 내부자의 이해를 얻고자 한다." (Ashmore and Sharer 2000:35)

이와 같이 고고학의 연구목적은 고고학의 연구사조에 따라 중시하는 부분이 각기 다르지만 이를 종합하면 "과거 문화의 여러 측면을 복원하고, 이들 문화가 어떻게 그리고 왜 변화되었는지를 설명하고, 나아가서 당시 문화의 의미를 이해하는 것"으로 볼 수 있다.

그런데 앞에서 살펴본 고고학의 연구목적을 바로 한국고고학의 연구목적이라고 받아들이기에는 어색함이 적지 않다. 고고학의 일반적인 연구목적과는 크게 다르지 않지만 한국고고학은 나름대로의 연구목적을 가지고 있다. 이를 정리해 보면 다음과 같다.

첫 번째는 과거의 물질문화를 밝히는 일이다. 즉 선사시대 문화와 역사시대 이후의 고고학적 문화, 즉 물질문화를 밝힌다는 것이다. 유구한 우리 민족의 역사와 문화가 문헌에는 한정적으로 나타나고 있다. 문헌에 기록되기 이전인 선사시대의 문화와 역사시대에 들어선 이후에도 문헌에 나타나지 않은 물질문화를 밝히는 것이 고고학의 몫이라고 볼 수 있다. 이것은 고고학의 일반적인 연구목적과 같은 것으로 과거 문화의 여러 면을 연구하는 것이다.

두 번째로 한국문화의 기원을 밝히는 것과 함께 고고학 자료를 통해 한국문화의 독창성을 찾아봄으로써 우리 민족의 정체성을 밝히는 것이다. 한국문화의 기원을 밝히기 위해 많은 先學들이 노력하였다. 즉 한국문화의 기원을 청동기시대로부터 찾고, 청동기문화가 북방계로 시베리아의 바이칼호 부근으로부터 출발되었다고 보는 견해를 제시한 바가 있다. 또 그 이전인 신석기시대에도 시베리아 지역과 연관됨을 언급하기도 하였고, 나아가서 구석기시대부터 한국문화의 기원을 추구하여야 한다는 주장도 있다. 이러한 한국문화의 기원문제는 한국고고학에서 중요한 과제로서 논쟁의 대상이 되었다.

또한 한국의 선사 및 고대문화가 다른 지역의 문화와 다른 독특한 문화임을 고고학적으로 밝히는 일이다. 과거 일본학자들의 식민사관에 의하면 한국문화의 후진성과 주변성이 지적되기도 하였다. 그러나 한국문화는 나름대로의 독창성을 보여주는 면이 적지 않게 확인되고 있다. 즉 신석기시대의 빗살문토기, 청동기시대의 청동기, 철기시대 이후의 무덤이나 유물 등 고고학 자료에서 독특함이 나타나고 있다. 이와 같이 한국문화의 기원과 독창성을 찾아봄으로써 우리 민족의 정체성을 찾으려고 하는데 고고학이 기여하고 있다.

세 번째는 한국문화의 영역과 대외관계를 연구하는 것이다. 현재의 한국의 범위는 한반도에 속해 있지만 과거의 한국문화의 영역이 어디까지 미치는지 검토해 보아야 한다. 고조선, 고구려, 발해의 시기에는 분명 중국 동북지역이 한국의 영역이었다. 그런데 최근 중국이 東北工程을 통해 고구려를 중국의 역사로 편입하고자 하는 시도가 있다. 이를 대비하기 위하여 역사학뿐 아니라 고고학에서도 이 지역에 대한 연구가 심층적으로 이루어져야 한다. 한편으로 한국과 일본과의 관계를 고고학적으로 밝히는 작업도 포함된다. 과거 일본이 한반도 남부를 지배하였던 것으로 주장하였다. 그러나 고고학 자료를 통해 살펴보면 오히려 한국 문화가 일본지역으로 파급되어 일본의 彌生文化나 古墳文化를 형성하는데 결정적으로 작용하였음을 알 수 있다. 이와 같이 고대 한 · 중관계 및 한 · 일관계를 연구하는 것이 고고학의 연구목적이 될 수 있다.

2. 고고학의 정체성

고고학은 여러 분야와 관계를 맺고 형성되어 왔다. 즉 미술사학, 인류학, 역사학 등이 가장 인접한 분야이다. 그밖에도 자연과학분야가 고고학의 발전에 크게 기여하였고, 발굴과정에서의 정교함이나 유물의 복원과정 등은 과학이기보다는 예술에 가까운 부분도 없지 않다.

그런데 유럽에서는 호고주의에서 출발한 후 미술사와 분리되면서 고고학은 역사학의 한 분야로 인식되어 왔다(Childe 1956:9, Daniel 1981:13). 하지만 과정고고학자의 한사람인 클라크(D. Clarke)는 "고고학은 고고학이기에 고고학이다"(Archaeology is Archaeology is Archaeology)(Clarke 1968:13)라고 말했듯이 고고학은 독립된 학문으로 규정하고 있다. 또 그는 과거의 고고학과 다르게 유물을 통한 추정적 해석을 포기하고 한층 과학적인 고고학으로 변화되었다는 의미에서 순진함을 벗어났다(loss of innocence)고 선언하였다(Clarke 1973). 그의 제자인 호더(Ian Hodder)도 고고학이 결코 역사학이나 인류학의 한 분야가 아니라 방법과 이론을 갖춘 독립적인 학문임을 강조하고 있다(Hodder 1986).

한편 고고학의 연구배경이 다른 미국고고학의 경우 "고고학은 인류학이며, 그렇지 않으면 아무 것도 아니다"(Archaeology is anthropology or it is nothing)(Willey and Philips 1958)라고 하였고, 이를 인용한 빈포드(L.R. Binford 1962)도 고고학이 인류학적 학문임을 강조하였다. 또 디츠(Deetz 1967)는 "고고학은 어떤 인류학자의 특별한 관심분야이다"(Archaeology is the special concern of a certain type of anthropology)라고 한 것과 같이 고고학과 인류학의 관계를 분명하게 보여주고 있다. 미국고고학은 처음부터 인류학의 한 분야로 시작하였고 지금도 그러한 상태를 유지하고 있다. 다만 빈포드에 앞서 새로운 고고학을 주장한 바가 있는 타일러(Taylor 1948)는 고고학이 인류학도 역사학도 아니라고 선언한 바가 있었고, 왓슨(Watson 1995)은 앞으로 미국에서 문화인류학과 고고학이 분리될 가능성이 있음을 예견하고 있다.

일본이나 중국에서의 고고학은 유럽에서와 같이 역사학과 밀접한 관계를 가지고 있다. 北宋 이래로 金石學을 기초로 하여 서양고고학이 소개되면서 근대고고학으로 발전한 중국고고학은 역사학의 중요부분으로 인식되고 있고(中國大百科全書出版社 1986:1), 일본에서도 고고학이 과거 역사를 연구하는 학문으로 역사학과 관계가 깊은 것으로 인식되고 있다(鈴木公雄 1988:2). 그러나 점차 서양고고학의 영향을 받게 됨으로써 중국이나 일본 고고학도 역사학으로부터 분리되어 독자적인 학문으로 자리잡고 있는 경향을 보여주고 있다.

그렇다면 한국고고학의 정체성은 어떠한 것인가? 한국고고학도 역시 역사학, 인류학, 미술사학과 밀접한 관계를 맺어왔다. 초기의 고고학이 역사학과 관련이 깊은 것은 사실이고, 고고학의 연구자도 대부분 역사학에서 시작하였다고 볼 수 있다. 그러나 두 분야가 모두 한국의 역사를 연구한다고 하더라도 연구대상이 서로 다르고, 연구방법도 전혀 판이하기 때문에 고고학은 역사학에 속하는 분야로만 볼 수 없을 것이다. 실질적으로 고고학이 역사학으로부터 점차 분리되어 독립적인 영역을 확보하고 있다는 점은 누구도 부정하지 못할 것이다.

반면 고고학과 인류학은 거의 동시에 출발하였다고 볼 수 있다. 이는 1961년에 처음으로 서울대학교에 고고인류학과가 설치되었기 때문이다. 이후 1975년에 이것이 분리되어 고고학은 인문대학에, 인류학은 사회대학에 각각 소속되었다. 일부 대학에는 아직까지도 고고인류학과가 설치되어 있거나 인류학과 혹은 문화인류학과에 고고학 전공자가 소속되어 있지만 이는 미국 인류학의 영향으로 생각된다. 현재 두 분야는 연구대상과 방법이 전혀 달라 공동적인 연구가 거의 이루어지지 못하고 있다.

또한 고고학과 미술사학과의 관계도 역시 비슷하다. 일부 대학에서 고고미술사학과로 함께 묶어지는 예가 있기는 하나 학문적인 연구대상과 방법이 서로 다르다. 초창기에는 유물을 연구한다는 공통적인 면 때문에 두 분야를 연구하는 연구자도 있었고, 공동의 학회도 있었으나 이제는 각기 별도의 학회를 구성하고 발전해 가고 있다. 또한 과거의 선학들과 같이 두 분야를 전공하는 연구자도 더 이상 없다.

따라서 한국에서 고고학은 역사학과 밀접한 관계를 가졌다고 해서 결코 역사학의 한 분야가 아닌 것이고, 또 미국에서 인류학과 함께 연구된다고 해서 한국고고학도 그러한 방향으로 갈 필요성이 없을 뿐더러 현실적으로 그러하지 못하다. 한국에서의 고고학은 나름대로의 필요에 의해 형성된 학문이고, 독자적인 방법론과 연구목적을 가지고 있는 독립적인 학문인 것이다. 다만 이러한 고고학의 정체성을 지키기 위해서라도 고고학의 연구목적, 방법과 이론 등에 대한 논의가 지속적으로 이루어져야 할 필요성이 있다.

Ⅲ. 고고학연구의 기본틀

여기에서는 고고학연구에 있어서 몇 가지 기본틀, 즉 고고학의 연구과정과 기본전제, 그리고 철학적 토대 등에 대하여 검토해 보고자 한다.

1. 연구과정

고고학연구의 기본과정은 자료의 蒐集, 자료의 分析 및 자료의 解釋 등 세 단계로 이루어지고 있다. 먼저 고고학 자료의 수집 과정에서는 연구대상으로 설정한 시기와 장소의 고고학 자료를 충분히 수집하여야 한다. 이들 자료의 수집 방법으로는 地表調査와 發掘調査가 있으며 특히 고고학에서는 발굴조사의 중요성을 강조하고 있다. 發掘은 단지 유물을 찾아내어 채집하기 위한 것이 아니라 유물과 유구의 상태, 공반관계, 층서관계 등을 밝혀 당시 사람들의 행위나 생활방식 등을 究明하고자 함이다. 발굴된 자료들은 연구실로 운반하여 각각 재질에 따라 다른 과정을 거치면서 정리된다. 이 과정에는 유물의 복원, 보존처리, 실측, 사진촬영, 보고서의 간행 등이 있다.

다음으로 고고학 자료의 분석에는 시간, 공간, 형태 등 3차원에 대한 연구가 이루어져야 한다. 이 과정에서 많은 考古學 方法이 요구된다. 즉 고고학에서의 시간적인 축을 編年이라고 부르는데 이는 역사의 年代紀와 같은 것으로 문화를 복원하기 위한 가장 중요한 틀이므로 철저한 연구가 필요하다. 고고학 자료의 공간적인 위치는 당시 주민들의 행위를 반영한 것으로 空間分析을 통해 연구되어야 한다. 공간 분석을 통해 그들의 활동과 교류를 밝힐 수 있는 것이다. 고고학 자료의 形態分析을 통해 고고학 자료가 갖고 있는 직접적인 정보를 추출해낼 수 있다. 그밖에 과거의 환경을 복원하기 위해서는 자연유물에 대한 분석도 중요한 작업이다.

마지막으로 고고학 자료의 해석은 분석의 결과를 종합하고, 類推를 통해 과거 문화를 복원하는 것이다. 문화 복원에는 다양한 考古學 理論을 필요로 한다. 고고학 이론에는 진화론과 전파론을 시작으로 다양한 고고학 이론들이 다른 학문분야로부터 유입되어 사용되고 있다.

그리고 고고학에서의 논증방법으로는 두 가지가 있다. 먼저 歸納法은 고고학 자료의 수집, 이를 분석하는 과정을 통해 과거 문화를 해석하는 방법으로 전통고고학자들이 주로 사용하였다. 반면 演繹法은 특정문제와 관련되는 가설을 세우고 이를 고고학 자료를 통해 검증함으로써 자료의 의미를 해석하는 방법으로 신고고학자들이 처음 채용하였다.

이러한 과정을 거쳐 이루어진 문화 복원이 합리적인 것인지 아니면 잘못된 것인지 검토되어야 한다. 아무리 훌륭한 방법이나 이론에 의해 문화가 복원되어도 그 결과가 합리성(合理性)을 가지지 않으면 의미가 없다. 또한 귀납법이 아닌 연역법에 의해 문화복원이 이루어졌다고 하더라도 기존의 자료에서 이루어진 문화복원이 타당한지는 새로운 고고학 자료에 의해 재차 검토되어야 한다. 이것은 體系理論(system theory)에서 말하는 일종의 循環(feedback)으로 볼 수 있다. 특히 고고학에서 순환이 중요시되는 것은 고고학 자료가 끊임없이 증가하기 때문이다.

2. 기본전제

고고학이 학문으로서 형성되고, 지속적으로 연구될 수 있는 데에는 몇 가지 기본적인 전제를 바탕으로 하고 있다.

가장 기본적인 것으로는 과거의 인간행위가 물질적 자료(material remains)를 남기게 된다는 것이다. 예를 들면 사람들의 주거공간으로 움집이나 건축물이 남게 되고, 사냥의 흔적으로 사냥의 도구나 잡혀서 죽은 동물들의 뼈가 남을 것이다. 그러나 문자를 남기기 이전 사람들의 언어나 상징행위는 물질적 자료를 직접 남기지 못하였다. 이와 같이 인간 행위에 의해 남겨진 물질적 자료를 고고학에서는 고고학 자료(archaeological materials)라고 부른다. 고고학자는 고고학 자료를 통하여 물질문화(material culture) 혹은 고고학문화(archaeological culture)를 복원하려는 것이다.

그런데 문화는 類型化된다는 인류학자들의 주장(Kroeber and Kluckhohn 1972)에 영향을 받은 신고고학자들은 유형화된 모든 인간행위가 물질적 자료를 남긴다고 보고 있다(Binford 1968:21). 즉 물질적 자료에는 비물질적 행위까지도 남아있다고 보고 있어 여기에서 복원하는 문화가 물질문화에 한정한다고 보지 않았다. 다시 말하면 고고학자들이 연구하는 고고학문화에는 물질문화뿐만 아니라 비물질(추상)문화까지 포함된다는 것이다. 그러나 이러한 전제는 계속적으로 논란의 대상이 되고 있다.

다음의 전제는 과거의 유물이 점진적으로 발전되었다는 것이다. 이는 進化論(evolutionism)에 바탕을 둔 것이다. 진화론은 다윈의 생물학적 진화론이 발표된 이후에 고고학 발전에 많은 영향을 주었다(Daniel 1981:96). 특히 몬텔리우스(Oscar Montelius: 1843-1921)의 형식학적 방법이나 페트리(W. Flinders Petrie: 1853-1942)의 계기연대법 등 초기의 고고학 방법에 크게 영향을 미쳤다.

또 다른 전제는 지질학에서 왔다. 즉 層의 형성원리와 동일과정의 가정(혹은 제일성의 가정)은 모두 지질학의 同一過程說(uniformitarianism)에서 출발된 개념들이다. 동일과정설은 지질학자 제임스 허턴(James Hutton: 1726-97)이 주장한 것으로, 지층의 변화가 균일한 힘이나 일정한 요소의 계속적인 작용의 지배를 받고 있는데 이러한 자연적이고 점진적인 과정에 의해 지구가 형성되었다는 것이다. 이러한 동일과정설은 라이엘(Charles Lyell: 1797-1875)의 『지질학의 원리(Principles of Geology)』에 의해 계승되었고, 이것은 고고학 발굴에서 층의 개념이 확립되는데 영향을 주었고, '下古上新'이라는 기본법칙(즉 누증의 법칙)을 이루게 하였다.

그리고 동일과정의 가정(uniformitarian assumption)이란 관찰되는 자료로부터 과거의 지식을 제공받을 수 있다는 가정이다. 이를 바탕으로 신고고학자들은 인간들의 문화 속에서 범문화적 법칙성을 추구하였다. 다만 후기과정고고학자들은 동일과정설에 대하여 의문을 제기하고, 대신 지역적·시대적·상황적·문화적으로 특수한 법칙이나 지역적 규범, 지역적 상황맥락 등에 의해 고고학자료 해석의 필요성을 역설하였다(김권구 1994:290). 그러나 고고학 자료를 통해 당시 사람들의 입장으로 돌아갈 수가 없기 때문에 '동일과정의 가정'은 고고학에서 문화 복원의 기본적인 전제로서 역할을 하고 있다.

결국 고고학연구의 기본전제에는 인간의 모든 행위가 물질적 자료를 남긴다는 것과 유물이 점진적으로 발전되었다는 진화론적 사고, 그리고 지질학에서 유입된 층의 개념과 동일과정의 가정 등이 있다. 이러한 기본전제를 근거하여 고고학자는 물질적 자료로부터 과거 문화를 복원함으로써 고고학연구를 수행할 수 있는 것이다.

3. 고고학연구의 철학적 토대

1) 과정고고학의 철학적 토대

고고학에서 가장 기본적인 질문은 고고학 지식이 무엇인가? 경험적으로 인식하고, 기술하고, 설명할 수 있는 과거 인간 행위의 객관적이고, 실제의 세계가 있는 것인가? 인간과학(사회과학)은 자연과학과 논리적으로 다른 것인가? 인간행위의 법칙은 있는가, 있다면 어떻게 그것들이 발견되고, 수립될 것인가? 등이다.

이러한 질문은 고고학에서 이루어지는 철학적 논의의 바탕이 되는 것이다. 고고학에서 철학적 논의를 시작한 것은 바로 신고고학부터이다. 신고고학에서는 새로운 이론과 방법론을 채용하면서 과거 문화에 대한 해석을 다르게 하려고 시도하였다. 이러한 신고고학은 新進化論, 文化生態學, 體系理論 등의 사회과학이론과 과학철학자의 영향을 받게 된다(최몽룡역 1984, 이선복 1988).

고고학에서 과거 문화를 연구하면서 가장 먼저 부딪치는 철학적 문제는 認識論(epistemology)일 것이다. 즉 우리는 어떻게 아는지? 무엇을 가지고 우리의 지식을 판단하는지? 어떻게 고고학적 주제의 지식을 얻는지? 어떻게 우리가 방법을 사용하고 결론을 얻는지? 우리가 고고학적 지식에 진정으로 기여하였을 때 우리의 동료가 어떻게 아는지? 우리가 지식을 늘릴 때 우리 자신과 다른 사람들이 어떻게 아는지? 등은 인식론과 관련된 질문이다. 인식론은 과학철학자들의 전통적인 관심사이다.

특히 헴펠(Carl G. Hempel)의 과학의 논리(logic of science)는 신고고학에 가장 크게 영향력을 미쳤다. 인식론에서 제기되는 여러 가지 의문들을 세 가지 항목, 즉 세계에 대한 지식, 진실, 그리고 가설, 설명, 일반법칙과 이론 등으로 축약된다. 이를 고고학연구에서 살펴보면 다음과 같다.

세계에 대한 지식(knowledge of the world)에서는 빈포드가 주장한 물질적 자료로부터 모든 과거 문화를 복원한다는 전제는 다소 과장되었다는 것이다. 다수의 연구자들은 빈포드의 주장에 대하여 고고학 자료에는 과거 문화의 모든 면을 복원하기에는 한계가 있다는 반응을 보여주고 있다. 하지만 고고학 자료에 내재되어 있는 모든 정보들을 다양한 방법으로 분석한다면 과거 문화의 복원이 가능할 것으로 보고 있다. 그리고 진실(truth)은 존재하지 않고 하나의 통용되는 가설로 보고 있다. 그밖에 가설(hypotheses), 설명(explanations), 일반법칙(laws)과 이론(theories) 등의 개념을 필요로 한다. 특히 가설은 특별한 관찰을 설명하는 시도의 결과들이거나 법칙과 같은 규칙, 관계, 유형의 기술들이다(Watson et al 1984).

다음으로 신고고학자들은 자신들이 설정한 목표에 도달하기 위하여 演繹的 假說檢證法(hypothetico-deductive method)과 論理的 實證主義(logical positivism)를 받아들여 일반화·법칙화·객관화 등의 연구방법을 채택하였다.

연역적 가설검증법(H-D method)은 (1) 가설 H를 세우고, (2) 관찰할 수 있는 어떤 예언 P를 연역한다. 그리고 그 예언이 사실인지 아닌지를 알 수 있는 관찰을 시행한다. 만약 사실이면 가설은 받아들여지고, 사실이 아니면 포기한다. 이러한 방법이 고고학에 적용되면서 비물질 문화의 복원 방법으로 사용되었다(Salmon 1982). 그런데 연역법을 채용한 신고고학자들의 인식은 과거 전통고고학자와 많은 차이가 있음이 분명하다. 전통고고학자들은 새로운 주장을 쉽게 제시하지 못하고, 제시한 주장에 집착하는 모습이지만 신고고학자들은 자신의 주장이 오래갈 수 없다는 사실을 받아들이고 있다(Flannery 1967:122).

한편 實證主義는 일반적인 법칙의 개념에서 관찰된 진술을 설명하기 위하여 찾아진 지식의 이론이다. 실증주의는 19세기 초 불란서 사회학자 콩트(Comte)에 의해 시작되었다. 그는 비논리적이거나 비과학적 지식과 구분하기 위하여 실증주의라 불렀다. 여기에는 3가지 기본적인 주의가 있다. 첫째, 과학적인 방법에 의해 얻어지는 것만을 지식으로 받아들인다는 것이다. 둘째, 모든 과학은 하나의 자연과학적 모델 아래에서 통합된다는 것이다. 이 원칙에서는 자연과학과 사회과학 사이에 차이가 없다는 것이다. 셋째, 지식의 성장은 사회의 진보를 의미한다는 것이다. 특히 사회 법칙의 발견은 안정성과 사회개혁을 추구하는데 본질적이다.

뒤이어 1920년대와 1930년대에는 일단의 학자들에 의해 論理的 經驗主義가 주장되었고, 1940년대와 1950년대에는 論理的 實證主義가 대두되었다. 대표적인 학자는 카르냅(Carnap), 헴펠(Hempel), 나겔(Nagel), 포퍼(Popper) 등이다. 논리적 실증주의자들은 그들의 중요한 과제가 언어로부터 과학적 설명의 구조와 증명 원칙으로 변화하였다. 이들에게 한 사건의 우연한 설명은 처음 조건에 관한 어떤 유일한 진술들과 관련된 하나 혹은 더 많은 일반적 법칙으로부터 사건의 기술적인 진술을 감소시키는 것을 포함한다. 헴펠에 의한 설명의 절차는 연역적 명목론적(deductive-nomological: D-N) 모드(mode)로 규정되었고, 이후에 결정적(deterministic) 모드보다는 확률적 모드가 강조되었다(Preucel 1991).

이와 같이 논리적 실증주의에 바탕을 두고, 객관적인 과거를 추구하고자 하였던 과정고고학은 1980년대에 후기과정고고학이 등장하면서 철저하게 비판을 받는다(이성주 1991:269).

2) 후기과정고고학의 철학적 토대

과정고고학을 비판하고 나타난 후기과정고고학은 비교적 다양한 철학적 토대를 가지고 있다. 즉 후기과정고고학은 후기모더니즘(post-modernism)의 영향을 강하게 받으면서 나타났기에 이를 '후기모더니즘 시대의 고고학' 으로 인식하기도 하였다(이성주 1991). 후기과정고고학은 맑시즘, 구조주의, 비판이론 등 사회과학의 이론들과 함께 현상학이나 해석학 등의 철학적 사조로부터 영향을 받게 된다.

맑스주의(Marxism)는 계급간의 갈등을 강조하는 이론으로 칼 맑스(Karl Marx)에 의해 제시되었다. 그리고 신맑스주의(Neo-Marxism 혹은 구조주의적 맑스주의)는 1960~70년대 불란서 인류학자들에 의해 시작되었다. 전통적인 맑스주의는 이상적 상부구조(사회의 지식과 신념의 모든 체계)가 생산적인 하부구조(경제적 기초)에 의해 결정된다고 보는데 비해, 신맑스주의는 상부구조와 하부구조가 상호작용을 한다고 본다(Renfrew and Bahn 1991: 412-415). 이러한 시각은 고고학자들에게 영향을 주어 문화변동을 야기시키는 사회 내적 모순과 경쟁에 관심을 두면서, 경제적 관계보다는 사회적 관계에 연구의 초점을 맞추었다. 이후 후기과정고고학자들은 본격적으로 이들 시각을 활용하는데 한 사회 내의 서로 다른 집단들은 경쟁적인 이데올로기들을 발전시킬 수 있다고 보고, 이러한 이데올로기는 우월성과 연관되어 구축되고 파워와 밀접하게 연결된다고 간주한다. 따라서 이데올로기란 개개인들이 자신들의 삶과 행동을 조직화할 수 있는 힘이며, 이러한 이데올로기 개념 하에서, 이론적으로 물질문화의 상징적 의미에 대한 해석을 사회조직과 장기간에 걸쳐 벌어지는 사회변동에 대한 설명과 결합시킬 수 있는 것이 가능하다고 주장한다(추연식 1997:101-102).

構造主義(structuralism)는 레비스트로스에 의해 시작된 이론이다. 構造言語學의 영향을 받아 무의식 속에 내재하는 언어학적 문법과 동일한 규칙을 연구하여 '인간정신에서 발견되는 보편적인 것' 을 찾으려고 하였다. 또한 그는 예술, 의식 및 일상생활의 유형으로 나타나는 문화를 인간 마음의 하부구조의 표면적인 표현으로 보았다(Ember and Ember 1993:181-182). 이후 초기 구조주의는 해석의 단순함의 경직성 때문에 후기구조주의자들에 의해 비판받게 된다. 후기과정고고학자들은 관점을 텍스트(text)에 두고 있다. 텍스트는 존재하는 것이 아니라 작성된 것이다. 텍스트는 문법, 규칙, 구조적 원리에 따라 작성되지만 작성자는 의미를 표현한다. 작성자는 사회적인 영향력을 노리고 권력관계에 참여한다. 또한 그는 상징의 구조 속에서 텍스트를 작성하지만 의미를 작성하고 상징의 구조를 변화시키며 구조화한다. 우리가 문화를 텍스트로 볼 때, 초월적 · 추상적 구조에 머물 수 없고 구조를 재생산하는 권력관계와 행위의 맥락을 고려하지 않을 수 없다. 후기 구조주의자들은 텍스트로 문화를 읽는 전략을 제시한다. 이들이 제기하는 텍스트를 읽는 전략은 인식론이 아니라 하나의 해석학이다(이성주 1991:264-265).

한편 批判理論(critical theory)은 독일의 프랑크 프루트학파에 의해 제기되고 하버마스에 의해 발전된 이론이다. 이 이론에서는 모든 지식이란 역사적으로 각 시점마다 있어 왔던 사회적 그리고 개인적 편견에 따라 만들어진 것이며, 따라서 객관적인 지식이 존재한다는 것은 자기당착이라고 간주하였다. 나아가서 후기과정고고학자인 생스와 틸리는 고고학 지식이란 당시 사회의 파워를 가진 집단의 도구이며, 당시 이데올로기의 표현이라고 비판하면서, 진정한 고고학 지식을 고고학자뿐만 아니라 일반대중에게 알리기 위해서는, 비판적인 시각에서 고고학 지식에 게재된 파워와 이데올로기를 밝혀내는 작업이 필요함을 강조하였다(Shanks and Tilly 1987, 추연식 1997: 103-105). 이는 신고고학에서 중시하는 實證主義(positivism)를 비판하고 유물의 상대적인 의미를 강조하는 이론이다. 또 어떤 사실도 연구자의 세계관에 의해 그 의미가 결정된다고 보아 고고학 자료에 대한 한 사람의 견해는 다른 사람의 것만큼 동등하게 존중되어야 한다는 것이다(Renfrew and Bahn 1991:430).

1980년대 초 · 중반 구조주의 영향 아래 공간고고학에서 한층 발전된 景

觀考古學(landscape archaeology)에 대한 연구가 진행되었다. 경관고고학은 경관에 대한 인식을 바탕으로 역사지리학, 자연과학을 이용한 지역 환경복원, 인간주의 지리학, 대륙 철학 등의 영향으로 유적뿐 아니라 주변 景觀(landscape)의 인식을 중시한다(김종일 2006). 그러나 이러한 공간의 계량적 분석에 대한 비판이 나타났다. 즉 공간 혹은 장소, 그리고 경관을 실제적으로 경험하고 해석하는 행위주체, 그중에서도 인간과 공간 또는 장소와의 관련성에 대한, 즉 인간과 환경에 대한 심도 있는 고찰을 요구하게 된다. 이것은 하이데거의 現象學(phenomenology)에서 출발한 것이다. 즉 인간주체에 의해 경험되고 해석되는 장소로서 경관이 인식되기 시작하였다. 텅빈 수학적 공간이 아닌 시간성(역사성)을 가지며 인간의 감각과 지각, 의도 그리고 신체 움직임에 의해 경험되고 체험되는 세계로서 공간이 강조된 것이다(김종일 2004:23).

한편 현상학이 가지고 있는 주관적 특성이 비판되면서 解釋學(hermeneutics)을 등장시킨다. 해석학이란 해석을 통해 사물에 내재되어 있는 의미를 형상화하는데 공통적 관심을 지닌 다양한 類의 철학적 접근을 가리킨다. 또한 해석학은 종교 텍스트(text)를 해석하는 신학에서 유래하여 이후 문화적 현상을 이해하기 위한 철학적 틀로 발전하였다(Preucel 1991:21, 김승옥 1999:37). 리쾨르(Ricoeur)가 텍스트 해석의 2단계 접근을 제시한다. 첫 단계는 언어학의 객관적 방법을 통한 설명(explanation)이다. 이것은 텍스트의 제요소와 그들의 배열을 분석하여 폐쇄된 텍스트 내에서 감각(sense)을 발견하는 것이다. 둘째 단계는 텍스트를 세계로 개방하고 텍스트가 언급하는 것을 포착하는 이해(understanding)이다. 즉 그가 텍스트를 해석하는 것은 설명과 이해의 변증법적 과정이다(Riccoeur 1976, 이성주 1991:265).

리쾨르의 해석학을 기반으로 하여 호더(I. Hodder)는 해석학의 방법론을 제시하였다. 즉 그는 고고학 자료의 해석 과정에 대한 체계화를 시도하고 이를 주관주의적 오류를 극복하고 해석의 객관적 타당성을 높이고자 하였다. 특히 해석학적 순환의 예에서 볼 수 있듯이 고고학 자료의 관찰과 분석의 결과에 따라 하나의 해석을 얻게 되고 다시 이 해석을 기반으로 좀 더 새롭고 세밀한 관찰과 분석이 가능하게 되며 다시 다른 형태의 해석을 얻는 등 끊임없는 해석과 관찰 및 분석의 검증으로 이루어진 일련의 과정은 고고학에서 이루어지는 해석과 재해석의 과정을 보다 체계적으로 설명해 줄 수 있다는 점에서 주목된다(김종일 2004:24).

이상과 같이 후기과정고고학은 새로운 이론과 철학적 배경으로 하여 과거의 물질문화를 해석하면서 고고학연구에 기여한 면이 많았던 것은 사실이지만 역시 많은 문제점을 가지고 있다. 즉 고고학 연구방법론상의 문제, 상대주의적 해석에 대한 문제, 고고학 연구대상 시기의 한계성, 고고학 자료상의 문제 등이 지적되고 있다(추연식 1997, 김권구 1994). 어느 면에서는 과정고고학에서 제시하였던 방법론을 극복하지 못한 채 이념적인 주장만을 하고 있다. 그러나 후기과정고고학에서 이루어진 철학적 논의는 고고학이 학문적으로 성숙하는데 필수적인 것이다. 일부에서는 이러한 철학적 논의에 회의를 제기하는 경우도 있으나 이를 통해 고고학이 과거 문화를 설명하는 수준을 점차 높여 나아가고 있으며 다른 학문과 거의 대등한 입장에서 연구되고 있음을 보여주고 있다.

Ⅳ. 한국고고학의 연구방향

한국고고학의 연구방향을 학문적인 면에서는 고고학 연구체계의 확립과 고고학 영역의 확대 등을 생각해 볼 수 있고, 현실적인 면에서는 고고학연구의 역할분담, 문화재관리와 대중고고학 등을 언급해 보고자 한다.

1. 고고학 연구체계의 확립

한국고고학에서 가장 필요한 것은 연구체계의 확립이고, 이를 위하여 몇 가지 방안을 제시해 본다. 먼저 고고학연구의 성격에 대한 분명한 인식이다. 한국고고학에서는 어디에서 어떠한 유물이 나왔다는 단순한 사실들과 물질적 자료(고고학 자료)에 대한 연구가 고고학연구의 중요한 부분을 차지하고 있다. 그러나 이러한 연구가 바로 고고학연구의 전부는 아니다. 이들 자료를 다양한 방법에 의해 분석하고, 해석하는 것이 고고학연구인 것이다. 고고학 연구과정에는 고고학 자료의 수집, 분석, 해석이라는 3 단계로 이루어진다. 여기에서 어느 한 부분만이 중시되는 것이 아니라 각 단계가 유기적으로 관계를 맺으면서 연구되어야 한다. 이를 산업구조에 비유하여 1차 산업(수집), 2차 산업(분석), 3차 산업(해석)으로 나누기도 하는데 한국에서는 고고학 자료의 수집(1차 산업)에 치중하고 있고, 서양에서는 해석(3차 산업)이 중시되고 있다(추연식 1997: 머리말). 모든 산업이 균형을 이루어야 국가가 발전되듯이 고고학도 각 부분이 서로 연계되면서 고르게 연구되어야 한다.

다음은 발굴법의 개선이 필요하다. 고고학 자료에 대한 정보는 발굴과정에서 얻어진다. 발굴은 세밀하고 치밀하게 이루어져야 하고, 가능한 모든 정보를 얻을 수 있도록 발굴법에 대한 연구가 이루어져야 한다. 유적의 성격에 따라 발굴과정과 주의하여야할 사항이 다르다. 이상적인 것은 시간과 경비의 제한을 받지 아니하고, 확고한 목적의식을 가진 학술발굴이 이루어져야 한다. 이러한 발굴에서 얻어진 자료들이 과거 문화를 복원하는데 한층 용이한 것이다. 설사 학술발굴이 아니더라도 발굴자는 유물과 유구에 대한 새로운 정보를 얻기 위한 노력을 경주하여야 한다.

그리고 고고학 자료의 체계적 정리와 과학적 분석이 요구된다. 현재 한국에서는 발굴의 수와 규모가 급격히 증가하고 있으나 이를 분석하고 해석하는 부분은 아주 취약하다고 할 수 있다. 우선 새로이 확인된 고고학 자료를 종류별, 시기별, 지역별로 분류하고, 이를 정리하는 기본적인 작업이 선행되어야 하고, 이를 기초로 하여 다양한 분석이 이루어져야할 것이다. 특히 고고학자의 인지(즉 경험)에 의한 연구만으로는 한계가 있을 수밖에 없기 때문에 고고학 자료는 과학적으로 분석되어야 한다. 즉 연대측정, 공간분석을 비롯한 여러 방법이나 자연유물을 통한 환경연구 등은 과학적 분석을 바탕으로 해야만 가능하다. 만약 고고학연구의 과학화가 이루어지지 못한다면 과거의 고고학에 머물 수밖에 없다. 극히 단편적으로 이루어지는 과학적 분석을 극복하기 위해서는 이를 종합적으로 처리할 수 있는 진정한 의미의 考古學研究所가 만들어져야 한다.

21세기 자연과학은 비약적인 발전을 보여주고 있다. 특히 생물학은 단순히 체계적인 분류에 매달렸던 19세기와는 달리 인간의 유전자를 해독하여 인간의 수수께끼를 풀어가고 있다. 이와 다르게 고고학에서의 변화는 크게 이루어지지 못하였다(Zangger 2002). 더구나 한국고고학에서의 과학화는 초보적인 수준이다. 자연과학의 비약적인 발전을 일부분이라도 흡수하기 위해서는 고고학에 필요한 여러 가지 자연과학의 개념과 방법들이 응용되어야 한다. 고고학연구에 있어서 과학화의 한 방법으로는 자연과학 분야의 도움을 적극적으로 받아들이거나 두 분야의 학제적 연구가 필요하다. 예를 들면 한국구석기학회에서는 계속적으로 고고학자와 지질학자가 함께 발굴현장에서 여러 가지 문제들을 토의하고 풀어나감으로써 한층 발전된 면모를 보여주고 있다. 이 경우를 제외하면 학제적 연구가 거의 찾아보기 힘들다. 이러한 현상이 개선되지 않고서는 고고학연구의 발전을 기대하기 힘들다. 다만 고고학에서의 과학적 분석 자체가 만능이 아니기 때문에 맹목적으로 첨단장비의 사용만을 중시한다면 이는 고고학의 발전에 도움이 될 수 없다는 지적(강봉원 2001:11)은 적절하다.

마지막으로 고고학연구 방법과 이론의 활성화이다. 고고학의 연구체계의 확립에는 방법과 이론이 필수적이다. 서양고고학에서는 각기 연구목적에 따라 다양한 방법과 이론이 연구되고 있다. 이들 모든 방법과 이론이 그대로 한국고고학에 적용될 수는 없으나 과거 문화를 복원하고 해석하는 데에는 다양한 방법과 이론이 필요하다. 한국고고학에 필요한 방법과 이론은 외부로부터 받아들어야 하고, 나아가 독자적인 연구방법론도 개발되어야 한다. 이러기 위해서는 고고학연구 방법과 이론에 대한 논의의 활성화가 절실하다.

아직도 한국고고학은 전통고고학의 범주에서 크게 벗어나지 못하고 있다. 이것은 과정고고학이 일찍 소개되었지만 한국의 연구자들이 이를 충분히 이해하지 못하고 있는 것이 현실이다. 이러한 단계에서 바로 후기과정고고학을 받아들이기에는 거의 불가능하다고 판단된다. 성급하게 세계고고학의 연구경향을 따르기보다는 한국고고학이 필요한 방법과 이론을 차근차근 개선해 나가는 것이 더 현명한 방안이다. 이러기 위해서는 우선적으로 고고학의 연구체계를 확립하여야 한다. 세부적으로는 고고학연구의 성격에 대한 인식과 더불어 발굴법의 개선, 고고학 자료의 체계적 분석과 과학적 분석 등이 필요하다. 또 고고학 방법과 이론에 대한 논의와 고고학에서의 철학적 토대에 대한 논의도 꾸준히 이루어진다면 현재 한국고고학이 직면한 방법론의 부재 현상을 벗어나게 할 수 있을 것이다.

2. 고고학의 영역 확대

고고학 연구영역에는 시간적인 범위와 공간적인 범위가 있다. 먼저 시간적인 범위이다. 고고학 연구범위는 선사시대로부터 삼국시대에 한정되어서는 아니 되고 그 이후의 시기까지도 포함되어야 한다. 즉 선사시대의 유적이나 고분뿐만 아니라 도자기, 기와, 가마, 성곽, 절터 · 궁터를 비롯한 역사시대 건물지 등도 고고학자들이 조사하고 이를 연구하여야 한다. 사실 모든 시간대의 인간행위가 남긴 물질적 자료가 고고학의 연구대상이므로 시간적인 범위는 매우 넓어져야 한다. 최근 실시된 경북 칠곡군 다부동 6 · 25 전적지 조사나 5 · 18 희생자 묘역의 조사는 고고학의 시간적인 범위를 넓혀주는 좋은 예가 될 것이다.

다음은 공간적인 범위이다. 현재 한반도 남부에 한정되고 있는 고고학 조사에서 벗어나 북한지역과 우리의 역사와 관련되는 중국 동북지방, 연해주 등지에서의 유적조사에도 관심을 가져야 한다. 또한 우리 문화가 파급되어 형성된 일본 지역의 문화에 대하여도 관심을 가져야 한다. 그리고 육지뿐만 아니라 인간이 활동하였던 모든 공간을 조사의 대상으로 삼아야 한다. 즉 바다나 저수지의 바닥뿐만 아니라 최근 개발되고 있는 갯벌도 연구의 대상이 되어야 한다.

이와 더불어 고고학의 세부 분야에 대한 연구의 폭을 넓혀야 한다. 고고학은 시기에 따라 구분하는 先史考古學이나 歷史考古學 이외에도 주제에 따라 다양하게 나누어진다. 즉 선사나 고대의 동물상, 식물상 및 지질 자료를 연구한 動物考古學, 植物考古學, 地質考古學, 고고학 자료의 과학적 분석을 담당하는 考古測定學(archaeometry), 현존하는 인류의 생활상을 연구하는 民族誌考古學, 바다나 호수 속에 남아있는 자료를 연구하는 水中考古學 혹은 海洋考古學, 불교와 기독교 등 종교와 관련된 宗敎考古學, 유적의 관리와 활용방안을 연구하는 文化財管理 등 많은 분야들이 있다. 그밖에 고고학과 관련된 保存科學이나 博物館學 등에도 관심을 가져야 한다.

끝으로 한국고고학이 우리의 역사와 문화를 연구하기에 급급하여 국내에만 관심을 묶어 두어서는 아니 될 것이다. 한국고고학이 세계고고학의 한 부분이 되기 위해서는 국내에서 이루어진 연구성과를 국제 학회를 통해 발표하여야 한다. 최근 시작되는 남 · 북 간의 교류를 비롯하여 한 · 일 교류, 한 · 중 교류 등과 함께 다른 나라와의 교류도 적극 추진되어야 한다. 특히 대외관계와 관련된 연구성과는 국제적 학술활동을 통해 서양학계에도 적극적으로 알려야 할 것이다.

3. 고고학연구의 역할분담

고고학연구는 당연히 고고학 자료의 수집, 분석, 해석이라는 3단계를 거쳐 이루어지는 것이나 한국고고학에서는 이러한 과정이 원활하지 못한 것이 현실이다. 과거에는 대학에서 주로 발굴을 주도하였기 때문에 발굴과 연구가 함께 이루어졌다고 볼 수 있다. 그러나 최근에는 발굴전문기관이 발굴을 주로 담당하게 되고, 대학이 발굴에서 벗어나 교육과 연구를 담당하게 되면서 발굴과 연구가 분리되는 경향을 보여주고 있다. 필자도 원칙적으로 이러한 방향으로 나가야 한다는 점을 지적한 바 있다. 다만 발굴정보의 공유화와 상호 협력을 바탕으로 하여야 한다고 주장하였다(최성락 2001). 과거 발굴을 전담하였던 대학이 대규모의 구제발굴을 담당하기에는 여러 가지 면에서 부족한 점이 있었고 이를 극복하는 차원에서 대규모의 발굴을 발굴전문기관에서 담당하고 있다[2]. 하지만 아직은 이들 발굴전문기관과 대학과의 사이에 역할분담이 제대로 되지 못한 것이 사실이다.

대학은 연구와 교육을 전담하고, 발굴전문기관에서는 발굴을 하는 것은 지나치게 이상적인 것일까? 실제로 미국고고학계나 일본고고학계에서는 이러한 역할분담이 이루어지고 있는 것이 사실이다. 미국고고학은 발굴에 치중하는 고고학이 아니라 이미 분석과 해석에 치중하는 고고학으로 변화되었기 때문에 고고학 연구가 결코 발굴에만 매달리지 않는다. 한편 일본고고학에서도 대학은 발굴보다는 이들 자료의 연구에 초점을 맞추고 있다. 다만 일본고고학은 자료의 해석에 치중하기보다는 유물과 유구의 분석에 초점을 맞추고 있는 편이다. 이와 같이 발굴과 연구가 분리되기 위하여 대학에서는 고고학 자료를 분석할 수 있는 방법이 갖추어져야 하고, 해석할 수 있는 이론적 분위기가 자리잡아야 한다.

그러나 아직까지 발굴작업이 고고학연구에서 큰 비중을 차지하는 한국고고학의 실정에서는 단순한 역할분담, 즉 발굴과 연구의 분리가 고고학연구에 도움이 되지 못한다[3]. 더구나 고고학 유적에 대한 세밀하고 과학적인 조사를 기초로 하지 않고서는 새로운 해석이 불가능하다. 현재 한국에서는 발굴조사 방법이 충분히 개선되지 못하였기 때문에 현행의 발굴보고서만으로는 고고학연구가 원활하지 못하는 것이 현실이다. 더구나 폭주하는 고고학 자료를 분류하고, 정리하는 기본적인 작업도 이루어지지 못하고 있다. 또 이들 자료를 분석하기 위한 연구비 지원도 불충분한 상태에

2) 발굴전문기관은 국가의 자산인 매장문화재를 조사하는 비영리기관이지만 발굴용역비에 대하여 부가세를 납부하는 영리사업자로 등록되어 있다. 이것은 발굴전문기관이 안고 있는 모순으로 하루빨리 극복되어야 한다. 또 발굴전문기관은 국가의 직접적인 지원이 없는 상태이므로 기관의 운영에 필요한 경비를 자체적으로 확보하여야 한다. 반면 발굴전문기관이 발굴의 거의 대부분을 담당하고 있는 현실에서 각 기관은 고고학 자료의 과학적 분석 등 고고학 연구를 위한 기초 작업에 적극적으로 동참하여야 한다.

3) 현재 대학이 담당하는 발굴은 점차 감소되고 있으나 많은 수의 대학교원들이 발굴전문기관의 일에 관여하고 있어 실질적으로 연구활동의 증가를 가져오지 못하고 있는 실정이다.

서 대학에게 연구와 교육만을 전담하게 한다는 것은 적절하지 못하다고 볼 수 있다.

따라서 대학에서 발굴기능을 완전히 없애서는 안되며 앞에서 지적된 모순을 극복하기 위해서도 학술발굴이나 특정한 성격의 발굴은 대학이 계속적으로 담당하도록 하여야 한다. 시간과 예산에 구애받게 되는 구제발굴로는 과거문화의 복원에 한계가 있기 마련이기 때문에 고고학 자료의 철저한 수집과 과학적 분석 등을 행할 수 있는 학술발굴이 꾸준히 이루어져야 한다(King et al 1977). 그리고 구석기, 패총, 저습지 등 특수한 유적일 경우에는 그것을 전공하는 연구자가 있는 대학이나 연구기관에 일임하는 것이 최상의 방법이 될 것이다.

또 하나의 현실적인 대안으로서 발굴전문기관은 발굴된 자료를 신속히 공개함으로써 연구자들에게 고고학 자료를 제공하여야 하고, 또 발굴된 자료의 과학적 분석이나 특정과제에 대한 연구를 대학이나 연구기관에 의뢰함으로써 고고학연구의 활성화에 도움을 주어야 한다. 다시 말하면 대학이나 연구기관 등은 본격적으로 고고학 자료를 분석하고 해석하는 기관으로 탈바꿈하여야 한다. 이렇게 함으로써 상호 협력적인 관계를 유지할 수 있고, 고고학연구를 한층 진작시킬 수 있을 것이다.

끝으로 고고학연구의 진작을 위해서는 현재 발굴의 모든 업무를 관장하고 있는 문화재청이 고고학의 성격을 무시한 채 발굴허가에 따른 의무사

4) 문화재청은 발굴조사에 대한 기본인식을 새롭게 해야 한다. 즉 발굴조사에 대한 규제만을 강화하려는 조치는 발굴을 단순히 매장문화재를 수습하는 행위로만 보는 것이다. 마치 건설회사의 건축행위가 담당 관청에 의해서 통제를 받는 것과 같다. 그러나 건축과 발굴은 그 성격이 완전히 다른 것이고, 고고학에서 이루어진 발굴과 보고서의 작성 등은 고고학자의 양식적인 문제이지 규제에 의해 기계적인 결과만을 강조할 문제는 아니다. 따라서 구제발굴일지라도 이는 학술적인 행위임을 재인식하여야 한다.

항만을 강조해서는 안된다[4]. 일본의 國立奈良文化財研究所에서와 같이 발굴이 잘 이루어질 수 있도록 간접적인 지원이 이루어지기 전에 단순히 결과만을 강요하다 보면 과거 문화를 연구할 수 있는 기본적인 자료의 확보가 어렵게 된다는 점을 명심하여야 한다. 현실적으로 문화재청의 단순한 규제정책은 발굴작업을 수행하고 있는 고고학계에 영향을 미치지 않을 수 없기 때문에 한국고고학의 발전에는 매우 부정적일 수밖에 없다.

4. 문화재관리와 대중고고학

1) 문화재관리

현행 문화재보호법에는 유적의 보존을 위해 거의 모든 개발계획에 앞서 지표조사를 의무화하고 있다. 그러나 현실적으로는 이것이 개발을 위한 절차일 뿐이지 유적의 보존은 거의 불가능한 실정이다. 사전 지표조사의 의미는 유적을 발굴하기 위한 것이기보다는 중요한 유적의 경우 이를 지키기 위한 것이다. 모든 발굴이 끝난 뒤에 유적을 보존하자고 하기보다는 그 이전에 유적을 지키는 것이 더 합리적인 것이다.

유적의 보존을 위해서는 사전에 중요한 곳을 지정문화재로 지정해 두거나 개발에 앞서 설계 단계에서 지표조사를 통해 유적이 보존되는 것이 이상적이다. 이렇지 못한 경우에도 사전 지표조사를 통해 이를 지키는 노력이 없어서는 아니 될 것이다. 개발이 전국적으로 이루어지는 상황에서는 매장문화재를 포함한 많은 유적이 훼손될 수밖에 없고, 언젠가는 더 이상 발굴조사를 할 유적이 없어질 수도 있다. 유적에 대한 조사가 더 과학적이고, 정밀하게 이루어지기 위해서도 보존이 가능한 유적의 발굴은 차후로 미루는 것이 최선책이 될 수 있다.

유적의 보존과 정비가 필요한 것은 이것이 활용될 수 있는 문화자원으로서 크게 가치가 있기 때문이다. 예를 들면 세계문화유산으로 지정된 화순고인돌군의 경우, 이는 우리나라만의 유적이 아니라 인류전체의 문화유산으로 인식되면서 그 중요성이 배가되고 있다. 따라서 중요한 유적은 단순히 보존되는 차원을 넘어 역사교육장이나 관광자원으로 활용되어야 한다. 다만 유적의 정비복원과정에는 이를 발굴한 고고학자가 적극적으로 참여하여야 한다. 설계회사에 의해 임의로 설계와 시공이 이루어진다면 유적의 훼손이 불가피하게 될 것이다.

마지막으로 박물관이나 전시관의 운영에 참여하는 것이다. 유적에서 발굴된 귀중한 유물은 이를 연구하는 전문가들만의 것이 아니다. 이를 일반인들에게 공개하여 그 유물의 중요성과 역사적인 의미를 알려주어야 한다. 선진국일수록 많은 박물관이 설립되고 있고, 한국에서도 박물관이나 전시관의 설립에 대한 욕구가 많아지고 있다. 다만 이들 박물관의 설립은 건물의 건축만이 전부가 아니라 전시할 자료의 수집과 이를 운영할 학예사의 확보가 함께 이루어져야 한다. 또한 고고학 관련학과에서는 文化財管理(cultural resourses management: CRM)나 博物館學의 교육을 통해 학예사의 육성에 적극적이어야 한다.

2) 대중고고학

고고학의 대중화를 위해서는 우선 일반인과 학생들에게 고고학의 이해를 높여야 한다. 이와 같이 활동하는 분야를 대중고고학(public archaeo logy)이라고 한다. 오늘날 한국의 바둑이 세계에서 최고가 된 것은 바둑을 이끌어 나간 몇 사람들이 대중의 주목을 받았고, 이를 뒷받침한 사회적인 분위기가 있었기 때문이다. 고고학도 그 학문의 중요성을 일반인과 학생들에게 강조하고 알린다면 고고학에 관심이 많은 학생들이 지망할 것이고,

학문의 발전에도 도움을 줄 것이다.

고고학을 널리 알리기 위해서는 일반인을 상대로 한 강연 및 교양강좌가 많아야 하고, 일반인을 위한 고고학 서적들도 많이 만들어져야 한다. 고고학 서적이 전공자들에게만 필요한 것이 아니다. 일반인이나 학생들이 볼 수 있도록 쉽고 흥미롭게 서술된 책이 필요하다. 아직 한국에서는 고고학을 소재로 하는 본격적인 소설이 출간되지 못하고 있다. 이러한 소설도 고고학을 알리는데 기여할 것이다.

그리고 일반인들과 초 · 중 · 고 학생들에 대한 교육프로그램의 개발이 필요하다. 즉 선사체험, 발굴체험, 유적답사 등이 가능할 것이다. 선사체험은 고고학을 알리는데 중요한 방법이다. 이를 통해 고고학을 자연스럽게 학생들이나 일반인들에게 알릴 수 있다. 예를 들면 연천 전곡리 유적의 선사체험을 비롯하여 화순 고인돌축제의 선사체험 프로그램, 제주도 삼양동 유적에서 운용하는 선사체험 프로그램 등이 있다.

다른 방법으로는 발굴을 체험하게 하는 것이다. 발굴에 대한 사전 교육을 받지 못한 일반인들을 직접 발굴현장에 투입하는 것은 여러 가지로 위험성이 뒤따를 수 있지만 공원의 한쪽에 모의 발굴장을 만들어 이를 체험하게 하는 것은 특히 어린 학생들에게는 교육적으로 많은 효과를 낼 수 있을 것이다. 이러한 체험장은 선진국에서 이미 그 사례를 찾아볼 수 있다.

그리고 가장 일반적인 방법으로 유적답사가 있다. 학생들로 하여금 유적지나 박물관을 견학하게 하여 그 지역의 고대문화를 익히게 함으로써 고고학을 이해시킬 수 있다. 이 경우에는 주변에서 이루어지는 발굴현장에 가서 설명을 듣게 하는 것이 효과를 극대화시킬 수 있을 것이다. 물론 발굴담당자는 일반인들이나 학생들에게 발굴의 진행과정과 의미를 잘 설명해 주어야 할 것이다. 이와 같이 학생들이 어릴 때부터 고고학에 대한 이해를 높여나간다면 유적에 대한 보존이 한층 손쉬워질 것이고, 또 고고학이 필요한 학문으로 인식시킬 수 있다.

V. 맺음말

한국고고학은 지금까지 꾸준히 성장하였음은 분명하지만 방법과 이론에 대한 논의는 본격화되지 못하고 있다. 이러한 문제의식을 가지고 살펴본 결과를 몇 가지로 정리하면 다음과 같다.

먼저 고고학의 정의, 연구목적과 정체성을 살펴보았다. 고고학의 정의와 연구목적은 고고학이 발전해 오는 과정에서 변화되었다. 과거에는 과거의 문화를 기술하였던 반면에 최근의 고고학은 과거의 문화를 설명하려 하고 있다. 한국고고학의 연구목적에는 과거 문화를 연구하는 일반적인 목적 이외에도 한국문화의 기원과 독창성을 연구하고, 한국문화의 영역과 대외관계를 연구하는 것 등이 있다. 또한 고고학은 결코 역사학이나 인류학의 한 분야가 아니라 독자적인 학문으로 정립되었다.

다음은 고고학연구의 몇 가지 문제들, 즉 연구과정, 기본전제, 그리고 철학적 토대 등에 대해서 검토해 보았다. 고고학의 기본전제에는 인간의 모든 행위가 물질적 자료를 남긴다는 것과 유물이 점진적으로 발전되었다는 진화론적 사고, 그리고 지질학에서 유입된 층의 개념과 동일과정의 가정 등이 있다. 고고학의 철학적 토대는 과거 문화에 대한 설명의 수준을 높여주었고, 다른 학문과 대등한 입장에서 도달하였음을 보여주고 있다.

그리고 한국고고학의 연구방향을 학문적인 면과 현실적인 면에서 살펴보았다. 학문적인 면에서는 연구체계의 확립과 연구영역의 확대 등이 필요함을 지적하였다. 특히 고고학의 성격에 대한 인식과 더불어 고고학 방법과 이론에 대한 논의가 필요하다. 현실적인 면에서는 연구기관의 역할 분담과 협력이 필요하고, 유적의 보존과 박물관 운영에 적극적으로 참여하여야 하며, 고고학의 대중화에도 힘써야 하며 종래에 대중들이 고고학을 필요한 학문으로 느끼게 하여야 한다.

| 참고문헌 |

강봉원

2001 「서구 고고학의 패러다임변화와 한국고고학의 방향」, 『한국상고사학보』 34, 1-19.

김권구

1994 「탈과정주의 고고학의 주요내용과 과제」, 『한국고고학보』 31, 283-296.

김승옥

1999 「고고학의 최근 연구동향: 이론과 방법론을 중심으로」, 『한국상고사학보』 31, 31-56.

김종일

2004 「고고학의 철학적 토대」, 『한국고고학보』 52, 한국고고학회, 5-33.

2006 「경관고고학의 이론적 특성과 적용 가능성」, 『한국고고학보』 58, 한국고고학회, 110-145.

이선복

1988 『고고학개론』, 이론과 실천.

이성주

1991 「Post-modernism 고고학과 전망」, 『한국상고사학보』 7, 255-294.

최몽룡 역

1984 『신고고학개요』, 동성사.

최몽룡

2000 「21세기 한국고고학; 선사시대에서 고대국가형성까지」, 『한국사

론』 30, 국사편찬위원회, 29-66.

최성락

2000 「21세기 한국고고학의 방향-연구방법론의 문제-」, 『21세기 한국고고학의 방향』, 제24회 한국고고학 전국대회, 29-47.

추연식

1997 『고고학 이론과 방법론』, 학연문화사.

한국고고학회

2000 『21세기 한국고고학의 방향』, 제24회 한국고고학 전국대회.

浜田耕作

1922 『通論考古學』, 大鐙閣.

江上波夫監修

1975 『考古學ゼミナール』, 山川出版社.

鈴木公雄

1988 『考古學入門』, 東京大學出版部.

中國大百科全書出版社

1986 『中國大百科全書』.

Ashmore, W. and R. J. Sharer

2000 *Discovering Our Past-A Brief Introduction to Archaeology*(3rd), Mayfield Publishing Company.

Binford, L.R.

1962 Archaeology as anthropology, *American Antiquity* 28-2, 217-225.

1968 Archaeological theory and method, *New Perspectives in Archaeology* (ed. S.R. Binford and L.R. Binford), aldine, 5-32.

Childe, V.G.

1956 *A short Introduction to Archaeology*, Frederick Muller LTD, London.

Choi, M.L. and S.N. Rhee

2001 "Korean Archaeology for the 21st Century: From Prehistory to State Formation", *Seoul Journal of Korean Studies* 14, Institute of Korean Studies, Seoul National University: 117-147.

Clarke, D.L.

1968 *Analytical Archaeology*, Methuen, London.

Clarke, D.L.

1973 "Archaeology : the loss of innocence", *Antiquity* 46.

Daniel, G.

1981 *A short history of Archaeology*, Thames and Hudson.

Deetz, J.

1967 *Invitation to Archaeology*, The Natural History Press.

Fagan, B.M.

1999 *Archaeology-A Brief Introduction-*, HarperCollins Publishers.

Flannery, K.V.

1967 "Culture, History V. Culture Preocess: A debate in American Archaeology", *Scientific American* 217: 119-122.

Hodder, I.

1982 Symbols in *Action: Ethnoarchaeological Studies of Material Culture*. Cambridge University Press, Cambridge.

1986 *Reading the Past: Current approaches to interpretation in archaeology*, Cambridge University Press.(김권구 역, 2007, 『과거읽기-최근의 고고학해석방법들』, 학연문화사)

Hogarth, D.G.

1899 Authority and Archaeology(2nd ed.), London.

Kroeber, A.L. and Clyde Kluckhohn

1972 Culture: a critical review of conceptsand definitions, *Papers of the Peabody Museum of American Archaeology and Ethnology* 47, no. 1, Harvard University, Cambridge, Mass.

King, T. et al

1977 *Anthropology in Historical Preservation:Caring for Culture's Clutter*, Academic Press.

Preucel, R.W.

1991 "The Philosophy of Archaeology", *Processual and Postprocessual Archaeologies, Multiple Ways of Knowing the Past*(ed. R.W. Preucel), Southern Illinois University at Carbondale.

Sharer, R.J. and W. Ashmore

1979 *Fundamentals of Archaeology*, The Benjamin/cummings Publishing Company, Inc..

Sharer, R.J. and W. Ashmore

1993 *Archaeology*, Mayfield.

Taylor, W.W.

1948 *A Study of Archaeology*, Memoir 69, American Anthropological Association.

Watson, P.J.

1995 "Archaeology, Anthropology, and the Culture Concept", *American Anthropologist* 97(4), 683-694.

Watson, P.J., S.A. LeBlanc and C.L. Redman

1984 *Archaeological Explanation-The Scientific Method in Archaeology-*, Columbia University Press.

Willey, G.R. and P. Philips

1958 *Method and theory in America Archaeology*, University of Chicago Press.

Zangger, Eberhard

2002 *The Future of the Past-archaeology in the 21st century-*, Phoenix.

〈Abstract〉

The Direction of Studies in the Korean Archaeology

Sung-rak Choi
(Mokpo National University)

In the last 60 years, Korean archaeology has largely developed externally. But the method and theory in Korean archaeology was not discussed to any extent internally. In this article, the following problems of the direction of studies in the Korean archaeology are discussed,

Firstly, I considered the concept, the purpose, and the identity of archaeology. The concept and the purpose of archaeology have changed as the archaeology has developed. The first role of archaeology was to describe past cultures, but currently it is to explain them. And it was considered the purpose of Korean archaeology. One of the purpose of Korean archaeology is to reconstruct past culture through material remains which is same with general purpose. In addition to this, they are to study the origin and unique creation of Korean culture and to study the territory of Korea and the relationship with the foreign culture. Archaeology now does not belong to history or anthropology, but archaeology is archaeology itself.

Secondly, some problems such as process of study, basic assumptions, and philosophical discussion are considered. One of the basic assumptions is that all types of human behaviors left material remains, others are the evolutional thinking as materials' progress and the concept of uniformitarianism came from geology. The philosophical discussion in archaeology improved the level of explanation on the past culture, and reached almost same level with other disciplines.

Lastly, I considered the direction of the studies in Korean archaeology on aspects of studies and reality. In aspects of studies, It was considered the establishment of the system in archaeological studies and the enlargement of subfield in archaeology. Specially understanding of archaeological studies and discussions about method and theory of archaeology are more needed. In aspects of reality, it was considered some subjects such as the role of archaeological institutions, cultural resources management and public archaeology. The cooperation between archaeological institutions and the participation to public activities should be needed.

Until now, I think that Korean archaeology did not get out of the traditional archaeology. Therefore, It is more prudent ways to improve constantly the method and theory needed in Korean archaeology rather than to follow recklessly the trend of world archaeology.

한일 靑銅器와 요시노가리 유적

이청규*

Ⅰ. 서론

한반도와 일본 간의 문물교류가 본격적이고 조직적으로 이루어진 것은 초기철기시대 혹은 야요이시대로서 청동기가 그 대표적인 증거라는 것은 잘 알려진 사실이다. 그러면서 한반도 청동기 중 어떠한 기종과 형식이 일본에 전달되고, 일본 현지에서는 어떻게 재지화하는지에 대해서 한국 측에서는 의외로 관심이 적어 이에 대해 제대로 발표된 글이 드물다. 그것은 중국 동북지역의 청동기에 대해 관심이 많고 적지 않은 논문이 발표된 것

* 영남대학교 문화인류학과

과 대조적이다. 동 지역의 청동기가 한반도와 매우 밀접할 뿐만 아니라, 동일문화영역에 속하는 것으로 설명하는 데 보다 적극적인 데 반면, 역시 높은 유사성과 밀접한 관계를 보여주는 일본열도의 그것에 대해서 한국 측의 연구자들이 보다 적극적으로 다가가지 못하고 있다.

그것은 한반도 문화를 설명하고, 그 기원을 탐색하는데 전자가 필수적인데 반해, 후자는 한반도 자체에서 밝히지 못한 부문을 복원하는데 필요할 뿐이라는 인식이 바탕에 깔려 있기 때문인 것으로 이해된다. 그러나 한반도의 청동기 문화를 제대로 이해하려면, 일본의 그것과의 상사성과 상이성을 밝힌다는 측면에서도 중요하다.

한일청동기를 비교함에 무엇보다도 그 기종과 형식을 살피는 것이 기초적인 작업이 되겠다. 그리고 각기 같거나 다른 형식의 청동기가 어떻게 제작되고, 사용 혹은 매납되는지 살핌으로써 양 지역 간에 교류 그리고 각 지역 내에 변용이 어떻게 이루어졌는지 체계적으로 정리 설명될 것이다. 청동기는 주로 한국에서는 부장품으로 무덤, 일본에서는 제기로서 매납유구에서 발견되는 사실에 주목하여 특히 부장과 매납이라는 맥락에서 접근하고자 하는 것이다.

최근에 한국에서는 특별전을 통하여 일본 사가현의 요시노가리 유적의 청동기 관련 자료가 소개된 바 있다. 요시노가리 유적에서는 한반도계 청동기가 무덤의 부장품으로 물론, 생산과 관련된 공방시설, 그리고 마을을 둘러싼 환호 구덩이 등에서 원상으로 출토되어 생산과 활용, 폐기에 이르는 고고학적 맥락이 소상하게 소개되고 있다. 단위마을유적에서 그러한 청동기의 출토상황은 단순하게 형식 비교하고 계통과 편년을 설명하는 기왕의 한국 측 청동기 연구에 시사하는 바가 적지 않으므로 동유적의 사례를 중심으로 따로 장을 내어 논의하고자 한다[1].

II. 청동기의 종류와 형식

무기는 한일 양지역에서 가장 많이 발견되는 청동기로서 검, 모, 과 등이 있다. 그 형식을 보면 검은 자루가 별도로 着裝되는 別鑄式으로 검몸 한가운데에 등대가 있는데, 한국에서는 비파형-중간형-세형-변형, 일본에서는 中細形-中廣形-平形으로 변화한다(九州歷史資料館 1980). 대체로 한국의 검은 길이 30cm 내외이나, 일본의 중광형, 평형은 길이 50cm 내외이다.

鉾도 역시 등대가 있고, 등대가 연장하여 자루가 달려 있는데 한국에서 비파형-세형-중세형-중광형, 일본에서는 細形-中細形-中廣形-廣形으로 변화하는 것으로 분류 · 정리되고 있다. 대체로 세형까지는 길이 30cm 미만이지만, 중세형부터는 길이 50cm 이상 길어지면서, 廣形에 이르면 100cm까지 된다. 戈는 자루가 날과 직교되는 방향으로 着裝되는데, 한국에서는 세형-중세형-중광형, 일본에서는 중세형-중광형-광형 그리고 오사카灣型 등의 지역형식으로 발전한다. 세형은 길이 30cm 미만이다가 광형으로 오면 길이 50cm 이상으로 길어지는 것이다(樋口隆康編 1974).

이들 세 종류 무기는 한국에서 일본으로 건너가면서 시간의 흐름에 따라 점차 대형화됨과 동시에, 날이 없어지고 장식이 부가된 비실용적인 형태로 변화한다는 점에서 공통된다. 원래 무기 모습 그대로의 검, 모, 과형을 유지하고 있지만, 일본으로 건너가서는 실제 무기로 사용하기에는 적합하지 않게 날이 없어지고, 크기가 과장되거나, 또는 불필요한 장식이 덧붙여진 경우가 많다. 이 경우도 분명히 의기라 할 수 있겠으며 일본에서는 이

1) 이 글은 국립중앙박물관 주최로 2007년 11월 10일 개최된 '요시노가리, 일본속의 고대 한국' 특별전 기념 학술심포지엄에서 발표한 원고를 일부 수정보완한 것임.

를 武器形祭器라 하여 실용적인 청동무기와 엄격하게 구분하고 있다.

엄밀한 의미에서라면 의기는 처음부터 의례용으로 만들어진 경우를 말하며, 이러한 의미에서 한국에서 발견되는 청동거울, 방울, 異形銅器, 銅鐸 등을 의기라고 할 수 있다[2](이건무 1992). 그중에서 대표적인 의기로서 손꼽을 수 있는 것이 거울이다. 왜냐하면 동경은 태양과 신의 感應을 상징하는 일종의 神器的 성격을 가진 1급의 의기로서 제사장이 소지하였던 것으로 추정되기 때문이다. 다뉴경 다음 단계에 한반도에 유입되는 漢式鏡의 경우도 중원지역과 달리 역시 일종의 권위적인 威信財로서 실용적인 용도로 쓰였다고 보기 어렵다.

다뉴경은 漢郡縣 설치 이전에 한일 양국에 보급되었는데, 대체로 단면 삼각형 혹은 사다리꼴 혹은 반원형의 周緣部가 있고, 거울 뒷면 전면에 걸쳐 기하학무늬가 장식된다. 중국 漢鏡이 거울 뒷면 중앙에 하나의 꼭지가 달린 것과 달리 거울 뒷면 상단 한쪽으로 다소 치우쳐 꼭지가 2-3개 달려 다뉴경이라는 이름이 붙었고, 뒷면 기하학무늬의 구성과 그 정교성에 따라 粗紋鏡, 粗細文鏡, 細文鏡으로 분류될 수 있다. 대체로 그 크기는 직경 8-25cm 범위 내에 있으며, 그 발견례가 100점을 넘지 못한다(이청규 1999, 2007).

한편 한반도 남부와 일본에서 분포하는 기원전후한 시기에 청동거울로는 중국에서 수입된 漢鏡이 있다. 한경은 거울 뒷면에 장식된 문양과 명문에 따라서 虺龍文鏡, 方格規矩鏡, 日光鏡, 星雲文鏡 등으로 구분된다. 그리고 일광경 등의 한경을 본 따 만든 仿製鏡이 다량 제작되는데 1식, 2식, 3식 등이 있다. 그 크기는 5cm 내외의 소형에서 40cm(工樂善通 1990)가 넘

2) 청동기, 나팔형동기, 검파형동기, 견갑형동기, 원개형동기 등과 함께 청동방울을 이형동기라 하고 의기로 파악하고 있으나, 이 글에서는 청동방울은 이형동기와 별도로 구분하고자 한다.

는 예도 있는데, 대형 거울은 일본에서 야요이시대 말기에 제작되는 것이다.

거울과 함께 지금의 무당들 사이에서 대표적이 巫具로 사용되지만, 일본에서는 출토되지 않고 한반도에서만 나오는 청동의기로서 청동방울이 있다. 청동방울은 구형체 속 빈 공간 안에 작은 구슬이 있어 흔들면 소리가 나게 한 것이다. 발음의 효과를 돕기 위해 球形體 겉면에 透窓이 나 있는데 구형체가 2개가 달린 것이 2종류, 방사상으로 8개 달린 것 1종류가 있어 각각 雙頭鈴과 八株鈴으로 불린다. 장대 끝에 장식되는 竿頭式 상반부의 밀폐시킨 공간에 구슬이 들어가 있는 竿頭鈴 1종류가 더하여 모두 4종류의 청동방울이 셋트를 이룬 채로 발견되는 예가 많다.

銅鐸은 소형과 대형의 동탁으로 크게 구분된다. 소형 동탁은 크기 10cm 미만으로 상단에 끈을 매달게 한 고리가 있고 안에 혀를 달은 형식으로, 제사장 혹은 샤만이 입는 의복에 매달 수도 있다. 말장식으로는 높이 5cm 내외의 소형으로 별도로 馬鐸이라고 불린다. 다음 대형 동탁은 높이 70cm 정도로 기본형은 앞서와 같으나, 무늬와 장식이 다채로와 보는 동탁으로서의 성격을 띠는데, 우리나라에서는 발견례가 없고 일본에서만 발견된다.

일본에서 발견된 대형동탁은 크게 4가지 형식으로 분류할 수 있다. 첫째는 菱環鈕式으로 꼭지의 단면형이 마름모꼴 내지 菱形으로 된 것으로, 鈕가 상당히 두텁고 튼튼하여 실제로 매달아 사용할 수 있는 것이다. 둘째형식은 外緣付鈕式으로 鈕의 바깥 측에 주연부가 잇대어지고 장식이 가미된 형식이다. 단면을 보면 능형부분의 외측에 편편한 문양대가 붙어 있다.

세 번째 형식은 扁平鈕式으로 중앙의 능형부분이 일단 폭이 좁아지고, 두터워지며, 능형의 내측에도 얇은 판이 붙어서 장식된 것이다. 네 번째는 突線付鈕式으로 능형부분이 문양의 일부로서만 존재하는데, 매달 수 있는 뉴로서는 전혀 기능을 못하는 것이다. 앞서 능환뉴식은 매달아 소리를 듣는 동탁이라고 한다면 두 번째 이하의 동탁은 보는 동탁의 성격을 갖는다 하겠다(工樂善通 1990).

의기적인 성격의 청동기로 앞서의 청동방울 말고 이형동기라고 불리는 청동기가 있는데 劍把形銅器, 방패형동기, 圓蓋形銅器가 그 예이다. 검파형동기는 3개가 1조로서 뒷면에 고리가 있는 것으로 보아 의복 등에 부착 패용된 것임이 분명하다. 방패형동기 또한 윗 단에 구멍이 3-4개 뚫려 있는 것으로 보아, 어디에 매단 것으로 이해된다. 원개형동기 또한 가운데에 구멍이 있는 바, 시베리아 샤만의 복장에 이들 원개형동기가 주렁주렁 매달린 것이 확인되는데(金權九 2000), 학자에 따라서는 打樂器로서 사용된 것으로 보기도 한다.

III. 청동기의 副葬

청동기를 부장한 무덤은 기원전 10세기경부터 기원후 1세기에 이르기까지 중국 동북지역에서부터 한반도, 일본열도 서부에 걸쳐 성행한다. 그러나 시간의 흐름에 따라 그 숫자가 증가하지만 이 시기의 전체 무덤 중에서 청동기를 부장한 무덤은 수적으로 극히 일부에 해당한다.

무덤의 형식을 살피면 비파형동검 단계에 積石墓, 石棺墓, 石槨墓, 支石墓가 있고, 세형동검 단계에는 積石木棺墓, 木棺墓, 木槨墓, 甕棺墓 등이 있다. 대체로 보아, 앞선 단계에는 石材를 이용한 무덤계통, 그리고 늦은 단계에는 木材를 이용한 무덤 계통이 주를 이루고 있다. 청동기가 많이 부장되는 무덤은 우선 시기별로 정리하면 중국동북지방에서는 기원전 8-4세기 비파형동검 단계, 한반도에서는 기원전 3세기-기원후 1세기경의 세형동검 단계에 많이 나타난다. 일본에서는 기원전 2세기에서부터 기원후 1세기경으로 우리의 세형동검단계 후반대에 속한다. 그리고 무덤의 형식을 볼 때, 최대의 부장묘는 비파형동검 단계에는 중국 동북지방에 있는데, 십이대영자와 같은 석곽묘와 심양 정가와자와 같은 목곽묘로서 지석묘와 석관묘는 아니다. 세형동검 단계에는 적석목관묘로서, 아산 남성리, 예산 동서리, 대전 괴정동, 화순 대곡리, 함평 초포리 등지에서도 보듯이 한반도 남부지방으로 내려 온다. 순수목관묘에 최대급의 청동기 부장묘는 영남지역에 한정되어 있다.

일본의 경우 초기의 최대 부장묘 또한 역시 적석목관묘이다. 요시다케다카키 유적이 그 대표적인 예로서 동경, 동검, 동모 등의 청동기가 동반출토되었다. 최대급의 청동기 부장 옹관묘는 기원후 1세기경에 나타나는데 일본 구주를 중심으로 하여 유행한다. 다테이와 10호 옹관묘처럼 前漢鏡 6점과 함께 중세형동모 1점이 공반되는 일본 최상급의 무덤이 그 대표적인 예이다.

무덤에 부장되는 청동기 중 가장 권위적이거나 의례적으로 중요하게 평가되는 유물은 청동거울이다. 청동거울은 일종의 神器로서 피장자의 최고 권위를 상징하는 것으로서, 청동기 중 동경의 부장묘는 당대 최고 지배층의 무덤이라고 할 수 있다.

그중 조문경은 비파형동검시기, 조세문경은 세형동검시기 전기, 세문경은 세형동검시기 후기에 사용된다. 기원전 1세기경 한군현 설치 직후에는 多鈕鏡 대신에 중국에서 유입된 중국 漢鏡이 부장된다. 나아가서는 중국 한경을 모방한 이른바 仿製鏡도 제작 보급되며, 일본에서도 같은 시기에 다뉴경 대신 한경과 방제경을 부장하게 된다. 따라서 청동거울을 指標로 하여 시기의 변천에 따라 청동기가 무덤에 부장되는 양상의 변천을 살필 수 있다.

다뉴기하학문경 중 이른 단계 粗文鏡이 부장된 무덤은 지금까지 중국 동북지방에서만 조사되었는데, 그 최대급 무덤은 遼河의 동쪽과 서쪽에 걸쳐 있다. 영성 소흑석구, 조양 십이대영자, 본계 양가촌, 심양 정가와자 등이 바로 그것이다.

이들 부장묘에서는 순수하게 제사장의 의기나 무구로 이해되는 청동기는 없다. 상대적으로 마구와 기타 장신구, 치레걸이 등 세속의 실력자임을 과시하는 청동기가 상당량 부장된다. 이 점은 다음에 볼 세문경 단계의 최대급의 부장묘가 청동방울 등의 巫具가 부장되는 것과 차이가 난다.

조세문경 단계의 동경 부장무덤은 중국 동북지방에서 한반도에 걸쳐 확인되었는데, 그중 최대급은 금강 유역에 위치하는 단독무덤이다. 아산 남성리와 대전 괴정동, 예산 동서리 무덤으로, 실력자 자신을 꾸몄던 장엄구인 검파형동기, 방패형동기, 나팔형동기, 원개형동기 등의 이형동기와 함께 2점 이상의 거울을 부장하였다. 앞서 조문경 단계의 심양 정가와자 무덤 역시 나팔형동기, 원개형동기, 방패형동기를 부장하고 있지만 이 모두를 전적으로 제사장의 의기라고만 보기 어렵다. 다른 세속적인 실력과 권위를 상징하는 각종 器物이 다량 부장되어 있으므로, 세속적인 의미에서 최고 실력자인 것으로 판단은 되나, 제사를 직접 주재하고 운영을 한 순수한 祭司長으로서의 정체성은 다음 기원전 2-1세기대에 부장품으로 제사용구인 각종 청동방울을 가진 被葬者와 비교할 때 약해 보인다[3](권오영 1996b).

이 단계에 이형동기를 부장하지 않고 거울 1점씩을 부장한 무덤은 공반

3) 이형동기와 청동방울을 부장한 무덤의 주인공을 같은 사제왕이라고 규정할 수 있다하더라도 양자 간에는 시간적 차이와 함께 성격상의 차이가 있다고 보아야 하는 것이 필자의 입장이다. 이 양자를 권오영 교수는 모두 祭祀王이라고 주장하고 있다.

되는 다른 청동무기의 숫자에서 처지는 바, 앞서 이형동기 등의 장엄구를 갖춘 무덤보다는 권위와 실력이 한 단계 낮으리라고 이해된다. 異形銅器가 부장된 최고 지배층 무덤이 충남지방에 집중되어 있는데, 이들 무덤 또한 금강유역을 크게 벗어나지 못하고 있다.

세문경의 동경부장묘는 중국 동북지방을 제외한 한반도와 일본 큐우슈우에 분포한다. 최상급은 무기, 공구 이외에, 쌍두령, 팔주령, 간두령, 조합쌍두령 등 銅鈴具가 공반되는데, 이처럼 청동방울을 부장한 최대급의 부장묘는 한국 영산강 유역의 咸平 草浦里와 和順 大谷里 무덤의 예로 모두 1기만 따로 조성된 적석목관묘이다. 청동방울은 흔들어 소리를 냄으로써 신을 부르는 제의에 직접 사용되는 도구이므로, 앞 단계의 각종 이형동기가 단순히 장엄용구인 것과 구분된다. 따라서 이들 제의에 사용되는 방울도구는 이형동기보다는 제사를 주재하는 종교적 리더로서의 정체성을 보다 분명히 부각시켜주고 있다.

같은 시기에 청동거울과 무기를 공반하였지만, 청동방울을 갖지 않는 무덤도 있다. 咸興 梨花洞, 鳳山 松山里, 扶餘 九鳳里와 合松里, 논산 院北里 등의 무덤으로서 모두 단독 개인묘이다. 다만 長水 南陽里 1,2호의 경우는 5기가 한 곳에 밀집한 小數群集墓이다. 일본에서 발견된 銅鏡副藏墓인 福岡 吉武高木 3號 무덤은 수십기가 밀집한 多數群集墓에 위치하는 것이 한국과 차이가 난다. 그러나 동일 군집내 대부분의 다른 무덤이 옹관묘인 점과 달리 적석목관묘로서 한국계통인 점이 주목된다.

한편 일본 최고 지배층의 무덤이라고 인정하는 九州 佐賀縣 宇木汲田 12호, 吉武高木 3호 등의 무덤의 부장품은 앞서 청동방울을 부장한 최상급 무덤 다음의 거울과 무기 · 공구를 부장한 한국의 차상급 무덤의 예와 같다. 이들 무덤 중에는 吉武高木 3호처럼 일본 토착의 옹관묘가 아닌 한국계 적석목관묘도 있다(福岡市教育委員會 1986). 또한 이들 한국계 청동기를 제작한 일본 초기용범과 남한계 무문토기가 같은 유적에서 공반하는 사실로 보아 이들은 청동기 제작 공인집단을 동반한 남한계 이주민일 가능성이 높다 하겠다. 이 점은 다음 단계에 한경 등 중국제 청동기를 수입하고 한편으로 中細形 무기를 자체 생산하여 부장한 유력 옹관묘의 주인공과 다르다.

기원전 1세기경이 되면 서북한 지역에 漢郡縣이 설치되고 위만조선이 해체되면서 한반도 전역의 지배층의 무덤에 다뉴기하학문경 대신 중국제 거울이 부장되지만 종전대로 한국식 동검, 동과, 동모 등의 무기도 함께 부장된다. 이것은 낙랑은 물론 그 주변 지배층의 권위 기반이 二元的이라는 것을 말해주는 것으로서 중국제품은 대외적인 권위의 상징물이지만 한국제 청동무기는 대내적 권위의 상징물인 것이다.

청동거울은 한국제 세문경 대신 중국제 거울로 바꾸어 부장되는 현상은(李淸圭 1998, 安京淑 1998) 남한에서 한군현 설치 직후 막바로 나타나는 것이 아니라 반세기쯤 경과한 기원전 1세기 후반경부터 나타난다. 前漢鏡 부장의 가장 이른 예로서 정식으로 발굴조사된 것으로 남한에서 창원 다호리와 밀양 교동의 목관묘가 있다(李健茂 外 1989). 이 무덤에서는 중국 거울 星雲鏡 1면만 확인되었는데, 비슷하거나 다소 떨어지는 시기의 경주 조양동 38호 무덤에서는 4면의 전한경이 부장되었다(崔鍾圭 1983).

세문경과 함께 전 단계에 부장되었던 청동방울 등의 제의도구도 전혀 부장되지 않는다. 이러한 사실은 방울 巫具를 이용한 전통적인 제의행사가 전혀 없어졌다고 할 수는 없더라도 적어도 그 행사의 중요성과 그것을 주재하는 제사장적 권위가 약화되었음을 시사해준다. 그대신 무덤에서 부장되는 말부속과 수레부속이 부장되는데, 이는 전단계에 없었던 지위의 징표로서 차마구를 운용할 능력이 과시되고 나아가 그것이 권위의 상징으로 된 것이다.

비슷한 시기에 일본에서는 소국의 王墓로 인정하는 대표적 무덤이 있는데, 三雲南小路 1, 2호(福岡縣教育委員會 1985)와 須玖岡本 D지점(福岡縣教育委員會 1993) 무덤이 바로 그것이다. 이 두 무덤에서는 한경의 부장량이 동 시기의 한국의 그것을 크게 압도한다. 이러한 차이는 삼한에 대해서는 특정 소국의 우두머리를 盟主로 인정하지 않으면서, 倭에 대해서는 특정 소국의 왕의 존재를 인정하는 한군현의 韓과 倭에 대한 이원적인 대외관계로 설명하는 의견(권오영 1996a)과 맞물려 생각해 볼 수 있을 것이다.

기원후 1세기 이후에 남한에서는 중국경을 입수하려고 하기보다는 방제경을 만드는데 주력한다. 日光鏡 · 昭明鏡 등의 한경이 입수되지만, 방제경 제작에 몰두하여 이를 무덤에 부장하였다. 방제경을 제작하게 된 것은 무엇보다 한식경의 수입이 용이하지 않기 때문일 것이다. 방제경의 가장 이른 연대는 대체로 기원 1세기 전반경으로, 제작에서 사용 부장된 시간상의 격차를 고려하면 대체로 前漢 말기와 新나라 대의 혼란기에 해당한다.

방제경을 현지에서 자체 제작 분배함으로써 얻어지는 효과는 영남지방 자체의 상호 간의 관계망의 강화이다. 한경의 경우 각 지역집단마다 낙랑 · 대방 등으로부터 원거리 무역을 통하여 입수된 것과 달리 방제경은 영남지방 자체 생산품으로 이 거울의 분배 유통을 통하여 이 지역내 관계망이 긴밀하였음을 알 수가 있다.

그 실례로 영천 어은동 출토 방제경과 동일한 형식이 대구 坪里洞 무덤에서도 출토된 예를 들 수 있다. 평리동에서는 1점의 대형 방제경과 6점의 소형 방제경이 출토되었는데(尹容鎭 1981), 대형은 대형대로 소형은 소형대로 어은동 출토례와 동일한 형식이다. 금호강을 따라 대구와 영천의 지배 엘리트 간에는 상호 밀접한 관계망이 형성되어 있었음이 확인되는 것이다. 어은동 것과 같은 거푸집에서 제작된 방제경이 일본 福岡縣 二塚山 무덤 유적에서 발견되었는 바 그 관계망이 일본 구주지방까지 확대되었음을 알 수가 있다(高倉洋彰 1994).

중국 한경을 수입하여 부장하기보다는 이렇게 방제경을 제작 부장하는 관행과 동시에 나타나는 현상은 板狀鐵斧를 다량 부장하는 풍습이다. 어은동 것과 비슷한 1식 방제경 3점이 부장된 경주 舍羅里 130호 무덤에서는 70여매라는 다량의 판상철부가 부장되어 있었다(朴升圭 1997). 이는 이 단계에 경주지역을 중심으로 철소재의 대량생산이 가능해졌음을 과시한 것과 다름이 아니고 이를 기반으로 방제경으로 확인되는 생산분배망이 조성된 것이다.

낙동강 하류역인 김해지역에서의 최고의 1식 방제경을 부장한 무덤으로 김해 양동리 427호 목관묘의 예가 있다(東義大學校博物館 2000). 이 무덤에서는 사라리 130호와 마찬가지로 3매의 방제경만이 부장되었는데, 대구 경주지역의 무덤에서는 발견되지 않는 김해 양동리식 동검과 日本産이라고 주장되는 廣形銅矛가 부장되었다.

김해 양동리식 청동무기는 對馬島에서도 발견되고 있으므로, 이를 통하여 김해-對馬를 잇는 긴밀한 연결망이 형성되었음을 알 수 있다. 2세기 후반대로 편년되는 김해 양동리 162호 무덤에서는 2매의 한식경과 함께 8매의 2식 방제경이 부장되었는데 이와 함께 40매의 판상철부를 포함한 다량의 철기가 부장되어 경주에 버금가는 철의 생산분배의 거점임을 입증해준다(東義大學校博物館 2000).

일본에서는 한반도보다 다소 늦은 시기부터 漢鏡의 모방제작이 이루어진 것으로 이해되는데, 한경이 방제가 되었어도 일본의 왕묘에서는 다량의 중국제 거울이 매납되는 양상을 보인다. 대표적인 예가 기원 2-3세기경의 야요이시대 후기 것으로 추정되는 福岡縣 平原 유적이다(福岡縣教育委員會 1965). 장변 18m의 장방형으로 周溝가 둘러진 墳丘의 중앙에 방형의 墓壙이 있고 그 안에 목관이 안치되었는데, 관 내외에 39面의 동경이 출토되었는 바, 그중에는 중국제의 方格規矩鏡과 함께 무려 길이 46.5cm 되는 일본 최대의 초대형 倭鏡이 4면이 있다. 이처럼 늦은 시기에 와서도 여전히 중국제 거울을 통하여 권위를 과시하는 것은 한국과 차이가 난다.

III. 청동기의 埋納

공동체 구성원 전체를 위해 치루는 제사행위로서 지하에 청동기를 매납하는 의례와 관련된 유적은 최근에 한국에서는 몇 군데 발견되는데 불과하지만, 일본에서는 상당한 숫자가 확인되고 있다. 한국에서는 청동기를 부장한 무덤유적의 비중이 많다고 하면, 일본에서는 매납유적이 많은 것이다.

한국에서는 청동기를 매납한 제사유적이 존재하였을 가능성이 최근에 조심스럽게 타진되고 있다(李相吉 2000). 일정한 무덤시설의 모습이 보이지 않는 遺構에서 청동기가 출토한 예가 여러 곳에서 확인되었는 바, 이를 제사유적이라고 추정하는 것이다. 그러한 예로, 비파형동검단계의 청도 禮田洞, 성주 草田面, 개성 海坪里 등지의 아무런 시설이 확인되지 않은 청동무기 출토유적이 그에 해당하는 것으로 주장된다. 세형동검 단계에는 마산 加浦洞, 산청 白雲里, 사천 馬島洞, 영암 新燕里, 남해 小草島, 대구 晩村洞 유적 출토 청동기 사례가 역시 제사유적에 속하는 것으로 주장되고 있다. 특히 마산 가포동의 예는 동검과 동과 등의 무기가 무덤으로 보기 어려운 장소에 매납되었던 것이 발굴조사를 통해서 확인된 바 있다.

한편 제의에 사용되었던 청동방울이 논산과 덕산, 그리고 상주에서 출토되었는데, 무덤에서 나온 일반적인 예와 유물갖춤새가 다르므로 이 또한 제사유적일 가능성을 배제 못한다. 그러나 함평 초포리와 화순 대곡리 무덤에서 청동방울이 무기와 세문경, 공구류와 함께 부장된 예가 발굴조사된 사실로 미루어, 앞서의 유적은 무덤일 가능성이 더 높다 하겠다.

이처럼 한국에서는 정확하게 발굴조사된 청동기 매납유적의 숫자가 그렇게 많지 않다. 상대적으로 한국에서 무덤에 부장된 청동유물도 일본에서는 제사유적에 매납한 경우가 대부분인 것이다. 예를 들어 다뉴세문경이 매납된 유적으로 후쿠오카 小郡 유적이 있는데, 이 유적에서는 집자리 한쪽 구석에서 토기 안에 2장의 거울을 겹쳐서 파 묻은 것이 조사되었다. 한반도에서는 거의 부장품으로서 사용되었던 동경이 일본에서는 일본식으로 매납이 된 셈이다[4].

다뉴경 이외의 청동기로서 한반도에서는 무덤에서 발견되었던 유물이 제사유적에서 발견된 예로서 쓰시마의 예가 있다. 쓰시마의 시케노탄 유적의 경우가 그 대표적인 예로 큰 돌 아래에서 각종 청동기가 매납한 상태로 발견된 것이다. 이 유적에서는 영남 여러 지역에서 무덤의 부장유물로 발견된 바 있는 중세형동모, 김해식동검, 筒狀雙頭形 청동기 등이 매납되어 있었다.

대체로 일본에서 매납의례가 본격적으로 성행하는 것은 기원전 1세기대부터로서 이때부터 일본에서 청동기가 본격적으로 제작되기 시작한다. 이 때는 대체로 철기의 보급이 보편화되기 시작한 때이고, 한국에서도 청동기 대신 철기가 실생활에 많이 사용되는 시기이다. 이러한 시기에 일본에서 생산되는 청동기는 실용적인 도구가 아니라 의기용 특히 제사용으로서, 한국과는 달리 대부분 지하에 토광을 파고 매납되었던 것이다.

4) 그리고 특기할만한 사실은 무덤의 부장품으로 출토한 다뉴경은 전부 10cm 내외인데 비해서 매납된 청동거울은 직경 15cm의 전부 대형이라는 점이다. 이는 결국 제사예배용과 무덤 부장용을 구분하였다는 것이다.

일본에서 매납되는 청동기는 그 대부분이 대형화된 청동무기와 동탁으로, 그중 무기형 제기는 특히 危害를 가하려는 상대에게 상해를 입히기 위한 무기를 본 딴 것인 바, 사악한 것을 제압하는 상징적인 제기라 하겠다(吉田廣編 2001, 島根縣教育委員會外 2006, 宮里修 2004). 辟邪의 상징적 의미를 강조하기 위하여 무기형 제기는 실용무기보다 전체 크기가 월등한데, 특히 동모는 긴 것이 100cm 길이에 달한다. 그리고 날을 곧추 세워 매납함으로써 더욱 그 벽사의 상징적인 의미를 크게 해주고 있다.

동탁은 원래 소도 등의 제사유적에서 나무에 매달아 소리를 내게 하고, 그 소리로 하여금 神을 청하게 되어 있었다. 그렇게 소리를 내는 동탁이 커지고, 제의적 의미가 강한 각종 무늬가 장식됨으로써 보는 제기로 변화한다. 소형이고 단순한 형태로서 오로지 소리만을 내게 하여 듣는 동탁과 달리 대형에 복잡한 장식이 덧붙여짐으로써, 보는 동탁으로 변하면서 신을 불러들인다는 그 주술적 의미가 보다 강해진 것이다. 바꾸어 말하면 무기형 제기는 사악한 것을 쫓는 기능, 동탁은 神을 부르는 기능을 위주로 하는 것이라 할 수 있겠다.

이처럼 청동기를 매납하는 구체적인 목적과 관련해서 제사를 끝낸 후 일상생활과 차단된 聖域의 장소에 매납 보관되었다가, 제사 때 다시 파내어 쓰는 地中保管說이 주장된 바 있다(佐原眞 1979). 이러한 주장은 매납 제기가 地靈, 穀靈을 상징하며, 그것을 다시 끄집에 내는 것은 곧 지령, 곡령을 지상에 맞아들이는 것이라는 해석과 통한다. 한편으로 땅에 매납하는 것은 地神을 위한 제의이지만, 이를 꺼내는 것은 天神을 위한 제의로 해석되기도 한다.

무기형 제기와 대형 동탁 어느 것이 매납되느냐가 지역에 따라 뚜렷이 달리하는 점은 지역문화권의 설정과 관련하여 일본학자들이 특히 주목하여 왔다. 일찍이 긴키 지역을 중심으로 한 동탁문화권과 규슈를 중심으로 한 동모동검문화권의 2대 문화권으로 구분된다는 주장이 제시된 적이 있다(和汁哲郎 1939, 佐原眞 · 近藤喬一 1974). 이때 말한 동모동검문화는 청동무기와 무기형제기를 포함한 것이나 실제로 동탁과 동일시기의 것은 무기형제기로서, 쓰시마로부터 후쿠오카, 오오이타현에 걸치는 큐우슈우지역에서는 동모가 분포하고, 시코쿠 북부에서 오카야마현 남부에 걸치는 지역에는 일본産 동검이 분포하므로, 동모와 동검의 분포지역이 각각 다른 것임이 확인된 바 있다(小林行雄 1951).

그러나 매납유적에서 출토한 廣形銅鉾, 廣形銅戈, 平形銅劍 등의 무기형제기와 동탁에 대해서 실제로 그 분포지도의 작성을 통해서, 동검동모 문화권과 동탁 문화권이 상호 완전하게 대비되는 것이 아니라, 중간에 중복되는 지역이 있음이 곧바로 확인된다. 그것은 시마네, 도토리, 오타야마, 히로시마현을 포함하는 주코쿠지방과 가가와, 도쿠시마, 애히메현을 포함한 시코쿠지방인 것이다(原田大六 1954). 그중에서 매납유적 한 지점에서 큐우슈우계 무기형제기와 긴키계 동탁형제기가 공반하는 것이 히로시마, 시마네현에서 조사된 바 있다. 대표적인 유적이 기원 1세기에 해당되는 고진다니(荒神谷) 유적으로 한 지점에서는 일본식 중세형 동검이 무려 358점이 매납되고, 다른 한 지점에서는 동탁 6점과 함께 중세형, 중광형 동모 16점이 매납되었던 것이다(島根縣教育委員會 1986).

최근에는 새로운 조사 성과에 힘입어 무기형 제기 중 중세형, 중광형 동검은 近畿 서부, 中國, 四國지방과 세토나이해 연안 서부에 분포하고, 평형동검과 오사카만형 동과는 中國, 四國의 내해연안에 분포하는 것이 확인되었다. 동탁중심 분포권에도 무기형제기가 분포한다는 것인데, 그러나 기본적으로 동탁중심 분포권과 동모중심 분포권에 대한 파악은 종전과 크게 변한 바 없다.

이들 청동제기가 매납된 장소를 살펴 보면 대부분 마을 주민들의 일상

생활터와는 격리된 곳으로 대체로 촌락에서 멀리 떨어진 산기슭이다. 발견된 유적을 보면 산 정상, 구릉 등이 전체 매납유적의 70%를 차지하며, 그중에서 정상에서 2-30m 떨어진 곳에 가장 많이 있다. 그리고 마을과 논을 바라보는 쪽의 斜面이 아니고, 의도적으로 구릉 정상을 피하여 그 裏面에 매납되었음이 확인된다.

靑銅祭器가 매납된 곳은 촌락을 초월하여. 다른 촌락과의 경계를 이루는 곳인 바, 그 장소의 선정은 촌락 내의 구성원만이 아니라, 여러 촌락의 구성원들이 공동으로 제사가 진행되었음을 의미한다. 바꾸어 말하면 여러 촌락을 통합한 國의 수준에서 제사가 진행되었고, 그 제사는 농경의 풍요를 기원할 뿐만 아니라, 각기 다른 촌락의 구성원간의 이질감을 없애고 일체감을 조성하였다는 것이다.

한편 일정한 國의 경계에 주로 발견되기 때문에 외부 침입자에 대한 경계 방어를 의미하는 제사가 이곳에서 이루어진 것으로 볼 수도 있다는 견해도 있다. 그 대표적인 예가 상당히 많은 숫자의 동모 매납유적이 발견되는 쓰시마의 경우이다(武末純一 1987). 쓰시마는 일본 북구주를 중심으로 한 일본의 왜로 진입하는 외곽으로서, 한반도에서 넘어가는 일종의 관문지역이다. 물론 바다가 보이는 해안가 구릉상에 있으므로 해상교역과 관련되어 있는 항해제사의 기능도 하였을 것으로 이해된다(大阪府立彌生文化博物館 1995).

한편 대지와 段丘 연변 내지는 자연제방 상에도 매납의 예가 발견되어 취락주변으로도 제사유적이 적지 않은 것이 주장되고 있다(寺澤薰 1992). 그러나 촌락 내에서 자주 발견되는 것은 상대적으로 무기형 목제품이다. 무기형 목제품은 마을 내에서 출토하므로 마을을 단위로 하는 제사, 그리고 청동제기는 마을을 초월한 지점에서 출토하므로 여러 마을로 이루어진 공동체를 단위로 하는 제사에 각각 쓰여진 것으로 추정된다.

구체적인 청동기 매납방식과 관련하여 서부 일본에서 가장 많이 매납된 동모형 제기를 중심으로, 동모만을 매납한 경우를 단독매납, 다른 청동기를 공반한 경우를 복합매납으로 구분하였다. 그리고 단독매납은 다시 동모 한 자루만을 매납한 단수매납, 2점 이상을 매납한 복수매납으로 구별한 바 있다(武末純一 1982).

일본의 북구주지역은 대부분 단독매납이고, 복수매납이라 할지라도 단일 형식으로만 매납된 것이 대부분인 바, 이는 생산에서 매납까지의 시간이 짧은 것을 의미한다. 서로 다른 형식이 같이 매납되었다는 사실은 일정한 시간 간격을 두고 매납이 이루어진 것으로 해석되는 것이다. 한편 복수의 제기가 일괄 매납된 원인을 복수의 집단이 각각 별도로 보유한 제기가 하나의 제사집단에 모아졌기 때문이라고 설명되고 있는 바, 이로써 청동기 매납이 사회적 통합을 꾀할 목적으로 이루어진 것으로 이해될 수 있다.

Ⅳ. 요시노가리 유적의 청동기

요시노가리 유적은 일본 구주 북부의 세부리 산맥 남쪽 기슭에 위치한 야요이 중후기에 걸친 대규모 마을 유적이다. 이 유적에서는 많은 양은 아니지만, 청동기가 부장품으로서 무덤에서는 물론 祭祀 행위와 관련된 유구에서도 출토되었을 뿐만 아니라, 청동기를 제작하였음을 보여주는 거푸집도 수습되었다. 따라서 각각 다소의 시기적인 차이가 있지만, 청동기의 생산, 부장과 매납이 요시노가리 단위취락에서 모두 이루어졌음을 알 수가 있다(七田忠昭 2007, 이양수 2007). 야금술이 발휘된 주조공방에서 생산된 청동기를 권위의 상징물로서 무덤에 부장하고, 마을 공동체 전원 혹은 일부의 안녕을 비는 의례에 사용됨으로, 청동기와 관련하여 요시노가리 유적은 自己完結的인 마을이라고 할 수 있다.

요시노가리의 무덤유적은 환호취락 북쪽에 위치한 수십 기 무덤으로 구성된 墳丘墓와 여러 지점에 2천여 기의 옹관묘 공동묘지로 구성되어 있다. 그중 2열을 이룬 列墓 공동묘지가 있는 바, 이들 무덤은 분구묘와는 청동

〈표 1〉 요시노가리 출토 청동기무기와 동탁

번호	기종	출토지점	크기	형식	시기	기타
1	검1	5지구 분구묘옹관SJ1002	총길이 44.8	세형	중기	유병식
2	검2	5지구 분구묘옹관SJ1005	길이 21.1	세형	중기	
3	검3	5지구 분구묘옹관SJ1006	길이 28.8	세형	중기	
4	검4	5지구 분구묘옹관SJ1007	남은길이 30.6	세형	중기	검파두식
5	검5	5지구 분구묘옹관SJ1009	길이 19.7	세형	중기	
6	검6	5지구 분구묘옹관SJ1054		세형	중기	
7	검7	5지구 분구묘옹관SJ1056		세형	중기	
8	검8	5지구 분구묘옹관SJ1057		중세형	중기	검파두식
9	검9	옹관SJ0100		세형	중기	
10	검10	5지구 환호 SD0925	남은길이 14.4	深樋式	후기	
11	과	5지구 북내곽내 구덩이 SD1122	길이 38.1	중광형	후기	
12	촉		길이4.8			
13	동탁	SX001	높이 28	후쿠다식	후기	

기를 비롯한 威勢品의 부장에서 차이가 난다. 요시노가리에서 발견된 대부분의 청동무기는 검으로서 분구묘에 안치한 옹관에 부장되었는 바, 총 20여 기 중 8기에 각 1점씩 부장되었으며(표 1), 열묘 등의 다른 옹관묘에서는 전무상태이다. 같은 분구묘인 현해탄 연안의 후쿠오카 吉武樋渡 墳丘墓에서는 요시노가리와 마찬가지로 몇몇 옹관에 검 1점만을 단수 부장하고 있다.

그러나 후쿠오카의 吉武高木에서는 3호 목관묘 무덤에 다뉴경을 비롯하여 동검, 동모, 동과 등이 복수 부장되고, 같은 지점의 옹관묘 6기와 목관묘 1기에서 요시노가리 분구묘와 마찬가지로 동검 1점만이 부장되었다. 吉武大石 지점에서는 2기의 무덤에서 동검과 동모, 혹은 동과가 複數副葬되고 나머지 6기 무덤에서 劍, 矛, 戈 중에서 1점을 단수 부장하였다. 중기후반으로 내려와 북구주의 현해탄 연안의 후쿠오카 지역에서는 앞서 소개한 立岩 10호, 三雲南小路 등의 무덤에서 보듯이 부장품의 규모가 훨씬 우월한 최고의 수장묘가 등장하고 있다. 세부리 산맥 이남의 사가평야의 후츠카야마 유적에서는 중형의 漢鏡을 부장한 무덤 수 기가 조사된 바 있다.

따라서 요시노가리 분구묘의 경우 최상급의 분구묘라 할지라도 현해탄 연안의 2등급 이하의 수준에 지나지 않는다. 동검 1점만 부장된 무덤의 예는 구주일대에 다수의 석관묘, 옹관묘에서 확인된 경우가 있는 바, 청동기부장의 규모를 따져서 야요이 중기전반에 요시노가리는 북구주 일대 여러 지점에 존재하는 최상위급에 미치지 못하는 엘리트가 묻혔던 곳이다. 따라서 청동기 부장품으로만 볼 때 사가평야에서는 일정 수준의 중심적 기능을 한 마을일지 모르나, 북구주 전체로 보아서는 최상위 수준은 되지 못하는 것으로 이해된다.

청동기를 부장한 무덤의 연대는 대체로 야요이 중기의 기원전후 한 시기이다. 야요이 후기로 내려와 요시노가리의 분구묘에서는 더 이상의 위세

품을 부장한 무덤이 조영되지 않는다. 요시노가리 마을은 더욱 발달해서 후기에는 남내곽과 북내곽 시설이 조성되는 바, 이에 거주하는 엘리트가 있음이 고고학적으로 입증되므로, 일정 이상의 권위 혹은 권력을 갖춘 마을의 엘리트가 있음은 분명하다. 그러나 그 마을의 엘리트에 대응되는 청동기 부장묘가 마을에서 확인되지 않으므로, 동 엘리트가 청동기를 부장한 수준의 위세를 갖지 않았다고 말할 수도 있다. 이와 관련하여 기원 1세기 이후 요시노가리의 엘리트의 무덤은 다른 지점에 축조되었다고 설명되고 있고, 설득력을 얻고 있는 것으로 이해된다(七田忠昭 2005).

필자는 한반도 영남의 경주지역에 기원전후한 시기에 청동무기와 漢式鏡을 다량 부장한 최상급의 首長墓가 서천, 남천, 북천 내로 둘러싸인 경주 중심에 있는 것이 아니고, 주변의 안계리, 입실리, 사라리 등지에 있는 사실을 주목하여 당시에 경주 전역을 아우르는 지배 엘리트가 경주 중심에 있지 않다고 하였다(이청규 2005). 요시노가리 분구묘 사례에 대한 설명에 따르면 경주 중심에 國의 중심이 있으나, 이를 지배하는 엘리트는 주변 마을 출신이어서 사후 각 마을에 위치한 무덤에 묻히는 것이 된다. 그것은 각각 주변에 1등급 부장묘가 있다고 하여 그 무덤이 위치한 지점에 1등급 중심마을이 있는 것이 아니라는 것이다.

요시노가리 분구묘 이외에 환호 바깥의 옹관묘군에서 조개 팔찌 36개와 중국 한경 1점을 부장한 사례가 확인되었다. 지름 7cm의 소형경으로, 16cm 지름 이상의 대형경에 비해 등급이 낮은 위세품이다(高倉洋彰 1993). 완형의 한식경이 발견되는 遺構는 한반도이건 일본열도이건 그 대부분이 무덤이다. 그리고 仿製鏡 또한 무덤의 부장품으로 자주 발견된다. 발굴조사를 통해서 밝혀진 대표적인 사례로서, 1식은 경주 사라리 130호, 2식의 경우 김해 양동리 무덤의 예가 있으며, 일본 구주와 쓰시마 지역의 옹관묘, 석관묘 등의 무덤에서 방제경이 부장된 예가 다수 있다.

그러나 요시노가리의 경우 대부분의 방제경은 환호나 생활유구에서 수습되었지만, 지금까지 조사된 바로는 무덤의 부장품으로는 사용한 사실이 확인되지 않았다(표 2). 거울을 무기와 함께 엘리트 무덤에 부장하는 관습은 중국 동북지역에서 한반도 전역에 걸쳐 한식경이 보급되기 이전에 기하학무늬 多鈕鏡을 대상으로 이루어진 관례이다. 그것은 동 거울이 앞서도 지적하였듯이 神器로서 제사장의 대표적인 儀器로서 활용되었기 때문이다. 세문경단계에는 발굴조사를 통하여 한반도의 함평 초포리와 일본의 요시다케 다카키에서 청동무기와 포개져서 관내에 부장된 것이 확인된 바

〈표 2〉 요시노가리 출토 청동거울과 장신구

번호	기종	출토지점	상태	형식	시기	기타
1	한식경1	북쪽 옹관 SJ2775	완형 직경 7.4	소명경	중기	조개팔찌 36,여성
2	한식경2	5지구 환호SD0829	파경 복원경 22.1	연호문경	후기	
3	한식경3	5지구 환호SD0925	파경 복원경 ?	?	후기	
4	한식경4	志波屋건물지 SH0544	파경 복원경 16.7	연호문경	후기	
5	방제경1	5지구 환호SD0925	완형 지름 7.6	방제2식	후기	
6	방제경2	5지구 환호SD0832	1/4 결실 지름 6.6	방제2식	후기	
7	방제경3	2지구 환호SD0054	1/2결실 지름 6.4	방제1식	후기	
8	방제경4	5지구 57트렌치	지름 7.4	방제1식	후기	
9	방제경5	7지구 구덩이SD2208	완형 지름 8.6	방제2식	후기	
10	방제경6	7지구 구덩이SD2121	완형 지름 6.8	방제2식	후기	
11	고리		지름 2.5 2점			

있다.

세문경이 더 이상 보급되지 않은 기원전 1세기 이후 한일 양국에서는 세문경 대신 한식경 혹은 방제경이 부장된다. 기하학문경의 부장관례에 따른 측면도 있지만 그렇지 않은 면도 있다. 특히 소형 방제경의 경우 이미 위신재로서 가치를 상당히 상실하였음은 사라리 130호와 양동리의 예를 보아 알 수 있다. 동 무덤에는 전에 없이 수십 매의 판상철부가 부장되어, 피장자의 위세는 재지생산품인 鐵과 같은 세속적인 가치재로 옮겨 갔음이 확인된다. 방제경은 앞서의 다뉴경이나 漢式鏡을 대신하는 동급의 위신재로서 인정받지 못하는 바, 이는 철소재의 대량 부장과 맞물려 있다는 것이다.

그러나 일본의 경우 야요이 중기후반에 재지 철 생산이 한반도만큼 아직 제대로 이루어지지 못하는 상황이었다. 한편으로는 고조선이 붕괴되고, 한군현이 설치됨으로써 일본에서 당시 엘리트의 권위 기반은 동아시아의 새로운 중심지로 등장한 한군현과의 대외무역에 있게 된다. 그럼으로 이를 상징하는 위세품으로서 한식경이 선호되었으며, 이를 부장한 무덤의 사례는 한반도의 그것에 비해 월등하게 많다. 상대적으로 방제경은 그것이 한반도 동남부이건, 일본 구주지역에서 생산되었든 간에 최상급의 엘리트 부장품으로서 선택되지 못한다. 요시노가리에서 방제경이 출토되었음에도 무덤에 부장되지 않은 사례는 이를 입증하는 것이 아닌가 한다.

한편 방제경과 한식경의 破鏡이 환호유구에서 출토되는 사실을 제사와 관련하여 설명할 수 있는가가 주의된다(武末純一 1991). 앞서도 보듯이 九州지역의 제사유적에서는 동모, 동과, 동검 등의 무기형제기가 매납되는 것이 정형화 되어 있다. 그렇지만 그 대부분은 마을 입지에서 일정 거리에 있다고 생각되는 구릉 혹은 산기슭인 바, 마을 내에서는 드물게 발견된다. 그러한 맥락에서 보면 武器形祭器의 경우와는 달라서, 제사의례 과정을 거쳐 동 방제경이 매납되었다고 주장하기 어렵다. 따라서 단순 폐기 혹은 분실되었을 가능성도 배제못하지만, 의도적인 폐기 혹은 매납이 있었다고 한다면 무기형 제기와는 다른 목적과 절차의 제사의례가 반영되었다고 판단된다. 무기가 갖는 辟邪的인 의미와 다른 상징과 관련되었을 것으로 추정되기도 하지만, 일본에서는 한반도와 달리 거울 또한 무덤에 피장자를 보호하는 상징물로서 부장된 여러 사례를 고려할 필요가 있다.

무기형제기로서 中廣形銅戈가 매납된 제사유구가 요시노가리 유적의 북쪽에 위치한 北內郭에서 발견되고, 銅鐸形祭器가 또한 마을 유적 북쪽에서 수습되었다. 이로써 구주지역은 물론 本州 以東에서 확인되는 청동기매납을 통한 제사의례가 모두 요시노가리 마을에서 확인된 셈이다. 그러나 매납유구가 마을 내에 있거나 가까운 지점에 있고, 동탁과 동과 각 1점이 단수로 매납된 유구로서, 산기슭에 복수가 매납되어 다수 마을의 구성원이 참여하는 제사와는 다르다. 취락내 매납의 사례에 대해서, 매납지점에 근접하여 대형주거가 존재하는 경우, 사제자인 거주자가 관리 목적에 의해 보관한 것이 아닌지 주의하여 한다는 지적이 있다(吉田廣 2004). 그러나 요시노가리 경우, 북내곽 대형 건물 축조 직전에 깍여진 環溝 내에 가로로 매몰된 것이므로 진단구로서 매납한 것으로 해석한 점이 주의된다.

요시노가리가 청동기를 자급자족할 수 있는 청동기 생산 공방을 갖추고 있는 마을 유적을 입증하는 자료로서 다음과 같은 동검과 동모 등의 거푸집이 있다(표 3).

요시노가리 유적이 위치한 북구주일대에는 청동기 생산을 입증한 거푸집이 상당수 발견된다(北九州市立考古博物館 1997). 그중에는 실용적인 동검, 동모의 예도 있지만, 廣形銅戈와 銅矛 등의 무기형제기의 거푸집도 상당수 발견되고 있다. 그 대표적인 유적이 후쿠오카 春日市 일대에 분포하는 須久岡本, 須久坂本 등의 유적으로서 세부리 산맥 이북의 현해탄 연안

〈표 3〉 요시노가리 출토 청동거푸집

번호	기 종	형식	출토지점	형태와 크기	시기	기타
1	검1	세형	SJ0937	현재길이 10.1	중기	
2	검2	세형	SK04	현재길이 6.8	중기	
3	검3	세형				
4	검4	세형				
5	모1	세형				
6	모2	세형	SK04	현재길이 10.4	중기	
7	모3	세형				
8	파형동기		5지구 SD0925	현재길이 11.7	후기	
9	원판형동기		5지구 SD0925	길이 13	후기	용도미상

지역에 위치한다. 세부리 산맥 이남에 위치한 요시노가리의 경우 청동기 생산규모는 그에 한 단계 미치지 못하는 것으로 이해된다. 그러한 사실은 무덤에서 발견되는 청동기부장품의 규모에서도 방증된다 할 수 있겠다.

특히 광형동모와 동과와 같은 제기는 요시노가리에서는 생산되지 않았을 가능성이 높은 바, 이에 대한 자체 수요가 없어서도 그러할 수도 있겠다. 따라서 현해탄 연안의 후쿠오카 지역의 경우처럼 광역적인 공간에서 청동기를 생산하고 공급하는 거점지 마을로 이해하기 어려운 면이 있다.

그러나 북구주 다른 지역에서는 드물게 발견되는 파형동기의 거푸집이 발견되는 사실을 보면 야요이시대 후기에 다른 지역과 달리 특정품목의 청동기가 제작되었을 가능성은 충분히 있다. 그것은 단순히 자급자족을 위한 청동기만을 생산한 것이 아니고, 주변지역에 보급을 목적으로 한 청동기 제작 센터로서 요시노가리 마을 유적이 일정 수준 이상의 거점 기능을 한 사실을 말해주는 것이다. 그러한 의미에서 농경 등의 1차 산업만을 수행한 단순한 농촌마을이 아니라, 2차 산업과 그와 관련된 교역의 중심지 기능을 담당함으로써 요시노가리 마을이 도시적 요소도 일부 갖춘 거점취락이라고 평가하여도 크게 지나침이 없어 보인다.

V. 결론

앞서 살펴 본 내용을 요약하면 다음과 같다.

한국에서 청동기를 무덤에 주요 부장품으로 삼은 것은 대체로 기원전 1세기 한군현이 설치되기 이전이다. 다뉴경을 비롯한 무기, 공구, 의기, 무구 등을 부장하였는데 청동기 부장량과 종류가 피장자의 지위와 밀접한 관련이 있다.

일본에서 다뉴경을 비롯한 한국계 청동기가 한국과 마찬가지로 주요 부장품으로 사용되고 지배층의 신분을 과시하는 것으로 사용된 것도 기원전 1세기 이전으로 북구주 지방을 중심으로 성행하였다.

일본에서는 기원전 1세기부터는 청동기를 매납하는 풍습이 생겼는데, 대체로 촌락에서 멀리 떨어진 곳에 매납한 경우가 많은 바, 이는 여러 마을 전체를 통합하는 제사로서, 외적의 침입을 방지하고 농경과 관련된 제사 행위를 주요 내용으로 한다.

매납에 사용되는 청동기는 검, 모, 과와 동탁이 있는데, 九州를 중심으로 서일본 서부 지역에는 동모를 매납하는 의례권이 형성되고, 近畿지방을 중심으로 서일본 동부지역에는 동탁을 매납하는 제의권이 형성되어 있다.

요시노가리의 경우 청동기와 관련하여 생산과 부장, 그리고 매납 등이 모두 확인되는 자기완결적인 마을이다. 시기마다 약간의 차이가 있지만 사가평야를 공간으로 한 거점마을임이 특히 청동기의 생산을 통하여 입증된다.

청동기 거푸집의 발견으로 보아 야요이시대 중기부터 후기에 이르기까지 지속적으로 제작이 이루어지고, 자체 수요는 물론 주변 지역으로의 보급이 이루어진 것으로 보인다. 야요이시대의 무기형제기와 동탁을 매납한 제사의례가 마을내에 행하여지고, 한편으로 방제경을 환호에 매납한 의례가 시행되었을 가능성이 있다.

야요이 중기에 수장급의 무덤으로 동검 1점씩을 부장한 옹관묘 다수가 축조한 분구묘가 축조되었는 바, 청동기를 복수부장한 북구주 지역 무덤에 미치지 못하는 2급 수장묘이다. 후기 이후로는 아예 청동기부장묘가 축조되지 않지만, 마을은 발전하므로 수장의 무덤은 인근 출신지 마을에 조성되었을 가능성을 배제 못한다.

위의 사실을 종합하면 요시노가리 마을유적은 사가평야의 일정 공간의 거점마을로 발전하였지만 1급의 중심지이거나 지속적으로 수장을 배출하지 못한 마을로 이해된다.

이 글은 기왕에 작성한 글을 재정리하고(李淸圭 2003) 이에 얼마간을 덧붙여 논의한 수준에 그치고 말았다. 일본 측의 자료와 연구성과를 충분하게 이해하지 못한 상황에서 발표하게 되었는 바, 그 논의 내용이 매우 상식적이고 평이한 바, 무엇보다도 이 방면의 일본 측 연구자들의 깊은 양해가 있기 바란다.

| 참고문헌 |

〈국내문헌〉

국립중앙박물관

2007 『요시노가리-일본속의 고대한국』.

권오영

1996a 「삼한의 '국'에 대한 연구」, 서울대박사학위논문.

1996b 「中西部地方의 初期鐵器文化와 '衆國'의 대두」, 『釜山史學』 31.

金權九

2000 「만주 서북지방 巫服 一例와 民族誌考古學」, 『韓國 古代史와 考古學:金廷鶴博士 頌壽紀念論叢』.

東義大學校博物館

2000 「金海 良洞里 古墳文化」.

朴升圭

2000 「慶州 舍羅里遺蹟 130號墓에 대하여」, 신라문화학술회의 발표요지, 동국대학교 신라문화연구소.

安京淑

1998 「多鈕鏡에서 漢鏡으로 轉換에 대한 研究」, 한양대학교 대학원 석사학위논문.

尹容鎭

1981 「韓國青銅器文化研究」, 『韓國考古學報』 10 · 11輯.

이건무

2002 「한국 청동의기의 연구-이형동기를 중심으로」, 『한국고고학보』 28, 한국고고학회.

李健茂 外

1989 「義昌 茶戶里遺蹟 發掘進展報告(1)」, 『考古學誌』 1, 한국고고미술연구소.

李相吉

2000 「靑銅器 埋納의 性格과 意味 -馬山 加浦洞遺蹟 報告를 겸하여-」, 『한국고고학보』 42.

이양수

2007 「요시노가리로 가는 길-한반도 남부에서의 출발점」, 『요시노가리-일본속의 고대한국』, 국립중앙박물관.

李淸圭

1998 「지배층 무덤의 변천에 대하여 ;기원전 3세기-기원후 3세기」, 『인류학연구』 8, 영남대 문화인류학연구회.

1999 「東北亞地域의 多鈕鏡과 그 副葬墓에 대하여」, 『한국고고학보』 40.

2003 「한일청동기의 비교」, 『한국문화사상대계』 4, 영남대학교 민족문화연구소.

2005 「사로국의 형성에 대한 고고학적 검토」, 『國邑에서 都城으로-新羅王京을 중심으로』, 신라문화제학술논문집 26집.

2007 「다뉴경의 형식과 그 분포」, 『한반도의 청동기제작기술과 동아시아의 古鏡』, 국립경주박물관 · 奈良縣 橿原考古學研究所 · アジア鑄造技術史學會.

崔鍾圭

1983 「慶州市朝陽洞遺蹟發掘調査概要どその成果」, 『古代文化』 35-8.

〈일본문헌〉

高倉洋彰

1993 「前漢鏡にあらわれた權威の象徵性」, 『國立歷史民俗博物館研究報告』55.

1994 「後漢・原三國時代・彌生時代後期の銅鏡」, 『古代東亞細亞의 再發見』, 호암미술관.

工樂善通

1990 「銅鐸のまつり」, 石川日出志編『弥生人とまつり』.

九州歷史資料館

1980 『靑銅の武器－日本金屬文化の黎明』.

宮里修

2004 「靑銅器の祭祀」, 『季刊考古學』86.

吉田 廣編

2001 『彌生時代の武器形靑銅器』, 考古學資料集 21.

吉田廣

2004 「武器形靑銅器の祭祀」, 『季刊考古學』86.

大阪府立彌生文化博物館

1995 『邪馬台國への海の道－壹岐・對馬の彌生文化』.

島根縣敎育委員會

1986 『荒神谷遺跡發掘調査概報(2)－銅鐸・銅鉾出土地』, 1986.

島根縣敎育委員會外

2006 『靑銅器埋納地調査報告書II－武器形靑銅器編』, 島根縣古代文化センタ—調査研究報告書 32.

武末純一

1982 「埋納銅矛論」, 『古文化談叢』第9集, 九州古文化研究會.

1987 「壹岐對馬の青銅武器」, 『考古學 ジヤナル』 282.

1991 「集落と鏡」, 『彌生古鏡を掘る－北九州の國と文化』, 北九州市立考古博物館.

福岡市教育委員會

1986 「吉武高木－彌生時代埋葬遺跡の調査概要」, 福岡市埋藏文化財調査報告書 143.

1965 『福岡縣糸島郡平原彌生古墳調査概報』.

1993 「王墓」, 『邪馬台國への道のり』.

1985 『三雲遺蹟－南小路地區編』, 福岡縣文化財調査報告書 69.

北九州市立考古博物館

1997 『彌生の鑄物工房とその世界』.

寺澤薫

1992 「銅鐸埋納論」, 『古代文化』 44－5・6.

小林行雄

1951 『日本考古學概說』.

原田大六

1954 『日本古墳文化』.

朝日新聞社

1989 『魏志倭人傳の世界 吉野ケ里遺跡展』.

佐原眞

1979 「銅鐸の祭りと埋納」, 『銅鐸』, 講談社.

佐原眞・近藤喬一

1974 「青銅器の分布」, 『大陸文化と青銅器』, 古代史發掘 5, 講談社.

佐賀新聞社編

1989 『彌生の光芒－検證・吉野ケ里遺跡』.

佐賀縣教育委員會

1990 『環濠集落 吉野ケ里遺跡 概報』.

1990 『吉野ケ里遺跡－佐賀縣神埼郡三田川町・神埼町に所在する吉野ケ里遺跡の確認調査報告書』, 佐賀縣文化財調査報告書 100集.

1993 『吉野ケ里遺跡－神埼工業團地計劃に伴う埋藏文化財發掘調査概要報告書』, 佐賀縣文化財調査報告書 113集.

1997 『吉野ケ里遺跡－平成2年度～7年度の發掘調査の概要』, 佐賀縣文化財調査 報告書 132集.

2002 『吉野ケ里銅鐸』, 佐賀縣文化財調査報告書 152集.

2003 『吉野ケ里遺跡－平成8年度～10年度の發掘調査の概要』, 佐賀縣文化財調査 報告書 156集.

2004 『吉野ケ里遺跡－平成11年度～12年度の發掘調査の概要』, 佐賀縣文化財調査報告書 160集.

2006 『彌生時代の吉野ケ里－集落の誕生から終焉まで』.

2000 「사가현 요시노가리유적 일본최대의 환호취락터」, 2000.

七田忠昭

2005 『吉野ケ里遺跡－復元された彌生大集落』, 同成社.

2007 「요시노가리유적－사가평야 야요이문화의 생성발전과 한반도」, 『요시노가리 일본속의 고대한국』, 국립중앙박물관, 2007.

樋口隆康編

1974 『大陸文化と青銅器』, 古代史發掘 5, 講談社, 1974.

和汁哲郎

1939 『日本古代文化』, 1939.

<Abstract>

Bronze Culture of Korea/Japan and Yoshinogari Village Site

Chung-kyu Lee

(Yeungnam University)

Before Han Dynasty' invasion in 1st century B.C., bronze tools had been used as grave goods, symbol of prestige, which included mirrors, weapons, bells in Korea. Also in Japan, bronze artefacts had been used as grave good before 1st century B.C., mainly in Northern Kyushu area.

After then, there appeared customs of buring bronze artefacts at underground hollow far from resident village for ritual purpose, which was intended with hope for repulse of enemy or good harvest in Japan.

Those ritual tools were dagger, spear, go-dagger and bell with shape of more exaggerated size than those of Korea. Among them, go-dagger shaped ritual tools were excavated mainly in Kyushu region of western Japan, in contrast to that bell-shaped artefacts manly in Kinki region of eastern Japan .

Yoshinogari site is one of nuclear village or town in Saga region of northern Kyushu, where bronze tools were made and used as ritual tools from middle and late Yayoi period.

We can know that bronze dagger were manufactured at this village site on the evidence of stone moulds. Residents at this village performed buring not only bronze dagger in jar coffins as grave goods, but also bronze bell in underground hollows as ritual ceremony. But tombs and hollows with bronze goods disappeared in late Yayoi period, since then Yoshinogari was no longer the village of manufacturing and using bronze.

청주 사천동 질구지유적 유리구슬의 특성
- 1호 및 2호 토광묘 -

강형태* · 허우영** · 우종윤***

I. 머리말

청주 사천동 질구지유적은 청주북부도서관 건립을 위한 구제조사로 충북대학교 박물관에 의해 2005년 9월 발굴조사 되었다. 조사지역은 행정구역상 충북 청주시 상당구 사천동 225-9번지 일원이며, 골짜기와 아파트로 둘러싸인 독립된 능선형태의 능선 하단부에 위치한다(사진 1). 조사결과 백제시대 집터 1기와 수혈유구 1기, 조선시대 토광묘 4기와 회곽묘 2기 등 8기의 유구가 조사되었다[1]. 이 중 유리구슬이 출토된 조선시대 토광묘

* 국립중앙박물관 보존과학팀
** 삼성미술관 리움 보존과학실
*** 충북대학교박물관

2기(1호 · 2호)는 능선 서사면 북쪽에 치우쳐 나란히 분포하는데, 두 묘는 서로 인접해 위치하고 묘광의 방향, 규모, 조성방법, 부장품의 종류와 부장위치 등에서 많은 공통점이 찾아지고 있어 묻힌 사람은 가까운 혈연관계일 것으로 판단되고 있다.

토광묘 1호(사진 2) 및 2호(사진 3)에서 출토된 유물은 기종 구성이 단순하고 수량도 적은 편으로 유리구슬 약간과 흙구슬, 상평통보가 있을 뿐이다[1]. 상평통보는 숙종 4년(1678)부터 조선 말기까지 통용된 것으로 보아 이들 무덤은 17세기 후반 이후에 조성된 것으로 판단된다. 구슬은 대부분 작은 편들로 남아 있고 색깔은 벽색이 주를 이루고 있으며 감색, 다갈색이 보인다. 대부분 발굴된 유리구슬은 형태와 크기가 단순하여 양식적 평가가 어려우므로 고고학적 연구에서 논외로 두는 경우가 많다. 그러나 유리구슬은 당시 제작지의 주변 환경, 원료의 입수, 색깔 등 유리 제작 기술의 문화를 반영하는 것이므로 이에 대한 과학적 조사 및 분석을 통하여 특성을 밝히는 연구는 중요하다고 할 수 있다.

고대 유리를 대상으로 과학적 연구를 수행할 경우에는 몇 가지 관점에서 분석이 이루어진다. 즉, 이들 유리구슬은 어떠한 원료를 사용하여 어떻게 제조 되었는지, 그 배합비는 어떠한지 그리고 유리의 색깔을 내기 위해 어떤 성분을 의도적으로 첨가했는지를 조사하면 당시 유리 제작에 대한 정보를 얻을 수 있다[2~5]. 고대 유리는 주성분이 실리카로서 모래 또는 자갈을 분쇄하여 주제(former)로 사용하는데 여기에 용융제(modifier)를 섞어 녹여서 제조하는 것이 보통이다. 그래서 실리카에 용융제로서 천연소다, 나무 재 또는 초재류를 사용하는데 어떤 경우에는 납[6]을 첨가하기도 한다. 그러면 유리의 용해온도를 700～900 ℃까지 낮출 수 있어 작업하기가 용이하다[2,7]. 그러나 물에 녹기 쉽고 내구성이 약해서 불안정하므로 안정제(stabilizer)를 첨가하는데 이 안정제는 대부분 나무 재의 부산물에 함유되어 있다. 또한 유리에 색깔을 넣기 위해서 철, 구리, 코발트, 망간 등 착색제를 첨가하지만 불순물로 섞여 있는 성분들에 의해서도 여러 가지 색깔을 나타내기도 한다[2,4,5].

따라서 고대 유리의 과학적 연구는 유리를 제조하기 위해 사용한 용융제와 안정제의 성분조성을 분석하여 유리의 특성을 분류하고 색깔을 내는 착색제 분류 연구에 집중이 된다. 즉, 성분조성에 따라 소다유리, 칼리유리, 납유리[6] 및 납-바륨유리 중 어느 계열에 속하면서 어떠한 배합 비를 갖는지 또 유리의 색깔을 나타내는데 어떠한 성분이 착색제로서 주요한 역할을 하는지를 밝혀내는 것이다[2~6]. 이러한 일련의 과학 분석 결과는 당시 지역 문화권의 유리제조 기술, 사용 원료의 특성뿐 아니라 유리제품의 유통(유출 또는 전달 등) 관계를 밝힐 수 있는 과학적 근거가 된다[6].

본 연구는 충북대학교 박물관에서 발굴 조사한 청주 사천동 질구지유적의 조선시대 토광묘(1, 2호)에서 출토된 유리 편 13점에 대한 몇 가지 과학 분석을 수행하고 그 결과를 정리한 것이다. 각 유리 편 시료의 분석을 위해 전자현미경에 부착된 에너지분산형 X-선분석기(EDS)를 사용하여 주성분 및 미량성분의 함량을 결정하였다. 고대유리의 분석을 위해서는 주로 전자현미경에 부착된 에너지분산형 X-선분석기를 사용하는데 이 방법은 유리의 구조 및 결정물질을 확인할 수 있고 미세 결정을 분석할 수 있다는 장점이 있다[2~5].

II. 분석방법

1. 시료 준비

청주 사천동 질구지유적에서 출토된 유리구슬은 모두 23점이다. 이 중 완전한 형태를 유지하고 있는 것은 10점으로 크기는 지름 1.0~1.1cm, 구멍지름 0.3~0.4cm이며, 나머지 13점은 깨진 작은 유리편이다. 분석은 깨진 유리 편 13점(사진 4)을 대상으로 하였으며, 1호 묘에서 10점, 2호 묘에서 3점이다. 이들 유리 시료를 광학현미경으로 관찰하여 시료의 상태, 색상 등을 기록하였다. 에틸알콜을 사용하여 분석 면의 오염물질을 제거한 다음 전처리 없이 표면에 대한 성분을 SEM에 부착된 EDS로 정성분석하였다. 다음 정량분석을 위해 선택한 시료의 표면을 탈염수와 에틸알콜의 혼합용액(1:1)으로 표면의 오염물질을 제거하였다. 건조기로 건조시킨 유리 편을 SEM-EDS 분석시 보정원소로 사용할 Cu 표준물질(99.99%)과 함께 에폭시 수지로 정착시킨 후 1200, 2400, 4000번의 사포와 1 ㎛의 알루미나 페이스트(paste)로 연마하였다. 연마과정에서 오염된 이물질을 제거하기 위하여 초음파세척기에서 탈 이온수로 10분간 3회 세척한 후 24시간 건조시켰다.

2. 전자현미분석

유리를 정량분석하기 위하여 표준시료를 사용하였으며 표준시료는 순수물질 또는 조성을 알고 있는 고 순도의 물질을 사용하였다. 1차 표준물질로 사용하여 얻은 스펙트럼으로 검량파일(calibration file)을 작성하였다.

2차 표준물질(EPMA용 유리시료)의 각기 다른 부위를 분석한 다음 측정값의 평균과 표준편차를 구하여 이를 실제 조성과 비교함으로써 EDS의 정량 값에 대한 재현성을 확인하였다. 본 분석을 위하여 에너지분산형 X-선분석기(EDS, Kevex Super, USA)가 부착된 주사전자현미경(JEOL JSM-5910LV, Japan)를 활용하였다. 각 시료에 대하여 5개 지점을 분석하였고 각 산화물의 평균과 표준편차를 계산하였다.

Ⅲ. 결과 및 고찰

1. 성분조성

조선시대 토광묘 1호 및 2호에서 출토된 13점의 유리구슬 파편을 분석대상으로 하였다. 이들 시료에 대하여 SEM/EDS 분석을 실시하였고 각각 11종의 산화물을 분석하였다. 각 시료마다 5회씩 분석하였고 평균 및 편차 값을 표 1에 나타내었다.

1호 토광묘 유리구슬 ; 표 1에서 1호 묘의 유리 시료 10 점 중에서 9 점은 벽색, 1 점은 감색임을 알 수 있는데 이들의 주요 산화물 성분조성을 대략 살펴보았다. 벽색 유리 9 점은 Na_2O 10~15%, K_2O 9~13%, CaO 7~10% 범위에 있어 유리를 분류하면 (Na_2O, K_2O)-CaO-SiO_2계통의 유리임을 알 수 있다.

그런데 성분 조성을 살펴보면 벽색 유리는 다시 두 가지로 분류된다는 것을 알 수 있다. 주요 성분(SiO_2, Al_2O_3, Na_2O, K_2O, CaO) 함량을 비교하여 그림 1~3에 나타내 보았는데 6개 시료(□ ; no. 1,2,3,5,6,8)와 3

표 1. 청주 사천동 질구지유적 유리구슬의 색깔 및 성분조성(%)

번호	출토지	색깔	Na_2O	MgO	Al_2O_3	SiO_2	SO_3	K_2O	CaO	TiO_2	MnO	Fe_2O_3	CuO	Total
1	사천동 질구지 1호 토광묘	벽색	9.46 (0.05)	1.21 (0.07)	1.19 (0.06)	64.5 (0.13)	0.24 (0.03)	12.7 (0.10)	8.65 (0.09)	0.08 (0.07)	0.00 (0.00)	0.33 (0.10)	0.67 (0.11)	99.0 (0.81)
2	〃 〃	벽색	9.45 (0.06)	1.16 (0.06)	1.28 (0.07)	64.4 (0.25)	0.28 (0.08)	12.6 (0.12)	8.76 (0.04)	0.04 (0.02)	0.07 (0.07)	0.33 (0.07)	0.65 (0.12)	99.1 (0.97)
3	〃 〃	벽색	9.46 (0.13)	1.21 (0.05)	1.30 (0.04)	64.2 (0.20)	0.23 (0.08)	12.7 (0.09)	8.70 (0.17)	0.03 (0.03)	0.03 (0.03)	0.42 (0.05)	0.62 (0.06)	98.9 (0.95)
4	〃 〃	벽색	14.6 (0.18)	1.53 (0.07)	1.37 (0.08)	63.0 (0.11)	0.25 (0.05)	10.1 (0.10)	6.69 (0.17)	0.10 (0.07)	0.02 (0.03)	0.33 (0.13)	0.75 (0.07)	98.8 (1.06)
5	〃 〃	벽색	9.52 (0.34)	1.16 (0.09)	1.34 (0.05)	64.3 (0.15)	0.22 (0.04)	12.6 (0.20)	8.84 (0.23)	0.08 (0.06)	0.04 (0.03)	0.36 (0.06)	0.67 (0.11)	99.1 (1.36)
6	〃 〃	벽색	9.69 (0.06)	1.23 (0.04)	1.32 (0.09)	64.3 (0.11)	0.26 (0.08)	12.4 (0.07)	8.82 (0.10)	0.05 (0.04)	0.04 (0.03)	0.37 (0.03)	0.60 (0.10)	99.1 (0.75)
7	〃 〃	벽색	13.8 (0.07)	1.95 (0.04)	3.36 (0.04)	59.0 (0.15)	0.46 (0.06)	9.18 (0.09)	9.75 (0.08)	0.13 (0.05)	0.01 (0.02)	0.69 (0.10)	0.85 (0.06)	99.2 (0.76)
8	〃 〃	벽색	9.66 (0.14)	1.19 (0.04)	1.33 (0.05)	64.6 (0.13)	0.25 (0.06)	12.4 (0.10)	8.86 (0.12)	0.09 (0.05)	0.01 (0.02)	0.29 (0.06)	0.58 (0.08)	99.3 (0.84)
9	〃 〃	벽색	13.3 (0.08)	1.87 (0.05)	3.31 (0.13)	59.1 (0.14)	0.38 (0.08)	9.48 (0.13)	10.2 (0.14)	0.10 (0.04)	0.01 (0.01)	0.68 (0.08)	0.82 (0.08)	99.3 (0.97)
10	〃 〃	감색	3.12 (0.07)	2.77 (0.08)	3.11 (0.06)	63.3 (0.14)	0.14 (0.03)	10.3 (0.04)	14.7 (0.11)	0.09 (0.05)	0.54 (0.06)	0.84 (0.09)	0.07 (0.08)	99.0 (0.80)
11	사천동 질구지 2호 토광묘	벽색	1.99 (0.09)	2.89 (0.08)	0.69 (0.09)	61.0 (0.25)	0.07 (0.07)	17.3 (0.12)	14.2 (0.16)	0.09 (0.05)	0.04 (0.09)	0.33 (0.09)	0.71 (0.13)	99.3 (1.22)
12	〃 〃	벽색	1.97 (0.05)	2.85 (0.03)	0.66 (0.05)	61.0 (0.25)	0.07 (0.05)	17.3 (0.02)	14.4 (0.17)	0.02 (0.02)	0.07 (0.06)	0.34 (0.06)	0.71 (0.10)	99.4 (0.86)
13	〃 〃	다갈색	1.55 (0.03)	3.43 (0.03)	1.91 (0.05)	60.7 (0.17)	0.10 (0.06)	11.9 (0.10)	18.7 (0.11)	0.09 (0.08)	0.02 (0.03)	0.60 (0.08)	0.03 (0.03)	99.0 (0.77)

개 시료(■ ; no. 4,7,9)가 뚜렷이 구분되었다. 그 밖의 미량성분(MgO, TiO_2)의 함량을 서로 비교한 결과에서도 뚜렷한 차이가 있는 것으로 분석되었다. 이러한 이유는 유리 제작에 사용한 원료가 서로 다르다는 것을 의미한다. 즉, 유리구슬의 색깔은 모두 벽색이지만 서로 다른 원료를 사용하여 제작한 것으로 판단된다.

고대에는 유리 제작[8~10]을 위해서 SiO_2(규사)의 원료로서 자갈 또는 모래를 주제로 쓰고 여기에 소다 원료로는 광물(natron, Na_2CO_3)이나 식물재를 사용하기도 했으며 K_2O(칼리)의 원료는 천연 초석(natural saltpeter ; KNO_3) 또는 식물 재[11~13]를 사용하였다. 이를 구분해 내는 방법으로서 K_2O 및 MgO의 함량 비를 주로 사용하고 있는데 K_2O와 MgO의 함량이 1.5% 이하이면 광물을, 1.5% 정도 이상이면 식물 재를 원료로 사용한 것으로 보고 있다. 이의 관계를 그림 4에 나타내었다. 그림에서 보듯이 K_2O와 MgO 함량이 높아 원료로서 식물 재를 사용한 것으로 보인다. 따라서 위 벽색 유리의 두 그룹(□, ■)은 유리제작시에 종류가 다른 식물의 재를 사용한 것으로 판단된다. 감색 유리 1 점은 Na_2O 3.10%, K_2O 10.3%, CaO 14.7% 로서 $K_2O-CaO-SiO_2$계통에 가까운 유리구슬로 생각된다. K_2O와 MgO 함량이 높아 식물 재를 사용한 것으로 보인다.

2호 토광묘 유리구슬 ; 표 1에서 벽색 유리 2 점(× ; no. 11,12)은 Na_2O 2.0%, K_2O 17.3%, CaO 14% 이며 소다(Na_2O)의 함량이 적어 분류하면 $K_2O-CaO-SiO_2$계통의 유리로 볼 수 있다. 두 개 유리 편의 성분 조성이 유사하여 동일 편으로 간주할 수 있지 않을까 한다. 이를 1호 토광묘의 벽색 유리구슬의 성분 조성과 비교하여 보았다. 표 1에서 보듯이 그 조성이 매우 다르므로 함께 제작된 유리라고 볼 수 없으며 그림 1~3에서 비교한 결과 2호 토광묘 벽색 유리(×)는 또 다른 원료를 사용하여 제작한 것으로 판단된다. 또한 그림 4에서 K_2O와 MgO 함량이 높아 원료로서 식물 재를 사용한 것으로 보인다.

또한 구슬의 미세구조를 상세히 관찰한 결과 한 시료(no. 12) 본체에서 원통형의 검은 이물질(지름 0.3mm, 길이 1.2mm)이 박혀 있는 것을 확인할 수 있었다(사진 5). 이에 대한 미소부 X-선형광분석 결과를 그림 5에서 보듯이 Cu, S가 함께 나타나 있으므로 화합물은 CuS 로 추정하였다. 이 물질이 어떻게 박혀 있게 되었는지, 제작과정에서 의도적인 것인지 또는 우연인지에 대한 것은 앞으로의 과제로 남겨 두고자 한다. 그러나 이 유리구슬의 색깔이 벽색이며 벽색은 Cu와 관련이 있으므로, 유리 제조를 위해 발색제로서 첨가한 Cu 물질이 용해되는 과정에서 녹지 않고 남아 있었지 않았을까 하는 가정을 해 볼 수 있다.

또한 다갈색 유리구슬 1 점(no. 13)은 Na_2O 1.6%, K_2O 12%, CaO 19%로서 앞의 유리와 마찬가지로 소다(Na_2O)의 함량이 적어 $K_2O-CaO-SiO_2$ 계통의 유리로 볼 수 있다. MgO의 함량이 3.4%로 높고 Na_2O 함량도 1.55%로 높아 식물 재를 사용한 것으로 보인다.

2. 색깔

유리구슬의 색깔과 관련된 성분 중에는 대부분 전이원소가 색깔을 내는데, 이에 관여하는 성분으로서 망간(Mn), 철(Fe), 구리(Fe)를 들 수 있다[10~12]. 그밖에도 여러 종류의 원소가 관여하지만 원소의 산화환원 형태에 따라, 즉 제작 당시의 분위기에 따라 복합적인 요인에 의해서 색깔을 나타낸다. 1호 및 2호 토광묘 유리구슬의 색깔은 벽색, 감색, 다갈색으로 분류된다.

1호 토광묘 유리구슬 ; 벽색 유리구슬은 표 1의 분석 결과에서 보듯이 철과 구리의 함량이 각각 0.3~0.7%, 0.6~0.9% 로서 벽색을 내는데 기여한 것으로 판단된다. 또한 감색 유리에서는 망간에 의한 것으로 생각되는데 MnO 0.54%로서 매우 높으며 Fe_2O_3 0.84% 의 영향도 있는 것으로 보인다.

2호 토광묘 유리구슬 ; 벽색을 내는 성분으로는 구리에 의한 것으로 0.7% 정도인데 이는 1호 벽색 유리의 구리 함량과 거의 동일하다. 다갈색 유리구슬은 철(Fe)에 의해 발색된 것이다.

Ⅳ. 맺음말

청주 사천동 질구지유적의 조선시대 토광묘에서 유리구슬 시료 13 점을 입수하고 각 시료로부터 각 11 종의 산화물을 분석하였다. 1호 및 2호 토광묘에서 출토된 유리구슬의 화학조성에 따른 유리 계통을 정리하였고, 색깔에 따라 어떤 발색제가 기여하였는지를 확인하였다. 또한 구슬을 제조하기 위한 원료의 사용에 대해서도 검토하여 그 결과를 표 2에 정리하였다.

우선 1호 토광묘에서 벽색 유리는 모두 $(Na_2O, K_2O)-CaO-SiO_2$ 계통

표 2. 사천 질구지유적 출토 유리구슬의 화학적 계통, 제조 원료 및 발색제

토광묘	번호	색깔	유리계통	제조 원료	발색제
1호	1,2,3,5,6,8	벽색	(Na_2O, K_2O)-CaO-SiO_2	실리카+식물 재	Fe, Cu
	4,7,9	벽색	(Na_2O, K_2O)-CaO-SiO_2	실리카+식물 재	Fe, Cu
	10	감색	(K_2O)-CaO-SiO_2, $Na_2O \simeq 3\%$	실리카+식물 재	Mn, Fe
2호	11,12	벽색	(K_2O)-CaO-SiO_2, $Na_2O \simeq 2\%$	실리카+식물 재	Fe, Cu
	13	다갈색	(K_2O)-CaO-SiO_2, $Na_2O \simeq 2\%$	실리카+식물 재	Fe

이며, 제조 원료 및 발색제가 동일하나 성분조성에 약간의 차이가 있었다. 이는 그림 1～3에서 보았듯이 다른 식물 재를 사용하였기 때문에 Na_2O와 K_2O의 함량에 다른 것이다. 그리고 1호 및 2호의 3 점 시료(10, 11, 12)는 성분 조성 상 (K_2O)－CaO－SiO_2계통의 유리로 분류하였으나 사용한 식물 재에 Na_2O 농도가 낮았던 것으로 생각된다.

유리의 색깔은 유리의 성분조성뿐 아니라 혼합된 전이금속의 종류, 조성비 및 산화 환원 조건 등에 의해서 복합적으로 작용한 결과이다. 표 2에서 보듯이 벽색의 발색제로는 Fe 및 Cu 에 의한 것이며, 감색은 Mn, 다갈색은 Fe의 작용에 의한 것이다.

이러한 유리구슬의 분석결과는 17세기 후반 이후에 조성된 것으로 판단되는 청주지역 조선시대 토광묘의 주요한 부장품 가운데 하나인 유리구슬의 성분 및 제작에 관한 자료를 확보하였다는 점에서 의미를 찾을 수 있다. 향후 이 지역에서의 유리구슬 분석결과가 축적되면 조선시대 유리구슬의 성분 조성, 사용 원료 및 제작기술 등이 자세히 밝혀질 수 있을 것으로 기대된다.

| 각주 |

1. 우종윤, 손명수, 이수환, 2007, 『淸州 斜川洞 질구지 遺蹟』, 조사보고 제113책, 충북대학교박물관, 22 · 26.
2. 김규호, 2001.12, 「한국에서 출토된 고대유리의 고고화학적 연구」, 중앙대학교대학원 화학과, 박사학위논문.
3. 김규호, 2004, 「경상북도 상주 성동리고분 출토 유리구슬의 고고화학적 연구」, 한국문화재보존과학회지 제16호, 104 · 109.
4. 강형태, 김규호, 이성주, 2006.8, 「울산 중산리유적 유리구슬의 특성」, 석헌정징원교수정년기념논총, 釜山史學 제30집, pp.79 · 98,
5. 강형태 · 정광용 · 김건수 · 허우영 · 조남철, 2005.4, 「고창 만동유적(8호 및 9호묘) 유리구슬의 특성」, 호남고고학보 21집, 73 · 87,
6. 강형태 · 김성배 · 허우영 · 김규호, 2003.12, 「고고자료의 자연과학 응용(II), –익산 미륵사지 납유리의 제조 및 유통–」, 문화재 제36호, 국립문화재연구소, 241 · 266.
7. Koezuka, T. · Yamadsaki, K., 1995, 「Chemical Compositions of Ancient Glasses Found in Japan –A Historical Survey–」, *Glass Archaeometry, Proceedings of XVII International Congress on Glass*, Chinese Ceramic Society: Beijing, 469 · 474.
8. Goffer, Z., 1980, *Archaeological Chemistry*, John Wiley & Sons, 136 · 166.
9. Bowman, S., 1991, *Science and the Past*, British Museum Press, 37 · 56.
10. Brill, R.H, Tong S.S.C. and Dohrenwend, 1991, 'Chemical Analyses of Some Early Chinese Glasses', *SCIENTIFIC RESEARCH IN*

EARLY CHINESE GLASS, Proceedings of The Archaeometry of Glass Sessions of the 1984 International Symposium on Glass, Beijing, September 7, 1984, A Publication of Corning Museum of Glass. 31 · 58.

11. Lal, B.B., 1987, 'Glass Technology in Early India', *ARCHAEO METRY ON GLASS*, XIV International Congress On Glass New Delhi, March 2~6, 1986, Indian Ceramic Society, 44 · 56.
12. Brill, R.H. and Shirahata, H., 1995, *PROCEEDING OF XVII IN TERNATIOAL CONGRESS ON GLASS*, CHINESE CERAMIC SOCIETY : BEIJING, 491 · 496.
13. Mirti, P., David, P., Gulmini, M. and Sagui, L., 2001, 'Glass frag ments from the Crypta Balbi in Rome: The composition of eighth-century fragments', *Archaeometry*, 43, 4, 491 · 502.

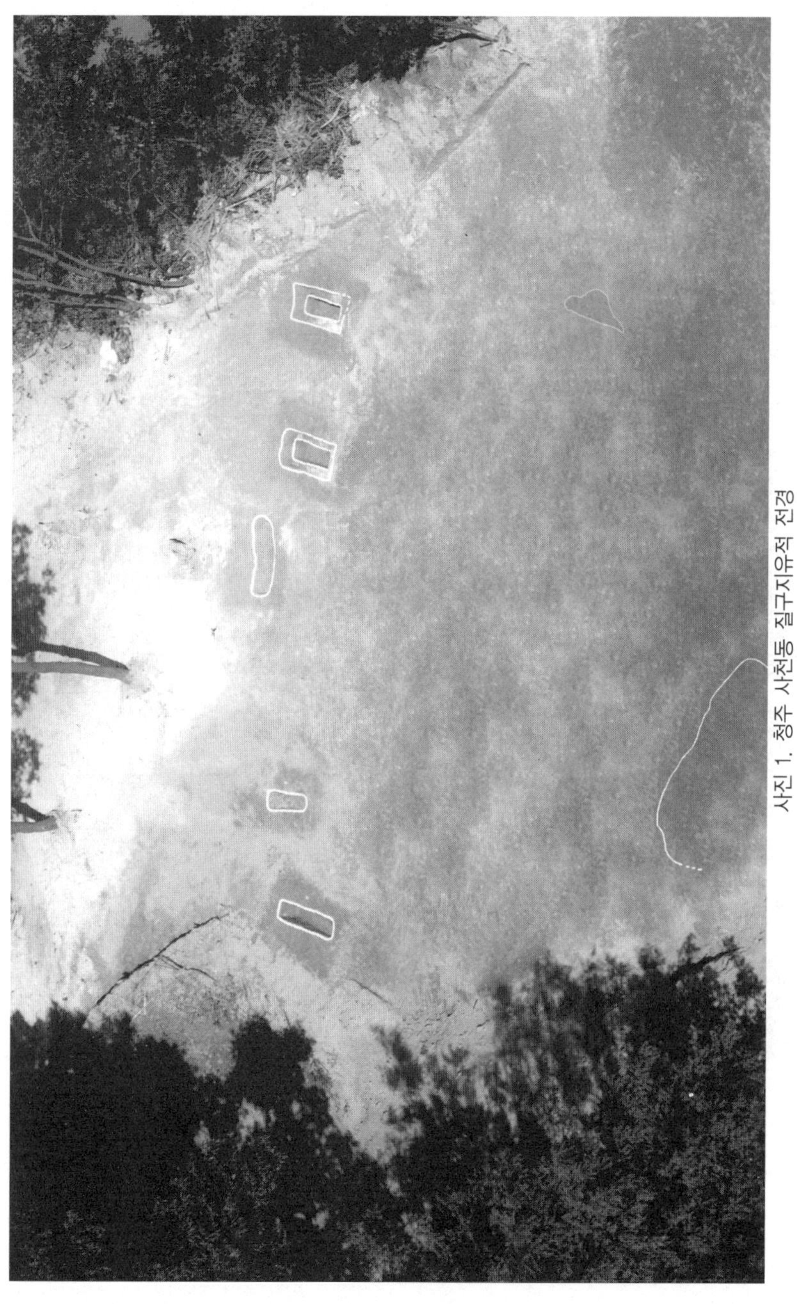

사진 1. 청주 사천동 질구지유적 전경

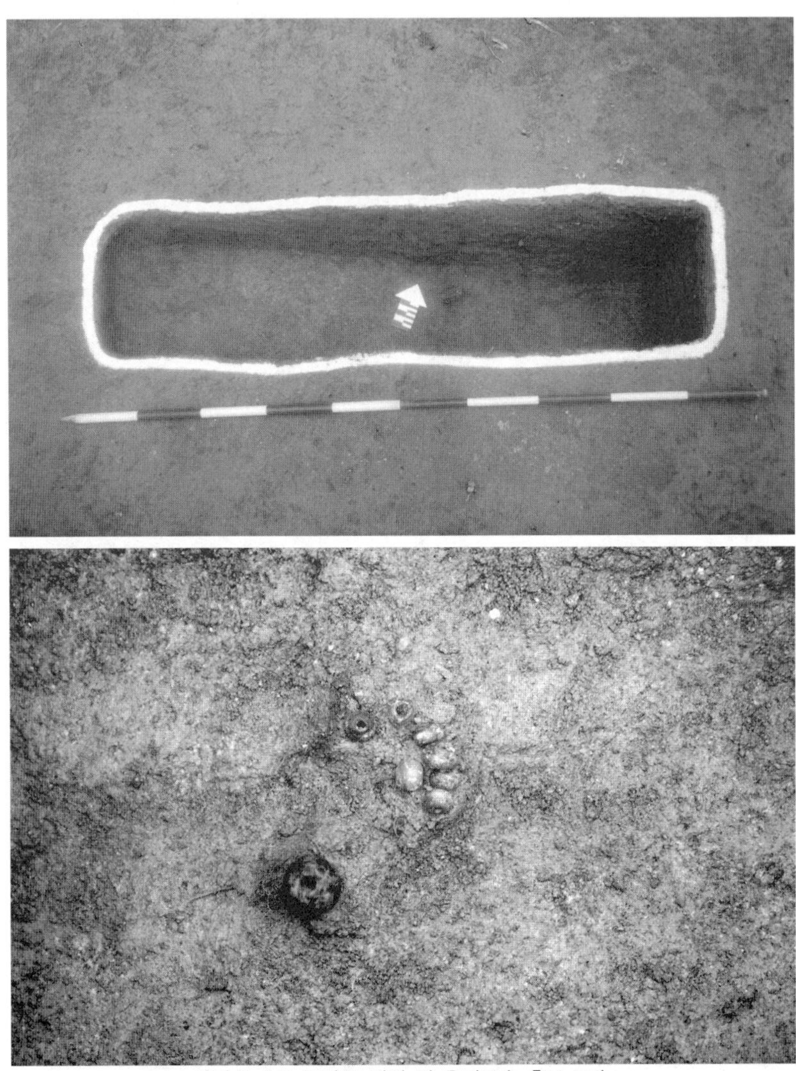

사진 2. 1호 토광묘 전경 및 유리구슬 출토 모습

사진 3. 2호 토광묘 전경 및 유리구슬 출토 모습

(a) 구슬(1호 묘)

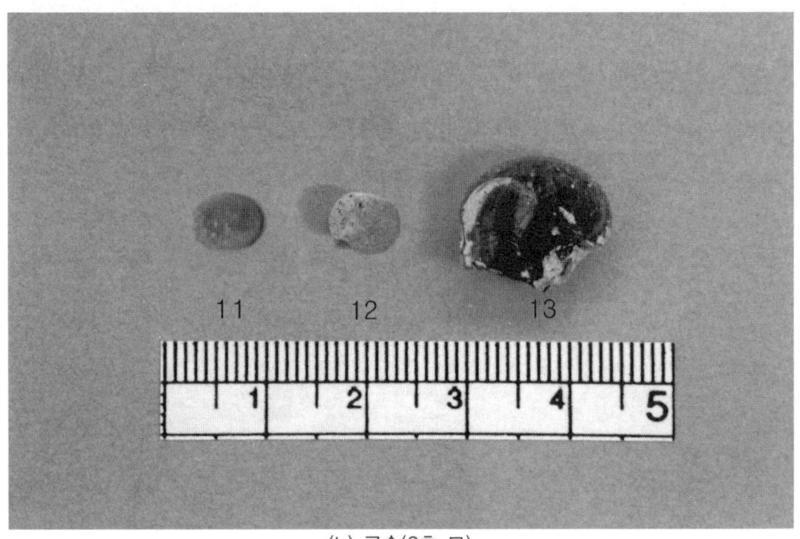

(b) 구슬(2호 묘)

사진 4. 시천 질구지 유적 토광묘 출토 분석 유리구슬 편(No. 1~13)

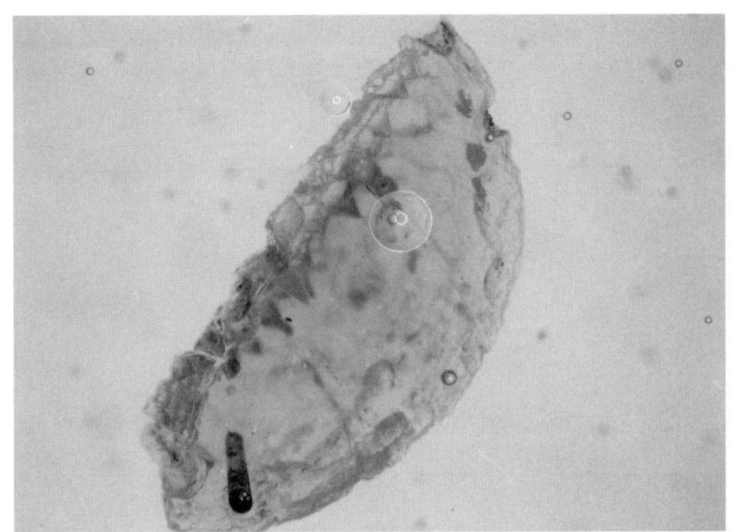

(a) × 10

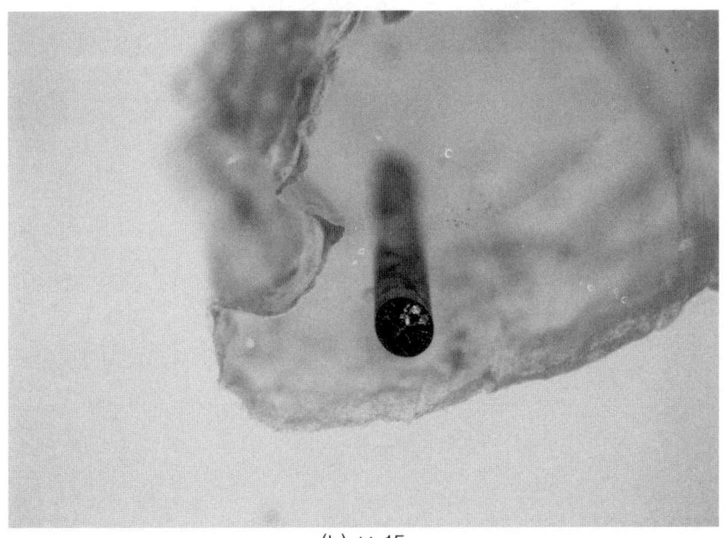

(b) × 15

사진 5. 유리구슬(no. 12)에 박혀 있는 원통형 이물질 모습

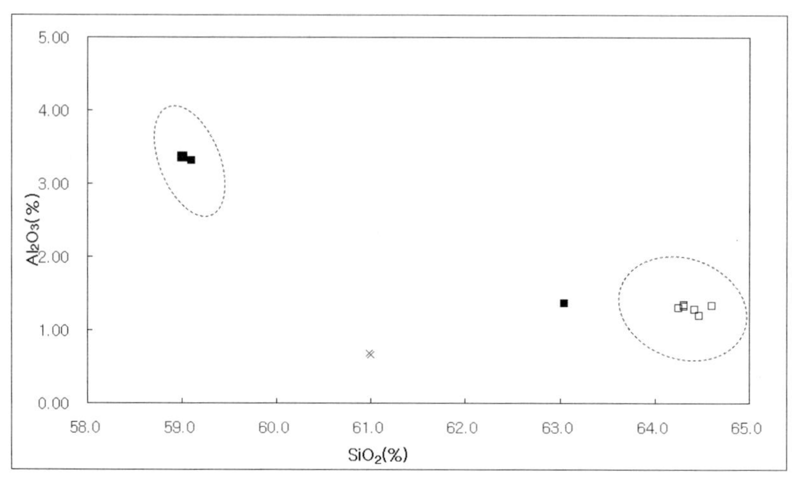

그림 1. 사천동 질구지유적 1호 및 2호 토광묘 벽색 유리구슬의 SiO_2, Al_2O_3 함량 분포도
(□ ; 1호 벽색 유리, ■ ; 1호 벽색 유리, × ; 2호 벽색 유리)

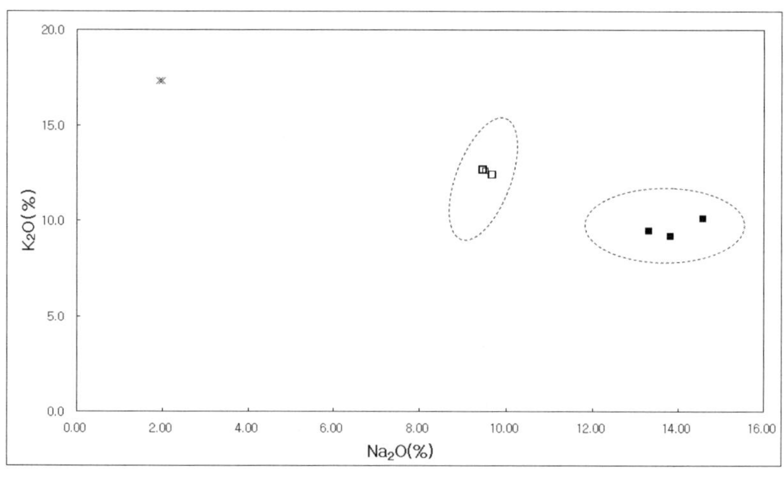

그림 2. 사천동 질구지유적 1호 및 2호 토광묘 벽색 유리구슬의 Na_2O, K_2O 함량 분포도
(□ ; 1호 벽색 유리, ■ ; 1호 벽색 유리, × ; 2호 벽색 유리)

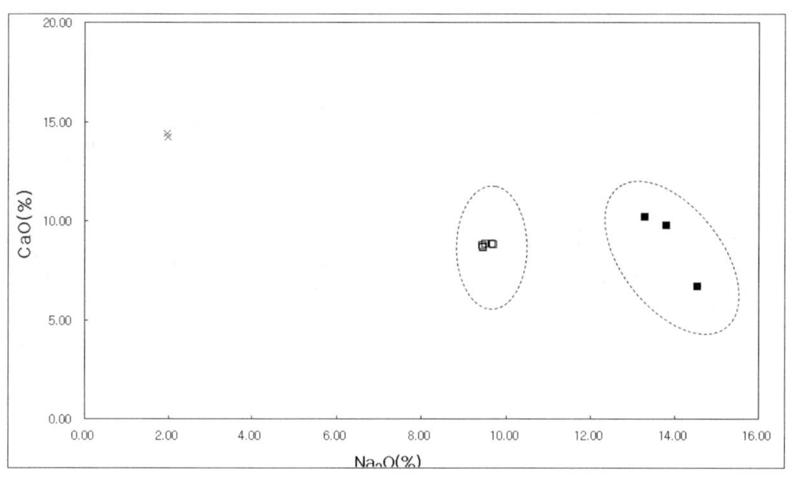

그림 3. 사천동 질구지유적 1호 및 2호 토광묘 벽색 유리구슬의 Na_2O, CaO 함량 분포도
(□ ; 1호 벽색 유리, ■ ; 1호 벽색 유리, × ; 2호 벽색 유리)

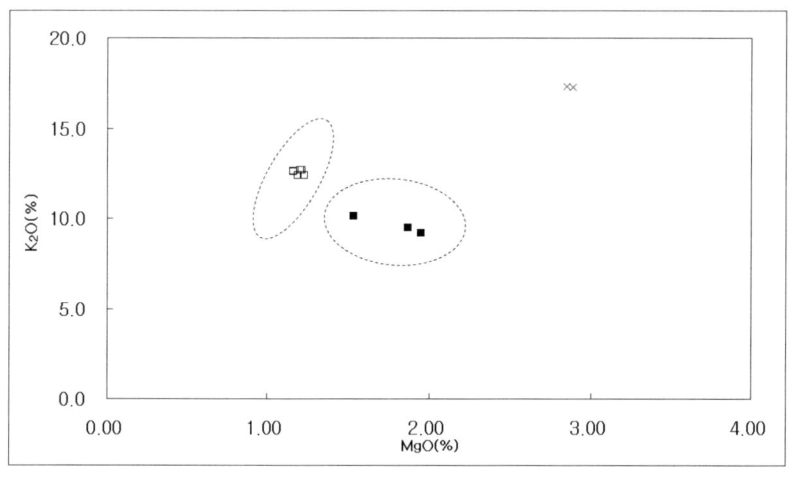

그림 4. 사천동 질구지유적 1호 및 2호 토광묘 벽색 유리구슬의 MgO, K_2O 함량 분포도
(□ ; 1호 벽색 유리, ■ ; 1호 벽색 유리, × ; 2호 벽색 유리)

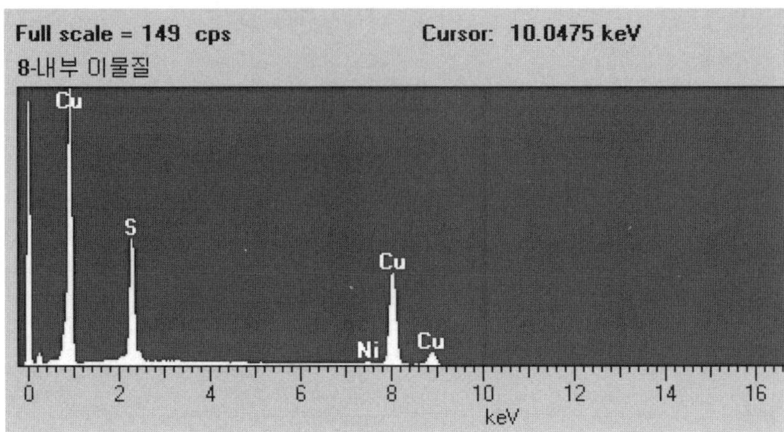

그림 5. 유리구슬(no. 12)에 박혀있는 원통형 물질(사진 5참조)의
미소부 형광X-선분석(micro-XRF) 결과 : CuS

〈Abstract〉

Characteristics of Glass Beads from No. 1 and 2 Tomb, Jilguji Site, Sachon-dong in Cheongju City

Hyung Tae Kang, Woo Young Huh* and Jong Yoon Woo**

(National Museum of Korea, Samsung Museum of Art, Leeum* and Chungbuk National University Museum**)

This article reports the results of an scientific analysis, performing on 13 samples of glass beads excavated from the Gilguji site at Cheongju to verify the manufacturing method and coloring agent.

The greenish blue glass beads excavated from No. 1 tomb were types of (Na_2O, K_2O)-CaO-SiO_2 system but divided into two groups with the difference of major oxides(Na_2O, K_2O) and minor oxides(MgO, TiO_2) concentration. This is owing to the use of different material(plant ashes) to manufacture the glass beads. 3 samples of No. 1 and 2 tomb are K_2O-CaO-SiO_2 type and Na_2O contents are lower than other glass beads. The color of glass is a result of a mixed chemical composition, transition element, composition ratio and redox condition. Coloring agents of greenish blue glass were Fe and Cu. Purplish blue and dark brownish glasses were due to the effect of Mn and Fe, respectively.

This study will mean to gather the datum in relation to composition and manufacture of glass beads as grave goods at Cheongju region in the latter half of the 17th century. This article will offer to the basic datum performing ancient glass study such as chemical composition, raw material and manufacturing method of glass beads in the Joseon Dynasty period.

▶ key words : Jilguji site, Sacheon-dong, glass beads, chemical composition, colorant

두만강 유역 및 연해주 철기문화의 발생과 전개*
-얀콥스키 문화를 중심으로-

홍형우**

Ⅰ. 머리말

한반도 동북지역 두만강 유역의 유적들은 이미 오래전인 1949년 라진 초도 유적을 시작으로, 회령 오동(1954~1955년), 청진 농포(1956년), 무산 호곡(1959~1961년), 웅기 서포항(1960~1964년) 등 여러 유적들이 수차례 발굴되었다. 이러한 일련의 유적 발굴을 통해 일찍이 "이 지역에서의 청동기시대 문화발전과정과 당시의 사회경제발전에서 일어난 변혁과 그 성격의 일단이 파악된 것"으로 평가된 바 있다(황기덕 1970).

그러나 최근 두만강 유역의 일련의 유적들은 연해주를 비롯한 중·러 국

* 이 글은 2007년도 제 35회 한국상고사학회에서 학술발표한 내용을 재정리한 것이다.

** 국립문화재연구소

경지역의 고고학 자료들이 증가하면서 새롭게 조명되고 있다. 특히 초도, 오동, 호곡 등의 유적에서 출토된 유물들은 중국의 흥성(興城) 유적과 유정동(柳庭洞) 유형을 비롯하여 연해주의 얀콥스키 문화, 단결(團結)-크로우노프카 문화, 폴체 문화 등과 비교되고 있다(강인욱 2007, 김재윤 2007, 유은식 2006, 정석배 2007, 심재연 2007, 홍형우 2007, Subbotina 2005, 大貫精夫 1999, 臼杵勳 2004, 村上恭通 1988). 이를 통해 각 유적에서 초기철기시대의 요소들이 구분되면서 분기의 설정과 문화에 대한 비교 연구(강인욱 2007)가 활발하며, 한반도 고대문화 형성에 대한 다원론적 접근(최몽룡 2006)이 시도되고 있다.

이 중 최근 들어 한국에서 가장 주목을 받고 있는 문화는 단결-크로우노프카 문화일 것이다. 이는 주지하다시피 각종 토기들(나무그루터기 혹은 柱狀으로 불리는 파수가 부착된 발형토기, 호, 고배, 시루 등)과 함께 주조철부를 비롯한 철제유물, 유견석부를 비롯한 마제석기 등이 쪽구들, '凸' 자형, '呂' 자형 주거지 등의 유구와 세트를 이루며 출토되는 점이 한강의 중상류지역 일대에 분포하는 중도유형의 문화와 많은 공통점을 보이고 있기 때문일 것이다. 그러나 이에 대한 회의론도 적지 않으며(김일규 2006), 두만강 유역과 연해주에서 철기유물이 출토되는 유적 편년에 대한 부정적인 견해 역시 상존한다(이남규 1991). 이러한 견해의 일단에는 철기의 계통문제가 자리 잡고 있는 것이 사실이다.

그러나 연해주에서 가장 빠른 철기문화는 얀콥스키 문화이다. 라진 초도를 포함한 두만강 유역과 연해주의 해안가에 주로 분포하는 것으로 알려져 있는 얀콥스키 문화에서는 주조철부를 비롯한 여러 철기들이 확실한 층위를 이루면서 발굴되고 있어, 이 일대에서 가장 이른 초기철기시대 문화로 평가된다(데레뱐코 1973, 안드레예바 외 1986). 얀콥스키 문화와 크로우노프카 문화의 상대적 서열은 이미 여러 유적에서 층위적으로 확인된 바 있다(안드레예바 1977).

얀콥스키 문화에 대한 연구의 역사는 이미 100년을 넘었다. 여러 차례에 걸쳐 문화의 성격이 주거지, 무덤, 요지, 토기, 석기, 철기, 골각기 등으로 나누어 검토되었고, 주변지역과의 비교와 절대연대 자료를 통해 편년적 고찰이 이루어져 왔다(안드레예바 외 1986). 토기에 대한 과학적 분석과 이에 따른 지역성 또한 연구되었다(주시홉스카야 2004). 그러나 이 문화의 철기 역시 중국의 전국과 한의 영향 하에 형성된 것으로 보는 견해(大貫精夫 1999, 臼杵勳 2004)가 상존하고, 많지 않은 철기 양과 더불어 철기가 미친 미미한 사회경제적 변화 · 발전상을 들어 한국의 청동기시대와 관련(강인욱 2007a)지우기도 하는 등 이에 대한 면밀한 검토가 요망된다.

본고는 이러한 연구사적 배경을 가지고 있는 한반도의 두만강 유역을 포함한 연해주 일대에 분포하는 얀콥스키 문화에 대한 것이다. 본고에서 다룰 자료는 러시아에서 기존에 발굴되어 보고서로 발간된 자료가 대부분을 차지하나, 불로치카, 소콜로프카, 바라바시 등 최근의 발굴성과도 일부 추가하였다. 대상 자료의 대부분을 직접 실견치 못하고 보고서에 근거하였기 때문에 자료 분석에는 적지 않은 한계가 있을 것이다. 그러나 연해주에서 발간된 자료를 중심으로 재지 학자들의 의견을 검토하고, 이를 기반으로 토기의 형식을 분류하여 철기를 공반하는 유적과 그렇지 않은 유적을 나누어 살펴보고, 이를 동 시기의 주변문화와 비교하는 것은 이 지역 최초의 철기문화를 이해하는데 적지 않은 의미가 있을 것으로 본다. 최근 들어 연해주에서 고고학 조사가 점증하고 있고 국내에서도 이 지역에 대한 관심이 높아가는 현재, 이 연구가 한반도의 철기문화를 이해하는데도 일조하기를 기대한다.

II. 연구사 및 관련자료 검토

1. 연구사 검토

러시아 극동지역에서 처음 '철기시대'에 대한 인식은 1950년대 말 얀콥스키 문화의 대표적인 유적인 페스차느이 유적에서 주조철부를 비롯한 10개의 철기가 발굴되면서부터이다. 현재 얀콥스키 문화 철기는 '07년 발굴된 9편[1])을 포함하여 모두 40여 편으로 파악된다.

얀콥스키 문화 유적이 처음 발견된 것은 1880~1881년이다. 현재까지 120개 이상의 유적이 발견되었으며, 이 중 발굴된 것은 주거유적 17기, 고분유적 3기, 동굴유적 1기, 패총유적 4기이다. 분포범위는 주로 동해안을 따라 북한의 웅기에서부터 연해주 발렌틴 만 부근까지이다. 비교적 넓게 발굴된 유적으로는 슬라뱐카1, 2(안드레예바, 주시홉스카야 1975), 페스차느이(오클라드니코프 1963), 차파예보(안드레예바 외 1973,1975), 올레니 1, 2(브로댠스키 1987), 말라야 포두세치카(안드레예바 1962), 키예프카(안드레예프 1960), 발렌틴(안드레예프; 안드레예바 1959) 등이 있다. 2000년대에는 국립문화재연구소에서 발굴한 불로치카 유적에서도 얀콥스키 유물들이 발굴된 바 있고, 2007년에는 한국과 공동으로 라조지구 소콜로프카 유적에서 적석유구가, 하산지구 바라바시 유적에서 주거유적이 새롭게 발굴되었다[2]).

얀콥스키 문화에 대한 조사연구는 앞서 언급한 바와 같이 페스차느이 반

---

1) 부경대학교(강인욱 교수)에서 극동연구소와 공동으로 2007년에 발굴한 바라바시-3 유적 주거지 바닥에서 주조철부를 비롯한 9개의 철기가 발굴되었다.

2) 소콜로프카 유적은 국립문화재연구소가 러시아 극동연구소와 공동으로 발굴하였다.

도의 취락유적에서 철기가 발굴된 60~70년대에 관심이 집중되었다. 위에서 언급한 유적들은 대부분 이 기간에 발굴된 유적들이다. 연해주에서 폭넓게 발굴된 유적을 층위별로 정리하면 [표 1]과 같다. 표에서 보는 바와 같이 연해주의 대부분의 유적은 다층위 유적이다.

표 1. 연해주 주요유적 문화층

시간 \ 유적		자이사노프카1	슬라뱐카1	페스차느이1	차파예보	올레니2	올레니1	키예프카3(자포베드노예)	키예프카5(자포베드노예)	키예프카	크로우노프카	페트로프	말라야포두세치카	불로치카	소콜로프카	바라바시	초도
초기철기	폴체(올가)								○				○	○			
	크로우노프카						○			○	○	○		○			○
	얀콥스키	○	○	○	○	○	○	○	○	○	○	○	○	○	○	○	○
기원전 3-2천년기		○				○	○	○		○	○	○		○			○
구,중석기						○	○										

얀콥스키 문화는 처음에 아무르 만 해안가 일대의 패총문화로 인식되었으나, 1953년 A.P. 오클라드니코프의 극동조사단에 의해 연해주의 동남부 및 내륙지역까지 폭넓게 분포되어 있는 것이 밝혀졌다. 안드레예바는 지역적으로 서남부 유형(아무르 만, 우수리 만의 해안유적 - 슬라뱐카1, 슬라뱐카2, 페스차느이, 차파예보), 내륙형[3](=중남부형, 우수리 만으로 유입되는 강인 아르조미예프카, 시코토프카 강 유역 - 말라야 포두세치카, 올

3) 내륙형은 아래 아누치노 유형을 따로 구분한 브로댠스키의 내륙형과 혼동을 피하기 위하여 중남부 유형으로 부르기로 한다.

레니 1, 2), 동남부 유형(키예프카 강 유역 – 키예프카)으로 나누고, 동남부 유형 약간 북쪽에 위치한 발렌틴 유형(발렌틴 유적)도 얀콥스키 문화의 한 유형으로 본다(안드레예바 외 1986, 주시홉스카야 2004). 한편 브로댠스키는 내륙형을 올레니 유형과 아누치노 유형으로 나누고, 올레니 유형에 페트로프 섬 유적을 추가하며, 아누치노 유형(브로댠스키의 내륙형)에는 아누치노, 루다놉스코예, 노보고르데예프카 유적을 포함시키는 등 약간의 차이를 보인다(브로댠스키 1987).

얀콥스키 문화에 대한 편년은 연구자마다 견해가 다양하다. 오클라드니코프와 데레뱐코는 기원전 12~8세기로, 안드레예바는 기원전 Ⅰ천년기 전반 구체적으로는 9 · 8~5세기로 보았다. 양자 간에 상한의 차이는 얀콥스키 문화의 기원에 대한 견해 차이로, 전자는 아무르 강 유역의 우릴 문화를 그 기원으로 보고 우릴–얀콥스키 문화로 부르기도 하였으나(오클라드니코프, 데레뱐코 1973), 후자는 별개의 문화로 파악한 바 있다. 브로댠스키는 방사성탄소연대를 근거로 기원전 8세기~5세기로 보고 하한은 크로우노프카 상한과 일부 겹치는 것으로 본다(브로댠스키 1987). 이와 같이 러시아 학자들은 얀콥스키 문화를 기원전 Ⅰ천년기 전반기라는데 동의한다.

한편 오클라드니코프는 페스차느이 유적의 중복된 주거지 분석과 철기 출토유무를 통해 전 · 후기로 구분하고 후기를 기원전 9~8세기로 편년한 바 있으나, 大貫精夫는 페스차느이 후기를 주조철부에 근거하여 전국 말에서 전한 초로 본 바 있다(大貫 1999). 臼杵 勳은 나진 초도의 출토자료를 두만강 유역의 호곡 4기(유정동 유형)와 병행하는 기원전 4세기경으로 본 後藤直의 견해에 동의하며, 상한을 기원전 Ⅰ천년기 중반으로 보았다(臼杵 2004). 이 견해 역시 주조철부를 중국계통으로 본 大貫精夫의 의견과 같은 맥락이다. 村上恭通은 고배의 형태에 따라 2시기로 구분한 바 있다(村上 1988). 최근 강인욱은 두만강 유역의 청동기시대 문화의 변천 과정을 주변

지역의 문화와 종합적으로 검토하여 문화 분기를 재구성하는 과정에서, 얀콥스키 문화가 슬라뱐카를 제외하면 대체로 연대가 기원전 8~5세기 정도에 걸쳐 나타나며, 리도프카 문화와 아누치노 유형도 비슷한 것으로 보았다(강인욱 2007).

이제 유물에 대한 분석을 살펴보자. 안드레예바는 석검을 비롯한 청동기를 모방한 석기들을 시베리아의 카라숙과 타가르와 비교한 바 있다(안드레예바 외 1986). 그러나 後藤直은 원거리인 점을 비판하고 한반도와 요동을 비교하는 것이 타당함을 지적한 후 이를 기원전 4세기경으로 추정한 바 있다(後藤直 1982). 한반도와 요동의 비교를 시도한 것은 이해되나 편년에는 많은 의문이 남는다. 한편 데레뱐코는 장방형 석부, 자귀, 석도, 석검, 곡옥 등을 비롯하여 무문토기 호는 특정 문화의 산물이 아니라 기원전 Ⅰ천

표 2. class Ⅰ. 목있는 토기 형식분류표(안드레예바 외 1986)

class I 목있는 토기									
subclass1 평저토기									subclass 2 대각있는 토기
group A 좌우대칭 토기								B 비대칭	
type	1	2	3	4	5	6	7		
subtype									
kind									
variety									
variant									

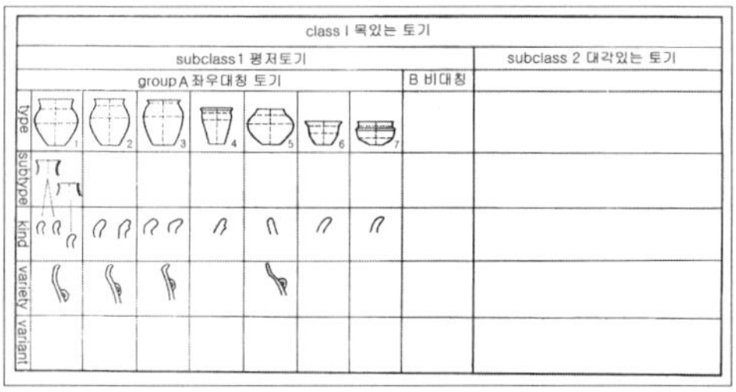

type 1 – 호(높은 목)
type 2 – 호(낮은 목)
type 3 – 외반구연호
type 4 – 발형토기
type 5 – 내만구연호
type 6 – 발형토기(외반구연)
type 7 – 잔발

표 3. class Ⅱ 목없는 토기 형식분류표(안드레예바 1986)

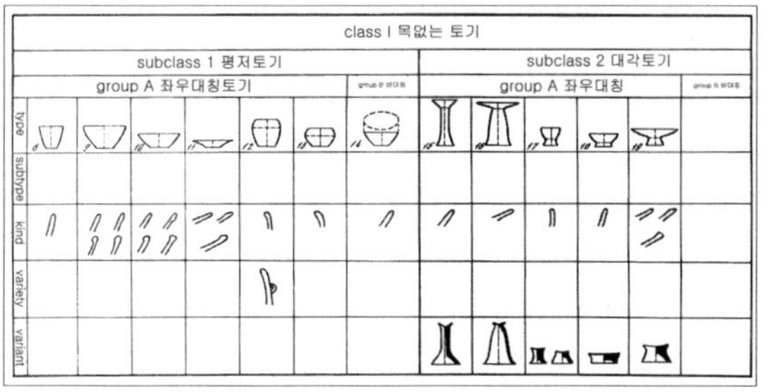

class I 목없는 토기													
subclass 1 평저토기								subclass 2 대각토기					
group A 좌우대칭토기							group B 비대칭	group A 좌우대칭					group B 비대칭
type	8	9	10	11	12	13	14	15	16	17	18	19	
subtype													
kind													
variety													
variant													

type 8 – 발
type 9 – 완(깊음)
type 10 – 완(낮음)
type 11 – 접시
type 12 – 발(내만구연)
type 13 – 잔발(내만구연)
type 14 – 완(단면타원)
type 15 – 장각고배(완형)
type 16 – 장각고배(접시형)
type 17 – 단각고배(완형)
type 18 – 단각고배(낮은완형)
type 19 – 단각고배(접시형)

년기의 동아시아 선사문화의 전반적인 특징으로 지적한 바 있다(데레뱐코 1972: 283).

토기의 형식은 안드레에바에 의해 19개 형식(type)이 분류되었는데, 이러한 형식은 앞서 살펴본 지역성을 나누는 기준이 되었으며, 서남부지역이 앞서고 내륙형(중남부 유형)이 늦는 편년자료로도 활용되었다(안드레예바 외 1986)

2. 관련 자료 검토

가. 유적 검토

얀콥스키 문화에서 발굴된 유적 중 본고에서 다룰 유적은 연해주에서 슬라뱐카1,2, 페스차느이, 차파예보, 말라야 포두세치카, 올레니 1,2, 키예프카, 페트로프, 발렌틴, 블로치카, 아누치노, 초도이다.

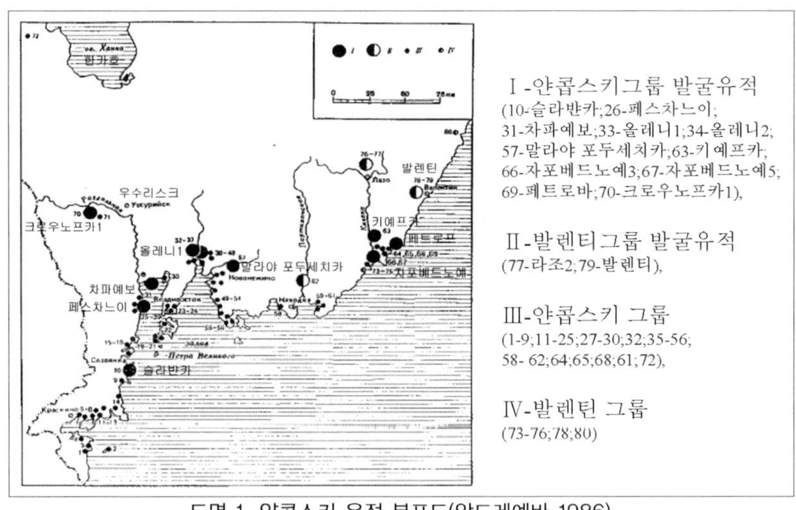

도면 1. 얀콥스키 유적 분포도(안드레예바 1986)

(1) 슬라뱐카 1, 2 유적

아무르 만 포이마 강 입구에 위치한다. 슬라뱐카 1유적은 1975년에 6개 지점이 소규모 발굴되었다. 발굴 면적은 총 386㎡이다. 얀콥스키 단층위 유적이다. 유물은 석부류 14, 석착 3, 석검 4, 석촉 6, 석창 3, 석도 4점 등을 비롯한 많은 석기와 토기편이 출토되었다. 슬라뱐카 2 유적은 1유적에서 서쪽으로 약 2㎞ 떨어진 하안 단구에 위치하며, 역시 패총이 형성되어 있으나 대부분 파괴되었다. 3×9m의 발굴과 3×4m의 시굴조사가 이루어졌다. 55점의 석기를 비롯하여 1,200여 편의 토기가 출토되었다. 슬라뱐카 1, 2 유적의 성격은 거의 유사하며, 1유적은 계절형으로 추정된 바 있다(안드레예바 외 1986).

(2) 페스차느이 1 유적

아무르 만 페스차느이 반도의 해안단구에 분포하는 6개의 취락유적 중 하나로 부분적으로 패총이 형성되어 있다. 1956년과 1960년 두 차례 발굴되었다. 전체 약 3천㎡의 면적에 19개의 수혈이 관찰되며, 모두 14개의 주거지가 발굴되었다.

주거지의 방향은 동서방향(2,3,4,5,6,8,9,10,13)과 남북(북서-남동)방향(1,7,11,12,14호)으로 대별된다. 발굴자는 주거지의 중복관계에 따라 8→6→9호와 3 · 5→4호의 순서로 축조된 것으로 파악하였다. 또한 동서방향 주거지는 유적의 중심부에, 남북(북서-남동)방향 주거지는 주변부에 위치한 것으로 파악하여, 남북방향 주거지가 늦는 것으로 파악하였다. 한편 주혈은 장축방향으로 2열이 있어 주거 공간을 3분할하여 사용한 것으로 보인다.

이 유적에서 주목되는 것은 철기로, 주조철부 2점을 포함한 10편의 철기가 출토되었다. 이 중 철심은 전기에 속하는 3호와 9호에서, 철부는 후기

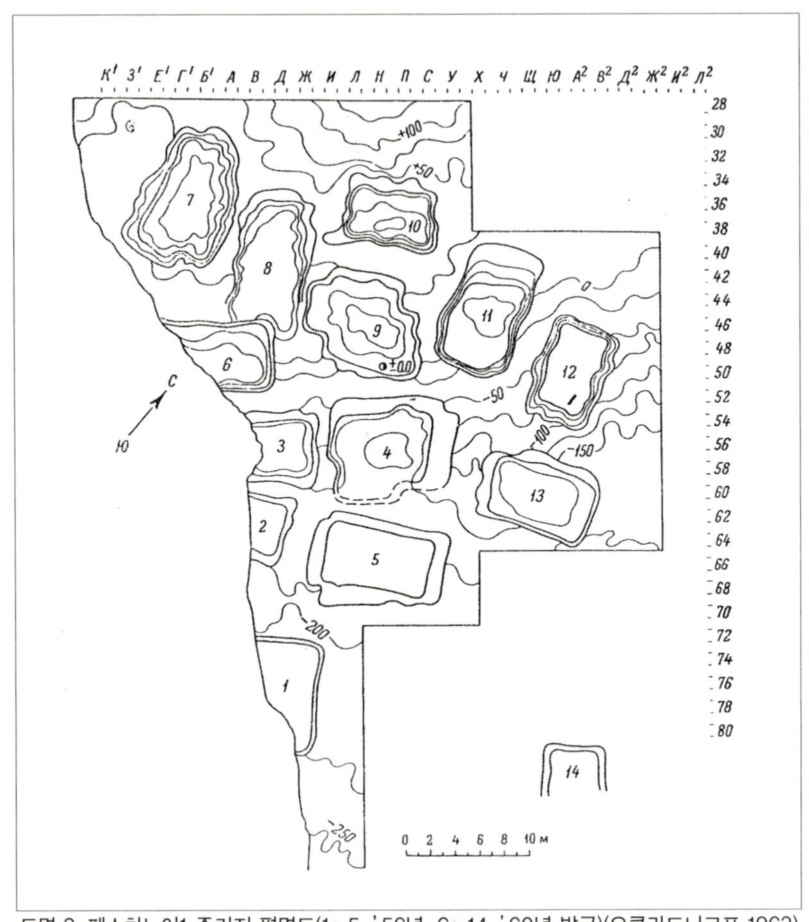

도면 2. 페스차느이1 주거지 평면도(1~5, '56년, 6~14, '60년 발굴)(오클라드니코프 1963)

에 속하는 7호와 12호에서 출토된 점이 주목된다. 한편 고배는 주거지에서는 주로 단각만 보이나, 14호 주거지에서 장각 대각편 1점이 출토되었고, 1921년 지표채집된 유물 중에도 장각고배 대각편이 1점 있다(오클라드니코프 1963).

표 4. 페스차느이 1 유적 주거지 속성표

호수	주거지형태	주거지 크기m(㎡)	장축	비고
1	장방형?(凸?)	10.4?×6.3? (65.5?)	북서-남동	일부 유실, 패각층
2	방형?	76.4×?	동서?	일부 유실, 패각층
3	방형?	6.1×?	동서?	일부 유실, **철심**
4	장방형?(凸?)	8.3×6.6(54.8)	동서	
5	장방형? 凸?	10.8×7.3(79.9)	동서	
6	방형?	8.8×?	동서?	일부 유실, 패각층
7	?	8.5×6~7(57)	북서-남동?	**철부**, 패각층
8	장방형?	10×5.5(55)	?	
9	방형?	?	동서?	**철기편1점, 철심2점**, 패각층
10	장방형? 凸?	7.9×5.7(45)	동서	패각층
11	장방형	11×6.6(70)	북서-남동	
12	장방형	13×12.5(52)	남북	**철부**, 패각층
13	장방형	9.1×6(54.6)	동서	
14	?	5.5×?	?	

(3) 차파예보

아무르 만 서북쪽 해안가 및 강가에 위치한 패총을 동반하는 취락 및 고분 유적이다. 1973년과 1976년에 발굴되었다. 주거지는 모두 5기가 발굴되었다. 형태는 방형 또는 장방형이며, 대체로 소형으로 파악된다.

고분은 유적의 북서쪽에 있고, 별도로 남동쪽에 1기가 있다. 북서쪽 매장유구는 특별한 시설 없이 신전장 5기와 뼈집적군 4기가 얕은 수혈에서

표 5. 차파예보 유적 주거지

호수	주거지형태	주거지 크기m(㎡)	장축	비고
1	방형?	4×?	북서-남동	패각층, 서남쪽에 무시설노지
2	?	?	북서-남동	
3	장방형	?	북동-남서	패각층
4	방형	5×5(25)	북동-남서	패각층, 무시설 노지 2개
5	부정형	?	북동-남서	

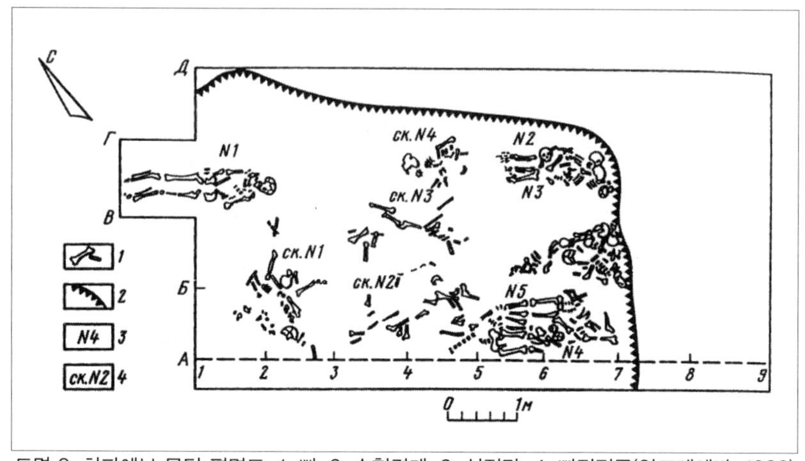

도면 3. 차파예보 무덤 평면도, 1-뼈, 2-수혈경계, 3-신전당, 4-뼈집적군(안드레예바, 1986)

확인되었다. 남동쪽에 떨어져서 확인된 1기의 신전장은 4호 주거지 아래에서 확인된 것으로 많은 장신구와 함께 있었다. 뼈집적군 1,2,3호의 뼈들은 불탄흔적이 있으며, 2차장으로 추정된다(안드레예바 외 1986).

(4) 올레니1, 2

우수리 만 북서쪽 아르조모프카 강 하안단구에 여러 취락유적들이 분포하는데, 이 중 얀콥스키 문화층이 발굴된 주거유적들이 있다.

올레니1 유적에서는 18개의 주거지가 발굴되었다. 주거지는 대체로 방형으로 출입구는 강을 향하고 있다. 몇몇 주거지의 출입구에는 단과 판석이 놓여 있다. 규모에 따라 17~34㎡의 그룹과 11~14㎡ 그룹, 70㎡ 그룹으로 나뉜다. 모든 주거지의 총 면적은 475㎡이고, 이곳에 살았던 주민의 수는 대략 100~120명 정도로 추산된 바 있다. 첫 번째 그룹의 주거지들에는 중앙부와 벽을 따라 기둥구멍이 있으며, 노지는 중앙부나 북서쪽에 위치하며 무시설식이다. 두 번째 그룹의 주거지는 주공이 1~2개 있고, 소형의 무

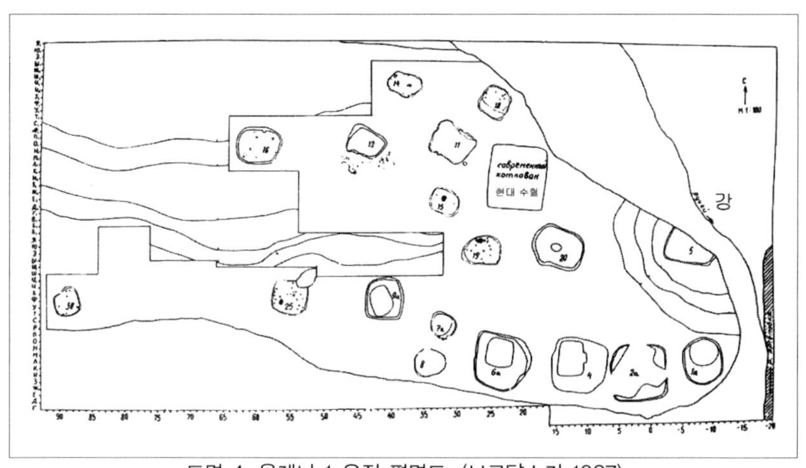

도면 4. 올레니 1 유적 평면도, (브로단스키 1987)
1a-1,2a-2,4,6a-6,7a-7,9a-9
얀콥스키-크로우노프카 주거지 중복

시설식 노지가 중앙에 있다. 세 번째 그룹의 주거지에는 간격 1.4~2.4m의 주공열이 주거지의 공간을 분할하고 있다. 남쪽의 한 주거지에는 3개의 노지 흔적이 있기도 하였다. 주거지들 사이에 화살촉 및 박편들과 함께 점토가 모여 있는 공간이 석기와 토기를 생산했던 제작소로 추정되기도 한다. 올레니 1 유적은 구석기, 신석기, 얀콥스키, 크로우노프카 문화까지의 다층위 유적이다. 특히 6개의 주거지는 얀콥스키와 크로우노프카 문화층이 분명한 층위를 이루며, 중복되어 있음이 주목된다(브로댠스키 1987). 이밖에 이 지역에는 몇몇 취락유적들이 더 분포하는데, 올레니 2 유적은 구석기, 신석기 층과 함께 상층이 얀콥스키 취락유적이며, 올레니 5 유적에서는 5×6m에서 8×10m 규모의 수혈이 20여 기가 확인된 바 있다. 올레니 1 유적과 셀레하 곳의 큰 집자리 옆에는 돌무더기가 있다[4](안드레예바 외 1986, 브로댠스키 1987).

(5) 말라야 포두세치카

우수리 만과 합류되는 평원의 구릉위 경사면에 위치한다. 얀콥스키 문화는 유적의 서편 경사면 아랫부분에 집중되어 있고, 폴체 문화는 경사면 위

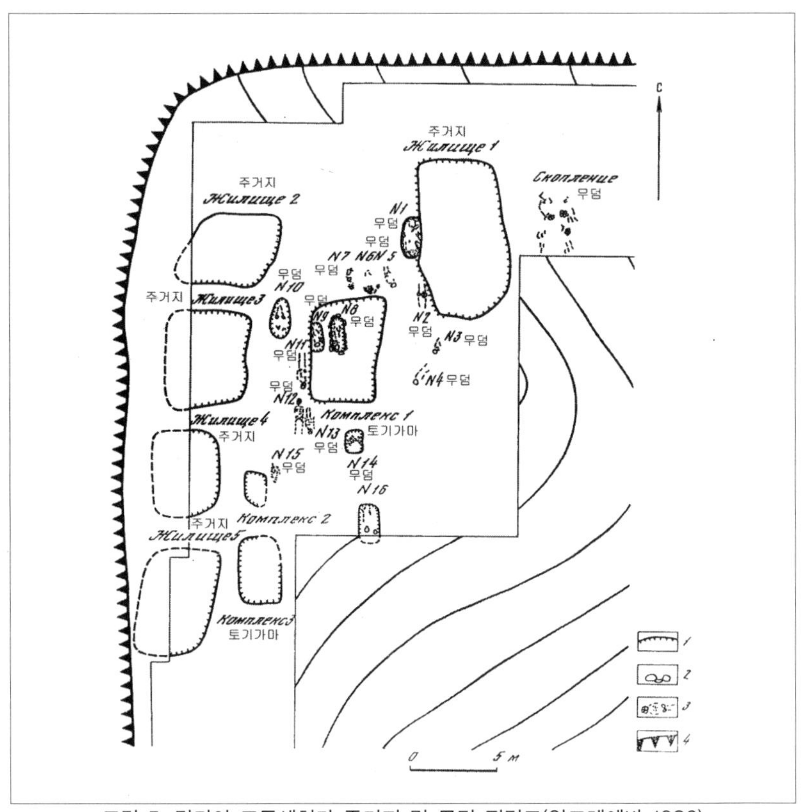

도면 5. 말라야 포두세치카 주거지 및 무덤 평면도(안드레예바 1986)

1–수혈경계, 2–돌, 3–무덤, 4–절벽

4) 보고서에 주거지와 나란하게 돌무더기 있다고 기술되어 있는데, 발렌틴 유적의 주거지[도면 7]와 유사한 것으로 생각된다. 최근 바라바시 유적에서도 유사한 예가 발굴된 바 있어 얀콥스키 주거지의 하나의 전통이 아닌가 추정되나, 보고서상으로는 더 이상의 추론이 어렵다. 향후 주목해야할 구조로 판단된다.

쪽인 동편에 분포한다. 양 문화의 경계부분에는 얀콥스키 문화층을 파괴하고 폴체 문화층이 형성되어 있다. 취락지 내에서 토기가마, 주거지, 무덤이 발굴되었다.

얀콥스키 문화 주거지는 모두 7기가 발굴되었다. 5기는 모여 있고, 남쪽으로 약 20m 떨어져 2기가 분포한다. 주거지 간에 중복 흔적이 전혀 없어 동시기로 보인다.

표 6. 말라야 포두세치카 유적 주거지 속성표

호수	주거지형태	주거지 크기m(㎡)	장축	비고
1	장방형	10×5(50)	남북	철부, 청동편
2	장방형	5~6×4	남북	철부 3, 철기편 2
3	장방형?	5×(3)	남북	철부
4	장방형?	5×(1)	남북	철부
5	장방형	(6×3)	남북	
6	장방형	4×6	남북	떨어져 위치, 노지없음
7	장방형?	(3×4)	남북	철부, 슬래그, 떨어져 위치, 노지없음

2개의 가마는 1,2,3호 주거지 사이에 위치하며, 1개의 가마는 5호 주거지 동편에 위치한다. 각 가마에는 많은 토기편들이 있었는데, 가마별로 출토된 토기는 [도면 6]과 같다. 1호 가마에서는 대각의 형태가 원통형(1-3,4,5)과 종형(1-1,2)이 모두 출토되었고, 3호 가마에서는 원통형만 출토되었다(주시홉스카야 2004).

무덤은 모두 16군데에서 보이는데, 주거지 측면(1,2호), 주거지 바닥 아래(8,9호), 주거지 바로 옆(11호), 주거지와 주거지 사이 공간(3,4,5,6,7,10,12,13,14,15,16호) 등 다양하게 분포한다. 대체로 타원형 또는 장방형으로 암반에 토광을 얕게 파고 묻은 것으로 생각되나 수혈의 흔적이 남아 있지 않은 것이 대부분이다. 대체로 앙와장이다.

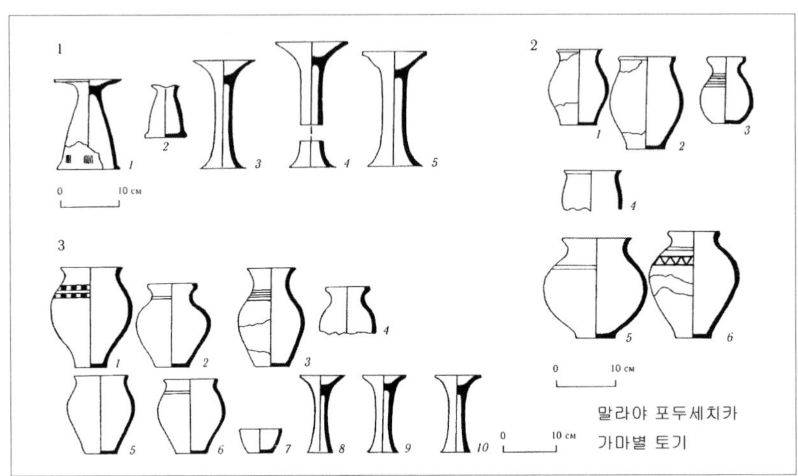

도면 6. 말라야 포두세치카 가마별 토기(주시홉스카야 2004)

표 7. 말라야 포두세치카 유적 무덤 속성표

호수	형태	크기(m)	위치	두향	비고
1	타원형 수혈	0.5×0.8	1호주거지 측면아래	남	보존 불량
2	?	?	1호 주거지 남동	?	두개골 골반 옆 위치,
			모서리 아래,		나머지 무질서
3	?		주거지 사이 공간	남	무질서
4	?	?	주거지 사이 공간	남서	
5	?	?	주거지 사이 공간	남	5,6,7호 나란히 위치,
					바닥 편평
6	?	?	주거지 사이 공간	남	
7	?	?	주거지 사이 공간	남	
8	수혈	암반. 깊이 0.2	가마 아래	남	
9	수혈	암반. 깊이 0.2	가마 아래	?	5~6세 어린아이
10	타원형 수혈	암반. 깊이 0.2	주거지 사이 공간	남	
11	?	?	주거지 사이 공간	남	
12	?	?	주거지 사이 공간	북	두기 나란히 위치
					(두향 반대방향)
13	?	?	주거지 사이 공간	남	
14	얕은 수혈	1.2×0.9	주거지 사이 공간	?	2차장
15			주거지 사이 공간	남	
16	방형 수혈	깊이 0.3	주거지 사이 공간		
집적지	?	3.5×2.5	주거지 사이 공간		5구이상 무질서 집적

두개골과 골반이 바로 옆에 놓여 있는 것(2호)을 비롯하여 뼈들이 무질서하게 놓여 있다. 9호는 어린아이의 무덤이다. 두향은 남향이 대부분이나, 2개의 무덤이 인접한 경우 남, 북으로 서로 반대방향으로 놓여 있는 경우(12,13호)도 있다. 가마나 주거지 아래층에 마련된 경우, 이것이 시기적인 차이인지 혹은 동시기에 의도적으로 유구 아래 매장한 것인지는 확실하지 않다. 두향의 경우 차파예보와는 차이가 있어 보이나, 두 유적 모두 발이 물을 향하고 있는 공통점은 이미 앞선 연구자에 의해 간파된 바 있다. 14호는 확실히 2차장이다. 부장품은 장신구가 대부분으로, 구슬, 귀걸이, 옥수석 드리래 등이 있고, 석부, 방추차, 토기도 보인다(안드레예바 1986).

(6) 키예프카

연해주 동남부 키예프카 강 하안단구에 여러 개의 취락유적들이 분포한다. 이 유적들에는 패각층이 없는 점이 다른 유적들과 다르다. 키예프카 3(자포베드노예 3) 유적은 100㎡가 발굴되었는데, 아래층은 자이사노프카 층이고 윗층이 얀콥스키 문화층이다. 키예프카 5(자포베드노예 5) 유적은 48㎡로 소규모 발굴되었으며, 윗층은 폴체 문화층이고, 아래층이 얀콥스키 문화층이다. 이밖에 강 하구에서 20km 위쪽에 있는 또 다른 취락유적은 얀콥스키 단일 층으로 주거지들이 부분적으로만 남아 있다(안드레예바 1986).

(7) 페트로프 섬 유적

연해주 동남부 섬에 위치한 다층위 유적이다. 얀콥스키 문화 주거지들이 크로우노프카 주거지에 의해 대부분 파괴되었다. 섬에는 석성벽을 비롯한 말갈, 발해의 중세 유적과 크로우노프카 수혈주거지들이 주로 분포하고 얀콥스키 문화 주거지는 상대적으로 적다. 발렌틴 유형을 제외한다면 키예프카와 함께 가장 동쪽에 위치한다. 키예프카와는 달리 우수리 만 해안을 따라 분포하는 올레니, 말라야 포두세치카 등과 같은 유형으로 구분하기도 한다(브로댠스키 1987, 국립문화재연구소 2007).

(8) 발렌틴

분포지역은 연해주 동남부 해안가로, 얀콥스키 문화 중에는 가장 동북지역에 해당한다. 발렌틴 만으로 합류하는 강변에 많은 유적들이 분포하는데, 그 중 1기가 발굴되었다. 주거지 흔적은 장방형(4×7m)으로, 장축은 남북방향이다. 주거지 동벽에 적석유구가 있다. 이 지역에는 이와 같은 적석유구가 10여 개 확인되는데, 직경 8~9m, 높이 0.6~07m 정도이다. 적석 아래에 무덤의 흔적은 확인되지 않아 매장유구는 아닌 것으로 보이며, 제사유구로 추정되기도 한다(안드레예바 1986).

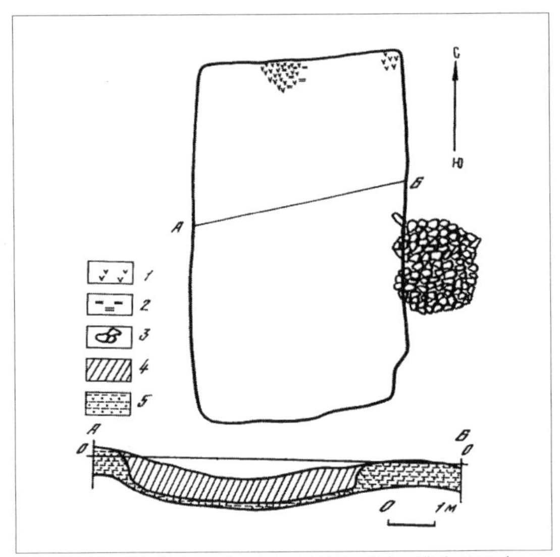

도면 7. 발렌틴 유적 주거지 평면도(안드예바 1986)
1. 숯 2. 소토 3. 돌 4. 사질부식토 5. 자갈돌 포함 사질토

(9) 불로치카

연해주 동남부 파르티잔스크 강 하구에 형성된 나지막한 언덕 경사면에 위치한다. 주거지는 주로 폴체 문화(16기)와 크로우노프카 문화(5기)가 발

굴되었고, 자이사노프카 주거지(3기)도 확인되었다. 얀콥스키 문화의 주거지는 확인되지 않았으나, 많은 양의 얀콥스키 문화의 토기편(152점)들이 출토되었다. 특히 주목되는 것은 크로우노프카 주거지내에서 출토된 얀콥스키 문화 속성을 보여주는 토기들이다.

경부의 유무에 따라 2가지로 분류된다. 유경식호는 외반 구연에 구순이 둥근 것과 편평한 것이 있다. 무경식은 발형토기로 대표된다. 문양은 압인문, 돌대문, 압날문으로 단순하나, 문양구성은 수평 횡선, 횡주 지그재그문, 삼각형문, 그물문, 뇌문 등 다양하다. 슬라뱐카-1,2, 차파예보 등의 얀콥스키 문화와 유사하다. 외면은 마연, 긁기로 정면되고, 일부의 경우에는 흑색, 암갈색, 암홍색으로 채색되었다. 테쌓기로 성형되었다.

크로우노프카 주거지에서 출토된 얀콥스키 계통의 토기는 1호 주거지 보고서 I 〈사진 57-3〉토기와 8호 주거지 보고서 II 〈사진 64-1〉토기이며, 나머지 대부분은 뚜렷한 유구없이 출토된 것들이다(국립문화재연구소 2004, 2005).

(10) 초도

초도는 라진만에서 2.5㎞ 떨어져 있는 섬에 있다. 1949년 두 지점에서 477㎡가 발굴되었다. 뚜렷한 층위 없이 50~70㎝ 두께의 문화층에서 다양한 유물들이 출토되었다. 연해주의 고고학 문화에 대응해 보면 신석기시대 말기인 자이사노프카 문화 토기, 얀콥스키 문화 토기, 크로우노프카 문화의 토기가 구분된다. 이밖에 자이사노프카 문화 이후의 무문토기 단계와 시니가이 문화 단계의 토기를 구분하기도 한다(강인욱 2007).

(11) 아누치노 문화 유적들

아누치노, 루다놉스코예, 크루글라야 소프카 취락유적을 발굴한 이후 브로댜스키에 의해 분리된 문화이다. 얀콥스키의 내륙형(континентельный)으로 구분하기도 한다. 유적들은 바다에서 멀리 떨어져 분포하며, 패총이 없다.

브로댜스키에 의하면 이 유형은 얀콥스키 문화와 크로우노프카 문화가 결합된 특징을 보여준다. 예를 들어 구멍 뚫린 편암제 칼, 납작한 도끼와 자귀, 갈돌, 토기에서의 홈처럼 그은 선문, 구멍 뚫린 파수와 유종붙임은 얀콥스키 전통에 속하며, 유견 석부, 납작한 방추차, 토기의 저부(기저부단)와 그루터기형 파수는 크로우노프카 전통에 속한다고 본다. 토기편으로 만든 어망추와 삼각형태의 파수부 토기가 독특하다. 이 유형의 유적들은 서쪽으로 연해주의 한카 호 지역과 접해있다. 크로우노프카, 세미퍄트나야의 중간층과 무스탄크의 상층에서 보인다. 따라서 브로댜스키는 이들을 아누치노 문화로 분리할 수 있다는 견해를 피력하고, 하한을 기원전 1천년기 중반까지로 보았다(브로댜스키 1987).

나. 유물 검토

얀콥스키 문화의 토기는 호(壺), 심발(深鉢), 잔발(淺鉢), 명(皿), 고배(高杯), 완(碗) 등이 있다. 철기는 주조철부를 비롯한 철촉, 철심 등 40여 점이 있다. 석기는 마제석기가 주류를 이루는데, 반월형 석도, 석부 등의 공구류와 T자형 병부를 가진 석검 등 청동기를 모방한 석검, 석촉, 석창 등의 무기류가 있다. 이밖에 기하학적 문양이 새겨진 뼈제품이 특징적이며, 중국 거울 문양을 모방한 토기편, 기학적 문양의 토기 등이 유명하다.

토기는 앞서 살펴본 바와 같이 안드레예바에 의해 19형식으로 구분된 바 있다. 이를 필자 나름대로 기종별로 나누어 보면 호형토기(Ⅰ), 발·완(Ⅱ), 고배(Ⅲ)로 대별된다. 이를 세분하면 다음과 같다.

Ⅰ – 호형토기

Ⅰ–1 : 장경호(가 – 배부른 동체, 나 – 완만한 동체)

Ⅰ–2 : 단경호

Ⅰ–3 : 외반구연호

Ⅰ–4 : 발형토기(목 구분)

Ⅰ–5 : 내만경외반구연호(목이 안으로 내만한 토기)

Ⅰ–6 : 광구외반구연호(구경이 동체보다 넓은 토기)

Ⅰ–7 : 어깨있는 외반구연호

Ⅱ – 발 · 완

Ⅱ–1 : 발

Ⅱ–2 : 완(가 – 깊은형, 나 – 얕은형)

Ⅱ–3 : 접시

Ⅱ–4 : 내만발(가 – 깊은형, 나 – 얕은형)

Ⅱ–5 : 단면 타원형 완

Ⅲ – 고배

Ⅲ–1 : 장각고배(가 – 원통형, 나 – 종형)

Ⅲ–2 : 단각고배(가 – 완형배신(깊은형), 나 – 완형배신(낮은형), 다 – 접시형배신)

호형토기 중 1,2,3의 형식에는 고리형 파수가 달린 것도 있으나, 편 상태로 출토된 것이 많고, 보고서가 소략하여 따로 형식을 구분하지는 않았다.

얀콥스키 문화의 토기문양은 압인문, 돌대문, 압날문, 채색문의 시문기법이 보인다.

문양 모티브는 직선, 지그재그(삼각), 뇌문에 유종, 점열 등을 복합하여

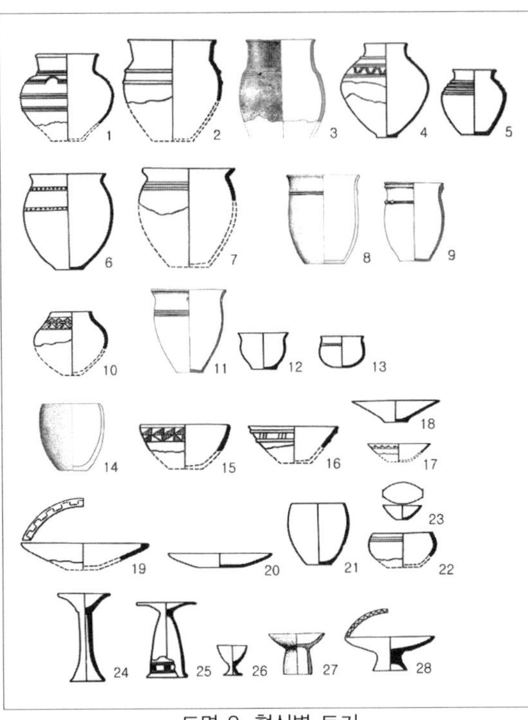

Ⅰ : 호형토기
1,2 : 장경호(Ⅰ-1-가)
3 : 장경호(Ⅰ-1-나)
4,5 : 단경호(Ⅰ-2)
6,7 : 외반구연호(Ⅰ-3)
8,9 : 발형토기(Ⅰ-4)
10 : 내만경외반구연호(Ⅰ-5)
11,12 : 광구외반구연호(Ⅰ-6)
13 : 어깨있는 외반구연호(1Ⅰ-7)

Ⅱ : 발 · 완
14 : 발(Ⅱ-1)
15,16 : 완(깊은형)(Ⅱ-2-가)
17,18 : 완(얕은형)(Ⅱ-2-나)
19,20 : 접시(Ⅱ-3)
21 : 내만발(깊은형)(Ⅱ-4-가)
23 : 단면 타원형 완(Ⅱ-5)

Ⅲ : 고배
24 : 장각고배(원통형(Ⅲ-1-가)
25 : 장각고배(종형)(Ⅲ-1-나)
26 : 단각고배(완형배신)(Ⅲ-2-가)
27 : 단각고배(낮은완)(Ⅲ-2-나)
28 : 단각(접시형고배)(Ⅲ-2-다)

도면 8. 형식별 토기

문양 모티브	얀콥스키 문화 지역유형별 문양비교표							
	서남해안유형					내륙유형	동남해안유형	

도면 9. 얀콥스키 문화 지역유형별 문양 비교표(안드레예바 1986)

만드는데, 1) 직선문(각선, 돌대문), 2) 지그재그(횡선으로 구획한 후 내부에 지그재그를 채우는 것이 대부분이고, 단독 지그재그도 소량 보임), 3) 수평 · 수직 혼합문, 4)뇌문(메안드르)으로 나뉜다.

이렇게 구분된 형식과 문양을 유적별로 살펴보자5).

슬라뱐카 1 유적은 구연형태를 알 수 있는 편의 70%가 호형토기(Ⅰ형식)이며, 호형토기 중 70%가 외반구연호(Ⅰ-3형식)이다. 장 · 단경호(Ⅰ-1,2형식)는 대체로 중간 크기로, 대형과 소형은 거의 없다. 구연은 대부분 외반하였고, 끝이 둥글다. 구연 바로 아래에 돌대문이 부착되는 경우도 있다. 외반구연호 역시 중간 크기가 대부분이나, 대형과 소형도 있다. 구연의 형태는 장 · 단경호와 유사하다. 장 · 단경호와 외반구연호의 어깨부분에 파수가 달린 경우도 있다. 발형토기(Ⅰ-4 형식)의 비율은 높지 않으며, 구연의 형태는 앞 형식의 토기와 비슷하다. 5,6,7형식은 보이지 않는다.

발 · 완형토기(Ⅱ형식) 중 65%가 완(Ⅱ-2)으로, 구순은 '직선형', '바깥으로 튀여 나온 형', '부리처럼 안쪽으로 튀어나온 형'이 있다. 내만발(Ⅱ-4)의 비율은 6%이다. 고배는 접시형단각고배(Ⅲ-3)만 보이고, 장각고배(Ⅲ-1)와 완형단각고배(Ⅲ-1,2)는 보이지 않는다.

문양은 구연부와 동체부 중 5%에 새겨져 있다. 시문기법은 압인문(押引線紋, 49.6%), 압날문(押印文, 20%), 돌대문(突帶文, 29.7%), 채색문(彩色文, 0.7%)이다(안드레예바 1986: 111).

평행선, 수직선, 지그재그, 뇌문(메안드르), 유종문, 점열문으로 구성되

5) 유적별 토기와 문양의 검토는 〈오클라드니코프 1963〉과 〈안드레예바 외 1986〉에 근거 한 것이다. 러시아에서는 유물을 선별적으로 보고하는 관행이 있고, 특히 오래전 발굴된 유적의 경우 보고서가 매우 소략하여 전체 상황을 알기가 어렵다.

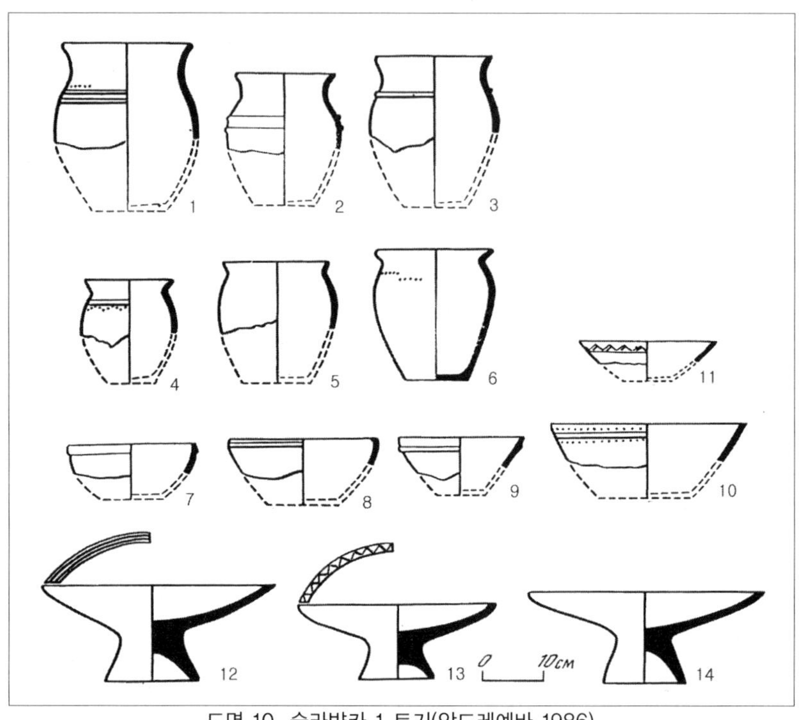

도면 10. 슬라뱐카 1 토기(안드레예바 1986)
1,2,3 : 장경호(I -1)　4,5,6 : 외반구연호(I -3)　7,8,9,10 : 완(깊은형)(II-2-가)
11 : 완(낮은형)(II-2-나)　12,13,14 : 단각(접시형)(III-2-다)

어 있는데, 횡선구획문이 가장 많고 다음으로 지그재그문이 많으며, 뇌문은 드물다. 채색문도 확인된다. 안드레예바의 분석에 따르면 기종과 문양의 상관관계가 관찰된다. 유경호(Ⅰ-1,2)와 외반구연호(Ⅰ-3)에는 주로 목과 어깨 부분에 문양이 많으며, 구연부에 있는 경우도 있다. 대부분 직선과 지그재그 복합문, 뇌문, 수평 · 수직 혼합문이다. 발형토기(Ⅰ-4)에는 대부분 경부와 구연부에 문양이 있는데, 돌대문과 압인문이다. 토기 완(Ⅱ-2)의 경우는 구연부의 바깥면에, 접시(Ⅱ-3)의 경우는 구연부 안쪽에 직선, 지그재그, 뇌문이 있다. 채색문은 유견호(Ⅰ-1), 완(Ⅱ-2), 접시(Ⅱ-3)에서 발견된다. 저부 바깥면에 나뭇잎 문양이 찍힌 경우도 있다.

기벽은 0.4~1.0㎝로, 대부분은 0.5~0.8㎝로 얇은 편이다. 표면은 정면, 마연, 점토막, 채색되었다. 정면은 완, 접시, 유경호가 많으며, 점토막은 0.1~0.2㎜로 얇다. 마연은 중간 정도가 대부분이나, 10% 정도는 곱게 마연되어 광택이 난다. 홍의를 입힌 토기도 7% 정도 있다. 소성온도는 높지 않으며, 외반구연호와 발형토기의 경우 '연기씌움'에 의해 검은색을 띤 것도 있다.

슬라뱐카 2 유적의 80%가 호형토기이며, 이 중 75%가 외반구연호(Ⅰ-3)이다. 호형토기는 거의 슬라뱐카 1 유적과 유사하며, 발형토기(Ⅰ-4)의 비율이 약 2%로 낮다. Ⅰ-5,6,7형식은 없다. 발·완(Ⅱ)의 대부분은 완(Ⅱ-2)으로 슬라뱐카 1에서 보이는 구순의 3가지 형식에 '끝이 내외로 튀어나온 뭉툭한 형(головкой)'이 있다. 내만발(Ⅱ-4)은 Ⅱ형식 중 10%이고, 접시(Ⅱ-3)는 20% 정도를 차지한다. 고배는 드물어, 단각고배(접시형배신)(Ⅲ-2-다) 1점이 있고, 단각고배(완형배신)(Ⅲ-2-나)도 보인다. 문양은 구연부와 동체부의 6%에서 확인된다. 시문기법은 압인문(60.5%), 돌대문(23.9%), 압날문(15%), 채색문(0.6%)이 보인다. 문양 모티브나 기종별 문양, 표면처리 기법 등은 슬라뱐카 1과 차이가 거의 없다.

페스차느이 1 유적에서는 얀콥스키 문화 유적 중 가장 많은 유물이 출토되었으며, 완형(完形)토기도 35점에 달한다. 호형토기(Ⅰ)가 80%를 차지하며, 이 중 70%가 외반구연호(Ⅰ-3)이다.

이 유적에서는 얀콥스키에서 분류된 거의 모든 호형토기가 보인다. 유견호는 장경과 단경으로 나뉘는데, 장경은 높이와 동체 최대경의 비율이 1:1.1정도이고, 배부른 동체를 가진 것(Ⅰ-1-가)과 동체가 완만하고 긴 것(Ⅰ-

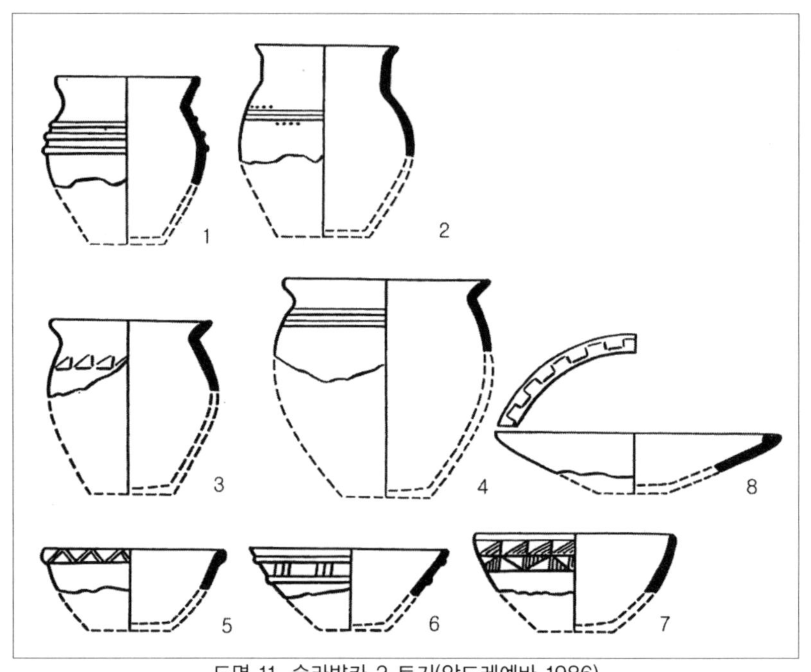

도면 11. 슬라뱐카 2 토기(안드레예바 1986)
1,2 : 장경호(I-1) 3,4 : 외반구연호(I-3) 5~7 : 완(II-2-가) 8 : 접시(II-3)

1-나)으로 나뉜다. 구연은 외반되었고, 구순이 바깥으로 꺾인 경우도 있다. 단경호는 대부분 높이와 최대경의 비율이 1:1에 가깝다. 발 · 완형토기(Ⅱ형식) 역시 심발, 완, 접시 등이 보이며, 내만발 역시 편으로부터 추정이 가능하다. 단면 타원형 완도 보이는데, 크기는 소형이다. 페스차느이 1 유적에서 주목되는 것은 고배로, 원통형장각고배(Ⅲ-1-가) 대각편 2점이 보인다. 단각 고배는 접시형 배신(Ⅲ-2-다)은 확실히 보이고, 완형 배신(Ⅲ-2-가,나)은 편으로부터 추정한 것이다. 이렇게 본다면 이 유적에서는 종형장각고배를 제외한 모든 형식의 고배 역시 있는 것으로 보인다.

35점의 완형 중 문양이 있는 토기는 13점이다. 문양기법은 앞선 슬라뱐카 1,2 유적과 같이 압인문(56.5%), 돌대문(30.5%), 압날문(12%), 채색문(1%)이다. 문양 모티브와 비율 역시 슬라뱐카 1,2 유적과 유사하며, 기종별 시문 모티브 역시 비슷하다. 채색문은 유견호, 외반구연호, 완, 접시 등에 보이는데, 돌대문이나 수평 지그재그 문양 위에 정형성 없이 부분적으로 채색되어 있다. 채색문은 완과 접시의 경우는 내면에도 있다. 표면처리 기법에도 차이가 없다.

페스차느이 1 유적은 앞서 살펴본 바와 같이 주거지의 방향, 층위적 중복관계, 취락지내 중앙부와 외곽부 배치 등에 의해 두 시기로 나눠는데, 전기(2,3,4,5,6,8?, 9,10,13)와 후기(1,7,11,12,14?호)가 그것이다. 토기 문양의 경우, 각 주거지마다 직선문과 지그재그, 삼각문, 점열문, 유종문의 혼합문, 뇌문, 돌대문 등이 고루 보이고 있어 차이를 발견할 수 없다. 토기 기종 중 고배를 살펴보면, 후기로 분류되는 14호에서 장각 원통형 대각이 출토되었고, 전기로 분류되는 13호에서 장각(중간?) 종형 고배가 출토되었다는 점에 차이는 보인다. 그러나 전기로 분류된 3, 6, 13호 주거지에서 단각고배 대각편이 보이며, 후기로 분류된 1호에서는 단각과 중각(?)고배가 확인되며, 14호에서는 단각고배가 보이는 등 고배에 있어서도 차이를 발견하기 어렵다. 철기가 출토되는 3,7,9.14호에서도 볼륨감이 작은 발형토기(Ⅰ-4)가 공통적으로 보이는 등 차이가 없다. 따라서 이 유적에서 주거지의 방향과 분포에 따른 차이는 원통형 고배에 따른 약간의 차이는 인정할 수 있지만, 시간적인 차이는 있더라도 크지 않을 것으로 추정할 수 있다.

차파예보 유적에서는 18개의 완형토기를 비롯한 많은 유물들이 출토되었다.

호형토기가 전체의 80%이고, 이 중 75%가 외반구연호(Ⅰ-3)이다. 유견호로 크기는 중간 정도이며, 외반구연호는 소형에서 대형까지 다양하다. 구

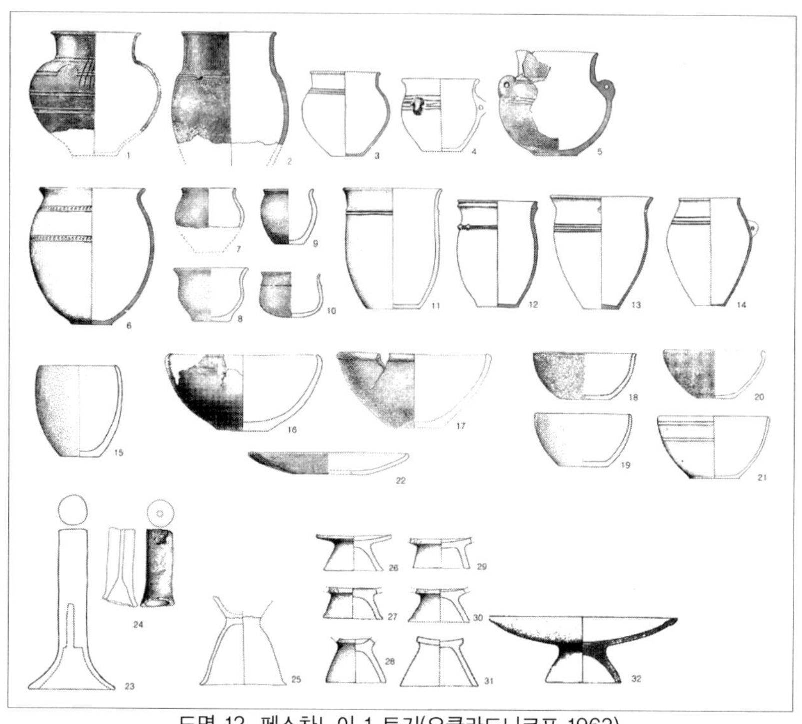

도면 12. 페스차느이 1 토기(오클라드니코프 1963)

1 - 10호 주거지
2,5,6,7,8,9,10,11,15,16,17,18,19,
22,25,27,28,29,30,32 - 1호 주거지
3,14 - 9호 주거지
4,21 - 11호 주거지
12 - 6호 주거지
13,24,31 - 14호 주거지
20 - 7호 주거지
23 - 지표채집
25 - 13호 주거지

1 : 장경호(Ⅰ-1-가) 2 : 장경호(Ⅰ-1-나) 3 : 단경호(Ⅰ-2-가)
4 : 파수부호(Ⅰ-2-나) 6~9 : 외반구연호(Ⅰ-3) 10 : 유견외반구연호(Ⅰ-7)
11,12 : 발형토기(Ⅰ-4) 13 : 광구외반구연호(Ⅰ-6) 14 : 내경외반구연호(Ⅰ-5)
15 : 심발(Ⅱ-1) 16~21 : 완(Ⅱ-2) 22 : 접시(Ⅱ-3) 23~24 : 장각원통고배(Ⅲ-1-가)
25 : 장각종고배(Ⅲ-1-나) 26~31 : 단각고배(Ⅲ-2) 32 : 단각접시고배(Ⅲ-3)

연형태는 앞의 3유적과 같다. 발 · 완류에서는 완(Ⅱ-2)이 대부분으로 다양한 구순의 형태 역시 앞의 세 유적과 같다. 이러한 점은 접시에서도 마찬가지이다. 차파예보 유적에서는 드물지만 완형 배신을 가진 단각고배(Ⅲ-

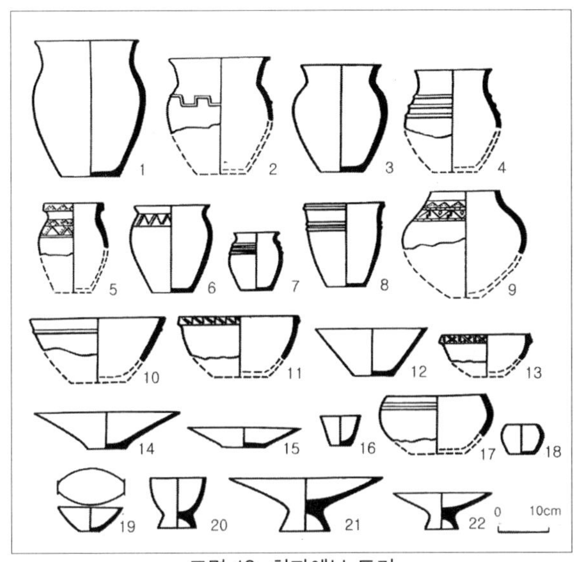

1-4 : 장경호(I-1)
5 : 단경호(I-2)
6,7 : 외반구연호(1-3)
8 : 광구외반구연호(I -6)
9 : 내만경외반구연호(I -5)
10~13 : 완(II -2-가)
14 : 완(II-2-나)
15 : 접시(II -3)
16 : 심발(II -1)
17,18 : 내만발(II -4)
19 : 단면 타원형 완(II -5)
20 : 단각고배(III -2-가)
21,22 : 단각고배(III -2-다)

도면 13. 차파예보 토기

2-가, 나)가 보인다.

문양기법은 압인문(56.4%), 돌대문(32.8%), 압날문(10%), 채색문(0.8%)으로, 문양모티브, 기종별 문양 구성, 표면처리, 홍의 등에서 앞의 3유적과 같다. 이 유적 토기들의 화학분석에 의하면 소성온도는 600~650℃이다(안드레예바 1986, 주시홉스카야 2004).

말라야 포두세치카 유적에서는 35점의 완형토기를 비롯한 많은 토기들이 출토되었는데, 대부분은 취락유적 중앙에 위치한 토기가마에서 나온 것이다.

호형토기는 구연대 동체의 비율에서 현저한 차이가 관찰되는데, 앞의 네 유적과는 1:1.3~1.5의 비율로 장동화된다. 유견호의 목 형태도 차이가 있는데, 목이 구연 쪽으로 넓어지는 깔대기형은 앞의 유적들과 공통이나, 목이 아래쪽으로 조금 넓어지는 절두원추형이 새롭게 나타난다. 구연의 형태는 외반구연이 대부분이나, 앞의 유적들과는 달리 90°로 꺾인 것이 눈에 띄게 증가한다. 또한 유견호와 외반구연호에 파수가 부착되는 경우도 현저히 감소하며, 발형토기(Ⅰ-4)가 보이지 않는다. 발완류에서는 완(Ⅱ-2)

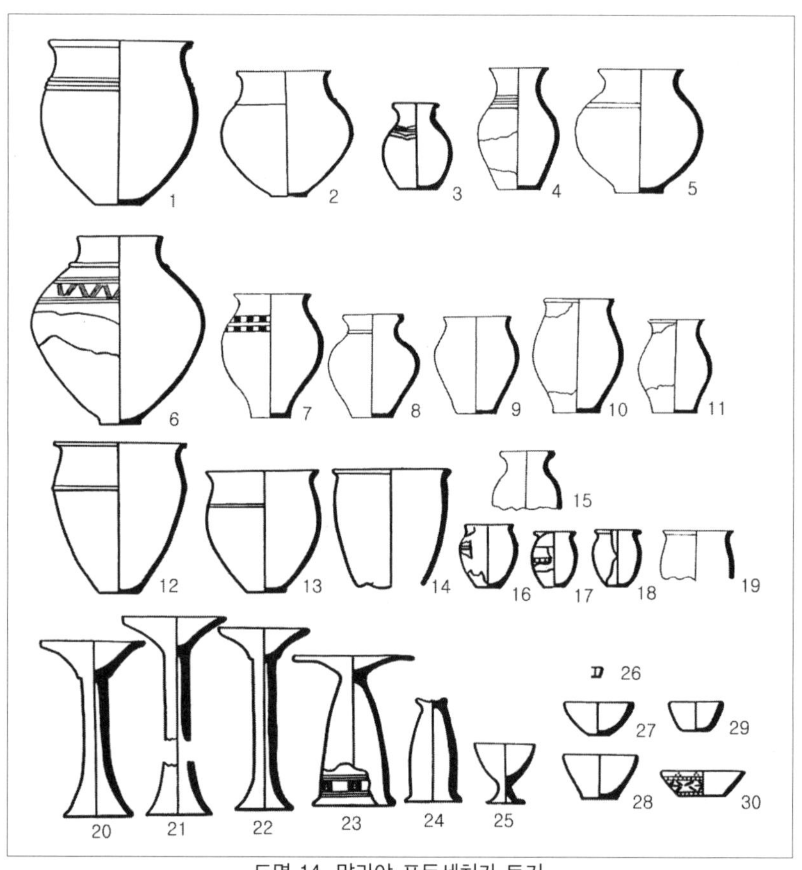

도면 14. 말라야 포두세치카 토기

1~4 : 장경호(Ⅰ-1) 5~11,15 : 단경호(Ⅰ-2) 12~14,16~19 : 외반구연호
20~22 : 원통형장각고배(Ⅲ-1-가) 23~24 : 종형장각고배(Ⅲ-1-나)
25 : 단각고배(깊은완)(Ⅲ-2-가) 26 : 발(소형)(Ⅱ-1)
27~29 : 완(깊은형)(Ⅱ-2-가) 30 : 완(낮은형)(Ⅱ-2-나)

의 비율이 가장 높은 점은 앞의 네 유적과 공통되며, 내만발(Ⅱ-4)에 파수가 달린 것도 1점 있다.

말라야 포두세치카에서 가장 주목되는 것은 역시 장각고배이다. 원통형 대각 고배는 이 유적에서 유일하게 다량으로 출토되었다. 종형대각도 확인된다. 이 유적 고배의 또 다른 특징은 배신이 낮은 접시형이 전혀 보이지 않는다는 점이다. 원통형 단각대각에 깊은 완의 배신이 있는 것(Ⅲ-2-가)이 1점 완형으로 출토되었다.

문양에서도 차이가 관찰되는데 문양기법에서 압인문(58%), 돌대문(31%), 압날문(11%)이 보이나 채색문은 전혀 없다. 문양구성에서도 차이가 있어 뇌문이 보이지 않으며, 지그재그의 비율도 현저히 준다. 구순이 각목되는 경우가 많은데, 이점 역시 앞의 네 유적과 구별되는 차이점이다. 완과 접시류의 경우도 문양이 많이 시문되는 앞의 네 유적과는 달리 시문되는 경우가 적다. 문양이 있는 경우도 모티브가 선문으로 단순하며, 원통형 장각고배에는 전혀 문양이 없다.

토기의 태토에서도 굵은 혼입물이 거의 없다는 점과 기벽이 얇은 것이 많다는 점 역시 앞의 유적들과 차이가 있다. 이 유적에서 토기 제작용 점토가 확인된 바 있다. 표면처리 방법은 유사하나 광택나는 마연의 비율이 높으며, 외면뿐 아니라 내면도 마연한 경우가 많다. 홍의를 입히지 않은 것 역시 특징이다. 소성 온도는 암석학분석과 화학분석에 따라 650~700℃로 추정된 바 있다. '연기씌움' 은 드문 편이며, 흑색토기의 대부분은 외반구연호이다(안드레예바 1986, 주시홉스카야 2004).

올레니 1, 2 유적의 토기는 브로댠스키의 단행본과 논문에서 단편적으로 보일 뿐 보고서가 없어 자세한 양상을 파악하기 어렵다. 기술된 자료로 볼 때 말라야 포두세치카와 유사한 것으로 파악된다. 다만 장각고배의 존재

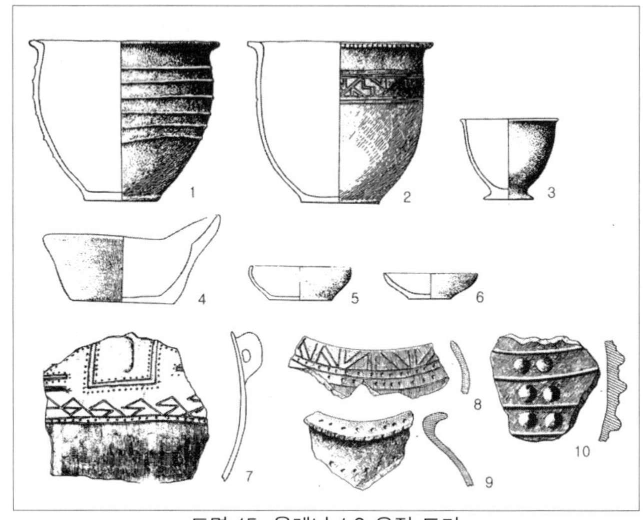

1,2 : 심발(II-1)
3 : 고배(III-2-1)
4 : 국자
5,6 : 완(II-2)
7~10 : 각종 문양

도면 15. 올레니 1,2 유적 토기

는 확인되지 않는다(브로댠스키 1987).

발렌틴 유적은 완형토기가 거의 없어 추정이 어려우나, 호형토기가 70%에 달한다. 장경호와 단경호 모두 보이며, 목은 직립에 가까우나 구연쪽으로 약간 넓어지는 깔대기형이다. 구연은 외반하였고, 구순은 둥글다.

외반구연호의 대부분은 90°로 크게 외반한 구연부로, 꺾이는 각도가 심하다는 특징이 있다. 동체와 목의 직경 비율은 0.7~0.9 정도이다. 외반구연호가 60%, 유경호가 40%를 차지한다. 발 · 완류는 다른 얀콥스키 문화와 같이 완이 우세하다. 구순의 형태는 다른 유적들과 달리 바깥으로 튀어나온 형과 안으로 튀어나온 형은 없다.

발굴된 유적에서는 고배가 전혀 출토되지 않았으나, 라조 지구에서는 말라야 포두세치카와 같은 원통형 장각고배의 채집이 보고된 바 있다. 라조 지구의 소콜로프카의 제사유구로 생각되는 적석유구에서 장각고배가 발굴

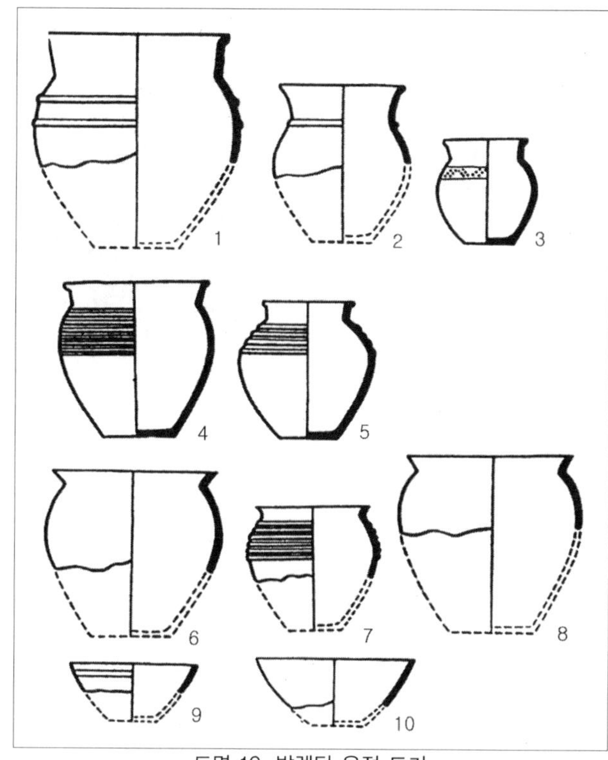

1~3 : 장경호(Ⅰ-1)
4,5 : 단경호(Ⅰ-2)
6~8 : 외반구연호(Ⅰ-3)
9,10 : 완(Ⅱ-2)

도면 16. 발렌틴 유적 토기

된 바 있어(국립문화재연구소 2007), 향후 조사에 따라서는 발견될 가능성도 있을 것으로 보인다.

문양은 다른 얀콥스키 문화와 같이 기본적으로 횡선구획문이다. 발렌틴의 문양은 호형토기의 경우 어깨와 목에 대부분 시문되어 있고, 구순에 시문되어 있는 경우는 매우 드물다. 발완류는 구연 바로 아래에 시문된다. 시문기법은 압인문(37%), 돌대문(55%), 압날문(8%)이며 채색문은 없다. 안드레예바의 분석에 따르면 발렌틴에서는 압인문 중 굵은 홈 같은 태선문의 비율이 17%로 다른 유적에서 1% 이하인 것과 구분된다. 돌대문의 비율도

도면 17. 소콜로프카 적석유구 출토 토기

상대적으로 높다. 채색문이 보이지 않는 것은 말라야 포두세치카와 동일하다.

문양 모티브는 기본적으로 횡선문으로 전체 93%를 차지하며, 나머지는 지그재그로 구성이 다양하지 못하다. 얀콥스키 문화에 흔히 보이는 횡선에 지그재그 혼합 모티브, 직선과 점열문이 혼합된 기하문, 유종문은 각각 약 1%로 매우 적다.

태토와 기벽두께, 테쌓기시 안쪽 접합기법, 표면에 점토막을 얇게(0.1~0.2㎜) 입히는 점 등은 다른 얀콥스키 문화 토기들과 유사한다. 차이점은 광택나는 마연이 거의 없이 불투명한 표면, 단단하지 못한 기벽, '연기씌움'에 의한 전면 또는 부분 흑색 토기가 거의 절반에 이를 정도로 많은 점 등이다. 소성온도는 600~650℃이다.

초도 유적의 유물들은 층위없이 출토되어 구분하기 어렵다. 청동기시대 전기로 구분해 놓은 토기는 붉은간그릇, 검정간그릇, 민그릇으로, 횡선구획에 지그재그를 넣은 문양과 돌대문('반원통형의 덧무늬'로 표현)과 압인문('각선문'으로 표현)이 있다. 지그재그 횡선구획문이 있는 토기와 고배를 얀콥스키 문화로 귀속시키는 데는 거의 모든 학자들이 동의한다. 문제는 민그릇으로 소개된 것인데, 어깨에 돌대문이 있고, 도면에는 없으나 설명에 '각선무늬로 장식한 것'도 있다고 한 것으로 보아 얀콥스키 문화에 넣어도 무방하리라 생각된다. [도면 18-5]의 경우 페스차느이 1유적의 장경호(Ⅰ-1-나)[도면 12-2]와 어깨 돌대문이 없는 점을 제외하면 유사하다. 한편 이러한 기형은 중국 흑룡강성 삼강평원 곤토령(滾兎嶺)문화에서도 보이는데, 곤토령문화는 교남(橋南)문화에 이은 초기철기시대문화로 방사성 탄소연대 측정치는 2140±70으로 소개되고 있어 기원전 2세기에 속한다(왕휘외 2000)[6].

각 유적별 문양기법 구성 비율을 표로 정리하면 다음과 같다.

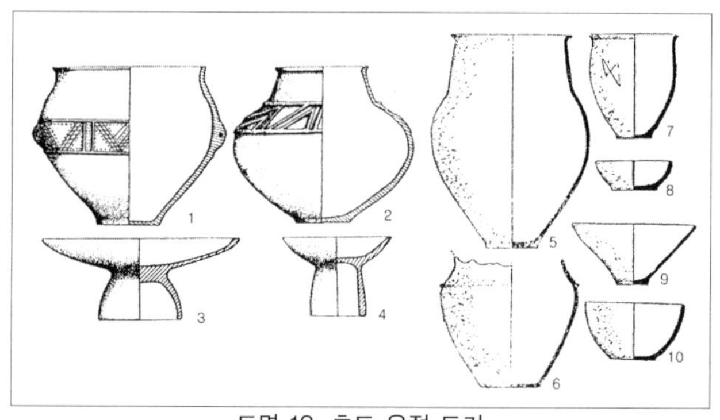

도면 18. 초도 유적 토기

6) 도면과 일부 기술된 부분만을 근거로 추정한 것으로 정확한 것은 아니다. 유물의 실견 등이 이루어질 수 있기를 기대한다.

표 10. 얀콥스키 문화 유적별 토기 문양기법 비교표(안드레예바 1986)

유적명	압인문(押引文)		돌대문	압날문	채색
	중간 굵기	굵은 홈			
슬라뱐카1	49	0.6	29.7	20	0.7
슬라뱐카2	60	0.5	23.9	15	0.6
페스차느이1	56	0.5	30.5	12	1
차파예보	56	0.4	32.8	10	0.8
말라야 포두세치카	57.7	0.3	31	11	-
발렌틴	20	17	55	8	-

Ⅲ. 고찰

1. 얀콥스키문화의 지역성과 편년

얀콥스키 문화는 연해주 최초의 철기시대 문화이다. 철기가 출토된 유적은 페스차느이 1, 차파예보, 말라야 포두세치카 등 3개의 유적이다. 그러나 이 문화의 생산도구에서 철기가 차지하는 비중은 상당이 낮으며, 오히려 석기와 골각기의 비중이 높다. 철기의 비중은 유적별로 차이가 보인다. 안드레예바의 분석에 따르면 페스차느이 1 유적에서는 1%이하이나 말라야 포두세치카에서는 12%로 높아진다.

페스차느이 1 유적에서는 주거지의 중복과 분포에 따라 전후기로 구분하였으나, 전기에서는 철심(3,9호)이, 후기에서는 철부(7,12호)가 출토되었음은 앞에서 살펴본 바와 같다. 최근 발굴된 바라바시 유적의 1개의 주거지에서 주조철부를 포함한 9개의 철기가 출토된 것을 감안한다면, 향후 이 문화의 발굴에서 철기의 출토 빈도가 높아질 가능성도 엿보인다.

석기에 있어서도 차이가 보이는데, 슬라뱐카 1, 페스차느이 1, 차파예보

표 11. 얀콥스키 문화 유적별 철기, 석기, 골각기의 비율 비교표

유적	철기					석기(%)	골각기(%)
	철부	인부편	철촉	철심	철기(%)		
슬라뱐카1	–	–	–	–	–	95	5
페스차느이1	○	–	–	○	1	91	8
차파예보	–	–	○	–	1미만	84	16
말라야 포두세치카	○	○	–	–	12	76	12

에서는 사냥도구인 유엽형 석촉이 우세한 반면, 말라야 포두세치카에서는 농경도구인 석도가 우세하다. 올레니 1에서는 삼각만입석촉이 많다. 석촉의 경우 얀콥스키의 모든 유적에서 신석기시대 전통인 잔손질한 규질암 및 편암제가 소량이기는 하지만 공통적으로 보인다.

토기는 모든 얀콥스키 문화에서 호형토기(Ⅰ), 발 · 완(Ⅱ), 고배(Ⅲ)가 공통적으로 구분된다.

호형토기는 전체적으로 모두 7개의 형식으로 나뉜다. 그러나 대부분은 1,2,3형식이며, 4~7형식의 비중은 높지 않다. 아래 [표 12]에서 보는 바와 같이 호형토기의 대부분은 3형식인 외반구연호이며, 1,2,3형식은 모든 유적에서 보이는 공통적인 것이다. 4형식(발형토기)은 슬라뱐카1,2, 페스차느이1, 차파예보에서만 보이는 형식으로 말라야 포두세치카, 발렌틴에서는 보이지 않는다. 4~7형식은 페스차이느이와 차파예보에서만 보이는 독특한 토기이다. 호형토기의 구연부에서 특징적인 것은 'ㄱ(Γ)' 자 처럼 바깥으로 90° 꺾이는 것인데, 앞의 네 유적에서는 비중이 높지 않으나, 말라야 포두세치카와 발렌틴에서는 많아진다. 말라야 포두세치카에서는 호형토기가 장동화 한다는 것이 특징이다. 발렌틴의 호형토기는 장동화하지 않으나 말라야 포두세치카와는 단순한 기종구성과 구연부 꺾임 비율에서 공통점이 보인다.

발 · 완(Ⅱ)류에서 가장 많은 것은 완(Ⅱ-2)으로 깊은 것과 낮은 것이 모

표 12. 얀콥스키 문화 유적별 토기 비교표

유적명	호형토기(Ⅰ)							비고
	Ⅰ-1	Ⅰ-2	Ⅰ-3	Ⅰ-4	Ⅰ-5	Ⅰ-6	Ⅰ-7	
슬라뱐카1	○	○	○	○	-	-	-	3형식-70%, 1,2,3-파수
슬라뱐카2	○	○	○	○	-	-	-	3형식-75%, 4-2%, 1,2-파수
페스차느이1	○	○	○	○	○	○	○	3형식-70%,1,2-파수, 7형식-유일
차파예보	○	○	○	○	○	○	-	3형식-75%, 1,2-파수
말라야 포두세치카	○	○	○	-	-	-	-	3형식-70%, 장동, 구순 90° 외반多, 1,2,3-파수
발렌틴	○	○	○	-	-	-	-	3형식-60%, 구순 90° 외반 多,
유적명	발 · 완 · 접시(Ⅱ)							비고
	Ⅱ-1	Ⅱ-2-가	Ⅱ-2-나	Ⅱ-3 (접시)	Ⅱ-4-가	Ⅱ-4-나	Ⅱ-5	
슬라뱐카1(1)	-	○	○	○	○	○	-	Ⅱ-2:65%, Ⅱ-4:6%, Ⅱ-3 · Ⅲ-2-다:30%
슬라뱐카2	-	○	○	○	○	○	-	Ⅱ-2:70%, Ⅱ-4:10%. Ⅱ-3 · Ⅲ-2-다:20%
페스차느이	○	○	○	○	○	○	○	Ⅱ-2:80%,, Ⅱ-3 · Ⅲ-2-다:20%
차파예보	○	○	○	○	○	○	○	Ⅱ-2:78%
말라야 포두세치카	○	○	○	-	-	-	-	Ⅱ-4-나 : 파수
발렌틴	-	○	○	-	-	-	-	

유적명	고배(Ⅲ)					비고
	Ⅲ-1-가	Ⅲ-1-나	Ⅲ-2-가	Ⅲ-2-나	Ⅲ-2-다	
슬라뱐카1(1)	-	-	-	-	○	
슬라뱐카2	-	-	-	○	○	
페스차느이	○	-	-	-	○	Ⅲ-1-가:대각2편, Ⅲ-2-다:소량
차파예보	-	-	○	?	○	Ⅲ-2-가: 소량
말라야 포두세치카	○	○	○	-	-	Ⅲ-1:특징적, Ⅲ2-가:1점
발렌틴	-	-	-	-	-	라조지구 원통형고배(Ⅲ-1-가) 有

든 유적에서 공통적으로 보인다. 완은 구연부의 형태가 다양한데, 앞서 살펴본 바와 같이 4가지로, 슬라뱐카 1,2, 페스차느이, 차파예보에는 '안쪽으로 튀어나온 형' 과 '내외로 튀어나온 뭉툭한 형' 이 특징적이다. 발 · 완류의 기종구성에서 주목되는 것은 네 유적에서는 접시가 공통적이나, 말라야 포두세치카와 발렌틴에서는 보이지 않는다는 것이다. 이는 앞서 살펴 본 발형토기와 양상이 같다. 위 [표 12]의 비고란에 접시(Ⅱ-3)과 접시형배신 단각고배(Ⅲ-2-다)를 같이 표기한 것은 구연부 등 저부가 결실된 편의 경우 두 기종을 구분하기 어렵기 때문이다. 말라야 포두세치카와 발

렌틴에서는 접시형 배신을 가진 단각고배 역시 보이지 않는다. 내만구연발(Ⅱ-4)의 경우도 같은 분포양상을 보이나 양은 많지 않다. 발(Ⅱ-1)의 경우 페스차느이 1, 차파예보, 말라야 포두세치카에서 공통적으로 보이나, 대형에서 소형까지 크기가 각각 다르고, 극소수에 불과해 유적별 토기 기종의 차이가 지표로는 적당하지 않다.

고배는 장각고배와 단각고배로 나뉜다. 장각고배는 원통형과 종형으로 구분된다. 단각고배는 배신의 형태와 깊이에 따라 발,완,접시형으로 나뉜다. 단각에는 원통형은 보이지 않는다. 단각으로 분류한 것 중에는 장각에 가까운 것도 있는 것으로 판단되나 편이라 확실치는 않다. 원통형 장각고배는 말라야 포두세치카의 특징적인 고배로 출토량도 많다. 그러나 페스차느이 1유적의 14호 주거지(후기)와 지표채집에서도 대각이 출토된 바 있으며, 동해안 지역인 라조 지구에서도 확인된다. 최근 국립문화재연구소에서 발굴한 소콜로프카 적석유구의 대각 역시 원통형에 가깝다. 종형 장각고배는 말라야 포두세치카에서만 보인다. 접시형 배신의 단각고배가 말라야 포두세치카와 발렌틴에서 보이지 않는 것은 앞에서 언급한 바와 같다.

이제 유적별 공통점과 차이점을 살펴본다. 먼저 토기의 형식을 보면, 토기의 기종 구성(발형토기, 접시형단각고배, 5~7형식 토기의 유무)과 호형토기의 장동화(말랴야 포두세치카), 호형토기의 구연부 꺾임과 완의 구연형태 등에 따라 유적의 그룹화가 가능하다.

먼저 말라야 포두세치카는 호형토기의 장동화, 90° 꺾인 구연부의 증가, 원통형, 종형 등 2종의 장각고배, 발형토기의 사라짐과 같은 기종구성의 단순화 등에서 다른 유적과는 확연히 구분되는 특징들을 보여주고 있다. 이러한 점은 올레니 1, 2 및 페트로프 유적에서도 같은 양상을 보이는 것으로 파악된다[7].

다음으로 슬라반카 1,2, 페스차느이, 차파예보는 호형토기, 발형토기, 완·

발류 등의 기종구성에서 공통점을 보이며, 호형토기의 고폭율과 구순형식, 그리고 완의 구순형식에서도 동일한 양상을 보인다. 그러나 이 네 개의 유적들 간에도 약간의 차이가 발견되는데, 슬라뱐카 1,2에 비하여 페스차느이와 차파예보 유적의 기종 구성이 다양하다는 점이다. 호형토기의 경우 내만구연(Ⅰ-5), 입 넓은 발형(Ⅰ-6), 유견(Ⅰ-7) 등이 보인다. 특히 페스차느이에서는 말라야 포두세치카와 같은 원통형장각고배의 대각편이 출토되었는데, 대각편이 출토된 14호 주거지는 유적 내에서 다른 주거지와 달리 떨어져 위치하는 점이 주목된다. 철기가 뒤의 두 유적에서만 출토된 점 또한 앞의 두 유적과는 다른 점이다. 그러나 페스차느이 유적에서 전후기로 나눈 주거지군에서 기종 간의 구성차이 특히 내만구연이나 고배에 있어 차이를 발견할 수 없음은 앞서 언급한 바와 같다.

발렌틴 유적은 단순한 기종구성과 고폭율에서 구분된다. 단순한 기종과 90° 꺾인 구연의 형태 등에서 지역적으로 가까운 말라야 포두세치카 유적군과 유사하나, 호형토기의 경우 고폭율이 0.7~0.9로 납작한 편으로 차이가 있다.

이러한 유적들 간의 차이는 문양과 마연등 표면 처리에서 더욱 분명하게 나타난다. 물론 얀콥스키 문화의 모든 유적에서 공통점이 보이는데, 즉 토기의 상반부에만 시문되는 점, 시문기법(압인, 돌대, 압날), 직선에 의한 기하문 등이 그것이다.

그러나 유적들 간에 문양과 표면처리에 있어 차이도 분명히 있다.

말라야 포두세치카는 문양 모티브[직선문, 지그재그, 수직·수평 혼합문, 뇌문(메안드르)] 면에서 차이가 분명하다. 1) 지그재그 문양이 대부분의 유

7) 이는 기술에 의해 추정한 것으로 보고서가 없어 자세한 상황은 알 수 없다.

적에서 가장 많은 비율을 차지하나, 말라야 포두세치카에서는 직선문이 우세하며, 지그재그는 세 번째로 그 비중이 낮아지는 점, 2) 수평 · 수직 혼합문은 모든 유적에서 보이지만, 말라야 포두세치카에서는 두 번째로 비중이 높을 정도로 유행한다는 점, 3) 뇌문이 보이지 않는 점, 4) 채색문이 보이지 않는 점에서 분명한 차이가 있다. 표면처리에서도 내외면이 모두 곱게 마연되어 있어 다른 유적들과는 차이가 분명하다.

슬라뱐카 1,2, 페스차느이, 차파예보 유적은 직선문에 유종이나 삼각형 구멍 형태를 추가한 것이 많다는 점이 눈에 띄며, 뇌문과 채색문의 존재도 특징적이다. 또한 수직 지그재그, 삼각, 능형, 화살표 등 독특한 문양이 보이는 등 문양이 다양하다는 점 또한 다른 유적과는 차이점이다. 마연도 광택이 덜한 중간 정도의 마연이 대부분이다. 초도유적도 이 유형에 속한다.

발렌틴 유적은 직선문과 횡선구획내부에 지그재그문이 채워져 있거나, 지그재그만이 있는 등 문양면에서 아주 단순하다는 점에서 여타 유적과 분명히 구분된다.

이제 이러한 유적들 간의 차이가 지역성을 반영하는 것인지 시간성을 반영하는 것인지를 살펴보기로 한다.

지역유형의 구분은 거의 모든 연구자들이 동의한다(안드레예바 1986, 브로댠스키 1987, 주시홉스카야 2004). 아래에 보는 바와 같이 1~3의 유형 구분은 연구자들 간에 일치하며, 4 유형만 브로댠스키에 의해 추가된 것이다.

다만 여기서 한 가지 첨언하고 싶은 것은 '패총문화'에 관한 것이다. 서남부 유형의 문화를 해안의 패총문화로, 중남부 유형을 '내륙형'이라 하여 바다에서 어느 정도 떨어진 강가에 분포하는 것으로, 동남부유형을 해안에 분포하나 패총이 없는 것으로 구분하는 데에는 의문이 있다. 최근 조사에 의하면, 서남해안지역에도 패각층이 없는 내륙지역 강가에서 얀콥스키문화 유적이 많이 발견되고 있기 때문이다(국립문화재연구소 2007).

표 13. 지역유형별 유적

번호	지역유형	유적	비고
1	서남부유형(페스차느이 유형)	슬라뱐카 1, 2, 페스차느이 1, 차파예보, 초도	기종, 문양 다양
2	중남부유형(올레니 유형)	올레니 1, 말라야 포두세치카, 페트로프섬	장동화, 홍의없음
3	동남부유형(발렌틴 유형)	키예프카, 키예프카 3(=자포베드노예 3), 발렌틴	기종, 문양 단순화
4	내륙형(아누치노 유형)	아노치노, 루다놉스코예, 노보고로데예스코예	얀콥스키-크로우노프카 전환

위 표에서 보는 바와 같이 지역별 유형의 구분은 앞서 분석한 유적 그룹과 일치한다. 따라서 이를 지역성을 반영하는 것으로 보아도 좋을 것이다. 그러나 한편으로는 이들은 동시에 시간성을 반영하고 있기도 하다.

러시아 연구자들은 얀콥스키 문화를 기원전 Ⅰ천년기 전반으로 편년하는데 동의한다. 많은 방사성탄소연대 측정치가 검출되었다[표 14]. 이에 대한 근거로는 서남부 유형의 토기의 문양들이 신석기시대 말로 편년되는 자이사노프카 문화에서 보이는 토기의 문양, 특히 뇌문(메안드르)과 횡선구획문에서 거의 일치한다는 점, 신석기시대 말에 흔히 보이는 홍도가 보이는 점, 잔손질된 석기가 잔존하며, 석검이 기원전 Ⅱ천년기 말에서 Ⅰ천년기 전반과 비교된다는 점을 든다. 또한 서남부 해안의 유적들에 형성된 패총유적에 대한 패각분석 결과 기후가 온난하고 해수면이 높았던 기원전 Ⅱ천년기 말에서 기원전 Ⅰ년기 전반(코로트키 외 1988)에 형성된 것이라는 점도 간접적인 자료가 될 것이다.

이러한 점을 감안한다면 서남부유형이 가장 빠른 것으로 보인다. 다음으로 기종구성이 약간 단순화되고, 문양에서 신석기시대 전통인 뇌문이 사라지며, 홍도가 보이지 않으며, 호형토기가 장동화 하는 중남부 유형(말라야 포두세치카 유형)과는 시간적인 선후가 분명해 보인다. 한편 기종구성과 문양이 더욱 단순화 하는 발렌틴 유형은 이 보다 다소 늦은 것으로 보이는데, 서남부와 중남부의 주민이 환경의 변화로 인해 서남부로 이동한

표 14. 얀콥스키 문화 방사성탄소연대 측정자료

유적	출토위치	시료	시료명	연대	보정연대
슬라뱐카 1		목탄	ЛЕИ-2496	2830±40	1130-900BC
올레니 D	트렌치 90㎝	목탄	СОАН-1538	2710±25	910-820BC
자아사노프카2		목탄	OS-2675	2600±50	990-820BC
자아사노프카2		목탄	Beta-124173	2480±50	800-400BC
말라야 포두세치카		목탄	МГУ-499	2430±50	770-410BC
올레니 A	20호 주거지	목탄	СОАН-1537	2195±25	370-190BC
올레니 A	14호 주거지	목탄	СОАН-1535	2155±25	360-120BC
올레니 A	16호 주거지	목탄	СОАН-1536	2150±20	110-10BC
올레니 A	19호 주거지	목탄	ДВГУ-ТИГ-84	2048±278	790BC-530AD
페트로프 섬	2a 주거지	목탄	СОАН-1542	2050±20	110-10BC
라구나 탈미		굴	AA-20947	3360±60	
베즈베르호보1		굴	МГУ-728	2900±80	
라즈돌나야		굴	AA-20946	2820±50	
차파예보		굴	AA-20945	2745±75	
자이사노프카3		굴	МГУ-937	2730±350	
포시예트-르이바자		굴	Ки-3174	2700±45	
게카 만		굴	МГУ-708	2370±100	
베즈베르호보		굴	ДВГУ-ТИГ-78	2200±260	
베즈베르호보		굴	ДВГУ-ТИГ-77	1890±160	
베즈베르호보		굴	ДВГУ-ТИГ-77	1490±120	
자이사노프카2		굴	Ки-3168	2180±60	
자이사노프카2		굴	Ки-3172	1900±40	
자이사노프카2		굴	Ки-3173	1450±45	
아반가르트		굴	МГУ-1075	2050±250	

것으로 보기도 한다(주시홉스카야 2004: 190). 따라서 서남부유형으로 분리된 그룹이 전기, 중남부유형과 동남부 유형을 후기로 보아도 무리가 없을 듯하다. 말라야 포두세치카 유적에서 기원전 480±50년(보정연대 770~410BC)이라는 탄소연대가 검출된 바 있는데 이 연대가 중남부 유형을 대표하는 연대로 볼 수 있고, 발렌틴 유형은 이보다 약간 늦은 것으로 판단된다.

그러나 현재의 지역별 자료들이 시간성을 반영한다고 하여 얀콥스키 문화인들이 서남부에서 중부를 거쳐 동남부로 이동한 것으로 보는 것은 아니다. 앞서 언급한 바와 같이 중기의 특징적인 장각고배가 페스차느이 1 유적에서 이미 보이고 있고, 최근에 이 지역에서 바닷가와는 다른 패총을 동반하지 않는 내륙쪽 강가에서 유적들이 많이 확인되고 있기 때문이다[8]. 따라서 현재의 자료들은 지역성을 분명하게 보여주고 있지만, 이들은 오히려 시간성을 반영하고 있을 가능성이 높다. 따라서 지역유형보다는 1)페스차느이 유형, 2) 말라야 포두세치카 유형, 3) 발렌틴 유형 등으로 부르는 것이 좋을 듯하다.

여기서 유적의 편년과 관련하여 언급을 하지 않을 수 없는 문제가 철기와 관련된 문제이다. 앞서 기존 연구의 검토에서 언급한 바와 같이 이 문화에서 출토되는 주조철부를 중국 전국 말 또는 전한 초로 보는 것은 이러한 편년과는 전혀 맞지 않는다. 이는 얀콥스키 문화가 토기에서 신석기시대 말의 전통을 잇고 있고, 석기에서도 잔손질한 석기의 존재, 마제석기의 우세 등을 생각해보면 이 문화 특히 전기에 속하는 페스차느이 유형을 기원전 Ⅰ천년기 후반으로 보는 것은 무리가 따른다. 철기문제에 관해서는 아래에서 다시 논의하겠다.

2. 동시기 주변문화의 검토

얀콥스키 문화는 연구 초기부터 아무르 유역의 우릴 문화와 비교되어 왔다. 우릴 문화를 얀콥스키 문화의 기원으로 보기도 하며, 심지어 우릴-얀

8) 2007년 발굴된 바라바시 유적도 이 중 하나이며, 이 유적에 대한 유물양상은 이 지역 해안가 유적과는 차이가 있어 보인다. 보고서가 조속히 발간되기를 기대한다.

콥스키 문화로 부르기도 한다(데레비얀코 1973). 이 장에서는 이러한 연구사적 배경을 갖고 있는 우릴 문화를 비교해보고, 중국의 동북지역의 기원전 I 천년기 문화들에서 얀콥스키 문화와 유사성이 있는 문화가 있는지도 검토해 보기로 한다.

우릴 문화는 아무르 유역에서 가장 이른 초기철기시대 유적이다. 아무르강 중류에서 하류까지 폭넓게 분포한다. 최근 들어 비교적 활발히 조사가 이루어진 서 아무르 지역에서는 철제 칼, 주조철부 편들이 청동기 등과 함께 출토되었으며, 부킨스키 클류치에서 제철의 흔적도 발견되었다. 우릴 문화와 얀콥스키 문화에 대하여는 토기의 기형, 제작방법(홍의를 입히거나 마연), 장방형 석부, 골각기와 혈암제 석기, 비슷한 모양의 주거지 형태, 독특한 철제삽모양의 공구 등에서 유사성이 비교된다(데레뱐코 1973). 그러나 안드레예바는 우릴 문화의 주거지가 대형인 점, 우릴 문화에 주조철부가 없는 점[9], 토기 기형에서의 비율차이, 석기에서의 차이 등을 들어 차이점을 강조하였다(안드레예바 1986).

우릴 문화의 철기는 [도면 19]와 같다. 우릴 문화의 철기 역시 얀콥스키 문화에서처럼 많은 양은 아니다. 그러나 주조철부가 분명한 층위를 이루며 출토되었고, 이에 대한 분석 결과 유공부편은 탄소 함유량이 4.3%인 백색의 주철로 만들어졌음을 보여준다. 수히예 프리토키 유적에서 출토된 칼은 카라숙의 청동 칼을 모형으로 만든 독특한 철제 방제품으로 본다. 철제유물과 슬레그가 출토된 부킨스키 클류치 5층은 기원전 12~10세기로, 부킨스키 클류치 2 유적은 기원전 9세기 후반~기원전 8세기로 편년한다.

계속해서 추가되는 많은 방사성탄소연대와 아무르 중류에서는 그리 멀

9) 안드레예바가 두 문화의 차이점을 비교할 때에는 우릴 문화에서 주조철부가 발견되지 않았었다.

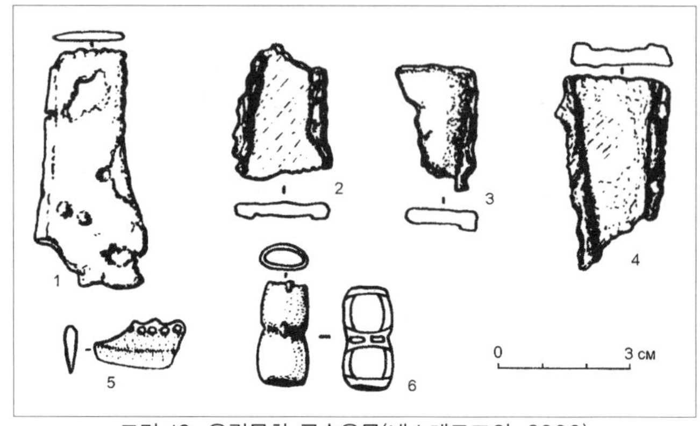

1 : 철제 칼
2~4 : 주조철부 편
5 : 청동도자편
6 : 청동편린

도면 19. 우릴문화 금속유물(네스테로프외, 2000)

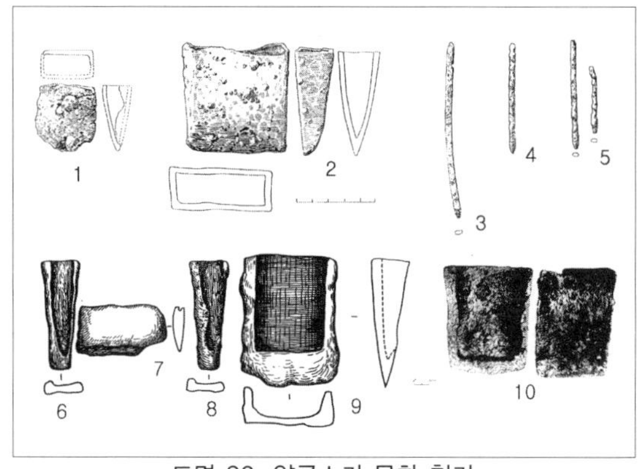

1,2 : 주조철부(페스차느이1)
3~5: 철심(페스차느이1)
6,7 : 굴지구편(말라야 포두세치카)
7,9 : 주조철부(말라야 포두세치카)
10 : 철부사진(말라야 포두세치카)

도면 20. 얀콥스키 문화 철기

지 않은 바이칼 지역과의 비교를 통한 편년의 정치화는 이 문화의 연대가 기원전 Ⅱ천기 초에서 기원전 Ⅰ천년기 전반임을 분명히 보여준다. 우릴 문화의 토기는 [표 21]과 같다. 우릴 문화의 토기는 유경호(Ⅰ-1, 2)와 외반구연호(Ⅰ-3) 및 광구외반구연호(Ⅰ-6)에서 유사성이 있다. 이들의 구순 형태에서도 양 문화의 유사성이 보인다. 목이 없는 토기 즉 발, 완, 접시 등의 기종구성에서도 유사성이 있다.

그러나 우릴의 특징적인 토기인 구형동체광구호와 등잔이 얀콥스키에는

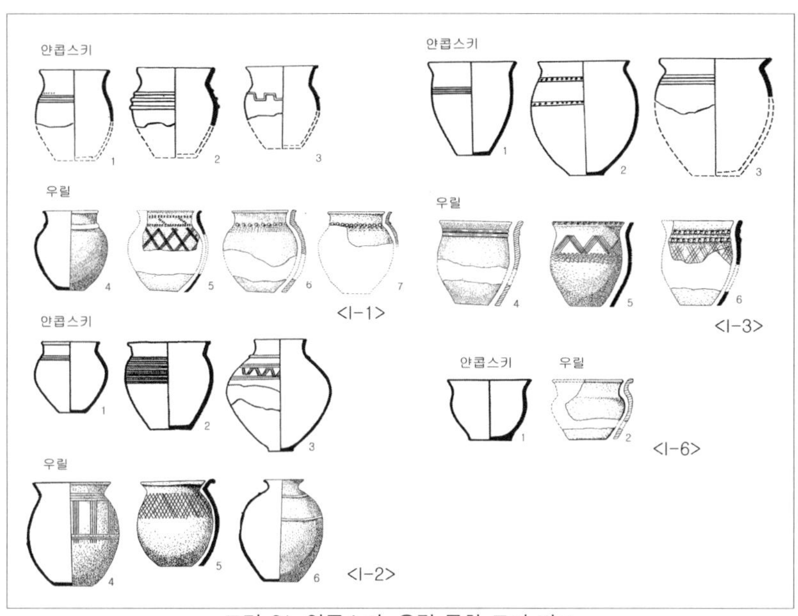

도면 21. 얀콥스키, 우릴 문화 토기 비교

I-1 : 장경호 I-2 : 단경호 I-3 : 외반구연호 I-6 : 광구외반구연호

보이지 않으며, 얀콥스키 문화의 고배가 우릴 문화에는 없는 등 차이점도 있다. 문양에 있어서는 문양 기법과 돌대문에서는 유사성은 보이지만, 우릴에서는 타날 격자문이 많은 반면 얀콥스키에는 없는 점도 차이이다. 따라서 두 문화를 하나의 문화로 간주하는 것은 무리가 따른다고 하겠다.

그러나 [도면 21]에서 보는 바와 같은 토기의 유사성은 향후 심도 있는 비교 연구의 필요성을 암시한다. 두 문화가 기원전 Ⅱ천년기 말에서 기원전 Ⅰ천년기 전반기에 아무르와 연해주에 있던 문화로 서로 교류의 가능성은 충분한 것으로 보인다. 이는 이후 아무르의 폴체 문화가 연해주로 남하하여 연해주의 폴체 문화를 형성하는 것에서도 두 지역의 발달된 수계(아무르, 우수리 강 등)를 통한 교류의 추정을 뒷받침한다(홍형우 2004). 따라서 연해주 얀콥스키의 주조철부는 우릴 문화의 주조철부와 분명한 관계

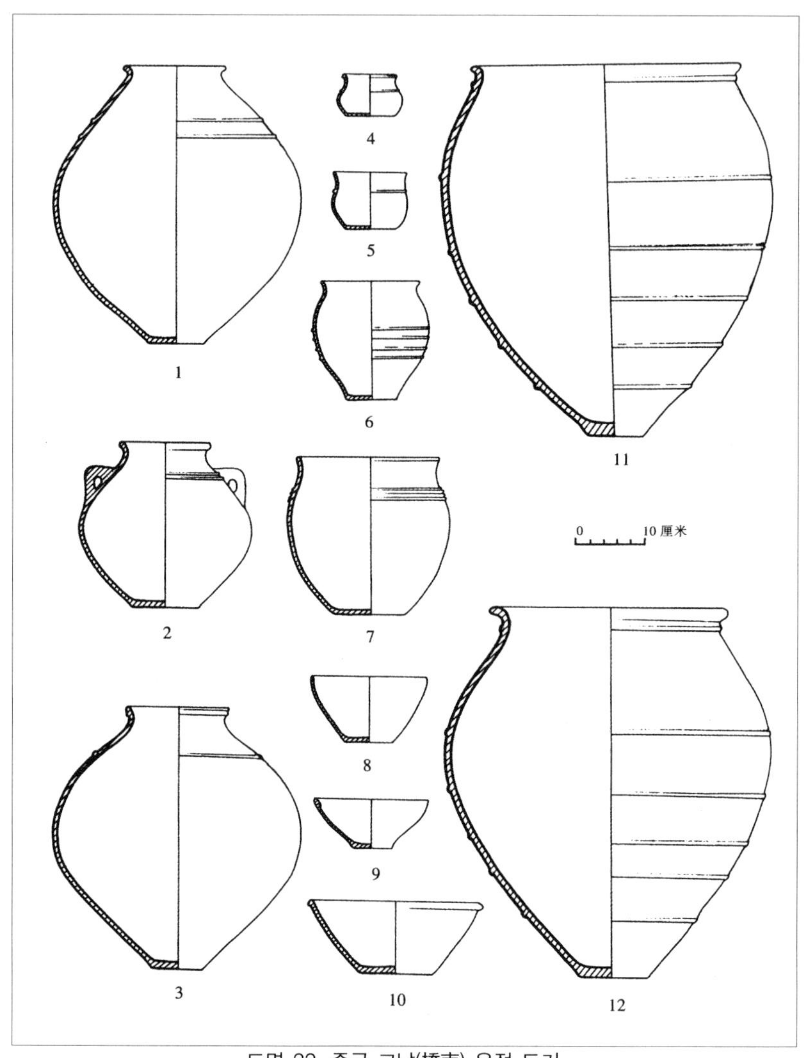

도면 22. 중국 교남(橋南) 유적 토기

가 있을 것으로 추정된다. 철기의 분석 등 양 지역의 비교연구가 절실하다.

이제 이 시기 중국의 동북지방 문화를 검토해보자. 송화강과 목단강 유역의 초기철기문화는 경화유형(慶華類型), 교남문화(橋南文化), 곤토령문화

(袞兎嶺文化), 풍림문화(風林文化), 동강유형(東康類型), 동흥유형(東興類型) 등이 있다(臼杵 勳 2004). 이를 유적별로 보면 송눈평원(松嫩.平原)에 11개소, 삼강평원(三江平原)에 16개소가 파악된다(王輝 외 2000).

이 중 필자가 파악하기로는 얀콥스키 문화와 유물상에서 유사성이 보이는 것은 교남(橋南)유적뿐이다. 교남유적은 목단강과 송화강이 합류되는 지점에 위치하는데, 1997년에 발굴되었다(王輝 외 2000). 유적은 3기로 대별되는데, 1기는 교남문화, 2기가 곤토령문화, 3기가 풍림문화이다. 교남문화의 토기는 호, 잔발 같은 기형, 돌대문을 위주로 한 문양, 환상파수, 적색채색문 등에서 얀콥스키 문화와 공통점이 있다. 반면 단경호 같은 기형은 우릴 문화와도 유사성을 보인다. 유적의 위치가 우릴 문화가 분포하는 아무르 강 유역과 얀콥스키 문화가 분포하는 연해주의 중간부분에 있어 양 문화와 교류한 것으로 보인다(臼杵 勳 2004: 57~59). 교남문화의 연대는 2400년 전 전후로 보고 있다(王輝 외 2000). 필자가 보기에 교남문화의 문양이 돌대문이 위주인 점은 얀콥스키 문화의 후기와 가까운 것으로 파악된다[도면 26].

V. 맺음말

이제까지 얀콥스키 문화에 대하여 고찰해 보았다. 이를 정리하면 다음과 같다.

얀콥스키 문화는 두만강 유역 나진 초도에서 연해주 동남부 발렌틴 유적까지 분포하는 초기철기시대 문화이다. 잘 알려진 발굴 유적으로는 나진 초도를 비롯하여, 슬라뱐카 1, 2, 페스차느이 1, 차파예보, 말라야 포두세치카, 발렌틴 유적을 들 수 있다. 철기는 페스차느이 1, 차파예보, 말라야 포두세치카, 바라바시 등 4개의 유적에서 주조철부를 비롯하여 40여 점이 출토되었다.

토기는 호형토기, 발 · 완류, 고배로 구분되며, 호형토기는 유견호, 외반구연호, 발형토기 등 7개의 형식으로, 발 · 완류는 발, 완, 접시 등 5개로, 고배는 장각고배(원통형, 종형)와 단각고배(완형배신, 접시형배신) 등으로 구분된다.

문양은 압인, 돌대, 압날, 채색의 기법으로 시문되었는데, 문양 모티브는 횡선문(선문 또는 돌대문), 횡선구획+지그재그, 수평 · 수직 혼합문, 뇌문 등으로 구분된다. 횡선문은 유종문, 점열문이 부분적으로 결합되는 경우가 많고, 횡선구획+지그재그 문에도 삼각, 능형, 화살표, 점열문 등이 부가되는 경우도 있다.

토기의 기형과 문양을 통해 얀콥스키 문화는 3개의 지방유형으로 구분된다. 서남부유형(페스차느이1, 슬랴뱐카 1,2, 차파예보)은 기종과 문양이 다양하며, 중남부 유형(올레니, 말라야 포두세치카, 페트로프)은 기종이 비교적 단순화하며, 호형토기가 장동화하고, 채색문이 소멸된다. 동남부 유형(발렌틴, 키예프카)은 기종이 더욱 단순하며, 문양은 수평선(주로 돌대문)이 거의 대부분을 차지하고, 지그재그문은 소량만 남는다. 이렇게 구분된 유적 그룹은 시간성도 반영하는 것으로 보이는데, 전기는 페스차느이 유형, 후기는 말라야 포두세치카와 발렌틴 유형으로 나뉜다. 최근의 연해주 지표 · 발굴 자료를 검토해보면 후기의 속성을 보이는 유물 · 유적들이 연해주의 동남부, 중남부 내륙에서도 출토되고 있어 기존 연구에서의 동남부에서 서남부로의 주민 이동보다는 생태환경에 따른 해안형과 내륙형의 차이가 보다 적극적으로 고려되어야 할 것이다.

연대는 방사성탄소연대와 주변 문화와의 유물의 비교를 통해, 대체로 기원전 8세기에서 기원전 5세기에 속한다. 그러나 상한은 우릴 문화와의 비교를 통해 더 올라갈 가능성이 있으며, 하한은 기원전 5세기로 추정된다.

얀콥스키 문화의 기원에 대하여는 뇌문과 홍도 등에서 자아사노프카 문화와 관련된 것으로 추정이 가능하며, 우릴 문화 및 교남 문화와의 적극적인 교류가 있었던 것으로 보인다.

그러나 본고에서는 고배에 대한 적극적인 검토를 하지 못하였다. 얀콥스키 문화에서 말라야 포두세치카 유적에서 출토되는 다량의 원통형 장각고배는 페스차느이 1 유적에서도 대각편이 보이며, 동남부 해안지역인 라조지구 소콜로프카 유적에서도 확인되었으나, 이를 중국 동북지역 등과 비교검토하지 못하였다. 또한 얀콥스키 문화와 크로우노프카 문화의 혼합형이라고 하는 아누치노 유형에 대하여도 분석하지 못하였다. 불로치카 유적 크로우노프카 주거지에서 얀콥스키 토기(돌대문 호형토기)가 출토되어 가능성은 있는 것으로 보이나, 보고서가 없어 정확한 상황을 파악하지 못하였기 때문이다. 향후의 과제로 돌린다.

| 참고문헌 |

국립문화재연구소

2004 『연해주 불로치카 유적Ⅰ』. 한·러공동발굴보고서.

2005 『연해주 불로치카 유적Ⅱ』. 한·러공동발굴보고서.

2006 『연해주 불로치카 유적Ⅲ』. 한·러공동발굴보고서.

2007 『연해주의 문화유적Ⅰ』.

강인욱

2007a 「두만강 유역 청동기시대 문화의 변천 과정에 대하여 -동북한 토기의 편년 및 주변 지역과의 비료를 중심으로」, 『한국고고학보』 62, 한국고고학회, 46~89쪽.

2007b 「연해주 초기철기시대 끄로우노브까문화의 확산과 전파」, 국가형성에 대한 고고학적 접근』 제31회 한국고고학전국대회, 529~558쪽.

金一圭

2006 「漢江 中,下流域의 中島式土器 編年小考」, 『石軒鄭澄元敎授停年退任記念論叢』.

2007 「한강유역 원삼국시대의 성립과정」,『원삼국시대의 한강유역』, 2007년도 제3회 서울경기고고학회 정기발표회.

김재윤

2007 「단결-끄로우노브까문화의 기원 -토기 비료를 자료로-」, 『국가형성에 대한 고고학적 접근』 제31회 한국고고학전국대회, 437~483쪽.

브로단스키(정석배 역)

1996 『沿海州의 考古學』, 학연문화사.

심재연

2007 「강원도 중도식토기 문화에 보이는 동북지방 요소」, 『국가형성에 대한 고고학적 접근』 제31회 한국고고학전국대회, 485~498쪽.

유은식

2006a 「두만강유역 초기철기문화와 중부지방 원삼국 문화」, 『숭실사학』 제19집.

2006b 「연해주 초기철기문화와 한반도 중남부지방과의 관련성 -끄로우노프까 문화를 중심으로-」, 『아무르 · 연해주의 심비』(한 · 러 공동발굴특별전 도록), 국립문화재연구소.

2007 「토기의 제작 기법으로 본 연해주와 강원도 자료 검토 -연해주 불로치까 유적 출토 토기자료를 중심으로-」, 『국가형성에 대한 고고학적 접근』 제31회 한국고고학전국대회, 511~528쪽.

이남규

1991 「연국철기고」, 『전국역사학대회발표요지』.

정석배

2007 「연해주의 초기철기문화와 한반도 -끄로우노브까 문화를 중심으로-」, 『오르도스 청동기문화와 한국의 청동기 문화』, 한국고대학회.

최몽룡

2006 『최신의 고고학 자료로 본 한국 고고학 · 고대사의 신연구』, 주류성.

홍형우

2006 「아무르강 유역 및 연해주의 철기시대」, 『아무르 · 연해주의 신비』(한 · 러 공동발굴특별전 도록), 국립문화재연구소.

2007 「연해주 초기철기시대의 연구 현황과 과제」, 『국가형성에 대한 고

고학적 접근』 제31회 한국고고학전국대회, 399~436쪽.

홍형우 · 강인욱

2004 「러시아 극동지역 철기시대 연구의 제문제 – 뽈쩨 문화를 중심으로 –」, 『동북아 청동기시대 문화 연구』, 주류성.

황기덕

1970 「두만강류역의 청동기시대문화」, 『고고민속론문집』 2, 사회과학출판사.

Subbotina A.

2005 『철기시대 한국과 러시아 연해주의 토기문화 비교연구 –경질무문토기를 중심으로–』, 서울대학교 대학원 문학석사학위논문.

2007 「연해주, 두만강유역, 영동 · 영서 지역의 생계경제에 대한 차이 연구」, 『국가형성에 대한 고고학적 접근』 제31회 한국고고학전국대회, 499~509쪽.

大貫精夫

1999 『東北アシア考古學』 世界考古學9, 동성사. –281쪽.

臼杵勳

1995 「オリカ文化의問題」, 『物質文化』 No.58, 20 · 31쪽.

2004 鐵器時代の東北アジア, 동성사, –319쪽.

村上恭通

1988 「東アシアの二種の鑄造鐵斧をめぐって」, 『たたら研究』 29.

後藤直

1982 「朝鮮の青銅器と土器 · 石器」時代」, 『森貞次郎博士古稀記念古文化論集』 福岡.

王輝 外

2000 『黑龍江考古文物圖鑒록』, 黑龍江人民出版社.

Андреев Г.И.

Побрержье южного Приморья в Ⅲ－Ⅰ тыс. до н.э.: Автореф. дис. ...канд. ист. наук М., 1959. (안드레예프 게.이., 1959, 『기원전 Ⅲ－Ⅰ 천년기의 연해주 남부 해안』, 박사학위논문 요약문, 모스크바 나우크.)

Андреев Г.И. Андреева Ж.В.

Отчет об археологиических исследованиях Прибрежгого отряда Дальневосточной экспедиции в Лазовском, Ольгинсом и Хасанском районах Приморского края. 1958. － Арх. ИА АН СССР, р－1. № 1777.(안드레예프 게.이, 안드레예바 줴.붸., 1958, 『라조, 올가, 하산지구 고고학조사 보고서』)

Андреев Г.И.

Отчет об археологических исследованиях в Лазовском, Ольгинсом и Хасанском районах Приморского края, произведенных Прибрежным отрадом Дальневосточной археологчекой экспедиции. 1959. －Арх. ИА АН СССР, р－1. № 1923.(안드레예프 게.이., 1959, 『라조, 올가, 하산지구 고고학조사 보고서』).

Андреев Г.И.

Отчет об раскопках в Приморье Прибрежного отряда Дальневосточной археологической экспедиции в 1960 г. －Арх. ИА АН СССР, р－1. № 2071(안드레예프 게.이., 1960, 『1960년 연해주 해안 발굴조사보고서』)

археологических исследованиях в Лазовском, Ольгинсом и Хасанском районах Приморского края, произведенных Прибрежным отрадом Дальневосточной археологчекой экспедиции. 1959. －Арх. ИА АН СССР, р－1. № 1923.(안드레예프 게.이., 1959, 『라조, 올가, 하산

지구 고고학조사 보고서』).

Андреева Ж.В.

Древнее Приморье. Москва, "Наука", 1970, −с. 148. (안드레예바 줴.붸., 1970, 『고대의 연해주』, 모스크바, "나우카".)

Андреева Ж.В.

Приморье в эпоху первобытнообщинного строя. Железный век. Москва, "Наука", 1977, −240с. (안드레예바 줴.붸., 1977, 『원시공동체사회 시기의 연해주, 철기시대』, 모스크바 "나우카".)

Андреева Ж.В.

Дьякова О.В., Раскопки могильника на поселении янковской культуры в колхозе им. Чапаева. −Арх. ИА АН СССР, 1973, р−1, № 5262.(안드레예바 줴.붸., 1973, 『차파예보 마을 얀콥스키 문화 취락유적의 고분 발굴』)

Андреева Ж.В.

Жущиховская И.С., Археологическое работы на поселении янковской культуры железного века Приморья в колхозе им. Чапаева в 1976 году. −Арх. ИА АН СССР, р−1, № 6244.(안드레예바 줴.붸., 1976, 『1976년 차파예보 마을에서의 연해주 철기시대 얀콥스키 취락유적에서의 고고학 조사』)

Андреева Ж.В., Жущиховская И.С., Кононенко Н.А.

Янковская культура. Москва 《Наука》, 1986, −216с.(안드레예바 줴.아., 주시홉스카야 이.에스., 코노넨코 엔.아., 1986, 『얀콥스키 문화』, 모스크바 "나우카".)

Болотин Д.П.

Михайловская культура в Западном Приамурье// Российский Дальний восток в древности и средневековье (открытия, проблемы, гипотезы). Владивосток, "Далнаука", 2005, -c 357-380. (볼로틴 에.엘., 2005, 「서부 아무르 유역의 미하일로프카 문화」, 『고대와 중세의 러시아 극동지역(개요, 과제, 가설)』, 블라디보스토크, "달나우카".)

Бродянский Д.Л.

Южное Приморье в эпоху освоения металла(Ⅱ-Ⅰ тыс. до н.э.). Автореф. дис. ... канд. ист. наук. Новосибирск, 1969. (브로댠스키 데.엘., 1969, 「금속시대의 연해주(기원전 Ⅱ-Ⅰ 천년기)」, 박사학위논문 요약문, 노보시비르스크.)

Бобринский А.А.

Гончарство Восточной Европы. Москва, "Наука", 1978, -c. 272.(보브린스키, 아.아., 1978, 『동유럽의 토기제작』, 모스크바, "나우카".)

Бродянский Д.Л.

Бронзовый век Приморья (синегайская культура). В кн. Палеометалл северо-западной части Тихого океана. Владивосток, 1982, -C 4-17. (브로댠스키, 에.엘., 1982, 「연해주의 청동기시대(시니가이문화)」, 『태평양 북서부의 고금속시대』, 블라디보스토크.

Бродянский Д.Л.

Введение в дальневосточную археологию. Владивосток, 1987, -276 c. (브로댠스키, 데.엘., 1987, 『극동 고고학 개론』, 블라디보스토크.

Бродянский Д.Л.

Археология приморья. Краткий очерк. Владивосток, 2004, -c. 88. (브로댠스키 데.엘., 2004, 『연해주의 고고학, 개요』, 블라디보스토크.)

Бродянский Д.Л.

Люди и проблемы дальневосточной археологии(очерки, эссе, статьи, доклады).

2004, Новосибирск, Издательство ИАЭ СО РАН, –с. 292.(브라댠스키 데. 엘., 2004, 『극동 고고학의 인물과 과제』, 노보시비르스크.)

Вострецов Ю.Е.

Типология железных предметов вооружения послелния Синие Скалы// Материалы по археологии Дальнего Востока СССР. Владивосток, 1981, –С. 26–34.(보스트레초프 유.예., 1981「시니예 스칼르이 유적의 철제 무기의 형식」, 『소련 극동 고고학 자료』, 블라디보스토크.)

Вострецов Ю.Е.

Взаимодействие морских и земледельческих адаптаций в бассейне Японского моря// Российский Дальний восток в древности и средневековье (открытия, проблемы, гипотезы). Владивосток, "Далнаука", 2005, –с 159–186. (보스트레초프 유.예., 2005, 「태평양 연안의 해양 및 농경 적응의 상호작용」, 『고대와 중세의 러시아 극동지역(개요, 과제, 가설)』, 블라디보스토크, "달나우카".)

Вострецов Ю.Е., Жущиховская И.С.

1987, Экологичекий фактор и заселение Приморья в железном веке // Местоды естественных наук в археологии. М. Наука. С.25~28.(보스트레초프 유.예., 주시홉스카야 이.에스., 1987, 「철기시대 연해주의 생태환경」, 『고고학에서의 자연과학적 방법』, 모스크바.)

Глушков И.Г.

Керамика как археологический источник. Новосибирск, 1996, –С. 328. (글루시코프 이.게., 1996, 『고고학 자료로서의 토기』, 노보시비르스크.)

Деревянко А.П.

Ранний железный век дальнего востока(курс лекций часть Ⅱ). 노보시비르스크, 1972, –С 275. (데레뱐코 아.페., 1972, 『극동의 초기철기시대

(강의자료 Ⅱ)』, 노보시비르스크.)

Деревянко А.П.

Ранний железный век Приамурья. Новосибирск, "Наука", 1973, – 354с. (데레뱐코 아.페., 1973, 『아무르유역의 초기철기시대』, 노보시비르스크, "나우카".)

Деревянко А.П.

Приамурье (1 тысячелетие до нашей эры). Новосибирск, "Наука", 1976, – 384 с. (데레뱐코, 아.페., 『아무르 유역(기원전 Ⅰ 천년기)』, 노보시비르스크, "나우카".)

Деревянко А.П.

Польцевская культура на Амуре. Новосибирск, ИАЭ СО РАН, 2000, – 68 с. (데레뱐코, 아.페., 2000,『아무르의 폴체문화』, 노보시비르스크.)

Дьяков В.И.

Приморье в эпоху бронзы. Владивосток, 1989. (디야코프 붸.이., 1989, 『청동기시대의 연해주』, 블라디보스토크.)

Дьяков В.И.

Многослойное поселение Рудная Пристань и периодизация неолитических культур Приморья. Владивосток, "Дальнаука", 1992. (디야코프 붸.이., 1992, 『다층위 주거유적 루드나야 프리스탄과 연해주 신석기시대』, 블라디보스토크, "달나우카".)

Дребущак В.А., Дребущак Т.Н., Мыльникова Л.Н., Хон Хен У, Болдырев В.В., Деревянко Е.И.

Результаты термогравиметрических и ренгеогавфических исследований древней керамики российского дальнего востока // Проблемы археологии, этнографии, анторполоии сибири и сопредельных мерритории. Том X часть

II, издательство института археологии и этнографии СО РАН нососибирск, 2004, -c. 215 · 217.(드레부삭 붸.아., 드레부삭 테.엔., 므일리코바 엘.엔., 홍형우, 볼드이레프 붸.붸., 데베뱐코 예.이., 2004, 「러시아 극동 고대토기의 열중량분석과 X선그래프분석 결과」,『시베리아민 주변지역의 고고학, 민족학, 인류학의 제문제』, 노보시비르스크.)

Жущиховская И.С.

Очерки истории древнего гончарства Дальнего Востока России. Владивосток, 2004, -C. 312. (주시홉스카야 이.에스., 2004, 『러시아 극동지역 고대 토기생산의 역사 개론』, 블라디보스토크.)

История Дальнего Востока СССР с древнейших времен до XVII века. Москва, "Наука", 1989, 375. (『소련 극동의 역사 -고대부터 17세기까지-』, 1989. 모스크바.)

Клюев Н.А.

2006, Анучинский район Приморского края в древности и средневековье. Владивосток. -c 120(클류예프 엔.아., 2006, 『고대와 중세의 연해주 아누치노』, 블라디보스톡.

Коломиец С.А.

Керамический комплекс многослойного памятника Сенькина Шапка// История и археология дальнего востока - к 70-летию Э.В.Шавкунова. Владивосток, 2000, -c 49-52. (콜로미예츠 에스.아., 2000, 「센키나 사프카 다층위 유적의 토기 복합체」, 『극동의 역사와 고고학 - 사프쿠노프 탄생 70주년 기념』, 블라디보스토크.)

Коломиец С.А.

Памятники польцевской культурной общности Юга Дальнего Востока России//

Российский Дальний восток в древности и средневековье (открытия, проблемы, гипотезы). Владивосток, "Далнаука", 2005, -с 381-393. (콜로미예츠 에스.아., 2005, 「러시아 극동 남부지역의 폴체 문화 공동체의 유적들」, 『고대와 중세의 러시아 극동지역(개요, 과제, 가설)』, 블라디보스토크, "달나우카".)

Конькова Л.В.

Бронзолитейное производство на юге Дальнего Востока СССР(рубеж Ⅱ-Ⅰ тыс. до н. э.-ⅩⅢ век н. э.). Ленинград "Наука", 1989, -С. 124. (콘코바 엘.붸., 1989, 『소련 극동지역 청동주조 생산(기원전 Ⅱ-Ⅰ 천년기에서 13세기까지)』, 레닌그라드, "나우카".)

Корткий А.М., Плетнев С.П., Пушкарь В.С. Гребенникова Т.А. Разжигаева Н.Г., Сахебгареева Е.Д., Мохова Л.М.

Развитие природной среды юга Дальнего Востока(поздний плейстоцен - голоцен). 1988, М. : Наука(코르트키외, 1988, 『극동지역 남부 자연(플레이토센 말에서 홀로센)』)

Кузьмин Я.В., Коломиец С.А., Орлова Л.А., СулерзицкийЛ.Д., Болдин В.И., Никитин Ю.Г.

Хронология культур палеометалла и средневековья Приморья(Дальний Восток России)// Археология и социокультурная антропология Дальнего Востока и сопредельных территорий(материалы XI сессии археологов и антропологов Дальнего Востока). Благовещенск, 2003. -с. 156-164. (쿠즈민 야.붸. 외, 2003, 「연해주 고금속과 중세 문화의 연대기」, 『극동과 주변지역의 고고학과 사회문화인류학(극동 고고학과 인류학의 10차 회의 자료)』, 블라고베센스크.)

Мартынов А.И.

Археология. Москва, 2000, –С. 440. (마르트이노프 아.이., 2000, 『고고학』, 모스크바.)

Мыльникова Л.Н., Нестеров С.П.

Талаканская культура раннего железного века в Заподном Приамурье// Российский Дальний восток в древности и средневековье (открытия, проблемы, гипотезы). Владивосток, "Далнаука", 2005, –с 357–380. (므일리코바 엘.엔., 네스테로프 에스.페., 2005, 「서부 아무르 유역의 초기 철기시대 탈라칸 문화」, 『고대와 중세의 러시아 극동지역(개요, 과제, 가설)』, 블라디보스토크, "달나우카".)

Мыльникова Л.Н., Нестеров С.П.

Михайловстая культура и ее происхождение// Российский Дальний восток в древности и средневековье (открытия, проблемы, гипотезы). Владивосток, "Далнаука", 2005, –с 394–408. (므일리코바 엘.엔., 네스테로프 에스.페., 2005, 「미하일로프카 문화와 그 기원」, 『고대와 중세의 러시아 극동지역(개요, 과제, 가설)』, 블라디보스토크, "달나우카".)

Нестеров С.П., Гребенщиков А.В., Алкин С.В., Болотин Д.П., Волков П.В., Кононенко Н.А., Кузьмин Я.В., Мыльникова Л.Н., Табарев А.В., Чернюк А.В.

Древности Буреи. Новосибирск, 2000, –С. 352. (네스테로프 에스. 페. 외, 2000, 『고대의 부레야』, 노보시비르스크.

Окладников А.П.

Далекое прошлое Приморья. Владивосток, 1959, –с. 292.(오클라드니코프 아.빼., 1959,『연해주의 먼 과거』, 블라디보스토크.)

Окладников А.П.

Древнее поселение на полуострове песчаном у владивостока(материалы к древней истории дальнего востока). москва, 1963, -С. 355. (오클라드니코프 아.페., 1963, 『블라디보스토크 페스차느이 반도의 고대 주거유적』, 모스크바.)

Окладников А.П.

Из истории изучения древнийшего прошлого Приморья. - В кн.: Материалы по истории Сибири. (Древняя Сибирь: Вып. 1). Новосибирск, 1964. (오클라드니코프 아.페., 1964, 「고대 연해주 역사 연구」, 『시베리아 역사 연구(고대 시베리아 1)』, 노보시비르스크.)

Окладников А.П., Бродянский Д.Л.

Многослойное поселение Олений1 в Приморье. -АО -1967. М., 1968(오클라드니코프, 브로댠스키, 1967, 『연해주 다층위 취락유적 올레니1』)

Окладников А.П., Бродянский Д.Л.

1984, Кроуновская культура // Арехеология юга Сибири и Дальнего Востока. Новосибирскю С. 100-101.(오클라드니코프 아.페., 브로댠스키 데.엘., 1984, 「크로우노프카 문화」, 『시베리아와 극동의 고고학』, 노보시비르스크.)

Окладников А.П., Деревянко А.П.

Далекое прошлое Приморья и Приамурия. Владивосток, 1973, -с. 440.(오클라드니코프 아.페., 데레뱐코 아.페.,『연해주와 아무르의 먼 과거』, 블라디보스토크)

Яншина О.В. Клюев Н.А.,

Поздний неолит и ранний палеометалл Приморья: Критерии выделения и характеристика археологических комплексов// Российский Дальний восток в древности и средневековье (открытия, проблемы, гипотезы). Владивосток, "Далнаука", 2005, -с 187-233. (얀시나 오.웨., 클류

예프 엔.아., 2005,「연해주 후기 신석기와 초기 고금속시대: 고고학 복합체의 분기 기준과 성격」,『고대와 중세의 러시아 극동지역(개요, 과제, 가설)』, 블라디보스토크, "달나우카".)

Эпоха бронзы лесной полосы СССР. – М.: Науна, 1987. С.353–355, 421–423.(『소련 산림지대의 청동기시대』, 모스크바.)

〈Abstract〉

The Appearance and Development of the Iron Culture in Tumen River Basin and a Coastal Province

-Centering on the Yankovskij culture-

Hyeong-woo Hong

(National Research Institute of Cultural Heritage)

The Iron Age culture of Primorie region has originated from the Yankovskij culture. At a time in the past, it was widely known and discussed that the Yankovskij culture was a coastal culture accompanied by shell mounds; yet the culture has started to be discovered from inland regions as well recently. Earlier appearance of ironware prior to any other surrounding regions including China drew attention to this culture, and an existing skepticism in reference to the issue of the commencement of ironware calls for an in-depth reassessment. Lately, quite a few relics including nine findings of ironware excavated from one dwelling site have been investigated and explored by a collaborative effort between Korea and Russia. Hence it is possible for us to inquire newly into the culture along with the research data obtained in the past.

The Yankivskij culture is classified into three local types according to the pattern and the deformation of ancient pottery. To begin with, a southwestern type (Peschanij 1, Slavanka 1,2, Chapaevo) diversifies its class and pattern. A type of central and south region (Oleni, Malaya Podushechika, Petrov) relatively simplifies its class, introduces the tall and slender pottery in arc forms, and vanishes its coloration. A southeastern type (Balentin, Kievka) simplifies its class even more, and the pattern of horizontal strapwork around the pottery vessel is chiefly used while the pattern moving in a zigzag manner remains only a small quantity. Such different groups of historic relics do not only reflect a region, but they also reflect a period; the former term representing Peschanij type and the latter term representing Malaya Podushechika and Balentin types. As we closely examine a data of Primorie's survey and excavation of late, it is emphasized that vestiges of Primorie, which seem to have attributes possessed by the latter period, have been excavated from the southeastern and the central and southern inland regions too. Consequently, we ought to pay more attention to the difference between coastal and inland regions in accordance with ecological conditions than to the mobility of dwellers from southeastern to southwestern regions as discussed in previous studies.

Meander and pottery made from red clays enable us to presume that the origin of the Yankovskij culture is related to the culture of Zaicanovka. In case of ironware, the culture is connected to that of Uril. In addition, it seems to have maintained the active cultural exchange among the culture of Uril and Qiaonan in China from the evidence of similarity found in relics such as pottery. With the assistance of a radiocarbon dating method or simple comparisons to other cultures, we can establish the time frame of the Yankovskij culture as from 8th century B.C. to 5th century B.C..

National Identity and Prehistory

- Case studies of Megalithic Monuments in World Heritage Sites of England, Scotland, Ireland and South Korea* -

Sun Woo Kim**

〈국문 요약〉

본고의 목적은 세계유산목록에 등재된 4곳의 선사시대 거석 기념물유적, 즉, 잉글랜드(England)의 스톤헨지, 에이브버리와 관련 유적지들[Stone

* 이 논문은 런던대학교 (University of London), University College London (UCL) 소속인 고고학 연구소 (Institute of Archaeology)의 고고유적경영 (Managing Archaeological Sites) 과정의 석사논문으로 2007년도 9월에 제출된 것을 고고학 연구소로부터 허가를 받아 게재한 것입니다.
** 옥스포드대학교 고고학과 박사과정

henge, Avebury and Associated Sites(1986)], 아일랜드(Ireland)의 보인계곡에 위치한 고고학적 복합체[Archaeological ensemble of the Bend of the Boyne(1993)], 스코틀랜드(Scotland)[1)]의 신석기시대 오크니섬 [Heart of Neolithic Orkney(1999)], 그리고 한국의 고창, 화순, 강화의 고인돌유적[Gochang, Hwasun, and Ganghwa Dolmen Sites(2000)]의 사례연구를 바탕으로, 국가의 정체성과 선사유적과의 상관관계를 살펴보고, 고고학 유적의 바람직한 운영과 활용방안을 모색하는 데에 있다. 국제 연합 교육 과학 문화 기구(UNESCO: The United Nations Educational, Scientific and Cultural Organisation)가 1972년의 "세계문화유산 및 자연유산 보호협약"에 따라 각국의 문화유산을 세계유산으로 지정함에 있어서, 국가 정체성을 강조할 의도가 없었음에도 불구하고, 결과적으로 각국이 자국의 유적을 세계유산목록에 등록시키는 과정에서, 자국의 역사적, 정치적, 경제적 특수성을 바탕으로 한 정체성을 부각시키는 결과를 초래하였다고 생각한다. 선사문화유산의 경우에도 이러한 경향이 해당되는지를 살펴보기 위해, 첫째, 정부가 유네스코에 제출한 서류들과 국제기념물유적협의회(ICOMOS : International Council on Monuments and Sites)에서 규정한 세계유산 자격의 기준을 비교 검토하였고, 둘째, 각 유적지의 운영관리계획안 (Management Plan)을 비교 검토하여, 세계유산으로 지정된 이후, 유적에 대한 운영관리 과정에서 각 정부의 방침과 시각이 어떻게 변화되어 갔는지를 고찰하였다. 그 결과, 국가 정체성과 선사시대 세계유산과는 각 국가가 직면했던 역사적, 정치적 맥락과 깊은 상관관계가 있음을 알 수 있었는데, 즉,

1) 잉글랜드와 스코틀랜드는 현재 영국 (The United Kingdom) 이라는 한 정부에 포함되나, 스코틀랜드의 경우, 1707년 이전에는 독립된 국가로서, 현재에도 강한 문화적 정체성을 가지고 있기에, 팀 윌리암스 (Mr. Tim Williams) 지도교수의 권유로 따로 살펴보게 되었다.

식민 경험이 있었던 스코틀랜드, 아일랜드, 그리고 한국의 경우는 선사유적을 통해 자국의 정체성을 확인하는 것에 초점을 맞추고 있었으며, 제국주의의 경험을 가진 잉글랜드는 정체성의 확립보다는 선사문화를 어떻게 교육 · 문화적으로 활용하여, 자국민의 문화적 수준을 높임과 동시에 문화국으로서의 이미지를 강화하여, 많은 관광객들이 그들의 문화유산을 찾아오게 함으로써 발생되는 경제적 효과까지도 고려하고 있음을 알 수 있었다. 결론적으로 말하자면, 앞으로 세계에 한국 선사 유적을 비롯한 역사와 문화를 제대로 알리기 위해서는, 고고학계가 고고학의 이론적 발전을 추구함과 동시에 고고학유적의 바람직한 활용방안의 모색에도 적극적인 관심을 기울여야 할 것으로 사료된다.

Ⅰ. Introduction

After the Second World War, the world underwent several socio-political changes. Each country had experienced quite different socio-political processes according to their former historical situations. As Trigger indicated in his article, 'Alternative archaeologies: Nationalist, Colonialist, Imperialist', the questions and answers of prehistoric archaeologists are inclined to depend on changing social circumstances (Trigger 1984: 355). This position is applicable to the question of identity. The construction of identity is often reconsidered relative to the political and social changes taking place at the time (Jones and Grave-Brown 1996: 1). In particular, the matter of identity is not only of concern to the colonizer countries, the topic of national identity is considered a delicate and subjective issue, particularly, in the archaeology of the countries, which have experienced colonization.

In addition, as the issue of national identity has been raised with the development of the World Heritage Lists by UNESCO, I would like to review how the selection of sites as suitable for inscription on the World Heritage list has been influenced by the state parties responsible for heritage or countries in which the sites are located. In specific, this dissertation will explore the relationships between national identity and the prehistoric sites inscribed upon the UNESCO World Heritage Lists. It will be argued that, although the connection is rarely mentioned, we can infer a link between the two in some countries through analyzing the historical, political, educational, and economic aspects at play when the sites status are debated. Although there is no intention to bolster national identity when UNESCO and ICOMOS designate prehistoric sites as suitable for inscription on the World Heritage Lists, we can infer and discover some relationships between the development of national identity and listed prehistoric sites in the nomination documents and Management Plans by examining this evidence in its historical, political, educational, and economic contexts.

In order to investigate this relationship, I will firstly examine the origin and definition of the terms "nation, national identity and cultural identity", this will be followed by an overview of the theories that underpin current debates about nationalism, post-colonialism and archaeology and how they interrelate; I will also examine the advent of the importance of cultural heritage management in Archaeology, as a response to UNESCO' s confirmation of World Heritage status upon important cultural and natural sites in the world.

The third chapter will present four case studies of megalithic monuments inscribed on World Heritage Lists, which are located in England, Scotland, Ireland and South Korea. The aims of this research are to examine the relationship between national identity and prehistory. In particular, to explore how each government or organisation considers their prehistoric sites, to enquire how governments manage each heritage site, and to investigate how governments/heritage organisations interpret their prehistoric sites. In addition, the objective of this examination is to explore the purposes and reasons why state parties choose and nominate prehistoric sites to the World Heritage Lists and to investigate the consequences surrounding these designations of World Heritage status to enhance national self-perception and identity. I will concentrate on a methodology comprised of a comparative approach, firstly between documents produced when state parties nominate sites to the WH lists and the criteria of WH status as defined by ICOMOS, secondly, between original management plans and present management plans for designated sites. These are described accordingly from site to site in order of their years of inscription on the World Heritage Lists. The order will be as follows: England, Ireland, Scotland and South Korea.

In the fourth chapter, on the basis of the previous analysis of documents and Management Plans, the research will pursue what similarities and differences there are amongst the four case studies, and also will examine the reasons why and how each state party or organisation has adopted different ways to express their concept of national identity, which itself is conditioned by a country' s historical, political, social, economic and cultural background. For example, in the case of England, the main focus is on the educational and economic interpretation of a site in contrast, to Ireland, Scotland and South Korea, where stress is on the historical and political aspects of the interpretation.

Finally, in chapter five, there is a summary of my research where I make some recommendations for the future directions that could be adopted by state parties/ heritage organizations in their interpretations of sites and the significant role that archaeologists must play within the process of identity construction through heritage.

II. Current issue- National Identity and Prehistory

After imperialism and colonialism, there have been great concerns about nationalism as a concept. This matter has been discussed not only in relation to political capital and economic consolidation but also with regards to cultural leadership (Worsley 1994: 1040). In consequence, over the past few decades, a considerable number of studies have been conducted on the relationship between nationalism and archaeology.

As the first step of my dissertation, I will consider the notion of nation, national identity and cultural identity in this chapter.

1. The notion of the Nation, Nationalism and National Identity

In order to examine this concept, we have to look back at the history of Europe. Although it has been considered that the concept of nation developed from the 'Treaty of Westphalia' in 1648 in order to end the Thirty Years' War and the Eighty Years' War in Europe (Fryer 2005), according to the Worsley' s article 'The nation state, colonial expansion and the contemporary world order' , the modern conceptualizations about nation, and the connection between the nation and state were new thoughts (Worsley 1994: 1057).

Two centuries ago, on the whole, European countries had become nation states. In Europe, through the process of monarchy, absolutist monarchs and the colonial expansion of European (ibid), 'the state and nation are congruent' (Gellner 1983: 1). On the other hand, at that time, other parts of the world went their own way. For example, China and Turkey maintained their great empires and there were some stateless societies in the Caribbean (Worsley 1994: 1041). It has been argued that the process of European expansion, such as, the increase of the spice trade, the conquering of Latin America for gold, silver, spices and slaves, colonialism and global imperialism, stimulated the formation of the nation all over the world (ibid). From Woreley' s point of view, it is economic pursuit that underpinned the emergence of the nation.

In addition, with the growing power of bourgeoisies, there developed a political consciousness that manifested itself in the bourgeois revolutions of the seventeenth century against the tyranny of monarchy and then, an attempt to build a civil society, that is, 'the interests of society were to be decided by the general will: the aggregate of the individual wills of all citizens. But for these choices to be based on reason, education was needed.' (ibid: 1057) As a result, the equal and proper education of citizens began to emerge. A good example of this was that every school for children in each state tended to have one curriculum and used the same text books nationally. Gellner (1983) also indicates that 'nationalism arises from modern society's need to produce what he calls 'effective citizens' (quoted in Tierney 1996: 15). The creation of 'effective citizens' is on the basis of a national education system by way of a common language (Tierney 1996: 15-16). In this way, at the beginning of the formation of nationhood, language became a key factor for the transmission of the concept of collective identity and culture.

This point is also indicated by Stalin (1912). According to his definition, 'a nation is a historically-evolved, stable community of language, territory, economic life and political make-up manifested in a community of culture' (quoted in Hobsbawm 1990: 5). As people speak the same or related language, they can share their social memory. Myths and history enable people to bind the collective together in a society and to situate themselves in time and space. They explain their distant past to them through heroic events. Furthermore, they offer the basis for belief systems and ideologies.' (Dennell 1996: 23) Besides language, the concept of place and territory is important. This point is related to the stress placed upon the concept of ethnicity at the end of twentieth century in the field of archaeology. This will be dealt with on page twelve.

2. Postcolonialism

Moving on to the case of colonies in the first half of the twentieth century, the identity of citizens in European societies was transferred to national identity in former colonies. This concept allowed new nations to be formed by former colonies and for the pursuit of independence movements (Worsley 1994:1057). After independence, these countries' major preoccupations were with political decolonization and then, during the Cold War period, some formed into a bloc, which is a global grouping. After the 1950's a new term was coined, it being the 'Third World' (ibid: 1062-3). This means 'the developing countries of Asia, Africa, and Latin America and this was first applied in the 1950s by French commentators who used tiers monde to distinguish the developing countries from the capitalist and Communist blocs' (Oxford 2003). The Third world realised that it had to counter/engage with not just the political power of foreign countries, but also with the economic influence of multinational corporations (Henderson 1989). These external influences have encouraged the developing countries to recover their consciousness.

3. After the Cold War – the rise of ethnic identity

Turning now to the European situation once more, the eruption of conflicts after the subsequent collapse of the Soviet Union can be attributed to the ideologies of nationalists (Tierney 1996: 13). According to Tierney, 'Nationalism is not simply the expression of an innate human need to belong. It is ideologically constructed. Furthermore, there is not a single 'nationalism'. Individual manifestations of nationalism are geographically, socially and historically specific.' (Tierney 1996: 13) Not long ago, as the situation of Europe was altered by the cessation of the Cold War, nation states had been rebuilt on the base of ethnic identity, although the nationalism of the Scottish Nationalist Party adheres to a concept, which is based on terrain rather than ethnic identity (Banks 1996: 1-3).

4. The reason for the importance of ethnicity

With regard to the Greek terminology, ethnos, is translated as 'nation', or place of birth. Therefore, ethnos implies the concept of attachment not only to a group, but also to a place (Banks 1996: 2). An ethnic group is formed through sharing belief systems and practices, such as, religion, language, culture and so on. In other words, Ethnic identity exists at the cultural level.

Whereas nationality can be changed easily, ethnic identity is more difficult to change because of its archetype for group associateship (ibid: 5-6). Amory indicated that ethnicity is a demonstration of group self-consciousness on the basis of shared characteristics, which is created through myth and consolidated through encounters with other groups. The most important thing to bear in mind is that the main criterion for ethnic identity is entirely people' s recognition of the difference of ethnicity' (Amory 1993: 4). Kedourie stresses the characteristic of inventedness about nationalism, archaeologists pay attention to the interpretation of ethnicity, because as Dennell indicates 'archaeology, in particular, can supply the most visual, accessible and long-standing evidence of a people' s perceived identity and is clearly crucial in helping to shape and endorse their sense of ethnos' (Dennell 1996: 24).

5. The advance of cultural identity

Since 1989 there has been a movement towards European Unification that has brought about various shifts in identities at a local, ethnic, national and Europe-wide level (Jones and Graves-Brown 1996: 1). The strict concepts of identity and culture advocated through European history raise doubts about the harmony of the constructions of a European identity and bring into question the possibility of the formation of a pluralistic and culturally diverse Europe (ibid: 19-20). As the world situation has changed, it now demands a change in the theory and interpretation of this worldwide phenomenon of diversity and the application of archaeology to such matters. At this point, I will briefly look at why European archaeologists have shifted their focus from national identity to cultural identity following the development of ethnic identity.

6. Theories of Cultural Identity

Jones and Graves-Brown have examined and edited articles about cultural identity and archaeology. According to them, during the first half of the twentieth century, a considerable number of scholars dealt with ethnic and national groupings through such concepts as internal homogeneity, historical continuity, objective definition, each grouping of which has their distinctive languages, cultures, and races. These perspectives have been related to the development of culture-historical archaeology. As a result, archaeologists tended to attempt to identify the origins and distributions of specific ethnic groups. In many cases, cultural history has promoted the genealogical linkages for modern national and ethnic groups which give political legitimacy and bolster their identity awareness (1996: 4)

Continuously, Jones and Grave-Brown argue that during the second half of the twentieth century, following the development of social sciences, the research about human sciences has became the main topic instead of the point of view, such as, nationalism and ethnicity are natural products/processes. As a consequence, several general trends of theoretical perspectives can be identified. In particular, archaeologists and anthropologists in Western Europe and North America raised questions about monolithic and objective cultural groups (ibid: 5).

As mentioned above, instead of linguistic and cultural elements as the determinative criteria of ethnic groups, specific economic and political interests have become critical factors to define a group identity. In addition, although the difference between nations and ethnic groups is made unclear in social theory, it is commonly asserted that 'nations' are characterized by political self-determination within their sovereign state. In spite of this, as Anderson (1983) has indicated, nations are 'imagined communities', they are subjective notions rather than objective ones (Jones and Grave-Brown 1996: 6).

These theoretical perspectives of the constructed and subjective characteristic of ethnic and national identities are also applicable to historical and cultural identity. In comparison with nationalist declarations, they insist that group histories are constructed through selective recall of the past and are reproduced in the public consciousness (Danforth 1993). Therefore, archaeologists should be aware of the attempts of 'modernist phantasies' (Fitzpatric 1996). He argues that even through important critiques such as the notion of 'the Celts' and the La T?ne 'culture' these still demand an explanation and cultural identity may contribute an important depth to the discussion (Jones and Grave-Brown 1996: 6-7).

7. The concern of Prehistory

In the last two decades, archaeological interpretation has been influenced by socio-political circumstances (Shennan 1989; Ucko 1987, 1995). Jones and Grave-Brown indicated that due to the process of the formation of the European Union, European scholars have tended to need to locate a unified European culture and identity from the past. As a result, they have identified the prehistoric period, such as the Bronze Age and the Celtic Iron Age as prototypes, which represent Western civilization, characterized by the introduction of bronze metallurgy, the trade of raw materials, and the emergence of full-time craftworkers. Crucially the Council of Europe selected the Bronze Age as 'the first Golden Age of Europe', perhaps mirroring their own political ambitions for the organization of the continent. However, Archaeologists need to identify and stress that European archaeological data has been composed of multiple elements (Jones and Grave-Brown 1996: 12-17). This perspective is not just restricted to the Europeans past.

8. Plurality and Multiculturalism in Prehistory

In order to explore the diversity of World' s past, archaeologists must bear in mind that when they confront the situation of interpreting past cultural identities, they must try to avoid monolithic concepts of identity and culture. In addition, as Dennell pointed out when he concurred with Eric

Hobbawm' s opinion, he tried 'to challenge what we see as the bogus or contrived; to project alternatives; to demand impartiality; and, above all, to help contain the extremist forces threatening both national and international stability. There are no easy answers, but the first need is to recognize the problems' (Dennell 1996: 33).

Ⅲ. Case studies

So far, historical background of nations, national identity and the relationship between prehistory and cultural identity have been investigated. Although during the last few decades, archaeologists tried to maintain their theoretical approaches by keeping their distance from political influence, I will argue that in the practical fields of archaeology, in particular, which need interpretation, presentation and education, national identity has still played an important role. In this chapter, I will explore four World Heritage Sites, namely, Stonehenge, Avebury and Associated Sites (1986), and the Heart of Neolithic Orkney (1999) in the United Kingdom of Great Britain and Northern Ireland, the Archaeological ensemble of the Bend of the Boyne (1993) in Ireland, and the Gochang, Hwasun and Ganghwa Dolmen Sites (2000) in the Republic of Korea.

As mentioned before, the aims of this chapter are to examine the relationship between national identity and prehistory, to explore how each government or organisation consider their prehistoric sites, to enquire how governments manage each heritage site, and to investigate how governments interpret their prehistoric sites. In addition, the objectives of this writing are to explore the purposes and reasons why state parties or local communities chose and nominated their prehistoric sites, especially megalithic monuments, to World Heritage Lists and to investigate the consequences about the designation of the World Heritage Lists to enhance national pride and identity.

I will concentrate on comparison as my methodology, firstly, between documents when state parties nominated to the World Heritage lists and the criteria of The International Council for Monuments and Sites (ICOMOS), secondly, between original management plans and present management plans. These are described according to site by site in order by the designated years as the World Heritage lists. It will be in the order: England, Ireland, Scotland, and South Korea.

1. Brief description of sites

a. Stonehenge, Avebury and Associated Sites (1986)

'Stonehenge and Avebury, in Wiltshire, are among the most famous groups of megaliths in the world. The two sanctuaries consist of circles of menhirs arranged in a pattern whose astronomical significance is still being explored. These holy places and the nearby Neolithic sites are an incomparable testimony to prehistoric times.' (http://whc.unesco.org/en/list/373)

State Party: United Kingdom

b. Archaeological ensemble of the Bend of the Boyne (1993)

'The three main prehistoric sites of the Br? na B?inne Complex, Newgrange, Knowth and Dowth, are situated on the north bank of the River Boyne 50 km north of Dublin. This is Europe' s largest and most important concentration of prehistoric megalithic art. The monuments there had social, economic, religious and funerary functions.' (http://whc.unesco.org/en/list/659)

State Party: Ireland

c. Heart of Neolithic Orkney (1999)

'The group of Neolithic monuments on Orkney consists of a large chambered tomb (Maes Howe), two ceremonial stone circles (the Stone of Stenness and the Ring of Brodgar) and a settlement (Skara Brae), together with a number of unexcavated burial, ceremonial and settlement sites. The group constitutes a major prehistoric cultural landscape which gives a graphic depiction of life in this remote archipelago in the far north of Scotland some 5,000 years ago.' (http://whc.unesco.org/en/list/514)

State Party: United Kingdom

d. Gochang, Hwasun and Ganghwa Dolmen Sites (2000)

'The prehistoric ceremonies at Gochang, Hwasun, and Ganghwa contain many hundreds of examples of dolmens - tombs from the 1st millennium

B.C. constructed of large stone slabs. They form part of the Megalithic culture, found in many parts of the world, but nowhere in such a concentrated form.' (http://whc.unesco.org/en/list/977)

State Party: Republic of Korea

2. Different perspective between State Party and ICOMOS

In this part, I would like to compare the different viewpoints between State Party and ICOMOS through the investigation of nomination documents by government and ICOMOS criteria for decisions.

First of all, let us begin with Stonehenge, Avebury and Related Sites in England (1986). According to the justification by State Party, the reasons why UK government nominated to the World Heritage Sites is that, firstly, they are represented the 'Neolithic civilization in Britain, which are constituted of hundreds of circular megalithic associations. Secondly, those are the best well known sites in Britain. Thirdly, through not only Stonehenge and Avebury itself, but also a number of satellite sites located near them, we can better understand them in their landscape (http://whc.unesco.org/archive/advisory_body_evaluation/373.pdf).

On the other hand, ICOMOS recommended Stonehenge, Avebury and Related Sites on the on the basis of criteria I and III and eventually criterion II (Appendix 1). Those are that the first one is 'to present a masterpiece of human creative genius', second one is 'to exhibit an important interchange of human values, over a span of time or within a cultural area of the world, on developments in architecture or technology, monumental arts, town-planning or landscape design', the third one is to bear a unique or at least exceptional testimony to a cultural tradition or to a civilization which is living or which has disappeared' (http://whc.unesco.org/en/criteria/).

Secondly, in the case of Archaeological ensemble of the Bend of the Boyne in Ireland (1993), the state party justified then because of four reasons. First of all, compared to the rest of Europe, their qualitative and quantitative megalithic art stands for a distinctive artistic achievement. Secondly, the monuments represent the long occupation of people from the Neolithic period. In addition, a megalithic cemetery, in particular, the passage tombs symbolises cultural, scientific, social and artistic developments over the long period. Finally, the passage tomb complex illustrates excellent historical significance (http://whc.unesco.org/archive/advisory_body_evaluation/659.pdf).

Moving on to the ICOMOS recommendation criteria of the Bend of the Boyne, ICOMOS selects this place for the Lists because of the criteria i, iii, iv (refer to Appendix 1), that is to say, first of all, Boyne valley monuments represents most important prehistoric megalithic expression in Europe. Secondly, this site is most important archaeological sites in Europe, because this site maintain important ritual centre from the 4th millennia BC to the High Middle Ages. Thirdly, the finest passage grave has an important feature in prehistoric Europe and beyond (ibid).

Thirdly, turning now to the Heart of Neolithic Orkney (1999) in Scotland, the State Party justified them as followed: firstly, Maes Howe represents excellent expression of burial architecture from 5000 years ago. Secondly, Stenness is a good example of early ritual practices at the similar period of Maes Howe. Also, the finest sample of later ritual practices is the ring of Brodgar. Lastly, Skara Brae stands for extraordinary maintenance of stone furniture and domestic and ritual artefacts. These are quite exceptional features compared to those of Europe at similar period (http://whc.unesco.org/archive/advisory_body_evaluation/514rev.pdf).

As regards ICOMOS recommendation criteria, first of all, the three monuments are considered the most important of Western Europe' s Neolithic sites. They show the prehistoric standards of material culture, belief system and social structure. Secondly, although there was a harsh environment in Orkney at that time compared to southern England and the Boyne valley, they managed their life rich in culture and prospered almost for one millennium (ibid).

Lastly, I would like to look at the Gochang, Hwasun and Ganghwa Dolmen Sites (2000) in South Korea. The government gives grounds for these sites. Firstly, dolmens represent megalithic funerary practices in Asia, Europe, and North Africa. Among these regions, Korea has been known for the variety of types and the quantity. They provide the evidence of their social and political systems, rituals and beliefs. In addition, they preserve the information about the method of quarrying, and transporting of stones and the shift of dolmen types over the period in northeast Asia (http://whc.unesco.org/en/list/977/documents/).

ICOMOS designated this site on the basis of criteria iii, that is, the Korean dolmens provide the evidence of prehistoric technology and social experience in the second or third millennia BCE. Besides that, the Korean dolmens represent the most outstanding case of East Asian megalithic culture. Although dolmens are existent in China and Japan, the Korean dolmens show the diversity of types and the scales (http://whc.unesco.org/en/list/977/documents/).

3. The difference between original and present management plan

Here, I will devote some space to the investigation of site Management Plans. I will try to compare the original Management Plan with the current Management Plan of each site. In fact, it is only the Avebury site that has two proper Management Plans so far. Therefore, in the other sites, I will compare the document of the advisory body evaluation with the Management Plan. After inscription, one of the most important responsibilities is to make a management plan to safeguard the status of site (Wickham-jones 2006: 158). Then, a Management Plan is demanded to revise a six-year cycle by UNESCO (English Heritage 2005: 149).

a. Stonehenge, Avebury and Associated Sites (1986)

Although this site starts with the same name as Stonehenge, I will mainly deal with the Avebury Management Plan. The reason is that Avebury only has two management Plans as follows:

- 1998. English Heritage. Avebury World Heritage Site Management Plan.
- 2005. English Heritage. Avebury World Heritage Site Management Plan.
- 2000. English Heritage. Stonehenge World Heritage Site Management Plan.

Although the 'Avebury World Heritage Site Management Plan 1998' is the first Management Plan among my four selected sites, it is thought that the structure of the Avebury Management Plan is well organized. Therefore, I will mainly focus on this Management Plan and then compare this one with the others. It is composed of part fours and each part is divided into several chapter, for example, part one Introduction has 1.0 Background information, 2.0 the WHS management Plan, 3.0 Statement of Significance, and 4.0 Current Management Context. In the Part two Evaluation and Identification of Key Management Issues, there are 5.0 The Setting of Archaeological Features in the WHS, 6.0 Planning and Policy Framework, 7.0 Traffic and Transportation, 8.0 Public Access and Sustainability, and 9.0 Research. In addition, part three Management Objectives and Strategies for the WHS consists of 10.0 Overall objective (A-D), 11.0 The monuments and their landscape setting (E-K), 12.0 Planning and policy framework (L-O), 13.0 Traffic and parking management (P-S), 14.0 Public Access and sustainable tourism (T-Y), 15.0 Research (Z). Finally, In part four Implementing the Management Plan, there are 16.0 Mechanisms and Constraints, 17.0 Programme for Action, 18.0 Monitoring and Review. The Avebury Management Plan 2005 is maintaining this structure and adopting some progressive issues. I will look at those revised points as well as how often they mention national importance and the statement of our ancestors and whether there are expressions that Stonehenge, Avebury and Associated sites are related to English history, identity and culture or not.

In general, although English people think that early Britain begins with the Roman Conquest (Brown 2007), I found the expression 'our prehistoric ancestors' in the foreword of the 1998 and 2005 Management Plan as well. In part 3.0 Statement of Significance, there is an indication of the national importance of these sites. For example, in 3.2 World Heritage Values, 'Overlapping layers of designations for conservation offer protection and reflect the national importance of the archaeological, landscape, natural conservation and built heritage features within the World Heritage Sites' (English Heritage 1998: 25). So does part 3.3 Archaeological, Social and Reaserch and Educational Value. In addition, the 6.0 Planning and policy Framework, and the 6.1 Development Policy describe the national importance.

I would also like to point out an addition and revision of the 2005 Avebury Management Plan. There are some changes in 3.0 The Significance of the Avebury World Heritage Site. For reference, I have attached the table of comparison between the 1998 and 2005 Management Plans (Table 1). In addition, the most variable and interesting part is the 8.5 Interpretation and Education part in 2005. This was the 8.4 Interpretation and Enjoyment part in 1998. In 8.5.3 Time depth, we can find the sentence that 'the emphasis on chronology within the National Curriculum in England is particularly important for the site, and this is emphasized in the Alexander Keiller Museum' (English Heritage 2005: 97). In addition, we can see in the 8.5.5 Informal Education, that 'Avebury is particularly of value in its attraction to a wide range of visitors, giving to many their first experience of British prehistory. The scope for providing visitors with information to satisfy a developing interest in Avebury, or in prehistory or archaeology in general is enormous' (ibid). Lastly, 9.4 The GIS database and 16.2 Revisiting the Management Plan were newly added to the 2005 Management Plan.

In addition, I would like to briefly mention about the 2000 Stonehenge Management Plan. We can also find the expression of national importance in the Archaeological and Historic Significance part (English Heritage 2000: 20). What is more, in the Mesolithic to Neolithic part 2.2.12, there is 'Before Stonehenge was built, other substantial monuments were created in the area and the natural environment was dramatically altered. The sockets for four large Mesolithic posts (c.8000BC) which had been erected in woodland, have been found on the site of the current Stonehenge car park. Such evidence for our hunter-gather ancestors is exceptionally rare in England' (ibid: 21). Besides these parts, in the Spiritual Values (ibid: 25), and the Research and Understanding Values (ibid: 26) part, we can confront similar expressions.

b. Archaeological ensemble of the Bend of the Boyne (1993)

Moving on to the Boyne Valley sites in Ireland, contrary to my conjecture, it is very difficult to find expressions, which are related to statements of national importance and their ancestors in the following documents. One Management Plan has been published so far so I investigated the ICOMOS Advisory Body Evaluation and Periodic Reporting 2006 together.

· 1993. World Heritage List Bend of the Boyne No 659 Advisory Body Evaluation

· 2002. Brú na Bóinne World Heritage Site Management Plan, Dúchas The Heritage Service

· 2006. Periodic Reporting : (Cycle 1) Section II Summary http://whc.unesco.org/en/list/659/documents/

It can be inferred that these sites are considered important by the government on the basis of section 4.4 Legal instruments (Dúchas The Heritage Service 2002: 34), in which it is written that Brúna Bóinne is legally safeguarded through a wide range of statutes from the National Monuments Acts 1930-1994 to the Planning Act 2000 and by its designation as a World Heritage Site. In addition, the Architectural Heritage (National Inventory) and Historic Monuments (Miscellaneous Provisions) Act 1999 also protects these sites (ibid: 36).

c. Heart of Neolithic Orkney (1999)

Turning now to the Heart of Neolithic Orkney sites in Scotland, as in the case of the Bend of Boyne, there is only one Management Plan so far. Therefore, I examined the ICOMOS Advisory Body Evaluation as well.

- 1999. Neolithic Orkney (United Kingdom) No 514rev Advisory Body Evaluation
- 2001. Historic Scotland, The Heart of Neolithic Orkney World Heritage Site Management Plan

According to the foreword of the 2001 Management Plan, 'The Heart of Neolithic Orkney is Scotland's first archaeological World Heritage Site, an accolade of which the local community and the country as a whole can be proud'. Besides this feature, like the case of Boyne valley, it is the case that the preservation management of Orkney sites are secured by national legislation (Historic Scotland 2001: 26).

d. Gochang, Hwasun and Ganghwa Dolmen Sites (2000)

Finally, as regards Gochang, Hwasun and Ganghwa Dolmen Sites in South Korea, although there are a considerable number of references, the Management Plan is not published yet. According to an official of the Cultural Heritage Administration, the Management Plan is expected to be available in 2008. Therefore, I referred to the following documents:

- 1999. World Heritage List Application: Koch'ang, Hwasun, and

Kanghwa Dolmens Sites. The Cultural Properties Administration, Republic of Korea

- 2000. Properties Submitted for the UNESCO World Heritage List: Preservation Plan for the Koch' ang, Hwasun, and Kanghwa Dolmen Sites. Cultural Properties Administration, Republic of Korea
- 2000. Advisory Body Evaluation

The chronology of Korean dolmens corresponds roughly from 1000 BC to the dawn of the new millennium. Compared to the chronology of the above three sites, which are calibrated from approximately 3,000 BC, namely, from the Neolithic Age, Korean dolmens correlate with the Bronze Age. That is to say, the period of Korean dolmens is closer to the historical period than the other three sites. For this reason, the Korean central and local governments have appointed dolmen sites as historic places (The Cultural Properties Administration 1999: 3).

In addition, in the appendix document titled 'Preservation and Maintenance Plans and Other Plans Relevant to the Koch' ang, Hwasun, and Kanghwa Dolmen Sites (Summary)', it can be found that 'To preserve the original shape of these epochal sites of Korean prehistory, preventing natural and man-made damage, and to share with other people the cultural benefits they offer by utilizing them for field study and as tourist attractions, plans for their preservation and maintenance have been devised' (ibid: Appendix 1). Another feature worth mentioning is the expression of the importance of dolmens sites. One of the criteria for significance mentioned is the density of the dolmens, for example, 'of the 50,000 identified dolmens in the world, 26,000 are concentrated on the Korean peninsula. Korea was indeed a major megalithic centre' (Cultural Properties Administration 2000: 5).

As I mentioned above, in this chapter, I examined the four World Heritage Sites, their nomination documents by governments, the evaluation of ICOMOS, and their Management Plans in order to explore the different points of view between state parties and ICOMOS and how these express the correlation between the sites and its national identity, which is represented by its state party and responsible organizations through the nomination documents and Management Plans.

IV. Discussion

Now, on the basis of the previous investigations and references, the motives for the link between national identity and prehistory can be shown through consideration of their historical, political and economic contexts.

1. England

First of all, I would like to investigate the case of England. According to

Timothy Champion, from its unification in the eleventh century AD, England was not faced with serious threats and due to this, English nationalism did not developed well. As a consequence, there is no national museum, no national periodical, no integrated evaluation (D?az-Audreu and Champion 1996: 15).

Great Britain' s national identity is uniquely complex because Britain is composed of three countries, namely, England, Wales and Scotland. Each nation has its unique national identity, and each country has its own way to interpret their national past through their own archaeology and history (Champion 1996: 119). Here, I would like to focus on England and Scotland. In the next part, I will examine the case of Ireland. In England, although there is uncertainty about the pre-Roman people, it is certain that the land mass has hosted a variety of cultures across the centuries: the Roman people, Anglo-Saxons, Viking groups and Normans. Scotland has more complex ethnic features: Pre Roman Celts and Picts, Romans and Saxons, followed by Gaelic and Norse people each have helped to mould Scottish historical and cultural identity (ibid).

On the other hand, Britain as a political organisation has been in existence from 1707, when Scotland was officially unified with England and Wales, and then in 1801 when the United Kingdom of Britain and Ireland was formed. During this century, not only internal political consolidation but also external encounters with France fortified the concept of Britain (Champion 1996: 120).

Since the history of the idea of Britain is relatively shorter than that of each nation, England and Scotland posses their own distinctive pasts and archaeologists pursue their research on the basis of these national contexts. However, the results of these researches reveal that they are seldom utilised for political purposes and propaganda (ibid).

According to Champion, from the middle of the nineteenth century, although 'the British Archaeological Association and the (Royal from 1866) Archaeological Institute of Great Britain and Ireland' (ibid: 122) were founded and covered all areas of Britain, these academies were mainly composed of English people. In consequence, the Society of Antiquaries of Scotland and the Royal Irish Academy presented their own constructs of national identity, through their own national museums (ibid: 123).

Through the imperial period, anthropological archaeology was interested in supremacy of Europe rather than a single nation. At the end of the nineteenth century, England was more concerned with the rural and pre-industrial landscape as industrial development was seen as a threat to this earlier topography. Accordingly, landscape archaeology emerged in England as a response to this perceived threat. As a result of the increase in the professionalism of the discipline, modern archaeology as we know it today was developed (Champion 1996: 125- 126).

On the other hand, since the early twenty-first century in Britain, the notion of heritage has became very important to their society. It gives meaning to their existence through the pursuit of the relationship between affiliation (community) and spirituality. A considerable number of people visit heritage sites with a desire to explore their ancestry, no matter where they came from and when (Wickham-jones, C. 2006:152)

Throughout this brief history of England and Britain, we can contextualise the national identity debates located in the Avebury and Stonehenge Management Plans, although by and large, English people do not consider the relationship between their prehistoric ancestors and themselves, as I mentioned before.

2. Scotland

Turning now to Scotland, due to political domination in the past by England in the eighteenth century, Scottish nationalism developed out of this colonization and archaeology played an important role in forming the cultural self-consciousness of Scotland and its people (D?az-Audreu and Champion 1996: 15). In addition, at the beginning of the twentieth century, Scotland had a national museum (Champion 1996: 128).

The Heart of Neolithic Orkney is one of 25 World Heritage sites in Britain and Ireland (Wichham-jones 2006:161). Scotland has long been interested in its archaeology and history, and the Scottish are very proud of their Neolithic Orkney sites. However, there are few expressions of the relationship between Scottish national identity and Neolithic Orkney people amongst the documents of nomination and Management Plans related to these sites. On the other hand, the key research published for Neolithic Orkney by Wickham-Jones, expressed a linkage between Neolithic ancestors and the present communities. She indicates that three prehistoric sites amongst British and Irish World Heritage sites, namely, Stonehenge and Avebury, the Heart of Neolithic Orkney, and Newgrange and the Bend of Boyne, all of which are ritual sites, correspond to the Neolithic period rather than other archaeological periods. The importance of these heritage sites is that they help people to understand the place where they are located and theirselves (ibid: 161).

3. Ireland

Moving on to Ireland, according to Trigger' s (1984) viewpoint, the archaeology of Ireland can be categorized as in the nationalistic tradition. He has described that the main purpose of nationalistic archaeology is to support the self-esteem and confidence of ethnic groups or nations (1984: 60). Cooney indicates that 'artefacts and monuments, particularly those of a sacred or religious nature, become icons and ever-present visual reminders to reinforce or invent links with the past, which is of such importance in sustaining a sense of national identity. In due course, Irish archaeologists and historians have concern about the reconstruction of Ireland' s past as a sense of national identity (Cooney 1996: 148).

On the other hand, since Irish archaeologists are mainly concerned about categorizing the raw data, the meaning of archaeology is to provide recent information of the past, instead of producing an exclusive viewpoint on the basis of the theoretical approach to the material culture. Besides this feature, archaeologists have tended to be concerned with the issue of the reconstructions of structures, rather than the topic of how prehistoric society and life is presented (Cooney 1995: 266-267). The one of the most important reason why Irish archaeologists accomplish their work without considering the international trend of archaeological theory and practice is that Ireland still possesses plenty of new archaeological finds. 'As Neustupny has noted, there is a clear inverse relationship between the development of theory and the wealth of archaeological data; the more data, the less concern there is with theory' (ibid: 269).

4. South Korea

Lastly, I would like to indicate the case of South Korea. According to Nelson, archaeology in Korea is considered a division of history. As a result, Korean archaeologists on the whole are interested in the origin of their culture and ancestors, such as when and how they arrived on the Korean peninsula. In other words, the issue of ethnic origins is a significant concept related to the Korean prehistoric. Prior to this period ancient Chinese documents and mythology were the most important sources about Korean history. Recently, a tendency has developed that archaeology can contribute to the debate surrounding ethnicity and it has been used to examine the historical basis of Korean mythology (1995: 218).

Although these approaches seem to provide possible answers to Korean ethnic origin, nationalistic and political enthusiasm for one interpretation can deny a more flexible approach to research. In the state itself, where the present Korean population has maintained its homogeneity, the concept of mixed background nations can not be easily accepted by Korean scholars (Nelson, 1995: 220). The cause of this phenomenon is due to, the historical division of the Korean peninsula and the concommitant desire for reunification and secondly, to the Japanese colonization that took place, which a significant number of Korean historians and archaeologists have examined (ibid: 221-222).

So far, the historical contexts of each state party have been considered. However, before concluding, an examination of the recent phenomenon of "heritage" is necessary in order to understand the current situation in the field of archaeology. According to Hewison (1987), 'perhaps the most important recent development in the public application of the past, and its incorporation into public consciousness and debate, has been the rise of the "heritage industry"' (quoted in Champion 1996: 137). Champion pointed out the term 'heritage' has been frequently used after the 1980s. This is a new way of linking the present to the past, which is distinguished from traditional approaches to the past by archaeology and history. In addition, the word 'industry' is often attached to that of heritage to indicate the shift from a public service to a profit-orientated cultural environment (ibid).

Although existing academic archaeology expresses regret about the commercialization of the past, the interpretation and presentation of the past to the public has often changed in various ways over the past. In addition, the prosperous cultural tourism and leisure markets have encouraged these trends all over the world. As a result, heritage has become one of the most important ways to represent national history not only through historical sites but also prehistoric sites (ibid: 138-140).

V. Conclusion

To conclude, as can be seen from the above discussion, there appears to be some deliberate intentions to intensify the relationship between national identity and prehistoric World Heritage Sites. Through the process of locating significance, nominating, making management plans, and the interpretation of sites, state parties or organizations tend to express their national identities and national self-presentation in the historical, political economic and educational contexts of the period. Sometimes, prehistoric world heritage sites do perform the role of a national icon, but this function has a tendency to be limited to tourist attractions.

Although a relationship can be identified between national identity and prehistory, there are some problems; for if the state parties or organizations focus on this point excessively it is clear that the construction of national identity entails the exclusion of other possible interpretations of the past, especially, in current multicultural and globalised societies and this as such impedes the development of further flexible, multi-perspective archaeological theories.

'We live in a world that is at once local and global' (Kivisco 2002: 1). The pervasive model of liberal democracy and its concomitant industrial development has been adopted by many states, as a result of which each nation has a more diverse population due to immigration and consequently have become multicultural societies (ibid). In addition, we still explore our prehistory through archaeology and other related social sciences and sciences. Therefore, because of this diversity, it is important to remain open-minded towards research results and in doing so respect a variety of cultural identities.

[後記] 여러 선생님들의 도움으로 이 논문을 작성할 수 있었습니다. 우선 고고학을 할 수 있도록 길을 열어주신 최몽룡 교수님께 깊이 감사를 드립니다. 그리고, 이 논문을 지도해 주신 런던대학교의 팀 윌리암스 (Mr. Tim Williams) 교수님과 에이브버리 (Avebury) 세계문화유적에 4주간의 인턴쉽을 허락해 준 유적담당관 사라 시몬즈 (Ms. Sarah Simmonds) 양에게도 감사를 드립니다. 한편, 본 논문을 쓸 수 있도록 자료를 제공해 주시고, 화

순 세계문화유적을 안내해 주신 재단법인 동북아지석묘연구소의 이영문 소장님 이하 신경숙 부장님, 정다운 선생님과 조숙현 선생님께 깊이 감사를 드리며, 귀한 자료를 보내주신 문화재청 국제교류과의 정규연 선생님과 강화군청의 김영애 학예사님께도 감사를 드립니다. 마지막으로 사랑하는 가족들과 친구들, Hickey 부부, 그리고, 원고를 검토해 준 Lucy Haines, Dorothea Martens과 William Boot 선생님께도 진심으로 감사드립니다.

| Bibliography |

Aalen, F.H.A, Whelan, K. and Stout, M.

2002 *Newgrange and the Bend of the Boyne*. Cork, Ireland: Geraldine Stout.

Anderson, B.

1983 *Imagined Communities: Reflections on the Origins and Spread of Nationalism*. Verso, London.

Anderson, P.

1973 Lineages of the Absolutist State, London: New Left Books.

Banks, I.

1996 Archaeology, nationalism and ethnicity, in Atkinson, J. A., Banks, I. and O' Sullivan, J. (eds) 1996. *Nationalism and Archaeology: Scottish Archaeological Forum*. Glasgow: Cruithne Press.

Bord, J. and Bord, C.

2004 *Prehistoric Britain from the Air*. 2nd ed. [1st ed. 1997] Leicestershire: Silverdale Books.

Brady, C. (ed.)

1994 *Interpreting Irish History*: the debate on historical revisionism. Dublin: Irish Academic Press.

Brown. G.

2007.2.27. Life in the UK: a missed opportunity <http://www.hm-treasury.gov.uk/newsroom_and_speeches/speeches/chancellorexchequer/speech_chx_270207.cfm>

Burl, A.

1993 From Carnac to Callanish: *The Prehistoric Stone Rows and Avenues of Britain, Ireland and Brittany*. New Haven and London: Yale University Press.

Burl, A.

2005 *Prehistoric Astronomy and Ritual*. 2nd ed. [1st ed. 1983] Buckinghamshire: Shire Archaeology.

Champion, T.

1996 Three nations or one? Britain and the national use of the past. In D?az-Audreu, M and Champion (eds.) *Nationalism and archaeology in Europe*. London: UCL press. pp. 119-145.

Chapman, R. W.

1985 The Prehistoric Society, prehistory and society. *Preceedings of the Prehistoric Society* 51, 15-29.

Clark, G.

1966 The invasion hypothesis in Britain archaeology. *Antiquity* 40, 172-89.

Clayton, P.

1976 *Archaeological Sites of Britain*. London: Book Club Associates.

Colley, L.

1992 *Britons: forging the nation 1707-1837*. London: Yale University Press.

Cooney, G.

1995 Theory and practice in Irish Archaeology. In Ucko, P. J. (ed.) *Theory in Archaeology: A world perspective*. London and New York: Routledge.

Cooney, G.

1996 Building the future on the past: archaeology and the construction of national identity in Ireland. In Díaz-Audreu, M and Champion (eds.) *Nationalism and archaeology in Europe*. London: UCL press. pp. 146-163.

Daniel, G.

1963 *The Megalith Builders of Western Europe*. 2nd ed. [1st ed. 1958] Pelican Book.

Darvill, T. (ed.)

2005 *Stonehenge World Heritage Site: An Archaeological Research Framework*. London and Bournemorth: English Heritage and Bournemorth University.

Darvill, T.

2005 *Stonehenge World Heritage Site: An Archaeological Resarch Framework*. London and Bournmouth: English Heritege and Bournmouth University.

Dennell, R.

1996 Nationalism and identity in Britain and Europe in Atkinson, J. A., Banks, I. and O' Sullivan, J. (eds) 1996. Nationalism and Archaeology: *Scottish Archaeological Forum*. Glasgow: Cruithne Press.

Díaz-Audreu, M and Champion, T.

1996 Nationalism and archaeology in Europe: an introduction. In Díaz-Audreu, M and Champion (eds.) *Nationalism and archaeology in Europe*. London: UCL press.

Dietler, M.

1994 "Our ancestors the Gauls": archaeology, ethnic nationalism and the manipulation of Celtic identity in modern Europe. *American Anthropologist* 96, 584-605.

Dúchas The Heritage Service.

2002 *Br ú na B óinne World Heritage Site Management Plan*, D úchas The Heritage Service.

English Heritage.

1998 Avebury World Heritage Site Management Plan.

English Heritage.

2000 Stonehenge World Heritage Site Management Plan.

English Heritage.

2005 Avebury World Heritage Site Management Plan.

Eriksen, T. H.

1993 *Ethnicity and nationalism: archaeological perspectives.* London: Pluto.

Fitzpatric, A. P.

1996 'Celtic' Iron Age Europe: The theoretical basis. In Graves-Brown, P., Jones, S. and Gamble, C. (eds.) 1996. *Cultural Identity and Archaeology: The Construction of European Communities.* London and New York: Routledge.

Fryer, J.

2005 Humanities Lecture notes: Globalisation (7 December). SOAS.

Gellner, E.

1983 *Nations and Nationalism.* Oxford: Blackwell.

Gillings, M and Pollard, J.

2004 Avebury. London: Duckworth.

Graves-Brown, P., Jones, S. and Gamble, C. (eds.)

1996 *Cultural Identity and Archaeology: The Construction of European Communities*. London and New York: Routledge.

Hayman, R.

1997 *Riddles in Stone: Myths, Archaeology and the Ancient Britons*. London and Rio Grande: The Hambledon Press.

Henderson, J.

1989 *The Globalisation of High Technology Production: Society, Space and Semi-conductors in the Restructuring of the Modern World*, London: Routledge.

Hewison, R.

1987 *The heritage industry: Britain in a climate of decline*. London: Methuen.

Hobsbawm, E. J.

1990 *Nation and Nationalism since 1870*. Cambridge University Press, Cambridge.

Hodder, I.

1991 Archaeological theory in contemporary European societies: the emergence of competing traditions.' In I. Hodder (ed.), *Archaeological Theory in Europe*.: 1-24. London: Routledge.

Historic Scotland.

2001 The Heart of Neolithic Orkney World Heritage Site Management Plan.

Jones, S.

1997 *The Archaeology of Ethnicity: Constructing identities in the past and present*. London and New York: Routledge.

Kedourie, E.

1993 *Nationalism*. Blackwell, Oxford.

Keiller, A.

1939 *Avebury: Summary of excavations, 1937 and 1938*. Antiquity.

Kivisco, P.

2002 *Multiculturalism in a Global Society*. Oxford: Blackwell publishing.

Lynch, F.

2004 *Megalithic Tombs and Long Barrows in Britain*. 2nd ed. [1st ed. 1997] Buckinghamshire: Shire Archaeology.

Malone, C.

1994 *The Prehistoric Monuments of Avebury*. The National Trust and English Heritage.

Malone, C.

1996 *Avebury*. 4th ed. [1st ed. 1989] London: B.T. Batsford Ltd/English Heritage.

McDougall, H. A.

1982 *Racial Myth in English History*. University of Hanover Press, of New England.

Nelson, S.

1995 The politics of ethnicity in prehistoric Korea. In Kohl, P.L. and Fawcett, C. (eds.) *Nationalism, Politics and the Practice of Archaeology*. Cambridge: Cambridge University Press.

Nelson, S. M.

1993 *The Archaeology of Korea*. Cambridge: Cambridge University Press.

Oxford.

2003 *Oxford Dictionary of English*. Oxford University Press.

Pai, H. I.

2000 *Constructing "Korean" Origins: A Critical Review of Archaeology, Historiography, and Racial Myth in Korean State-Formation Theories*. Cambridge, Massachusetts, and London: Harvard University Asia Center.

Piggott, S.

1963 *Archaeology and prehistory: presidential address*. Proceedings of the Prehistoric Society 29, 1-16.

Pitts, M.

2000 *Henge World: Life in Britain 2000 BC as revealed by the latest discoveries at Stonehenge*, Avebury and Stanton Drew. London: Century.

Pollard, J.

2002 *Neolithic Britain*. 2nd ed. [1st ed. 1997] Buckinghamshire: Shire Archaeology.

Pollard, J. and Reynolds, A.

2002 *Avebury: The biography of a landscape*. Stroud: Tempus.

Pomeroy, M.

1998 *Avebury World Heritage Site Management Plan*. English Heritage.

Pomeroy, M.

2005 *Avebury World Heritage Site Management Plan* (pdf form). English Heritage.

Renfrew, C. (ed.)

1974 *British Prehistory*. London: Duckworth.

Shennan, S.J. (ed.)

1989 *Archaeological Approaches to Cultural Identity*. London and New York: Routledge.

Shennan, S.J.

1989 Introduction. In S.J. Shennan (ed.), *Archaeological Approaches to Cultural Identity*. : 1-32. London: Unwin and Hyman.

Siân Jones and Paul Graves-Brown.

1996 Introduction: Archaeology and cultural identity in Europe. In Graves-Brown, P., Jones, S. and Gamble, C. (eds.) 1996. *Cultural Identity and Archaeology: The Construction of European Communities*. London and New York: Routledge.

Smith, A.

1971 *Theories of Nationalism*. London: Duckworth.

Smith, I. (ed)

1965 *Windmill Hill and Avebury*. Oxford: The Clarendon Press.

The Cultural Properties Administration.

1999 World Heritage List Application: Koch' ang, Hwasun, and Kanghwa Dolmens Sites. The Cultural Properties Administration, Republic of Korea.

The Cultural Properties Administration.

2000 Properties Submitted for the UNESCO World Heritage List:

Preservation Plan for the Koch' ang, Hwasun, and Kanghwa Dolmen Sites. Cultural Properties Administration, Republic of Korea.

Thomas, J. (ed.)

2000 *Interpretative archaeology: a reader*. London and New York: Leicester University Press.

Tierney, M.

1996 The nation, nationalism and national identity. in Atkinson, J. A., Banks, I. and O' Sullivan, J. (eds) 1996. *Nationalism and Archaeology: Scottish Archaeological Forum*. Glasgow: Cruithne Press.

Trigger, B.G

1984 Alternative archaeologies: nationalist, colonialist, imperialist. *Man* 19: 355-70.

Ucko, P.J.

1987 *Academic Freedom and Apartheid*. The Story of the World Archaeological Congress. London: Duckworth.

Ucko, P.J.

1995 Archaeological interpretation in a world context.' In P.J. Ucko (ed), *Theory in Archeology: A World Perspective.*: 1-27. London: Routledge.

Ucko, P.J. Hunter, M. Clark, A.J. and David, A.

1991 *Avebury Reconsidered: From the 1669s to the 1990s*. London: Unwin Hyman.

UNESCO websites:

1. http://whc.unesco.org/en/list/373 [accessed on 15 August 2007]

2. http://whc.unesco.org/en/list/659 [accessed on 15 August 2007]

3. http://whc.unesco.org/en/list/514 [accessed on 15 August 2007]

4. http://whc.unesco.org/en/list/977 [accessed on 15 August 2007]

Worsley, P.

1984 *The Three Worlds: Culture and World Development*, London: Weidenfeld & Nicolson.

〈Appendix 1: The Criteria for Selection by ICOMOS〉

The Criteria for Selection

To be included on the World Heritage List, sites must be of outstanding universal value and meet at least one out of ten selection criteria. These criteria are explained in the **Operational Guidelines for the Implementation of the World Heritage Convention** which, besides the text of the Convention, is the main working tool on World Heritage. The criteria are regularly revised by the Committee to reflect the evolution of the World Heritage concept itself.

Until the end of 2004, World Heritage sites were selected on the basis of six cultural and four natural criteria. With the adoption of the revised Operational Guidelines for the Implementation of the World Heritage Convention, only one set of ten criteria exists.

	Cultural criteria						Natural criteria			
Operational Guidelines 2002	(i)	(ii)	(iii)	(iv)	(v)	(vi)	(i)	(ii)	(iii)	(iv)
Operational Guidelines 2005	(i)	(ii)	(iii)	(iv)	(v)	(vi)	(viii)	(ix)	(vii)	(x)

Selection criteria:

i. to represent a masterpiece of human creative genius;

ii. to exhibit an important interchange of human values, over a span of time or within a cultural area of the world, on developments in architecture or technology, monumental arts, town-planning or landscape design;

iii. to bear a unique or at least exceptional testimony to a cultural tradition or to a civilization which is living or which has disappeared;

iv. to be an outstanding example of a type of building, architectural or technological ensemble or landscape which illustrates (a) significant stage(s) in human history;

v. to be an outstanding example of a traditional human settlement, land-use, or sea-use which is representative of a culture (or cultures), or human interaction with the environment especially when it has become vulnerable under the impact of irreversible change;

vi. to be directly or tangibly associated with events or living traditions, with ideas, or with beliefs, with artistic and literary works of outstanding universal significance. (The Committee considers that this criterion should preferably be used in conjunction with other criteria);

vii. to contain superlative natural phenomena or areas of exceptional natural beauty and aesthetic importance;

viii. to be outstanding examples representing major stages of earth's history, including the record of life, significant on-going geological processes in the development of landforms, or significant geomorphic or physiographic features;

ix. to be outstanding examples representing significant on-going ecological and biological processes in the evolution and development of terrestrial, fresh water, coastal and marine ecosystems and communities of plants and animals;

x. to contain the most important and significant natural habitats for in-situ conservation of biological diversity, including those containing threatened species of outstanding universal value from the point of view of science or conservation.

The protection, management, authenticity and integrity of properties are also important considerations.

Since 1992 significant interactions between people and the natural environment have been recognized as **cultural landscapes** (http://whc.unesco.org/en/criteria/).

〈Table 1: The difference between Avebury Management Plan 1998 and 2005 (p.28)〉

Management Plan 1998		Management Plan 2005		
Key values	Specific value areas	Areas of Significanc	Key values	Specific value areas
World Heritage Values	· The site must meet the test of authenticity in design, material, workmanship, or setting · The site must have adequate legal protection and/or traditional protection and management mechanisms to ensure its conversation	World Heritage	Outstanding Universal Value	· Represnts a masterpieces of creative genius · Represents an important interchange of human values · Testimony to a distinctive past culture · Authenticity
Archaeological Values	· Uniquely surviving complex of Neolithic monuments · Rich archaeological record spanning more than 10,000 years · Paleoenvironmental deposits · The Built Heritage	Cultural Heritage	Archaeological	· Rich archaeological landscape spanning 10,000 years · Palaeoenvironmental deposits · Rich artefactual collection in the Alexander Keiller & Wilshire Heritage Museum in Devizes

Management Plan 1998		Management Plan 2005		
			Historical & Documentary	· The historic built heritage · Archives and documents in the Alexander Keiller & Wiltshire Heritage Museum in Devizes · Antiquarian archives, off-site documents and resources
Landscape and Conservation Values	· Aesthetic and Visual influence · Ecological and Nature conservation Value	Landscape & Nature Conservation	Landscape & Historic Land use	· Mosaic of landscapes and habitats · North Wessex Downs
			Nature Conservation & Biodiversity	· Key habitats and species
Social Values	· Amenity/ Tourism resource · Spiritual value · Local community value	Educational & Research	Archaeological & Historical Resource for Formal Education	· Time depth · Range and complexity
			Scope for Informal Learning About the Past	· A wide range of visitors · Unique on-site museum
			Potential for Archaeological & Historical Research	· Prehistory · Romano-British, Saxon and later history

Management Plan 1998		Management Plan 2005		
Economic Values	· Agricultural resource · Torism	Social	Creative Inspiration Spiritual	· Antiquarians, authors & artists · The spirit of place · Spiritual use of the site
			Recreation and Access	· Access for all · Volunteering
			Local Community	· Symbiosis of village and ancient monument · A living village · Local community role in the management of the site
Research and Educational Values	· Educational resource · Research Potential	Economic	Farming	· The archaeological resource · Integration of farming with environmental management
			Tourism	· Income generation
			Support for Local Economy	· Local employment

Stables of the Land of Israel during the Iron Age II (1000-586 BCE) *

Mi Young Im* *

〈국문 요약〉

고대 근동에 있어 말은 군사적 정황에서 상당히 가치가 있었기에 그 가격은 상당히 높았다. 이러한 말들을 지붕이 없는 우리에 둔다는 것은 모순일 것이다. 말들은 분명 지붕이 있어 기후와 야수들에게서 보호받을 수 있는 장소에 두었을 것이다. 비록 논란이 끊이지 않고 있기는 하나 이스라엘의 14개의 유적지에서 이미 발견된 바 있는 "tripartite pillared building (기둥에 의해 삼열로 분리된 건물: 이하 TPB)"이 마구간으로 추측되는 가장 유력한 후보 건축물일 것이다; Tel el-Hesi, Tell Abu Hawam, Beth

* 이 글은 저자가 2007년 이스라엘 바르 일란 대학교 박사학위 취득 논문(Horses and Chariotry in the Land of Israel during the Iron Age II) 중 일부를 발췌한 것입니다.

* * Ph. D. Bar Ilan University

Shemesh 벳세메스, Megiddo 므깃도, Lachish 라기스, Ekron 에그론, Hazor 하솔, Tell Qasile, Tel Malhata, Tel Beer Sheba 브엘세바, Tel Masos, Tel Kinneret, Tel Hadar, and ' Ein Gev (발견된 순서대로 배열됨). 이 건축물들은 이 열로 늘어선 기둥들 덕에 세 홀로 분리되어져 있고 가운데 홀은 석회석 질의 땅을 밟아 바닥이 깔려 있으며 양쪽의 두 홀은 자갈로 포장되어 있는 구조를 하고 있다. 이 건축물들을 복구한 결과 기둥들은 지붕을 지탱하고 있었고 중앙 홀의 천정은 다른 홀 들보다 높아 창문을 뚫어 공기와 빛이 들어오도록 되어 있었다.

학자들은 이 TPB를 곡식저장고, 군대 막사, 혹은 시장 등 여러 다른 건물로 해석한 바 있다. 그러나 건물의 몇몇 중요 요소들은 TPB가 이스라엘의 철기시대에 분명 마구간으로 사용되었음을 확연히 보여 주고 있다. 자갈로 포장된 바닥은 말들의 발굽을 단단하게 하는 효과를 주었다고 본다. 양쪽의 두 홀의 공간이 좁은 듯하나 고대 유적지에서 발견된 말들의 뼈를 측정한 결과 당시 사용된 말들은 높이가 1.3-1.5m로서 현대의 말들보다 더 작았던 것으로 보인다. 기둥들 사이에는 구유 (므깃도에서 발견된 것 중 가장 큰 것은 1.20×0.60×0.70m)가 놓여 있었고 기둥에는 말을 묶어 놓도록 구멍이 뚫려 있었다. 기원후 4-5세기로 연대가 추정되는 이와 유사한 건물이 이스라엘 네게브 사막지역의 Mampsis라 불리는 유적지에서 발견된 바 있는데 이 건물 안에서 발견된 구유의 크기는 1.20×0.50m로서 전자의 크기와 유사하다. 므깃도와 라기스에서 발견된 TPB의 경우 건물의 앞에 마련된 넓은 공간은 분명 말을 훈련시키는 공간이었을 것이다. 대부분의 학자들은 TPB가 공공 건물이었음에 동의한다. 일반적인 공공 건물과는 달리 TPB의 입구에는 계단이 없는데 이는 계단 없이 걷는 것이 더 쉬운 동물의 출입이 있었음을 말해주고 있는 것이다. 이 건물의 기능을 정의 내리는데 가장 논란이 되고 있는 것은 건물 안에서 발견된 유물들이다. 건물 안에서는 거의 유물이 발견되지 않거나 가정의 일상에서 사용되는 그릇들뿐 마구와 관련된 것이 없다는 것이다. 그러나 우리는 TPB가 대부분 극심한 화재로 인해 파괴되었기에 이 건물이 전쟁의 소용돌이 속에서 사라졌음을 알 수 있다. 말들이 전쟁의 현장에 있을 때 (철기시대, 고대 근동에서 말은 오직 전쟁에서만 사용되었다) 사람들은 공공 건물로서 돌로 견고하게 지어진 마구간으로 피난을 왔을 것이다. 그들은 피난처에서 사용하기 위해 그들의 일상 용품들을 가져왔을 것이다. 전쟁이 끝났을 때 대부분의 말은 전쟁터에서 사라지거나 노획물로서 적국으로 끌려갔고 마구간으로는 돌아오지 못했다.

TPB는 오직 이스라엘에서만 발견되는 독특한 건물은 아니다. 이미 주변 국가들에서도 유사한 건물들이 사용되고 있었다: 이집트의 Tell el-Amarna er Qantir, 시리아의 Ugarit, 그리고 우라르투의 Bastam과 Hasanlu. 비록 므깃도와 라기스에서 시행된 토양 샘플 채취의 연구 결과는 만족스럽지 못했지만, Qantir와 Bastam의 건물들에서 채취된 토양에는 분명 말의 소변의 요소들이 함유되어 있어 이 건물들이 마구간으로 사용되었음을 증명한 바 있다. 무엇보다도 Qantir의 건물들에서는 말과 관련된 수많은 마구와 더불어 “람세스의 마구간”임을 표시하는 기둥이 발견되어 이 건물이 마구간으로 사용되었음은 더 이상 의심의 여지가 없다.

TPB는 철기 I시기 즉 기원전 12세기경부터 근동지방에서 마구간으로 사용되었으며 이후 이스라엘 전역에서 그 전통을 찾아 볼 수 있다. 이 건물 양식은 기원전 8세기 우라르투에까지 영향을 미쳤던 것으로 보인다.

Ⅰ. Introduction

Since horses were an expensive and precious strategic military asset in the ancient Near East, the idea that horses might have been stalled in the open (Pritchard 1970: 274) is hard to accept. It is, thus, obvious that they must have been stalled in enclosed stables where they could be protected from weather and beasts, and taken care of. Although it is still debatable, the most promising candidate of the stables has been the "tripartite pillared buildings" found in many sites in the Land of Israel (Map 1). The buildings are divided into three sections by two rows of pillars; a crushed lime paved central hall and two stone cobbled parallel aisles. According to the reconstruction of these buildings (Guy 1931: 37-48, fig. 29; Herzog 1973: 27-28, fig. 2), the pillars were used to support the roofs of the two lower side halls and a raised ceiling of the central hall, which was meant to let light and air come through windows. In this chapter, these buildings are discussed, including details of each building, and whether in fact they can be identified as stables. In addition, it is necessary to compare them with buildings which have a similar layout and which were identified as stables from other ancient Near Eastern sites.

Ⅱ. History of Research

After F.J. Bliss first discovered a tripartite pillared building in Tell el-Hesi

(1894: 89-97), he proposed that these structures were bazaars with streets between the lines of chambers (1894: 95). However, he discarded this theory himself and suggested that, although it was not yet certain, they could have been used as barracks for soldiers (1894: 96). P.L.O. Guy is the first one who identified the tripartite pillared buildings found in Str. IVA at Megiddo as stables because of its similar layout to modern stables (1931: 37-48). While E. Grant and G.E. Wright (1939: 69) interpreted such a building at Beth Shemesh as a temple and R.W. Hamilton suggested that such buildings were storehouses based on a building found in Tell Abu Hawam (1935: 10), R.S. Lamon and G.M. Shipton (1939: 27-47), following Guy, identified these buildings as stables, and dated them to the time of Solomon, 10th century BCE (1Kgs 10: 26-29; 2Chr 1: 14-17). They suggested a reconstruction of these buildings based on several factors; holes in the pillars served for tethering horses, stone basins between pillars were identified as mangers, and a basin 1672 located in the courtyard was interpreted as a water tank for horses. Although designation of Str. IVA to Solomon was changed to the time of the Omride Dynasty, 9th century BCE (Crowfoot 1940: 146-147; Kenyon 1957: 199-204; Yadin 1960: 63), their identification had been accepted by most of scholars. However, this identification has been questioned since Pritchard suggested that these buildings could have been storehouses or barracks (Pritchard 1970: 268-274). He pointed at several features which questioned their identification as stables. He argued that if the hole through a corner was used for tethering a horse, then they must appear on each and every column rather than only on twenty out of fifty-four columns. Also he suggested that the mangers are too shallow for horse feeding, mud plaster on the walls of the water tank 1672 could absorb water, and the rough stone-paved areas could hurt the hooves of horses. In addition, he could not accept the identification with stables because there are no similar building plans found in the region, and few finds in these buildings indicate human occupation rather than of animals. The latter opinion was immediately adopted by Aharoni and Herzog after they found numerous domestic pottery vessels in the tripartite pillared buildings excavated in Tel Beer Sheba (1973).

Y. Yadin, nevertheless, while retaining the identification of the buildings of Megiddo as stables (1976), proposed that other buildings found in Tel Beer Sheba and Hazor were storehouses (1972). Following Bliss, the identification of the tripartite buildings as barracks has been reconsidered by V. Fritz (1977). His idea is that while finds from these buildings are domestic, the plans of buildings are of public structures and these features may suggest use of these buildings as military barracks, with an open central part, where both domestic and public features normally appear (1977: 42). However, Fritz himself was not convinced since there are neither ovens nor kitchens found in these buildings. J. Holladay (1986) suggested that not only the buildings from Megiddo but also all other such buildings were used as stables. In particular, Holladay demonstrated that the archaeological finds and ethnographic evidence of horse care in the late 19th century in Britain and North America, supports interpreting these buildings as stables.

Based on experience in Asia, L. Herr found similarities between the tripartite buildings and market places (1988) but his idea has not been accepted by scholars. J. Currid (1992) maintained that these buildings were originally designed for storehouses because there were no equid finds and the side aisles are too narrow to move the horses. In recent excavations in the land of Geshur (in the Golan Heights), several tripartite pillared buildings dating to the 11th century BCE were found in Tel Hadar and Ein Gev. Due to the pottery assemblages found inside the building at Tel Hadar, M. Kochavi (1998) identified these buildings as storehouses or markets (1999) and suggested that such buildings were not only found in Israelite contexts. Some scholars (Ph. Guillaume 2000) still maintained interpretation of these buildings as storehouses. However, Deborah Cantrell (2000) carefully reassessed these buildings in Megiddo and demonstrated that they were stables. According to her experience in horse husbandry, she suggested that clear signs of horse habits, such as cribbing in the lips of the mangers and the use of pillars as dividers to stop horses from fighting. Finally, I. Finkelstein and N.A. Silberman (2001) followed Cantrell' s idea and identified these buildings as stables.

In a recent publication, Ussishkin (2004) accepted the identification of these buildings as stables.

Ⅲ. Tripartite Pillared buildings in the Land of Israel(Map I)

1. Tell el-Hesi (Bliss 1894: 91; Fig. 1.1)

In City V, dated to the 10th or early 9th century BCE by the excavator,

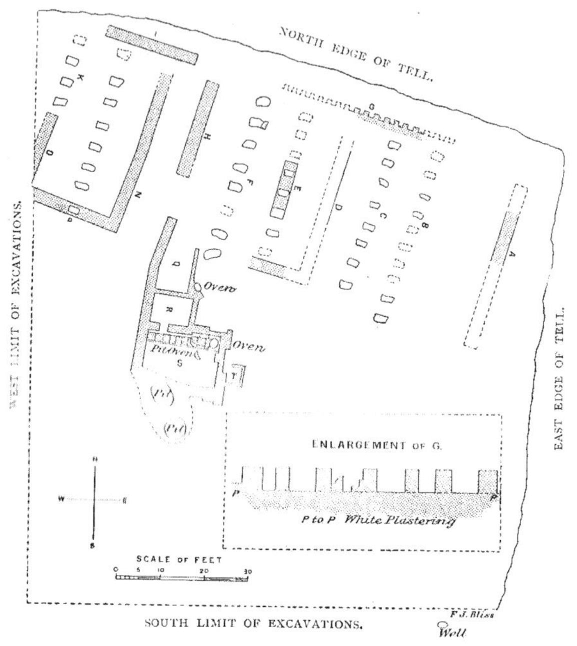

three buildings containing parallel rows of stone bases of pillars were found (Bliss 1894: 89-97). Brick walls were between the pillar bases. The measurements of this structure are about 16 by 35m. The pillar bases are approximately 0.40×0.80 m. and inter-columnar interval is 1.00-1.15 m. Little burnt material was found inside of the buildings. In the southern part of the buildings, a structure which contained several ovens was found. Bliss identified these buildings as bazaars or barracks (1894: 89-97).

2. Tell Abu Hawam (Hamilton 1934: pl.IV ; Fig. 1.2)

In Stratum IVb dating to ca. 1195-1100 BCE, a building consisting of three parallel long rooms was found (Hamilton 1935: 9, pls. IV; VII 1,2). Each room was divided by a partition wall which contained foundations of a series of pillars preserved to a height of 1.5m (Hamilton 1935: 9). Small stones were used as fills between the pillars. The measurements of the building are 9 by 11m. A clay oven was built in the western corner of the middle room. Pottery, including jars, jugs, cooking-pots, and flasks, was found in a burnt layer. Hamilton suggested that the building was a storehouse (1935: 10).

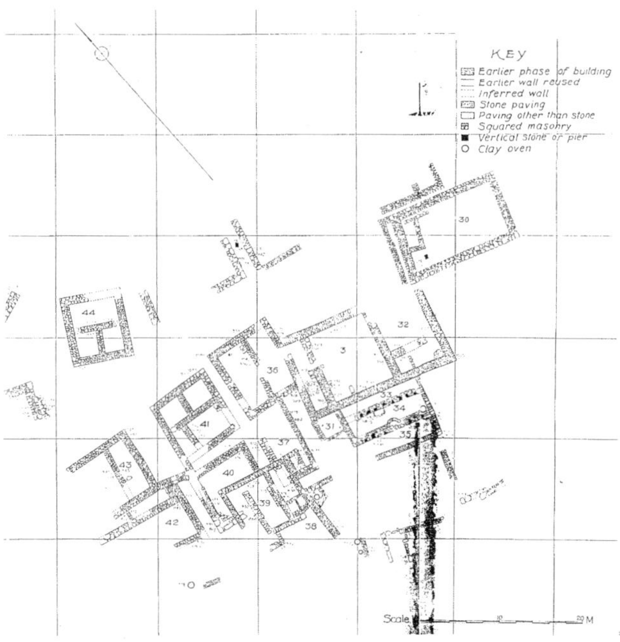

3. Beth Shemesh (Grant and Wright 1939: fig. 1; Fig. 1.3)

In Grant and Wright' s excavations, a building (L. 269) that contained stone pillars and used extensively during Str. IIa of the 10th -9th centuries BCE in the south eastern part of the city was discovered (Grant and Wright 1939: 19, 67-84). Its dimensions were 13×19m. The width of the central hall was 3m and that of the side halls was 2.5m. The building was placed between private buildings. Although Grant and Wright (1939: 19) identified this

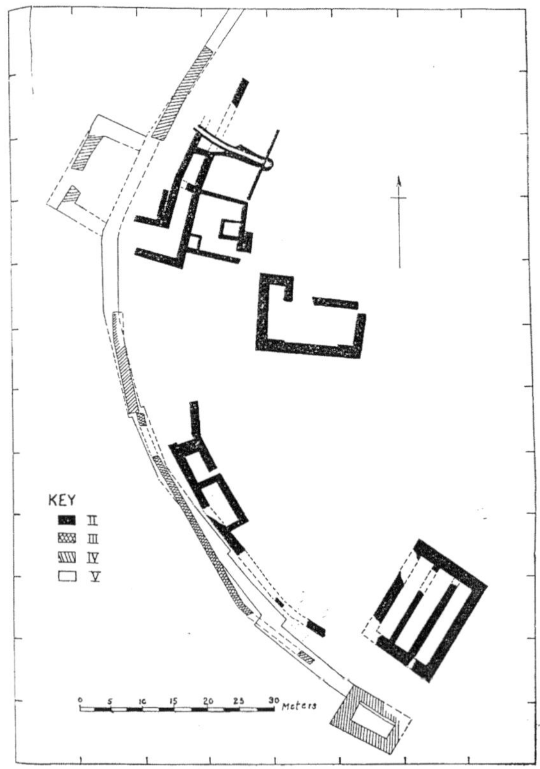

building as a temple, through the examination of plates in the reports, it shows cleary that the building belongs to the type dealt with in this study.

4. Megiddo (Lamon and Shipton 1939: Southern compound fig.34; Northern compound fig. 49; Fig. 2)

17 units of tripartite pillared buildings were found in Str. IVA, mid 9th -mid 8th centuries BCE[1)]; 5 in southern compound (1576) and 12 in northern compound (407, 364).

In the southern compound, a row of five units faced northward and opened onto a courtyard (L. 977), the dimensions of which were 55×55m (Lamon and Shipton 1939: 32). Access to the compound was through a gate (L. 1846) in the centre of the eastern wall of the courtyard. Two long rooms whose floors were lined with lime plaster were situated on either side of the gate, were identified as garages for chariots (Lamon and Shipton 1939: 35). A sunken water tank (L. 1672: 2.3m×2.3m and about 2 m deep) built

1) According to Finkelstein, this stratum has been designated to the late 9th or 8th century BCE (1996: 183). This dating makes Ahab's Megiddo as an unfortified city. However, based on the agreement with Holladay (1996) that the function of the large architectural complexes of Str. IV is stables, A. Mazar has suggested that the attribution of these complexes to the reign of Ahab "fits too well the exceptional number of 2,000 chariots brought by this king to the battle of Karkar, according to the records of Shalmanesser III. I see no difficulty in assuming that the monumental buildings of Str. IVA were founded during the mid-ninth century BCE and survived for more than 100 years, until Megiddo was destroyed by Tiglath Pileser III" (Mazar 1997: 161).

of sun-dried mud bricks was located in the centre of the courtyard. The inside of its walls was coated with mud plaster about 2cm thick. The excavators assumed that this tank served to water the horses and its capacity was 10.58 cubic meters (Lamon and Shipton 1939: 34). The length of each building is 24.6m. Each unit consisted of a central passage, about 3 m. wide with a lime plastered floor, and an aisle, similar in width to the latter, on each side of the passageway. The aisles had cobbled floors and were separated from the passage by a row of square stone pillars (the height of the pillars are not designated in the excavation reports. The present writer

has measured a pillar exhibited in the Rockefeller Museum, Jerusalem, which is ca. 1.40m high). Between these pillars, there are shallow stone basins measuring 0.60×1.20×0.70m. In some cases, at the corner, facing the central hall with the pillars, holes were drilled above the basins (Fig.3). The pillars seemed to support the roofs above the aisles and the roof of the central passages must have been raised above the former to form a clerestory which let air and light come into the buildings (Reconstruction Figs. 4-5).

While there was no courtyard in front of the buildings, the plans and details of the northern compound are very similar to those in the south. However, the mangers were smaller than those in the south. Since their height was only 35cm, perhaps to give the proper height for horses, they often rested on rubble foundation walls between the pillars. Due to a doorpost socket that was found at the entrance of unit L. 351, we can add a door to the reconstruction of the buildings. Measurements of the units in the northern compound are different. The length is 22-26.5m and the width is 11-12m. Each building has an entrance leading towards the central hall. "One end of unit 404 in the northern stable compound was standing to a height of 2 and a half meters, and no indication of a window through it could be observed" (Lamon and Shipton 1939: 39, fig. 54).

Beside a few potsherds of jugs, jars, and bowls, there were no finds from these buildings. The excavators suggested that since the layout of the southern compound, with the large courtyard which contained a water tank and a chariot garage, seems to indicate that the use of the southern compound was different from that of the northern one. "It might even be suggested that the southern compound housed a permanent detachment of chariotry, while the other was used as temporary quarters for the more mobile units, or for housing animals in transit" (Lamon and Shipton 1939: 35). According to their measurements (Lamon and Shipton 1939: 38), the width of a modern light horse or large pony is ca 1.32-1.53m. and approximately 30 horses could be stalled in each unit. Since there are 17 units, total number of horses would be 510.

G.I. Davies demonstrated that there are horizontal lines, perhaps remains of a previous structure underneath of the northern tripartite buildings in Str. VA-IVB (1988; 1994; Fig. 6). He dated these poorly preserved structures to the 10th century BCE.

5. Lachish (Ussishkin 1983: fig. 23; Ussishkin 2004: 14.3)

Several annexed buildings of the palace-fort have been identified as stables; one to the north of the palace-fort (Loci K/L. 11: 1050, 1051, 1052) and another one located south of the palace courtyard (Loci 4846, 8500, 4850, 4856; Starkey' s building 1034) on the top of the "government storehouse" (Starkey 1937: 237) dating to the Palace B period, Level IV (the middle of 9th century-ca 760 BCE). Tufnell (1953: 61, 83, 115-116) designated the northern buildings as chariot-houses or store chambers. Both buildings were built in Level IV (after 925 BCE) and served also in Level III (before 701 BCE). While from the southern building, a blade and a bead were found and no sherd to assist datings was found (Tufnell 1953: 113), the northern buildings, two stamped jar handles of Palace C period (L. 1051), two jars dating to the 8th century BCE (L. 1052), and sherds from all levels of the filling were found. Thus, the excavator (Tufnell 1953: 83) suggested the buildings continued to serve during the Palace C period and burnt out in the final destruction of Level II. The buildings seem to have been abandoned throughout Level II (700-586 BCE). They have parallel long rooms. Based on similar plans from Boghazköy dating to the Late Bronze Age, Albright identified this kind of building with storerooms (1943: 22-24). Tufnell quoted Albright' s identification and suggested that these buildings could not be stables because the paved sides were too narrow for normal size

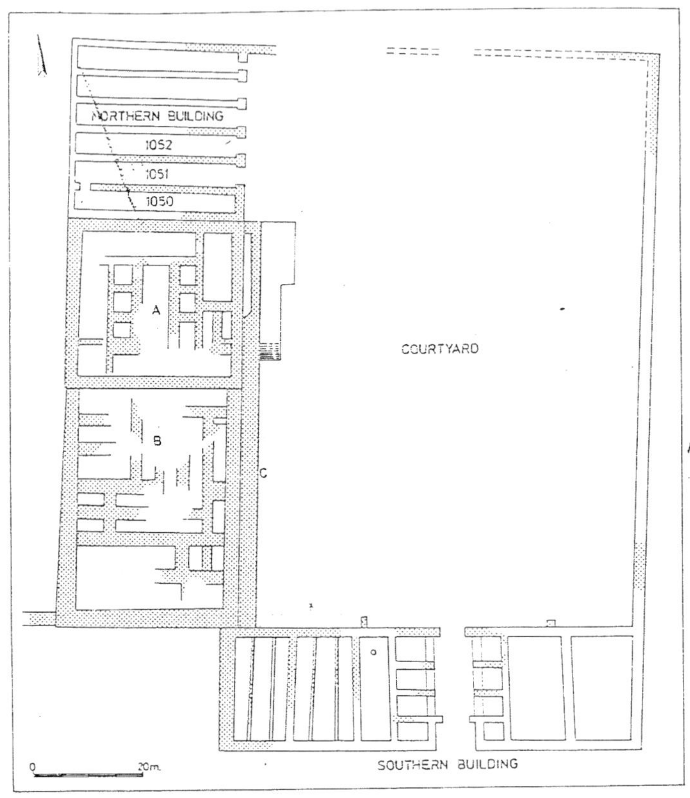

animals (1953: 61). However, she herself was confused and said that the doorways of these buildings are wide enough to be stables or chariot-houses in the same publication (Tufnell 1953: 83).

After the renewed excavations in Lachish, Ussishkin identified the northern compound (building 1050, 1051, 1052) as storehouses and the southern compound (Loci 4846, 8500, 4850, 4856) (Starkey' s building 1034) as stables (1992: 906). Recently in the final reports of the renewed excavations of Lachish, he designated the northern coumpound as storerooms, stables, or chariot houses (Ussishkin 2004: 800). Although the preservation was only below floor level, he suggested that the plans of the southern compound were similar to the tripartite pillared buildings found in Megiddo and Tel Beer Sheba and identified all of them as stables (1983; 1990; 2004: 807, 815, 831-834). South east of Palace C, Loci 4846, 8500, 4850, 4856 (Starkey' s building 1034) was erected on top of the ruins of the "government storehouse," and contained two units, each divided by two partition walls. This structure was located next to a gateway and opened to the lime-paved courtyard of the palace-fort. The southern compound

> has many characteristics in common with the "stable compounds", mainly the southern one, in Stratum IVA in Megiddo. …… At both sites the building and courtyard were constructed on sloping ground leveled by means of a constructional fill. Most important, there is a strong resemblance between the plans of the two building complexes both are composed of "units", each containing three long rooms. (Ussishkin 1978: 41; cf 2004: 831).

The inner measurements of a "unit" in the southern compound are ca. 20.35 ×10m, while the inner measurements of a "unit" in the northern stable compound in Megiddo measures ca. 20×9m. Due to the poor preservation, it is difficult to calculate the exact number of horses kept in these buildings, in comparison with those from Megiddo and Tel Beer Sheba. Ussishkin suggested that ca. 25 horses could be stalled in each "unit" at Lachich (Ussishkin 1990: 83; 2004: 831).

To prove the function of this building, Ussishkin took soil samples from various places of the site and examined the phosphorous quantity, as suggested by Holladay's hypothesis (1986: 154-155; 2004: 832-834). According to this hypothesis, based on small amounts of horses phosphoric anhydrite contained in the liquid wastes of horses, examining the phosphorus enrichment of the soil beneath the surface of the stables would assist us in determining what was stalled in this building. The results though were not helpful since the phosphorus percentages from these buildings did not

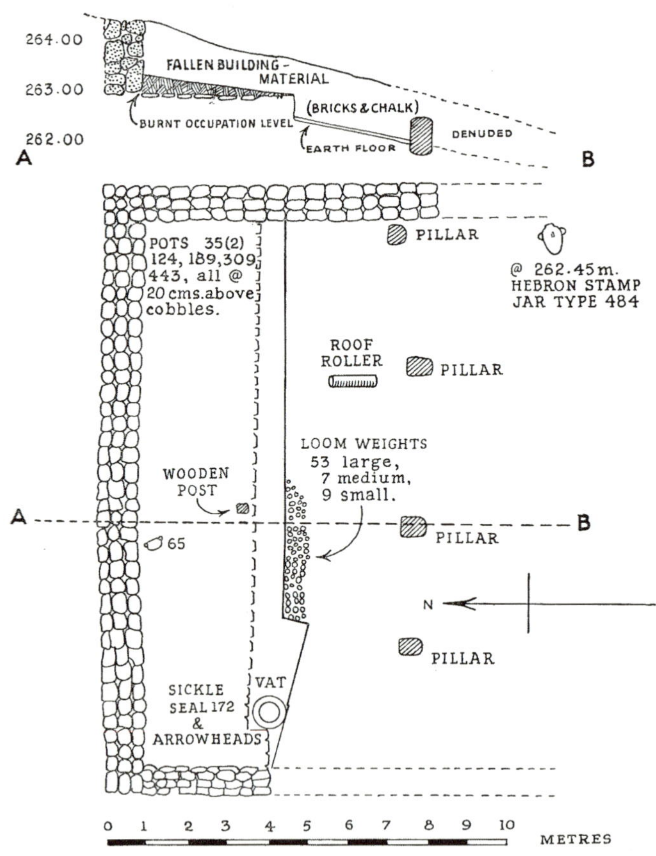

differ from the rest of soil samples from the other areas of the tell.[2] He concludes that this theory can not be regarded valid hence the tells were "inhabited for thousands of years by people and their livestock" (Ussishkin 1983: 153; cf. 2004: 834).

Due to remains of a dyeing vat and loom weights in building Locus 1003 located south of the palace-fort storehouse, Tufnell has interpreted it as a dyeing and weaving place (1953: 106-108, fig. 9, pl. 115). However, since the plan of this building seems to represent an example of the tripartite pillared buildings, it is necessary to reconsider its function. Parts of the building have been lost because of denudation, but it is clear that the building originally contained a cobbled side hall and a row of pillars. The building was used during Level III (760-701 BCE), and based on the pottery found in the north-east part of the building, lying about 20cm above the floor, it might have been reused during Level II (Tufnell 1953: 108). A deep deposit of a burnt mud level, perhaps fallen roof material, was visible. Within the roof debris about forty arrowheads and iron spikes were found. These finds may not support Tufnell' s identification of this building as a dyeing and weaving place. Since the layout of the building is similar to those discussed here, the building must have been used as a stable, burnt by an enemy, and reused as a dwelling place in Level II (Personal communication, Gabriel Barkay).

Another building Locus 1002 (Tufnell 1953: 106, pl. 115) located north-

2) However, this experiment has been proven positive in Qantir and Bastam. See Qantir and Bastam.

west of building Locus 1003 is composed of two side rooms with paved stones and a central part with an earthen floor. The entrance of this room was in the middle part. Pottery found in this building was dated to the Level III (Barkay and Ussishkin 2004: 466, fig. 9.11). As with the building in Locus 1003, since the layout of the building is similar to the tripartite-pillared buildings, we may assume that this building could have been also used as a stable (Personal communication, Gabriel Barkay).

From the earlier excavation of the British expedition, an interesting structural feature was found against the outer face of the stairway 1063 belonging to the Palace C (Tufnell 1953:119, pl. 116). This was a triple platform in the level of the third stairway. The platform "consisted of a central block, about a metre high, flanked on each side by similar blocks a few

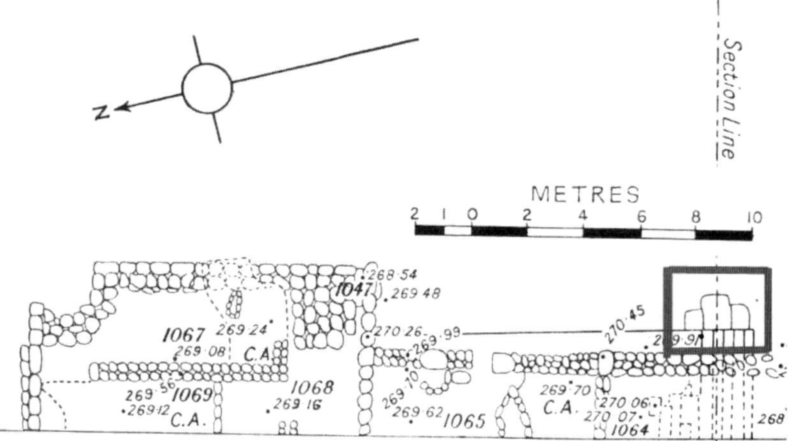

centimetres lower" (Tufnell 1953:119). It was covered with hard grey plaster. Since the plaster was merged smoothly into the plastered floor, Tufnell dated this platform to the same time as the stairways and identified this as a mounting block or pedestal. Such mounting blocks to help a rider to sit on horses are still visible in Britain. This might have been used by important people who used to reside in Palace C, when they rode horses or mounted chariot boxes.

Beside these building units, there are several facts which could prove that a royal Judean chariotry unit was stationed in Lachish (Ussishkin 1990: 81). In the Lachish relief found in Sennacherib's palace in Nineveh, three vehicles, apparently chariots[3] are shown thrown down by the defenders

3) Uehlinger (2003: 257) has questioned the identification of these chariots. He suggested that it is hard to distinguish between horse-driven chariots or oxen-driven carts in this simply rendered iconography and in comparison with the yokes of the ceremonial chariot

towards the Assyrian soldiers, and a ceremonial chariot probably of the Judean governor was taken by the Assyrians as booty (Ussishkin 1982: 84, Ill. 69; Fig. 7). A bronze eye-blinker for a chariot horse was found Room L. J16: 1036 in the Level IV-III, located to the south of the palace-fort (Tufnell 1953: 114, 387, pl. 41: 5). While the Assyrians destroyed Judean cities, in his lament, the prophet Micah mentioned the chariots in Lachish: "O thou inhabitant of Lachish, bind the chariot to the swift beast: she is the beginning of the sin to the daughter of Zion" (Micah 1: 13).

6. Ekron (Yadin 1975: Fig. 5)

While Naveh surveyed Khirbet al-Muqanna '(Ekron) (1958: 86-100), an elongated structure with a row of pillars on the south of the tell and attached to the inner wall was discovered (1958: 93). He described this building:

> 26m. to the east of the gate, there is a wall 1m. thick and 11m. long, which faces south is attached to the inner wall. At its outhern end it turns eastward and continues parallel to the borad city wall for about 80m.

---

depicted in the same slab, such wooden stacks could not belong to the horse-driven chariots. However, as Ussishkin (1982: 105) suggested, they are clearly different from other oxen-driven carts depicted on the other slabs. In addition, such chariots looking like oxen-driven carts were drawn by horses for carrying ordinary soldiers in war were used by the Elamites depicted in reliefs of Ashurbanipal's palace in Nineveh (Barnett 1985: pl. 137).

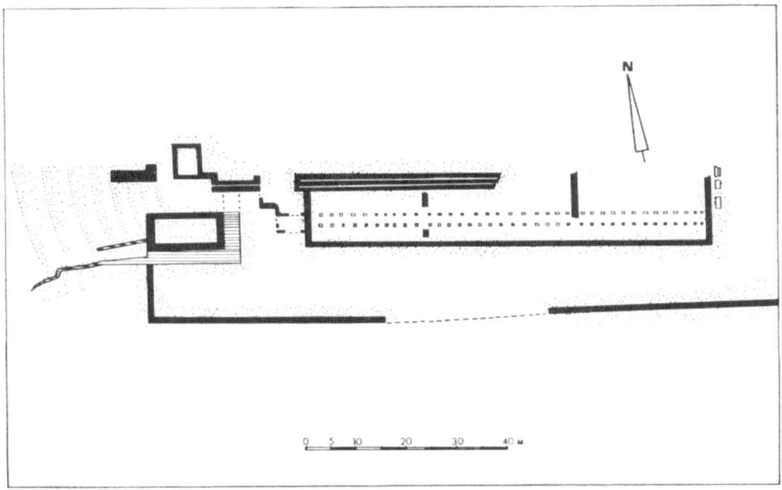

An eastern wall closes this building, which is divided by three inner walls into four 'hall' of different sizes. The tops of some dozens of stone pillars rise 50-70 cm. high above the surface within the area of this building. These pillars are square (about 50×50cm), and are arranged in a row at intervals of about 1.5m. In the western half of the building they are in the center, i.e. about 5m. south of the broad wall; in the eastern part, where the broad wall is not seen on the surface, they are nearer to the southern wall. In each pillar a hole is drilled (sometimes two or three), about 20-30cm. below the top (Naveh 1958: 94).

After he gained the general picture of this building, he sketched that this building has two walls with the pillared buildings between them and suggested the possibility of its being used as stables. He added that the site is also rich in pottery of Early Iron Age III and of the Middle Iron Age (Naveh

1958: 95).

Based on the reconstruction of the building plan, Yadin (1975: note 23) found that its plan and location close to the city gates are similar to those tripartite-pillared buildings from Megiddo and Beer Sheba, and identified the building as a stable. The building was cleaned between 1983-1996, but there was no finds from the building (Personal communication, Sy Gitin). The building has not been yet published.

7. Hazor (Yadin, Amiran, Dothan, Dunayevski, and Perrot 1960: pl. CC ; Fig. 1.4)

A tripartite pillared building (L. 71) was discovered in Strata VIII-VII dating to the 9th century BCE (Yadin, Amiran, Dothan, Dunayevsky, and Perrot 1958: 11-14; 1960: 6-7). The dimensions of the building are 13.5×20.7 m. The width of the central hall is 3.6 m and of the side halls is 2.4-2.6m. The space between the hewn stone pillars was filled with pebbles and the distance between the pillars varies from 1.05m to 1.45m. The entrance of the building is located in the northwestern corner. While there are 10 pillars in the south row, there are only nine pillars in the northern one. Beside some potsherds, finds were poor. There were remains of a clay oven, fragments of a cooking pot, and a potsherd bearing an inscription ···'לא next to the west wall. Several fragments of bowls, jugs, and decorated store jars were found in the north west corner of the building. Based on these finds, the excavators identified this building as a storehouse (Yadin 1960 et al.: 6). A

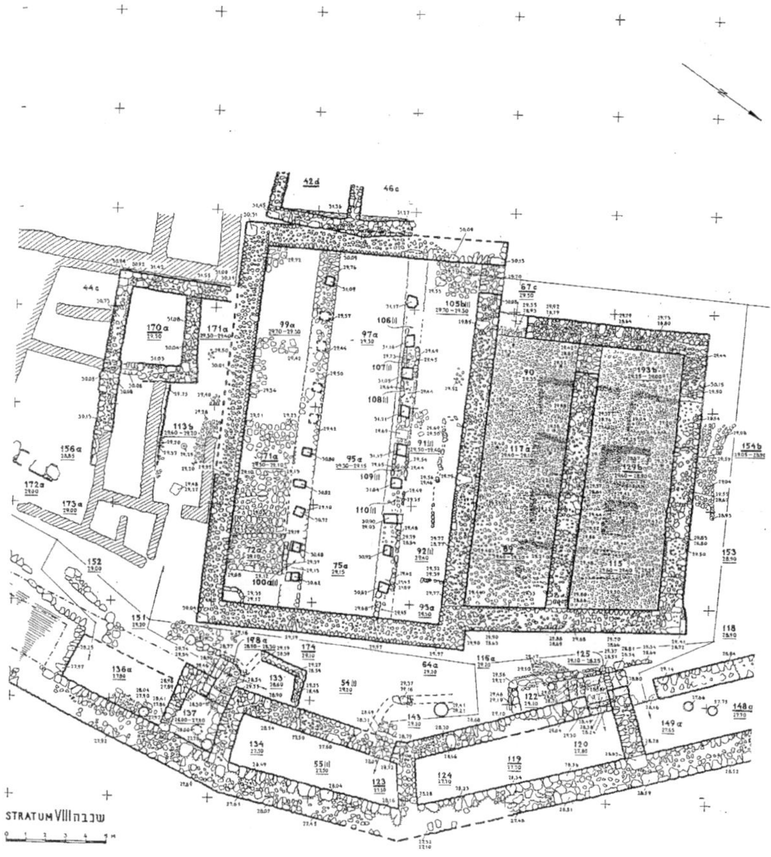

building with two long cobbled halls with an entrance on its west was found joined to the northern side of the pillared building (Yadin et al. 1960: 7). This building was used at the same time with the pillared building. Due to the remains of a massive conflagration around the building, the excavators thought that it could have been an oven or a silo and interpreted that these remains could be of grain that had been burnt during the severe destruction.

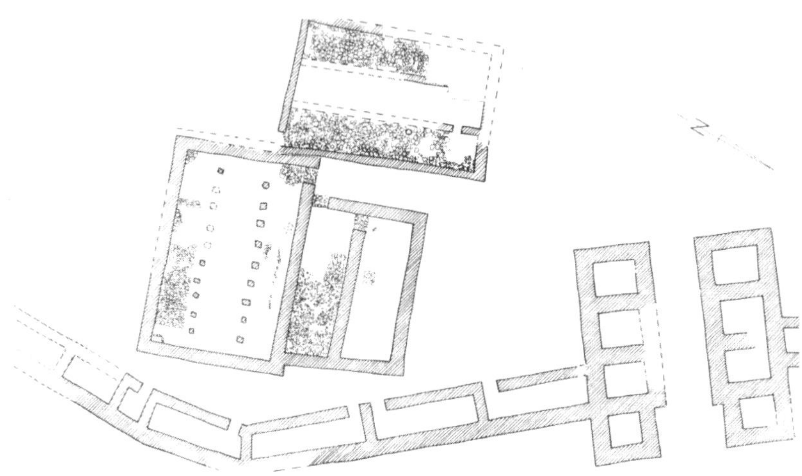

Although this structure and the pillared building were in fact two wings of the same building, they did not find any direct connection between them and identified them as large storerooms because of "the elongated shape of the halls and their rough paving"(Yadin et al.: 1960: 7)

In the recent excavtions at Hazor, a tripartite building with solid walls was found south east of building L. 71 in Area A, dating to the 9th century BCE (Ben-Tor and Rubiato 1996: 7). The length of the building is more than 20 m. Although solid walls are placed instead of pillars, the features of cobbled side halls and an earth paved central hall are very similar to the tripartite pillared buildings. The excavators identified the building as a storehouse based on several pithoi on the floors of the building (Ben-Tor and Rubiato 1996: 8).

8. Tell Qasile (Mazar 1980: fig. 16; Fig. 1.5)

A tripartite pillared building was unearthed in Str. X in the southern part of the mound (B. Mazar 1964: 11). Dimensions of the building are 9×14 m. The width of the central hall is 2m and of the side halls is 2-3m. Since this building was dated to the 11th century BCE when the Philistines prevailed at this site, A. Mazar (1980: 75) suggested that the "pillared buildings" were no longer unique for the Israelites. He identified this building as a storage building without any explanation.

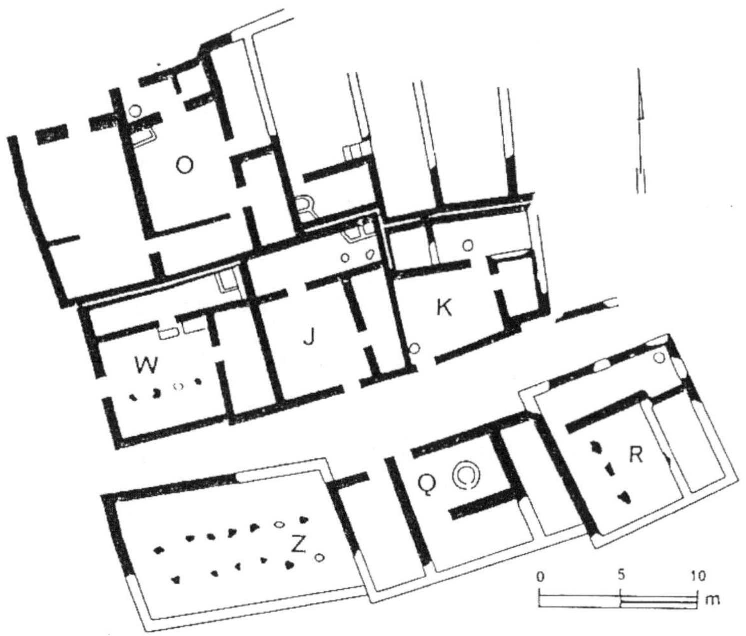

9. Tel Malhata (Kochavi 1999: fig. 5; Fig. 1.6)

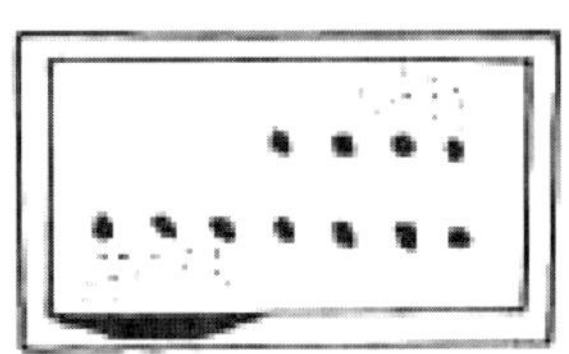

A tripartite pillared building was found used and reused in three consecutive strata, from the 9th to the 6th centuries BCE (Kochavi 1971: 35-36). The dimensions of the building are 15×7m. In the earlier level, pillars were built of rounded stones, one on top of the other, and replaced later by monolithic square pillars. The last level was destroyed by fire and numerous finds dating to the early 6th century BCE were found inside of the building. The excavator identified the building as a storehouse. A horse blinker[4)] made of bone was found in the last level of the site (Kochavi 1992b: 936).

10. Tel Beer Sheba (Aharoni 1973: pl. 84; Fig. 1.7)

A complex of three adjoining tripartite pillared buildings in Str. II, dating to late 8th century BCE was unearthed beside and to the east of the city gate. The dimensions of each building are approximately 10×18m., the width of the central hall is about 2.0 m. and of the stone paved side hall is about 2.5 m. (Herzog 1973: 23). Each hall has a separate entrance. The base of each

4) The object is different from the blinker shapes known to us. However, it has been identified as a blinker by its excavator.

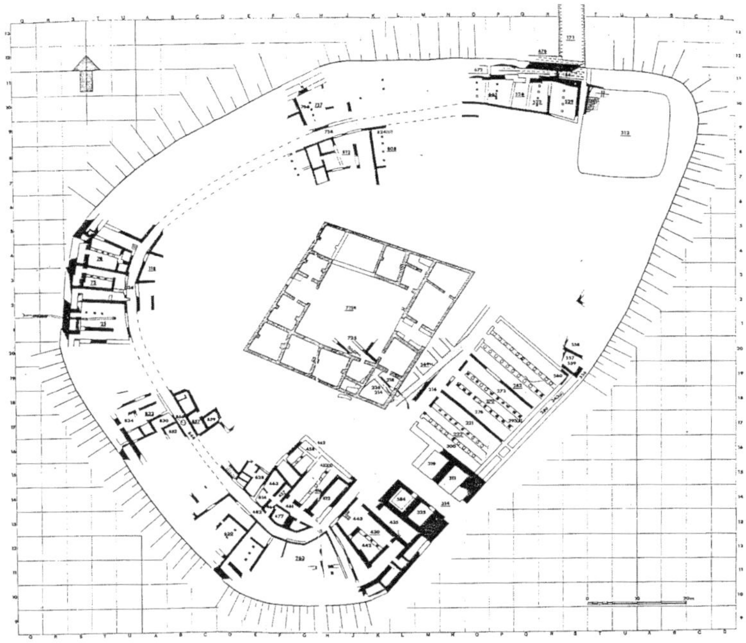

pillar is made of a chiseled stone (about 0.50×0.50 m). The spaces between the pillars are approximately 1.0 to 1.2 m. They were filled with silt and unhewn stones to the height of about 0.5-0.6 m (Reconstruction Fig. 8).

Due to the rich pottery finds (35 bowls, 5 deep bowls, 1 krater, 21 cooking-pots, 36 storage jars and holemouth jars, 2 flasks, 1 stand, 4 lamps, 30 juglets, jugs, decanters and 1 strainer [Herzog 1973: 25; pls. 12; 57-63]) dating to late 8th century BCE within a heavily burnt layer in the side halls, the excavators identified these buildings as storehouses, which are the *miskenôt* in 2 Chron. 32: 27-29 (Aharoni 1973: 14-15; Herzog 1973: 23-30). Evidence supporting their argument is that a clerestory was needed to measure and prepare products for lighting and ventilation, the pillars were used for a blocking "to organize a way for bringing in and taking out provisions" (Herzog 1973: 29) which were laid in the side rooms. The central hall served as a passageway for the transportation of goods by donkeys. Since the top of the fills between the pillars was flat but their edges were higher than the centre, there must have been installations that rested on top of them, such as feeding troughs for the donkeys, according to the excavators.

11. Tel Masos (Fritz and Kempinski 1983: fig. 3; Fig. 1.8)

The site was occupied mainly in Iron Age I (12th-11th centuries BCE). In Area A, among several "four room houses", House 1039 was discovered. It is somewhat similar to the tripartite buildings. Although only one row of pillars exists in this building, the typical characteristic of pebbles paved in the side halls is visible (Fritz and Kempinski 1983: 19). Another tripartite building, House 480 was found in area C. The dimensions of the building

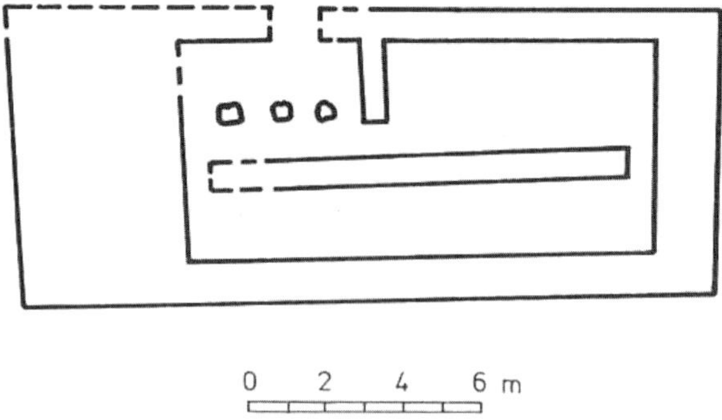

are 14×15m (Fritz and Kempinski 1983: 61). Stone bases of pillars were found. A few pottery vessels were found as well. Fritz suggested that since the finds from the tripartite building are domestic but the use of the building was public, the building served as a military barrack (Fritz 1977: 42). Kempinski, however based his view on the thickness of the walls and suggested that the building had two or three stories and "its ground floor served as a storeroom, which in the excavators' view is similar to the storeroom units that appear later in the Iron Age II throughout the country" (Kempinski 1992: 987).

12. Tel Kinneret (Fritz 1986: 61; Fig. 1.9)

A pillared building was unearthed southwest (about 2m distance) of the gate (Fritz 1986: 61). The dimensions of the building are 15×9 m, and the width of side halls is 1.85-2.4m. The pillars are built with field stones and a basin, perhaps a manger, is visible between the pillars (Fritz 1990: 54, pl.

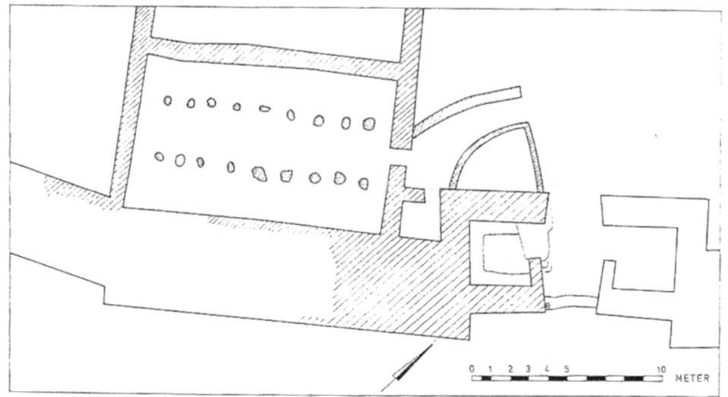

24). Large quantities of pottery including a jug inscribed *l' lplt* (belonging to 'Eliphelet) were found. The building is dated to the 9th-8th centuries BCE, and was probably destroyed by Tiglath Pileser III in 733 BCE (Fritz 1986; 1990). The excavator has identified the building as a barrack for a garrison based on the domestic pottery assemblage and the pubic nature of the structure (Fritz 1990: 56-58).

13. Tel Hadar (Kochavi 1999: 47; Fig. 1.10)

A tripartite pillared building was unearthed in Str. IV, dating to the 11th century BCE. The building is between a granary and a tripartite storehouse with solid inner walls. It is located close to the gate. The building was built of fine stone walls, ca. 1m. thick. The walls of the granary had been preserved up to a height of 2m, perhaps to its original height (Kochavi 1989: 9). The granary could have been reached from the tripartite pillared building through an entrance in a wall common to both buildings. The dimensions of the latter are approximately 12×10m. The width of the central hall is about

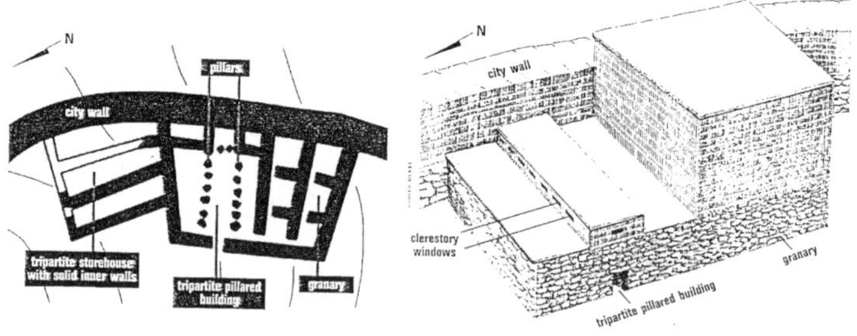

3m, and the paved side halls are 2-3.2m. Pillars are alternately built of monoliths and stone drums. Between the pillars, in spaces of ca. 1m, there are stacks of unhewn stones. Within the building, 120 complete pottery vessels were found. In the assemblage, the excavators noticed that bowls, "the most ubiquitous household vessel" (Kochavi 1999: 47), are lacking, oil lamps and cooking pots did not have soot on them, and 15 percent of the vessels had been imported from the Gilead in Transjordan (Kochavi 1999: 48). Based on the household vessels and the shared entrance with the granary, Kochavi identified the building as a storehouse (1998), and later (1999), as a market place. Kochavi identified this site as a royal citadel of biblical Kingdom of Geshur (1998; 1999).

14. ʿEin Gev (Hino 1994: 8; Fig. 1.11)

The site was occupied from the 10th century to the 8th century BCE The excavators suggested that the site was under the domination of the Geshurites who at first were in Tel Hadar around the 11th century BCE, but when the area of Geshur was integrated into the Kingdom of Aram-Damascus, they moved to this site which was the main stronghold of the Arameans (Kochavi 1998: 468).

Two tripartite pillared buildings dating to the 8th century BCE in Str. II were unearthed. The building is 18m long and contains two rows of eleven monolithic square pillars, about 1.4m high (Kochavi 1992a: 412). Only a few sherds were found on the floor. An enemy, perhaps Tiglathpileser III of

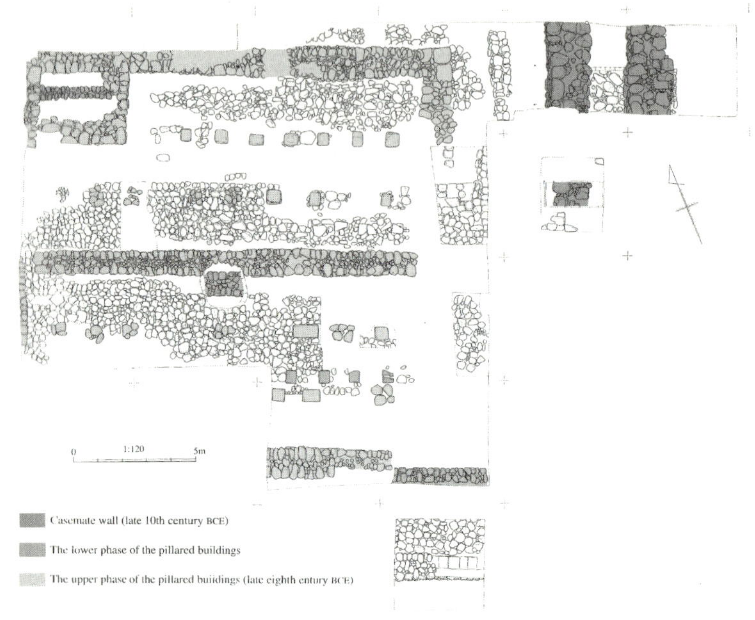

Assyria (733-2 BCE), destroyed the site in a fire and removed objects from the site (Hino 1994: 20). The excavator accepted Kochavi' s theory regarding a similar building from Tel Hadar (1998; 1999), and identified it as a storehouse.

Based on personal conversation with Moshe Kochavi, in the recent excavations, three more tripartite pillared buildings underneath the 8th century buildings were unearthed. They date to the 9th century BCE. Few sherds were also found in these buildings. These buildings have not yet been published.

IV. Stables in the Ancient Near East

1. Egypt

a. Tell el-Amarna (Pendlebury 1951: pl. XXI)

Although we have many monuments depicting Pharaohs' chariots and horses, the question where they kept the horses has not been solved. Based on the Egyptian word for stable, *ihw*, written with the determinative for "house" (Faulkner 1962: 29), it is certain that they were kept inside buildings.[5] In particular, there is abundant evidence for private stables in Tell el-Amarna (Holladay 1986: 131). In the "Military and Police Quarters",

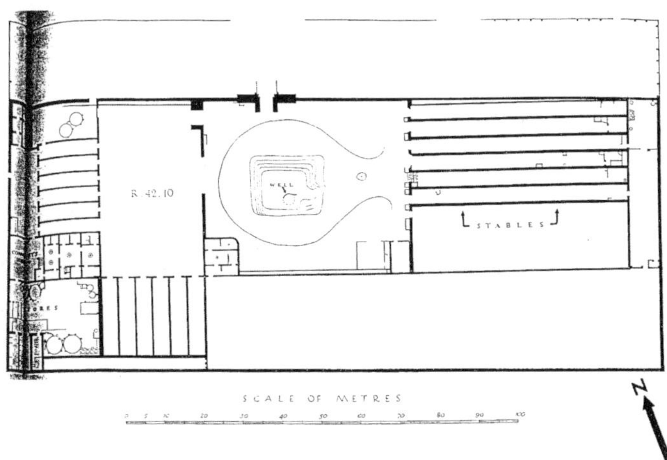

5) See Holladay 1986: 123–130 about the details of the evidence that horses were stabled inside of the buildings in the ancient Near East.

dating to ca. 1377-1360 BCE at Tell el Amarna, there are long buildings with cobbled floors, mangers, and tethering stones (Pendlebury 1951: 131-135). Each building has a very narrow open access to a large public court. The excavator has identified these buildings as stables, that stalled 150-200 horses (Pendlebury 1951: 135). There are not many horse-related finds except two horse bits (Potratz 1966: pls. 107 and 115) and fragments of leather covering and attachments of a chariot (Peet and Woolley 1923: 49). Holladay emphasizes that since we have "minimal small finds" from Amarna, it is not surprising "that Palestinian Iron Age sites have yielded little or no data of this sort" (Holladay 1986: 132).[6] Another noticeable scene reminiscent of Palestinian stables is a relief of horses depicted on a limestone block found from Tell el-Amarna (Pendlebury 1951: pl. 19, 1; Fig. 9). Three horses facing front and one horse facing backward are lined up and tethered to a column. Their tethering strings are clearly shown.

b. Qantir (Herold 1998: fig. 3)

Ramesses II (1279-1213 BCE) built his city named "the House of Ramesses Beloved of Amun Great of Victories," which is identified as the biblical city "Ramesses" (Ex. 1:11). Due to the enormous number of Ramesside architectural fragments, the location of this city was originally identified with the ruins of Tanis (Pusch 1996: 126) located on the eastern edge of the Nile Delta. However, already in the beginning of the excavations in this site

6) Potratz added only two horse bits dating to the second millennium BCE from our region, from Gezer (fig. 45e) and Tell el Ajjul (fig. 45d).

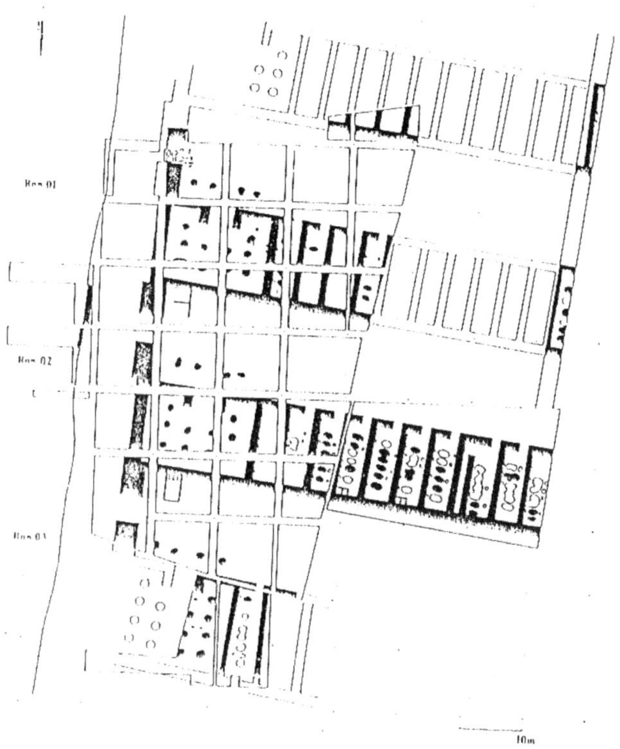

in the 1930' s, Hamza (1930: 31-68) identified Qantir as the city of Ramsses II which was followed by several scholars (Hayes 1937; Uphill 1968: 291-316). This has been corroborated by the excavations of the Pelizaeus Museum of Hildesheim at Qantir (Pusch 1996: 126). Through the study of the pottery, the ruins of Qantir have been dated to a period no earlier than the reign of Seti II and probably no later than the reign of Ramesses III (Aston and Pusch 1999: 39). A striking find are three large units in Q1 and QIV. In the northern sector of QI, a pillared courtyard and walls constructed of sun-dried mud bricks, with width of 2.10m (= 4 royal cubits) and height of 4.00m, were excavated. "The walls facing the interior of the pillared yard were white-washed and painted in blue and red" (Pusch 1996: 133; Fig. 10). Although only traces are left, there are still visible remains of limestone column bases belonging to the colonnade. Due to the remains of an inscription, one of the octagonal limestone pillars could be reconstructed to a height of 2.5m (Fig. 11). The inscription on the pillar shows that this unit was the "Court of Chariots" originally owned by Seti I and altered by Ramesses II, who cut out his father's name and replaced it with his own name. The function of this building as a chariotry complex was proven by numerous objects relating to chariots and horses, such as chariot fittings and harness pieces discovered around the building. Based on these chariot fittings made of stone, faience, bronze and bone, the excavators could suggest a schematic reconstruction of the Ramesside chariot (Pusch 1996: fig. 129). Also, the prints of horses' hooves preserved on the courtyard's floor can be still observed.

In the unit in the site QIV, long rows of rectangular rooms (more than 20), measuring 11.5×3.5m, covering an area of more than 15,000 square meters were found. At the western end of each row, there is a large hall with a roof supported by ten limestone columns with palm capitals (Pusch 1996: 138). Before the construction of the rooms' floor, tethering stones, intensively worn by ropes, were placed into foundation pits and arranged on a regular grid within each room. "Every room has six settings of horizontal limestone slabs around an opening lined by vertically standing limestone slabs forming a basin of almost rectangular shape. The bottom of this basin is sealed either by several consecutively laid white-washed floors, or, rarely, by a slab or bottom sherd of a large pottery vessel" (Herold 1998: 133). The shiny surfaces of these basins indicate intensive use. Each of these stones is associated with two tethering stones and such an arrangement appears throughout all rooms. Tethering stones are also found in the columned halls. These rooms lead us to identify them as "stable rooms" (Pusch 1996: 138; Figs 13-14). "The dimension of stone settings and the spacing between tethering stones suggests animals larger than sheep or goats" (Herold 1998: 135). Such dimensions are rather appropriate for stallions (Herold 1998: 135). Based on the analysis of sediments, the excavator found remains of equid urine in the soil sample of this installation (Pusch 1999: XIV-XV).

> A stallion tied to the western tethering stone would have been forced to urinate into the basin within the stone setting, which may henceforth be referred to as a "toilet." The average holding capacity of the "toilets" is approximately 19 litres, roughly the daily urine production of horses of that period (around 12 to 14 litres). The collection, rather than draining of the urine likewise points to horses having been kept here. Equid urine was a well known fertilizer, utilized in vineyards up to the Middle Ages, though other uses, such as dying or tanning were equally important. One of the most famous ancient Egyptian vineyards, *K;-n-Kmt*, and other gardens were situated in the lands surrounding Piramesses. The workshops leather-and woodworking for shields, functioned, would have created demand for the horse urine collected in these stables. An experiment was conducted in 1994 in which such a "toilet" was filled with water and subsequently emptied with a cup the size of the beakers and amphora bottoms sometimes found within the "toilet" openings. It took approximately three minutes to empty the toilet. Each room could have therefore be cleaned in a quarter of an hour (Herold 1998: 135).

Also, two broken door lintels depicting parts of horses which were found in this building, may help this identification (Herold 1998: 133; Fig. 12). In particular, one of them depicts the head and forelegs of a horse with hanging reins, standing in front of the cartouches. "It is possible that door lintels bore the names of the horses or horse teams housed there" (Herold 1998: 138). The excavator suggested that a minimum of 418 horses could be stalled in these units (Herold 1998: 138). "As neither the northern nor the eastern limit of the stables is known, the total number of animals kept here may have been considerably greater" (Herold 1998: 138). Finally, reconstruction of the stables has been suggested (Herold 2001: abb. 13-14; Figs. 15-16) and there is a striking similarity to the tripartite pillared buildings found in the Land of Israel.

2. Ugarit (No illustration of the building was published in original excavation reports. However, its plan has been published in the publication of Yadin 1975: fig. 1)

An inscribed tablet found in Ugarit (Schäffer 1969: 69-79) mentions the importance of war chariots. The writer of the tablet urgently requests chariots from his lord (perhaps Ramesses II) (Rainey 1971: 148). A private royal stable, dating to the 16-15th centuries BCE, where chariot horses could have been stalled, was found in Ugarit (Schäffer 1938; 1939; Yadin 1975:57-59). The dimensions of the building are 29×10 m. with one open access. A row of stone pillars was standing on a stone paved floor of the building.

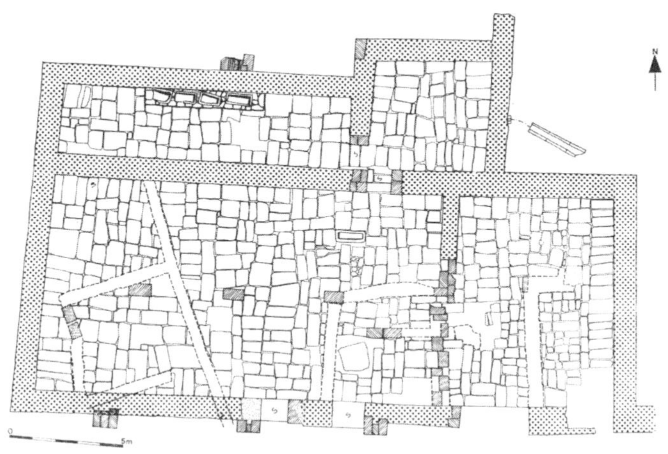

A horse bit and four stone mangers (0.40×0.80 and 0.40×1.00) were unearthed.

3. Urartu

a. Bastam (Kleiss 1979: abb. 32)

A tripartite pillared building dating to the 8th century BCE was unearthed near the north gate of Bastam, in Urartu (Kleiss 1970; 1972; 1979). It has similar features with the tripartite buildings from the Land of Israel, such as an unpaved central hall and two stone paved side halls can be observed. The dimensions of the building are 28.9×10.3m, with 7 columns in each row. "Along the walls were slight bench-like projections of the masonry, which could have been supports for feed mangers" (Forbes 1983: 56). Holladay'

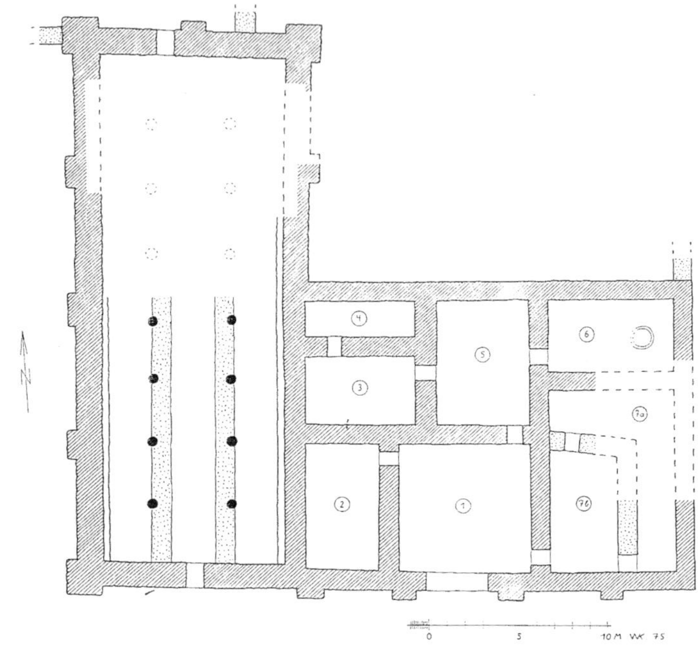

s theory (1986: 154-156) that "since the liquid wastes excreted by horses contain small amounts of phosphoric anhydrite, much of the phosphorus derivative of urine and leached-out manure excreted by horse would percolate beneath the surface of the stables and increase the phosphorus element in the underlying soil" (Ussishkin 1983: 153) was applied by the excavators. Unlike other sites, such as Lachish and Megiddo, the result of the analysis came out with a positive answer and strengthed the suggestion to identify the function of these buildings as stables (Kroll 1989: 329-333).

b. Hasanlu (Dyson 1989: 110)

Hasanlu Tepe is located in the Solduz valley in the southwest corner of Lake Urmia in Azerbaijan province, Iran (Dyson 1989: 107). Our main concern at this site is period IV, dating to the 12th-9th centuries BCE. Period IVB was destroyed in a conflagration by the Assyrians, and it has been preserved with "abandoned weapons and human casualties" (Dyson 1989: 109). Among these remains, horse skeletons and large amount of equestrian equipment is noticeable. The excavators identified Burned Building VII as "a storage area for chariots adjacent to an assembly area" (Dyson 1989: 112). They only assumed that stables could have been located in the triangular area. However, in this area, nothing was left because of the total destruction of period IVB (Dyson 1989: 112). After studying the site's plan, Kroll suggested a different idea for the location of the stables (1992: 65-72). Kroll identified Dyson's "triple road system" (Dyson 1989: 111) as a "tripartite structure." This structure is located on the west slope in front of Burned Building VII and the Chariot Gate. Since the southern parts of this structure have not been preserved, it was still doubtful whether it could have been the access to the site nor were there walls closing this structure. Dyson compared this structure to the triple road system dating to the 3rd millennium BCE at Altyn-Tepe in Turkmenistan (Dyson 1989: 111). In a careful examination, Kroll found identical features as in the tripartite pillared buildings found at sites such as Bastam, Megiddo, and Tel Beer Sheba. The structure has three parallel parts, a central part with hard-packed clay surface, flanked on each side by a stone drain, a stone pavement of each side, and a clay bench against the walls. According to their

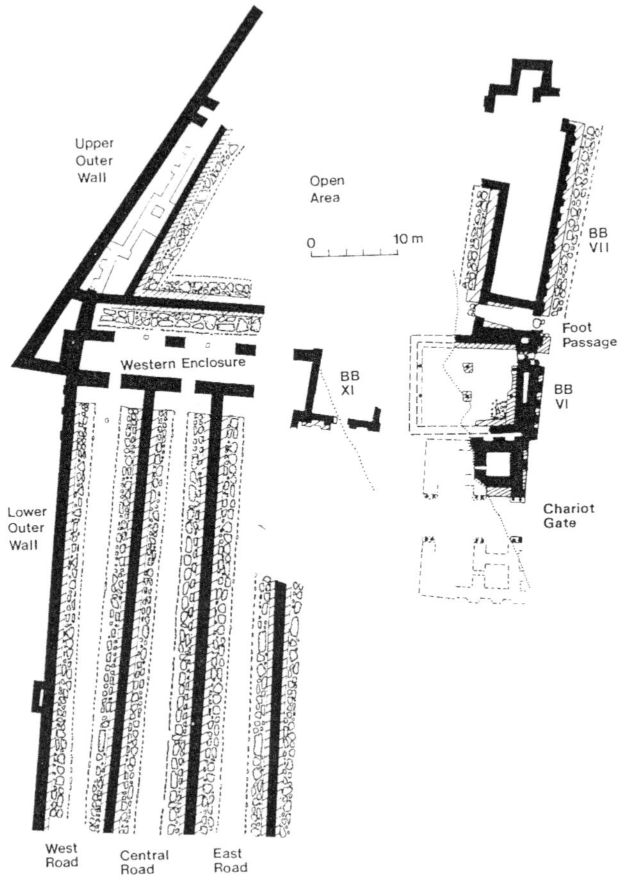

measurement of width and length, Kroll was convinced that his "tripartite structure" from Hasanlu can be identified as stables. As the table shows (Table. 4), the measurements are similar to the measurements of the stables in Bastam. In particular, the width of the stone paved areas, 2.4-2.6m reminds the width of the side halls, 2.0-2.5m in the tripartite pillared buildings found in the Land of Israel.

V. Discussion

The Biblical Hebrew word for stables is אורוות. It is a loan word from Akkadian *ur û* meaning "stall" (Salonen 1955: 177). The word often appears in Akkadian with the determinative *É/b ītu* and in the compound *ur ē sis ê*, "stable for horses" (cf. Salonen 1955: 172-178). Although the numbers are inconsistent (forty thousands in 1Kgs 4: 26 and four thousand in 2Chr 9: 25), the Bible mentions that Solomon owned stalls of horses for his chariots. In these verses, אורוות have a meaning of "span" or "team" as in the Neo-Assyrian' s usage (von Soden 1965-81: 435, I, II), and reflect "the military-political viewpoint, since what is of immediate significance is the number of horses in active military service or training, which necessitated their stalling, and not the number of buildings, or the total number of horses owned by the crown" (Holladay 1992: 178). However, in 2Chr 32: 28, אורוות appears to describe places where all kinds of cattle could be stalled. Several unnamed cities of Solomon which were designated as "chariot cities (ערי רכב)" must have had stalls for horses (1Kgs 10: 26; 2Chr 9: 25). In particular, although its location is not given, the cities of Simeon named "Beth-marcaboth(בית-המרכבות)" and "Hazar Susa (חצר סוסה)" (Jos 19:5; 1Chr 4:31), meaning "House of chariots" and "Enclosure of mare", must be the places where chariots and horses used to be kept.

Were the horses stalled in "the tripartite pillared buildings?" No one can argue that the tripartite buildings were not used for public use (Herzog 1973: 27; Currid 1992: 52). Although Currid suggests that these buildings served for different purposes based on their different sizes and details (Currid 1992:

54), many scholars agree that these buildings must have had the same function since all of these buildings share similar layouts (Herzog 1973: 26-27; Holladay 1986: 150; Herr 1988: 272; Barkay 1992: 314-315). When someone built a certain building, he would consider the function of the building and would place several features which accomplish these functions in the best manner. Such features would appear in buildings sharing the same functions. As Holladay added in an update note to his article in 1986 (Holladady 1986: 158), it is an interesting discovery that two buildings (XI, Locus 327, 329, 330 and XII, Locus 431) at Kurnub (Mampsis/Mamshit) located in the Negev (Negev 1977: 723-727; 1983: 101-103; 1988: 88-147) dating to the 4th-5th centuries CE were designated as stables. "Both are tripartite pillared buildings with "head-in" arrangements featuring elegant tow-piece stone mangers and "arched windows' in place of the monolithic pillar and beam construction of the Israelite and Judean stables" (Holladay 1986: 158). The measurement of the largest mangers from Kurnub is 1.2m ×0.5m and a maximum depth is only 0.25m (Negev 1988: 102). In another site, Shobata (Shivta), in the Negev, a stable dating to no earlier than the 4th centry CE built in the same style was found (Baly 1935: 171-181, it only appears on plans and photographs; re-excavated by Segal 1983: 88-89, figs. 1-17). Some of buildings built in the same style dating to around the 3rd-4th centuries CE were also found in the Hauran in Southern Syria (Butler 1919). Although the origin of the buildings is still unkonown, "in any case, the stables of this type in both the Negev and the Hauran must have sprung from the same architectural tradition" (Negev 1988: 103). Can we assume that ancient buildings and modern buildings built for the same function share also the same layout? To answer this question we should pay attention to the studies of Holladay (1986) and Cantrell (2000). Not only in 19th century Britain, but modern stables as well, have similar features with the tripartite pillared buildings of ancient times. Many scholars argued that no similar buildings were found in the ancient Near East. However, as discussed above, such buildings have been unearthed in Tell el-Amarna (Pendlebury 1936; 113), Qantir (Pusch 1996; Herold 1998), Ugarit (Schaeffer 1938; 1969), Bastam (Kleiss 1970: 22-32; 1972: 14-18; 1979), and Hasanlu (Dyson 1989; Kroll 1992). One of the pillars found in Qantir even has an inscription, informing us that the building was Ramses II' s stable. We may assume a possibility of the stables dating to the 3rd-5th centuries CE as a bridge between ancient and modern stables.

Nevertheless, some of scholars still suggest different functions for these buidlings. Fritz identified these buildings as barracks because, although the buildings served public functions, the finds were domestic (1977). Since there were no ovens inside these buildings, this identification is doubtful, as he himself indicated. Also, the idea that the central part was open to the sky, as Fritz suggested (1977: 41), is impossible to accept. Due to the damp and windy winter in this region, human residence would have been covered. In addition, as Herr noted, "the location of military garrisons should have been near borders where defensive activities could have been executed most easily. None of the pillared buildings fit that model" (Herr 1988: 57).

The most debatable issue about the identification of these buildings must be the finds. Herzog emphasized that "the role of the building itself should be evident from the finds in it" (Herzog 1973: 27). Since most of the finds from those buildings in Tel Beer Sheba are domestic pottery vessels and jars, he identified them as storehouses (1973: 23-30). However, it is hard to determine the function of a building from the finds in it (Holladay 1986: 160; Barkay 1992: 314-315; Finkelstein and Silberman 2001: 210). In particular, horses must be taken out to the battle field, and during battles horses might have been seized as booty as we see in Assyrian texts. In the case of Tel Beer Sheba, where large assemblages of pottery were found in these buildings, we can assume that these buildings were reused by refugees right before their destruction (Holladay 1986: 160). One can expect that in the storehouses, many storage vessels should be found. However, the pottery vessels found in Tel Beer Sheba are domestic rather than for storage. Cooking-pots and lamps can indicate residential use. Recently, excrement systematic chemical testing of earth as Holladay suggested (1986: 154-157) has been done at Megiddo and Lachish.[7] Although the results did not please us, "we should not expect to find any significant horse-related items in the buildings, since after the Assyrians' takeover of the city they were thoroughly cleaned and at least partially reused, and later dismantled at the time of their abandonment" (Finkelstein and Silberman 2001: 210).

Also, the locations of the buildings adjacent to the gate, disproves their use as storehouses. As Herr stated, storehouses are generally located far from "the public use for security reasons. Most have high walls or fences around them and/or are located in zones removed from domestic habitation" (Herr

7) The analysis also has been practiced in Qantir and Bastam. See details in the discussion of Qantir and Bastam above.

1988: 53). In addition,

> because storehouses are essentially nonpublic structures and have relatively slight human traffic, the walkways between the storage units remain more-or-less equal in width even when storage volume is increased. If more space is needed, the storage space, not the walkways, are enlarged (Herr 1988: 54).

If we accept the theory of storehouses, the central halls should be similar in size and narrower, while the side halls should be wider and vary. The width of the central halls varies from 2m to 3.5m, but of the side halls it is 2-2.5m (Herr 1988: 54). Storage must be in closed buildings for the protection from dust and humidity. To store more products, spatial use must be well-planned and access to the building must be limited. Thus, the tripartite buildings with clerestory and large empty space in the central hall do not fit the character of storehouses. Also, if the tripartite buildings were storehouses, we need to explain the large courtyard in front of the southern complex at Megiddo and that of the palace fort at Lachish. This huge space (more than 55×55 meters square in Megiddo) should not be wasted and rather, should have contained more buildings for storage.

Herr (1988: 52-54), therefore, suggested that more suitable buildings as storehouses might be multi-and long-roomed buildings found in Samaria, Arad, and Tell Jemmeh. Instead, he identified the tripartite buildings as markets (Herr 1988: 57-61). However, there are still several difficulties for his interpretation. Based on his experience in Asia and Africa, which still have modern pre-industrial societies, he suggested that in these societies, similar buildings, where markets are held once or twice a week, do exist. Nevertheless, we have to remember that the market buildings that he saw in Asia are influenced by the western culture. Based on the experience of the present writer who grew up in a country side in the 1970' s which was similar to a modern pre-industrial society in Asia, markets used to be held in open areas usually once every five days. The markets were normally held outside of the city where the merchants could spread out their products freely. Certain passage ways for the merchants and customers were formed but there was no regulation. Such markets are still held in many modern pre-indutrial countries in Asia, Africa, and South America. Herr quoted Elat' s idea (Elat 1979: 543) that *h ûs ôt* (חוצות) could indicate markets (Herr 1988: 272) which were out of the cities. If in fact such an Asian parallel could be implied in our case, Yeivin' s suggestion that *h ûs ôt* were connotation of "outside" -חוץ and the market could be held outside in an open space can be correct (1960: 29). Such market places near the city gate were attested at Tel Dan (Biran 1999: 25-29) and Ashkelon (Stager 1996: 65*). In Tel Dan, Biran found structures dating to the 9th -8th centuries BCE outside the city gate used as *h ûs ôt* and in Ashkelon Stager uncovered a row of shops (destroyed in 604 BCE). Indeed, the plan of the tripartite buildings itself dose not fit the function of a market place. Although there is a clerestory for light, it is not bright enough to see goods. To observe goods and products, day light is necessary, and dim light from lamps might not help. The market buildings which Herr saw in Asia have artificial lights which brightly illuminate the goods. Another feature of the market place is crowds (Herr 1988: 59). Since the end of the buildings was closed, except for the case of Tel Beer

Sheba, Herr suggested that central halls where crowds clogged were wider than the outer ones (1988: 59). However, most of market places in Asia have two accesses at each end in order to solve the problem of traffic. An additional question again is the finds in these buildings. If we accept Herr' s identification as market places, we may expect to find measuring tools, such as scales and weights. In particular, we should pay attention to pottery found in heavily burnt layers. As discussed above, these domestic remains must have belonged to people who fled to these buildings as refugees in the last phase of the existance of the site. We can easily find these examples in public places, such as public offices and fortresses, that served to lodge refugees during times of stress. People took just a few belongings and ran to these places for safety. This kind of human behavior could be applied to the last phase of the tripartite pillared buildings which were mostly destroyed by severe fire.

Kochavi emphasized that since all the tripartite pillared buildings are located on major ancient trade routes, such buildings acted as places to keep goods which had not been sold (1998; 1999). However, as the excavation report of Tel Hadar informs us (Kochavi 1992c: 551), that the building was destroyed by "a tremendous conflagration sometime in the eleventh century BCE" In this case, we can also see a similar situation discussed above. Right before the destruction of the site, people might have escaped into this building with their belongings. As Kochavi (1998: 471) argued, however, the vessels found in the building of Tel Hadar had not been used. If the destruction happened right after the people had fled to the building, the pottery could not have been used.

However, one may still require answers for several problems discussed by other scholars. The first question is the depth of the mangers found in Megiddo. The measurement of the largest manger is only 1.20×0.60 and 0.70 m. high, with a trough of 0.90×0.30 m. (Lamon and Shipton 1939: 35). Some of the mangers were found in *situ* between columns and some of them were reused as building stones in Str. III and II (Holladay 1986: 117). As Pritchard argued (1970: 271), the depth of the manger is shallow, only 12cm, but as Holladay quoted (1986: 117) from the British Army officers' *Animal Management* manual, shallow mangers are preferred for horses because "a horse cannot plunge his mouth deeply into the food and seize large mouthfuls, and deliberate mastication is more likely to be obtained" (Animal Management: 55). Also, the manual emphasized that to prevent crib biting of horses, the rim of the mangers should be sufficiently broad (Animal Management: 55). In recent observations of Cantrell (2000: 1), signs of cribbing on the inner rims of the mangers from Megiddo have been found. She even noticed the pawed and indented parts in the front of the mangers where the horses' front hooves were laid (Cantrell 2000: 1)[8]. Similar shallow mangers are shown on Ashurnasirpal II's reliefs in Nimrud (Yadin 1976: 251; Holladay 1986: 127) and on the wall paintings from rock-cut tombs at Amarna (N. de G. Davies 1903: pl.32; 1908: pl. 20). Although they are

8) Guillaume (2000: 215-216) still dose not agree with Cantrell's observation. She rather thinks that Cantrell's "cribbing marks" are remnants of falling stones from destruction or leveling of the later structures. Also she argued that the indentation of the lower part of the mangers is rather parts which are not well-dressed.

dating to the 4th-5th centuries CE, mangers found at Kurnub (Mampsis) are even smaller than those from Megiddo. Measurement of the largest manger from Megiddo is 1.20 × 0.60 and 0.70 m. high, with a trough of 0.90 × 0.30 m. (Lamon and Shipton 1939: 35) while the measurement of the largest mangers from Kurnub is 1.2 × 0.5m and a maximum depth is only 0.25m (Negev 1988: 102). According to Herzog (1973: 29-30), in the other side of the city gate in Tel Beer Sheba, a long narrow room (Locus 435) was found with a large quantity of ash from burnt straw. He assumes that this is "the hayloft for the anmails employed within the storehouse framework" (Herzog 1973: 30). However, we may employ this idea that this hayloft was for the horses stalled within the stables on the other side of the city gate. Also, the severe burnt layer of the grain found in the building with two long halls joined to the northern side of the pillared building at Hazor (Yadin et al.1960: 7) may indicate that these halls might be used for storage for food such as wheat and oats for horses stalled in the next building.

According to Cantrell, when the horses were feeding, the square pillars must have served as dividers between them to stop them from fighting and biting each other (Cantrell 2000: 1). She also suggested that in the modern stables columns are also used for tethering horses. (Cantrell 2000: 1).

> If they (the holes on the columns) were used for tethering, it is perhaps more conceivable that the halter rope or strap was tied to a heavy rope loop or ringbolt firmly wedged in place from the aisle side of the pillar than that the halter rope itself was threaded through the hole. Presumably a good groom would prefer not to expose a light halter rope directly to the abrasiveness of a stone column (Holladay 1986: 116).

Xenophon, a Greek military commander of the 4th century BCE, noted in his work "On Equitation", that the best stables must contain stone floors for the stalling place of horses (IV. 3; translated by Anderson 1961: 162). There should not be any more debate about the custom of a cobbled floor in the stables (Holladay 1986: 121). "Stables of this sort harden the feet even as the horses are standing still" (IV. 3; translated by Anderson 1961:162).

The question about the impracticality of the mud-plastered "water tank" in the courtyard to permeate water should not bother us either. It is known that many mud-plastered or lime-plastered installations found in this region, served for storage of water (Holladay 1986: 121-122). However, there is still the question whether this "water tank" could provide enough water for the horses in Megiddo. If there were 450 horses in Megiddo, 15-20 gallons of water are needed in a day. In addition, after exercise, more water was necessary for washing and drinking (Cantrell 2000: 2). Recently, Cantrell found in the vicinity of the stables several stone basins in secondary use which could possibly have been used as water basins (2000: 2).

Currid (1992: 54) noticed that most other public buildings in this period were approached by steps, but these buildings rather have "a gently inclined ramp (Currid 1992:54)" toward the entrance. This indicates that these pillared buildings had proper access for animals which could walk comfortably without steps. As we see in modern day, stables do not have steps.

Human labor was extensively used for the construction of public buildings and fortification systems in this time (Herr 1988: 56). Since the value of horses and chariots was high and the stables belonged to the kingdom, such huge complexes with stone workmanship which required much human labor is not surprising (Lamon and Shipton 1939: 41; Fig. 17). Thus, Herr' s argument (1988: 56) that the prophet Amos had oracles only against the luxuries of the "cows of Bashan" (Amos 4: 1) rather than the horses of Megiddo is unnecessary, since Amos might be aware of the need for such stables for the military forces of the kingdom.

From the building plan, most scholars argue that the side halls would not enable easy access for the removal of individual horses. Holladay suggested that by turning all the horses between 40 to 90 degrees and holding their position, grooms could remove other horses (1986: 123). Also, we should remember that horses in the Ancient Near East were smaller than modern horses (Drower 1969: 471-477; Littauer 1971: 24-30; Holladay 1986: 118; Borowski 1998: 105). According to horse skeletons from Hasanlu, their average height was only 137cm. As we see in Tables 1-3, while the width of the central halls (2-3.5m) varies, the width of the side halls (2.0-2.5m) is similar. This size indicates that probably the same type of "objects" was kept. The "object" could be horses for chariots and cavalry.

However, could these buildings be sufficient for the numbers of Ahab' s horses mentioned in the written texts? Based on Lamon and Shipton' s measurements (1939: 38), the width of a modern "light" horse or large pony is ca. 1.32-1.53 m. (Holladay 1986: 149) and approximately 30 horses could be stalled in each unit of Megiddo. Since there are 17 units, the total number of horses will be 510. Herr argues that if we accept that at least two horses were needed for a chariot, then the horses of Megiddo could make only 12.75 percent of Ahab' s horses for 2,000 chariots at Qarqar as written in Shalmaneser III' s inscription from Kurkh (Herr 1988: 56). His question is relevant also in connection to the other stabling centers. If we accept Na' aman' s correction (1976: 97-102) that the number of Ahab' s chariots should be 200[9], there is no problem. However, as Sargon II' s horse lists show, there were 13 skilled equestrian officers, mainly for chariots, including two from Samaria with Yahwestic names (Dalley 1985: 31-48). Dalley suggested that the word Samaria meant "a national unit under its own city name" (1985: 32). Since Samaria was the capital of the kingdom of Israel where most of these officers would have originated, we can imagine that there could have been more stable buildings there. Not only Samaria, but also several sites such as Ramat Rahel[10] and Jerusalem in the kingdom of Judah could have had similar stall buildings. In particular, the horse gate in Jerusalem is mentioned several times in the Bible (Jer. 31:40; Neh 3:28). The gate has been placed on the southestern corner of the Temple based on Jer 31: 40 (Simons 1952: 232; Bahat 1990: Dalman' s map in 31). The gate must have served as the entrance of the stables located in the royal palace compound. (Avi-Yonah 1954: 247). Unfortunately, we do not have evidence because these sites have not been systematically excavated. However, we may still conclude that there were skilled equestrian officers in the kingdom of

9) Na' aman (1976) suggested that since Ahab appears third in the list of the allies assembled for battle, he must be the third-ranking ruler and number of his horses should be third. Hadadezer, the king of Damascus had 1,200 chariots and Irhuleni, king of Hamath had 700 chariots. Thus, the 2000 chariots of Ahab should be amended to 200.

10) Several broken stone basins, similar to the mangers from Megiddo, have been unearthed in Ramat Rahel (personal communication, G. Barkay).

Israel and they could provide horses for 2,000 chariots.

It is hard to decide what the origin of this building plan is. However, as we can see from the geographical distribution and dating, that the tripartite building plan was not unique to the Israelites: Tel Abu Hawam Str. IVB was Phoenician; Tell Qasile Str. X was Philistine; Tell Hadar Str. IV and Ein Gev Str. II were Aramean. These buildings were built even during the Iron Age I. Stables were also built in Egypt during the 18th -19th dynasties in Tell el-Amarna and Qantir. The tradition of tripartite-pillared buildings as stalbles must have continued during the time of Solomon in Megiddo (G.I. Davies 1988; 1944) and during the later phases of the Iron Age Levant, and was also found in Urartu during the 8th century BCE.

Thus, it is clear that horses, which were precious animals in ancient times, must have been stalled inside closed and roofed buildings. Mostly, such buildings were located near the gates. This location would allow the horses to easily go in and out of the city. The buildings were divided into three parts by two rows of pillars; a crushed lime, paved central hall, and two stone cobbled parallel aisles. The pillars supported a roof to make a clerestory to let the light and air come inside. Sometimes, pillars were pierced to tether the horses, and mangers were placed between the pillars. Several stables, such as those of Megiddo and Lachish, are accompanied by large yards for the exercise and training of horses. During times of stress, people used these buildings for refuge. Due to the value of the horses and chariots, all the related objects must have been taken by enemies who conquered such places, leaving little, if any archaeological evidence of horse-related artifacts.

| ABBREVIATIONS |

AMI	*Archaeologische Mitteilungen aus Iran*
Ann. Ser	*Annales du Service des Antiquités l' Égypte*
BA	*Biblical Archaeology*
BAR	*Biblcal Archaeology Review*
BASOR	*Bulletin of the American Schools of Oriental Research*
EAEH	*Encyclopedia of Archaeological Excavations in the Holy Land*(M. Avi-Yonah ed., 1975. Englewood Cliffs, N.J.: Prentice-Hall)
EI	*Eretz-Israel*
ESI	*Excavations and Surveys in Israel*
HA	*Hadashot Archaeologiot*
IEJ	*Israel Exploration Journal*
IM	*Istanbuler Mitteilungen*
JNES	*Journal of Near Eastern Studies*
NEAEH	*The New Encyclopedia of Archaeological Excavations in the Holy Land*(E. Stern ed., 1993. Jerusalem: Israel Exploration Society and Carta)
PEFQSt	*Palestine Exploration Fund Quarterly Statement*
PEQ	*Palestine Exploration Quarterly*
QDAP	*Quarterly of the Department of Antiquities of Palestine*
TA	*Tel Aviv*
UF	*Ugarit-Forschungen*
ZDPV	*Zeischrift des Deutschen Palästina-vereins*

| BIBLIOGRAPHY |

Aharoni, Y. (ed.)

1973 *Beer-Sheba* I, *Excavations at Tel Beer-Sheba, 1969-1971 Seasons*. Tel Aviv: Institute of Archaeology, Tel Aviv University.

Albright, W.F

1943 *The Excavations of Tell Beit Mirsim* III: *The Iron Age*. Annual of the American Schools of Oriental Research 21-22. New Haven: American Schools of Oriental Research.

Anderson, J.

1961 *Ancient Greek Horsemanship*. Berkeley: University of California Press.

Animal Management 1908. Veterinary Department, General Staff, War Office (Great Britain, 1914 reprint of 1908 ed.).

Aston, D.A. and Pusch, E.B.

1999 The Pottery from the Royal Horse Stud and its Sratigraphy. *Ä gypten und Levante* IX: 39-76.

Avi-Yonah, M.

1954 The Walls of Nehemiah: A Minimalist View. *IEJ* 4: 239-48.

Bahat, D.

1990 *The Illustrated Atlas of Jerusalem*. Jerusalem: Carta.

Baly, C.

1935 S'baita. *PEFQSt* 1935: 171-178.

Barkay, G.

1992a The Iron Age II-III. Pp. 302-373 in *the Archaeology of Ancient*

Israel, ed. A. Ben-Tor. New Heaven and London: The Yale University Press.

Barkay, G. and Ussishkin, D.

2004 Area S: The Iron Age Strata. Pp. 411-504 in *The Renewed Archaeological Excavations at Lachish* (1973-1994), ed. D. Ussishkin. Tel Aviv: Emery and Claire Yass Publications in Archaeology.

Ben-Tor, A. and Rubiato, M.T.

1996 The Renewed Excavations of Tel Hazor, 1990-1995. *Qadmoniot* 111: 2-18 (Hebrew).

Biran, A.

1999 The *hûsôt* of Dan. EI 26: 25-29 (Hebrew).

Bliss, F.J.

1894 *A Mound of Many Cities*. London: Palestine Exploration Fund.

Borowski, O.

1998 *Every Living Thing, Daily Use of Animals in Ancient Israel*. London: Altamira Press.

Butler, H.C.

1919 *Publications of the Princeton University Archaeological Expeditions to Syria in 1904-1905 and 1909*, II: Architecture, Section A: Southern Syria. Leiden: E.J. Brill.

Cantrell, D.

2000 Horse Troughs at Megiddo? *Revelations from Megiddo* 5: 1-2.

Crowfoot, J.W.

1940 Megiddo - A Review. *PEQ* 72: 132-147.

Currid, J.

1992 Puzzling Public Buildings. *BAR* 18/1: 52-61.

Dalley, S.

1985 Foreign Chariotry and Cavalry in the Armies of Tiglath-pileser III and Sargon II. *Iraq* 47: 31-48.

Davies, G. I.

1988 Solomonic Stables at Megiddo After All? *PEQ* 120: 130-141.

1994 King Solomon's Stables still at Megiddo? *BAR* 20/1: 44-49.

Davies, N.de G.

1903 *The Rock Tombs of El Amarna*, I. London: Egypt Exploration Fund.

1908 *The Rock Tombs of El Amarna*, 6: Tombs of Parennefer, Tutu and Aÿ. London: Egypt Exploration Fund.

Drower, M.S.

1969 The Domestication of the Horse. Pp. 471-477 in The *Domestication and Exploitation of Plants and Animals*, eds. P. J. Ucko and G. W. Dimbleby. London: G. Duckworth.

Dyson, R. H.

1989 The Iron Age Architecture at Hasanlu: An Essay. *Expedition* 31: 107-127.

Elat, M.

1979 The Monarchy and the Development of Trade in Ancient Israel. Pp. 528-546 in *State and Temple Economy in the Ancient Near East*, Vol. 2, ed. E. Lipiński. Leuven: Department Orientalistiek.

Faulkner, R.

1962 *A Concise Dictionary of Middle Egyptian*. Oxford: Oxford University Press.

Finkelstein, I. and Silberman, N.

2001 *The Bible Unearthed*. New York: Touchstone.

Forbes, T. B.

1983 *Urartian Architecture*. Oxford: Bar Publications.

Fritz, V.

1977 Bestimmung und Herkunft des Pfeilerhauses in Israel. *ZDPV* 93: 30-45.

1986 Tel Kinrot 1985. *ESI* 4: 60-62.

1990 *Kinneret: Ergebnisse der Ausgrabungen auf dem Tell el-'Oreme amm See Gennesaret*. Wiesbaden: Otto Harassowitz

Fritz, V. and Kempinski, A.

1983 *Ergebnisse der Ausgrabungen auf der Hirbet el-Mšāš (Tēl Māśōś) 1972-1975*. Wiesbaden: Otto Harassowitz.

Grant, E. and Wright, G.E.

1939 *Ain Shems Excavations (Palestine)* Part V. Haverford: American Schools of Oriental Research.

Guillaume, Ph.

2000 The Galloping Stables of Megiddo. *UF* 32: 215-217.

Guy, P.L.O.

1931 *New Light from Armageddon*. Chicago: The University of Chicago Press.

Hamilton, R.W.

1935 Excavations at Tell Abu Hawam. *QDAP* 4: 1-69.

Hamza, M.

1930 Excavations of the Department of Antiquities at Qantir (Faqûs District). *Ann.* Ser. 30: 31-68.

Hayes, W.C.

1937 *Glazed Tiles from a Palace of Ramesses II at Kantir*. New York: The Metropolitan Museum of Art.

Herold, A.

1998 Piramesses-the Northern Capital: Chariots, Horses and Foreign Gods. Pp. 129-146, in *Capital Cities, Urban Planning and Spiritual Dimensions*, ed. J.G. Westenholz. Jerusalem: Bible Lands Museum.

2001 *Von Pferdestellen und Wagenteilen. Achse, Rad und Wagen:Beitraege zur Geschichte der Landfaharzeuge*, Volume 9. Wiehl: Museum Achse, Rad und Wagen.

Herr, L.G.

1988 Tripartite Pillared Buildings. *BASOR* 272: 48-67.

Herzog, Z.

1973 The Storehouses. Pp. 23-30 in *Beer-Sheba I*, ed. Y. Aharoni. Tel Aviv: Tel Aviv University, Institute of Archaeology.

Hino, H.

1994 *'En Gev Excavation*. Tenri, Japan: Department of Archaeology, Tenri University.

Holladay, J.S.

1986 The Stables of Ancient Israel. Pp. 103-165 in *the Archeaology of Jordan and Other Studies*, eds. L.T. Geraty and L.G. Herr.

Michigan: Andrews University Press.

1992 Stable, Stables. ABD VI: 178-183. *NEAEH* III: 986-989.

Kempinski, A.

1992 Tel Masos. *NEAEH* III: 986-989.

Kenyon, K.

1957 Stratified Groups and the Evidence of the Samaria Pottery and its Bearing on Finds at Other Sites. Pp. 198-209 in *Samaria-Sebaste* III, *Reports of the Work of the Joint Expedition in 1931-1935 and of the British Expedition in 1935: the Objects from Samaria*, eds. J.W. Crowfoot, G.M. Crowfoot, and K. Kenyon. London: Palestine Exploration Fund.

Kleiss, W.

1970 Ausgrabungen in der urartäischen Festung Bastam (Rusahinili) 1969. *AMI* 3: 7-66.

1972 Ausgrabungen in der urartäischen Festung Bastam (Rusahinili) 1970. *AMI* 5: 7-68.

1979 *Bastam* II, *Ausgrabungen in der urartäischen Anlagen 1977-1978.* Berlin: Gebr. Mann Verlag.

Kochavi, M.

1971 Tel Malhata, 1971. *HA* 40: 34-36 (Hebrew).

1989 The Land of Geshur Project: Regional Archaeology of the Southern Golan (1987-1988 Seasons). *IEJ* 39: 1-17.

1992a ‘En Gev, Recent Excavations. *NEAEH* II: 411-412.

1992b Tel Malhata. *NEAEH* III: 934-939.

1992c Tel Hadar. *NEAEH* II: 551-552.

1998 The Eleventh Century BCE Tripartite Pillar Building at Tel Hadar. Pp. 468-478 in *Mediterranean Peoples in Transition*, eds. S. Gitin, A. Mazar, and E. Stern. Jerusalem: Israel Exploration Society.

1999 Divided Structures Divide Scholars. *BAR* 25/3: 44-50.

Kroll, S.

1989 Chemische Analysen -Neue Evidenz für Pferdeställe in Urartu· und Palästina. *IM* 39: 329-333.

1992 Ein "Triple Road System" oder "Stallbauten" in Hasanlu IVB? *AMI* 25: 65-72.

Lamon, R.S. and Shipton, G.M.

1939 *Megiddo*, I, *Seasons of 1925-1934, Strata* I-V. Chicago: The University of Chicago Press.

Littauer, M.A.

1971 The Figured Evidence for a Small Pony in the Ancient Near East. *Iraq* 33: 24-30.

Mazar, A.

1980 *Excavations at Tell Qasile*, Part One. Qedem 12.

Mazar, B.

1964 The Philistines and the Rise of Israel and Tyre. *Proceedings of the Israel Academy of Sciences and Humanities* 1, 7: 1-22.

Na'aman, N.

1976 Two Notes on the Monolith Inscription of Shalmaneser III from Kurkh.. *TA* 3: 89-106.

Naveh, J.

1958 Khirbat al-Muqanna'-Ekron, an Archaeological Survey. *IEJ* 8/2: 87-100.

Negev, A.

1977 Kurnub. *EAEH* 3: 721-735.

1983 *Tempel, Kirchen und Zisternen: Ausgrabungen in der Wüste Negev; Die Kultur der Nabatäer*. Stuttgart: Calwer.

1988 *The Architecture of Mamsis, Final Report. Vol. I, The Middle and Late Nabatean Periods*. Qedem 26.

Peet, T. and Woolley, L. et al.

1923 *The City of Akhenaten* I. London: the Egyptian Exploration Society.

Pendlebury, J.

1951 *City of Akhenaten* III. London: the Egyptian Exploration Society.

Potratz, J.A.H.

1966 *Die Pferdeltrensen des alten Orient*. Roma: Pontificum Institutum Biblicum.

Pritchard, J.B.

1970 The Megiddo Stables: A Reassessment. Pp. 268-275 in *Near Eastern Archaeology in the Twentieth Century*, ed. J.A. Sanders. New York: Garden City.

Pusch, E.B.

1996 Pi-Ramesses-Beloved-of-Amun, Headquarters of the Chariotry, Egyptians and Hittites in the Delta Residence of the Ramessides. Pp. 126-144 in *Pelizaeus-Museum Hildesheim*, ed. A. Eggebrecht. Mainz: Ph. von Zabern.

1999 Qantir,„...Hauptquartier Deiner Streiwagentruppen..." Pp. VIII-XIX in *Streitwagentechnologie in der Ramses-Stadt - Bronze an Pferd und Wagen, Forschungen in der Ramses-Stadt* Vol. 2, ed. A. Herold. Mainz: Ph. von Zabern.

Rainey, A.F.

1971 A Front Line Report from Amurru. *UF* 3: 131-149.

Salonen, A.

1955 *Hippologia accadica*. Helsinki: Academiae Scientiarum Fennicae.

Schäffer, C.F.A.

1938 Les fouilles de Ras Shamra-Ugarit, 9e campagne (1937). *Syria* 19: 313-314.

1939 Les fouilles de Ras Shamra-Ugarit, 10e et 11e campagnes (1938-39). *Syria* 20: 277-295.

1969 *Ugaritica* VI. Paris: P. Geuthner.

Segal, A.

1983 *The Byzantine City of Shivta (Esbeita), Negev Desert, Israel.* Oxford: Bar International Series 179.

Simons, J.

1952 *Jerusalem in the Old Testament*. Leiden: E.J. Brill.

Soden von, W. (ed.)

1965-81 *Akkadisches Handwörterbuch* III. Wiesbaden: Otto Harrassowitz.

Stager, L.

1996 Ashkelon and the Archaeology of Destruction: Kislev 604 BCE. *EI* 25: 61*-74*.

Starkey, J.L.

1937 Excavations at Tell ed-Duweir. *PEQ* 69: 228-41.

Tufnell, O.

1953 *Lachish III, The Iron Age*. London, New York, Toronto: Oxford University Press.

Uphill, E.P.

1968 Pithom and Raamsses: Their Location and Significance. *JNES* 27:291-316.

Ussishkin, D.

1978 Excavations at Tell Lachish -1973-1977, Preliminary Report. *TA* 5: 1-97.

1982 *The Conquest of Lachish by Sennacherib*. Tel Aviv: Tel Aviv University/ Institute of Archaeology.

1983 Excavations at Tel Lachish 1978-1983. *TA* 10: 97-175.

1990 The Assyrian Attack on Lachish: The Archaeological Evidence from the Southwest Corner of the Site. *TA* 17: 53-86.

1992 Lachish. *NEAEH* III: 897-911.

2004 Area Pal: The Judean Palace-Fort. Pp. 768-870 in *The Renewed Archaeological Excavations at Lachish* (1973-1994), ed. D. Ussishkin. Tel Aviv: Emery and Claire Yass Publications in Archaeology.

Yadin, Y.

1960 New Light on Solomon's Megiddo. *BA* 23: 62-68.

1975 The Stables of Megiddo. *EI* 12: 57-65 (Hebrew).

1976 The Megiddo Stables. Pp. 249-252 in *Magnalia Dei. The Mighty Acts of God*, F.M. Cross, eds. W.E. Lemke, and P.D. Jr. Miller.

New York: Doubleday.

Yadin, Y., Amiran, R., Dothan, T., Dunayevsky, I., and Perrot, J.

1958 *Hazor* I. Jerusalem: The Hebrew University.

1960 *Hazor* II. Jerusalem: The Hebrew University.

Yeivin, S.

1960 *A Decade of Archaeology in Israel: 1948-1958.* Istanbul: Nederlands Historisch-Archaeologisch Instituut in Het Nabije Osten.

| Table I |

Site	Building Designation	Stratum	Date	No. Buildings	Dimensions	Hall Width Outer	Hall Width Central	Flooring Outer	Flooring Central	Pillar Type	Inter-Pillar Construction	Pillar Spacing	Entrance	Finds
Abu Hawam	33, 34, 35	IV	L 11-E 10th	1	9×11	2/1.2	2	?	?	Segments	Rubble fill	0.75 m	Central hall	Jars, Jugs, Cooking pots, flasks
Qasile	Z	V	E 10th	1	8.5×14	2/3	2	?	?	Segments?	?	1.00 m	Outer hall	?
Beth Shemesh	219	IIa	10–9th	1	13×19	2.5	3	?	?	Segments	Rubble fill	1.50 m?	Outer hall	?
Hazor	71	VIII–VII	9th	1	13.5× 20.75	2.5	3.5	Cobbled	?	Monoliths	Bins & Platforms	1.25 m	Outer hall	Jars, kraters, other pottery in bins
Megiddo	1576, 364, 403, 404, 407	IVA	9th	17	11–12× 22–26	2.4–2.5	2.4–2.5	Cobbled	Lime & dirt	Monoliths	Stone Bins	1.50 m	Central hall	Domestic pottery
Beer Sheba	222, 270, 282	II	9?–8th	3	10×18	2.5	2	Cobbled	Dirt	Drums	Fill for bins and platforms	1.10 m	Each hall	Jars, bowls, cooking pots, jugs, juglets, lamps
Lachish	1031, 1034	IV–III	9–8th	2–4	8×10+	2?	2.5?	?	?	?	?	?	?	?
Ḥesi	Walls A–P	"Fifth City"	Iron 2	3	11×15	2–2.5	2	?	?	Segments?	?	1.10 m	Central hall	?
Malhata?	Storehouse in Trench Z	4	9–7th	1	7×15	?	?	Cobbled	Dirt	Drums	?	?	?	?

Measurements of tripartite pillared buildings
(Herr: 1988: Table 1)

| Table II |

Authority	Stall Width	Stall Length[a]	Breadth of 2-row Block	Min. Door Width	Min. Door Height	Cu. m. of Air/Horse	Passageway	Height of Walls[b]	Slope	Drainage
Animal Management	1.68 m.[c]	3.35 m.	9.45 m.	1.22 m.	2.44 m.	42.5 m.^{3}	--	3.66 m.	1:60	surface
Fitzwygram	1.68 m.[c] (pref. 1.83 m.)	3.35 m.	9.15 m.	1.40 m.	2.44 m.	34.0 m.^{3}	2.74 m.[d]	3.66 m.	minimum to enable proper drainage	surface
", 'Plan E'[e]	1.83 m.	2.90 m.	7.93 m.	1.07 m.	2.13 m.	-?-[f]	2.13 m.[d]	-?-	-?-	-?-
Barton	2.44 m.	3.05 m.	--	--	--	--	--	--	1:80	surface
Gunn	1.83 m.	2.74 m.	--	1.22 m.	2.13 m.	--	2.13 m.	--	--	surface
Timmis	1.83 m.	3.66 m.	10.98 m.	--	--	--	2.43 m.[d]	--	1:80 front to rear 1:36 sides to center	surface
NRC 11065[g] Small Breeds	1.52 m.	3.05 m.	--	--	--	--	--	--	--	--
Large Breeds	1.52 m.	3.66 m.	--	--	--	--	--	--	--	--
Hope, Jackson	1.83 to 1.98 m.	3.35-3.96 m.	--	1.22 m.	--	--	1.52-2.43m.	eves 2.44 m.	--	--
Taylor[h]	3.66 m.^{2} loose boxes (3.05 m.^{2} adequate)		10.98 m.	1.07 m.	2.44 m.	68.0 m.^{3}	2.74 m.[d]	c. 2.59 m.	gentle to center	dry-wells in porous subsoil

Measurements of tripartite pillared buildings
(Holladay 1986: Fig. 5)

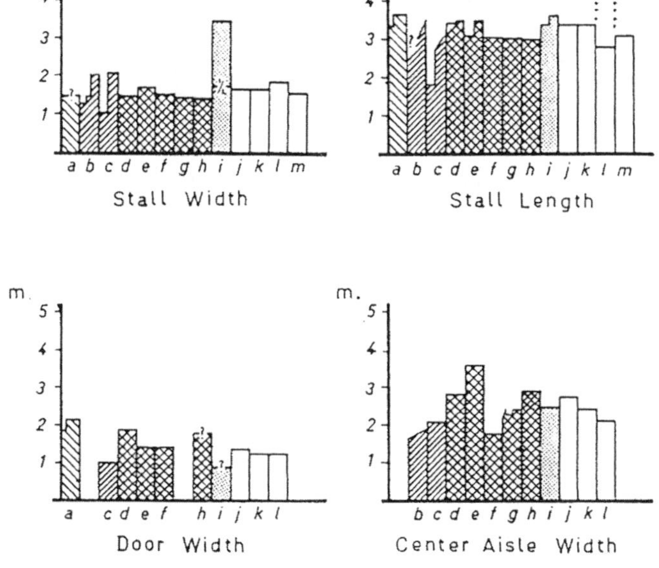

Histogram of tripartite pillared buildings; letters are indications of sites in Table II
(Holladay 1986: Fig. 5)

| Table III |

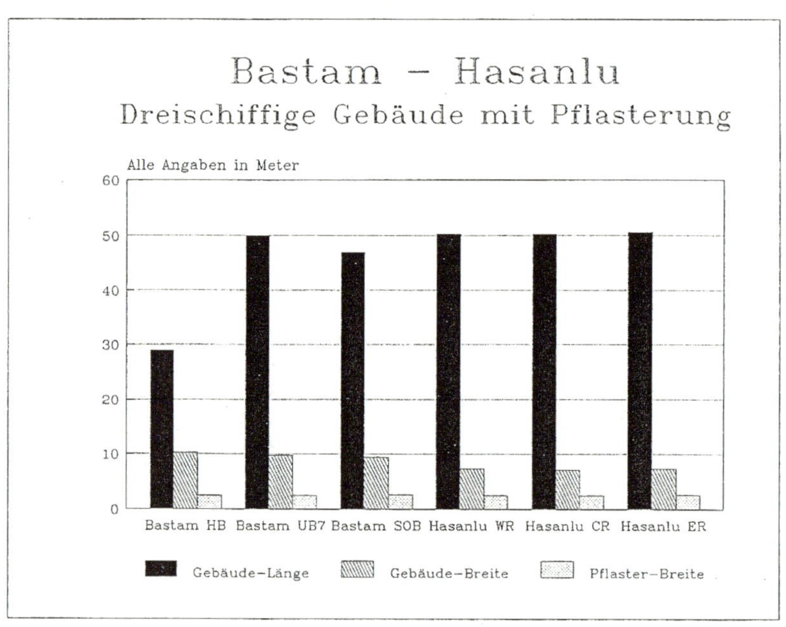

Comparison of length and width between the stable in Bastam and the "° triple structure" in Hasanlu (Kroll 1992: Abb. 4)

| Map I |

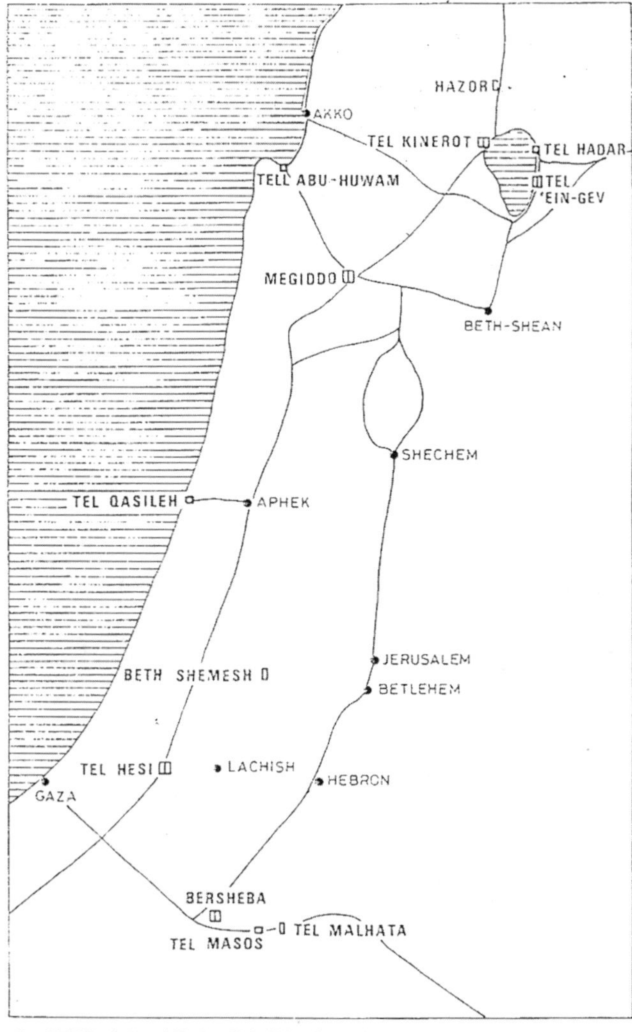

Sites at which tripartite pillared buildings were found in the Land of Israel (Kochavi 1999: Fig. 8)

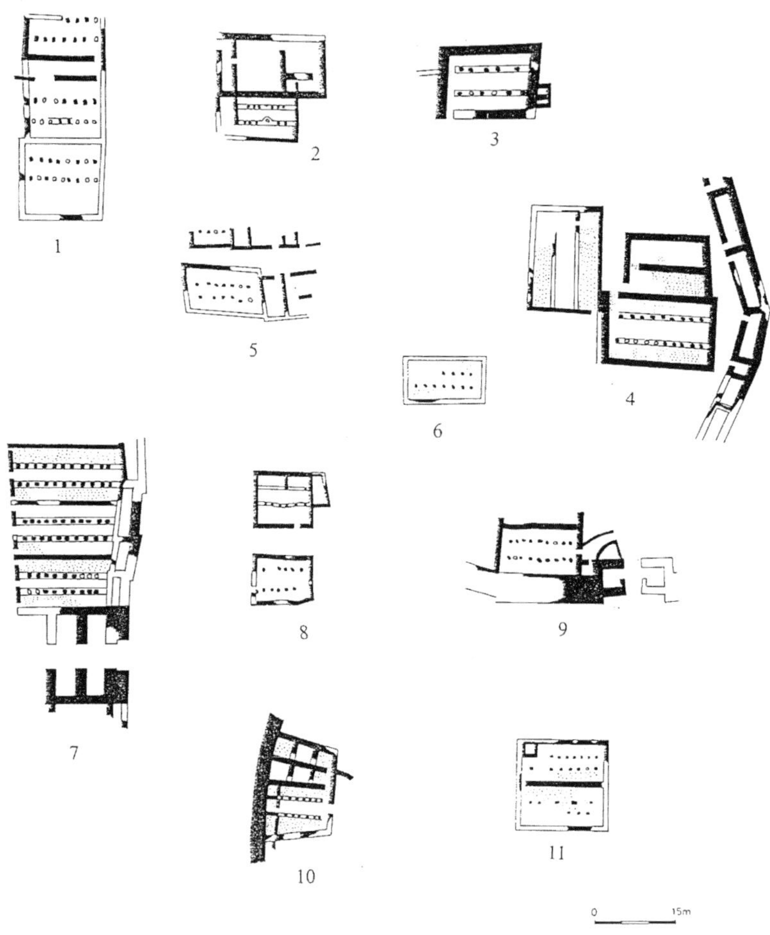

Fig. 1 Schematic Plans of tripartite pillared buildings (Kochavi 1999: Fig. 5)
1. Tel el-Hesi, 2.Tell Abu Hawam, 3. Beth-Shemesh, 4. Hazor, 5. Tel Qasile, 6. Tel Malhata, 7. Beer-Sheba, 8. Tel Masos, 9. Tel Kinneret, 10. Tel Hadar, 11. 'Ein Gev

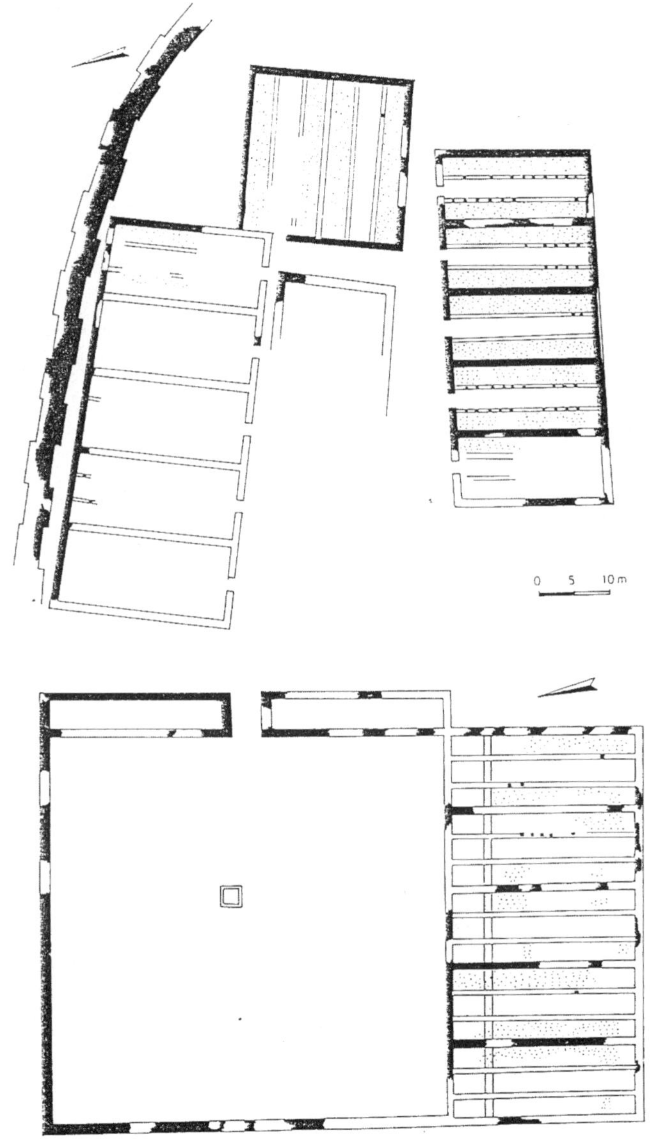

Fig.2 Schematic Plans of the tripartite pillared buildings at Megiddo
(Kochavi 1999: Fig. 6)

Fig. 3 Stone pillars with tethering holes and manger from Megiddo, exhibited in the Rockefeller Museum in Jerusalem (Currid 1992: 59)

Fig. 4 Partially restored model of a stable from Megiddo (Lamon and Shipton 1939: Fig, 53)

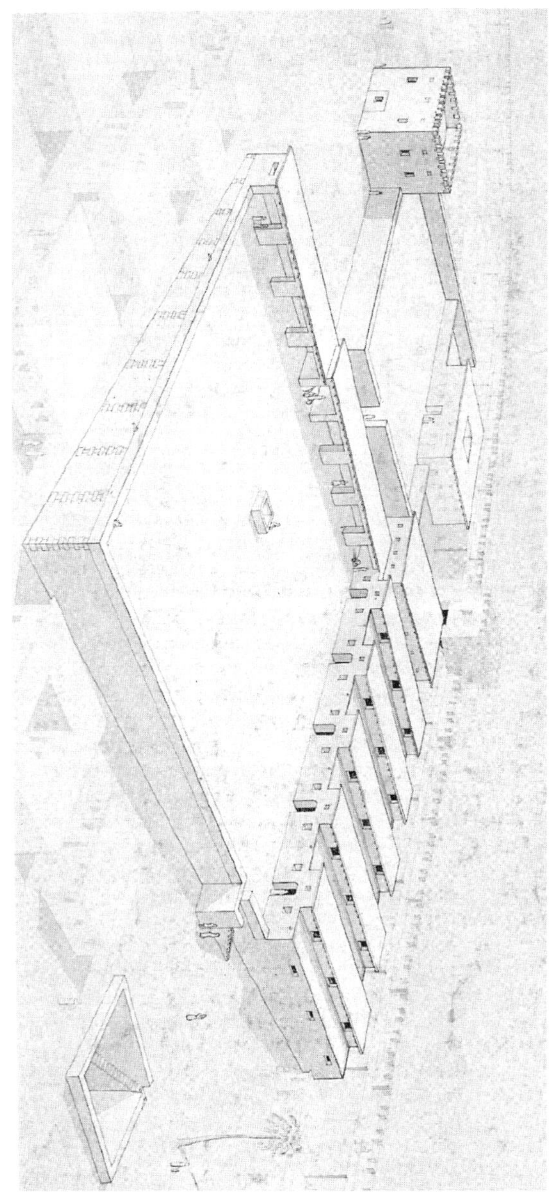

Fig. 5 Reconstruction of Str. IVA structures in Area A in Megiddo
(Lamon and Shipton 1939: Fig. 43)

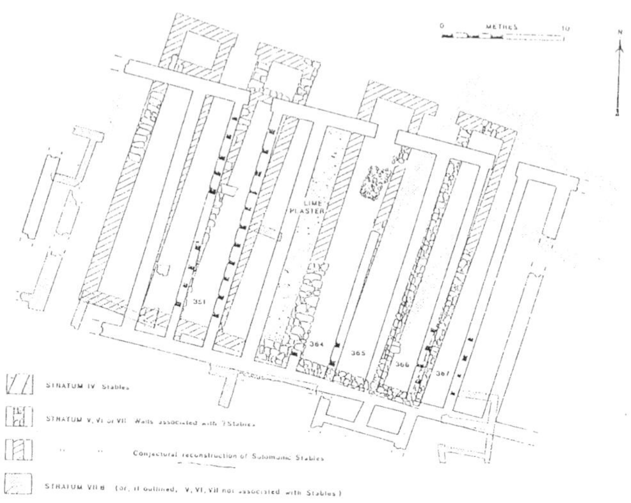

Fig. 6 Plan of part of the "northern stables"
with a reconstruction of the earlier structures
from Megiddo (Davies 1988: Fig. 1)

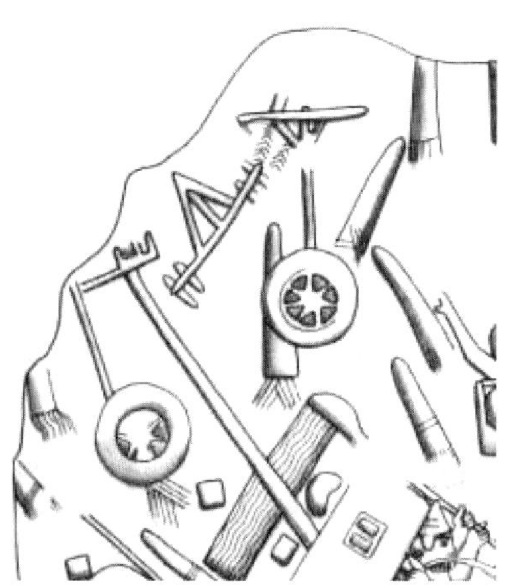

Fig. 7 Details of chariots or carts thrown from the Lachish relief
704-681 BCE, Nineveh
(Ussishkin 1982: 84, Ill. 69) London, British Museum

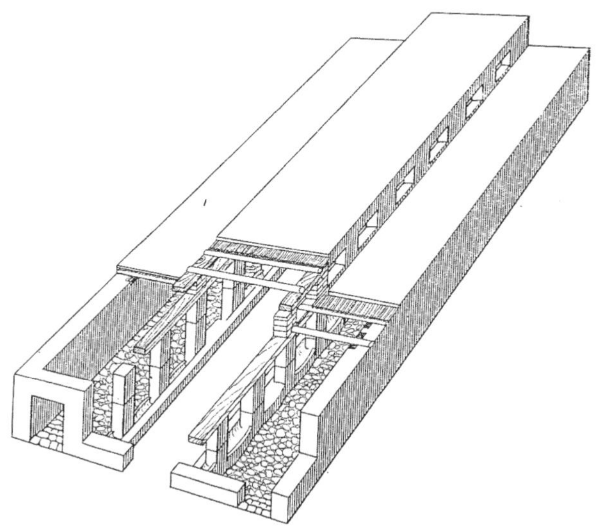

Fig. 8 Schematic reconstruction of the tripartite pillared building from Beer-Sheba (Herzog 1973: Fig. 2)

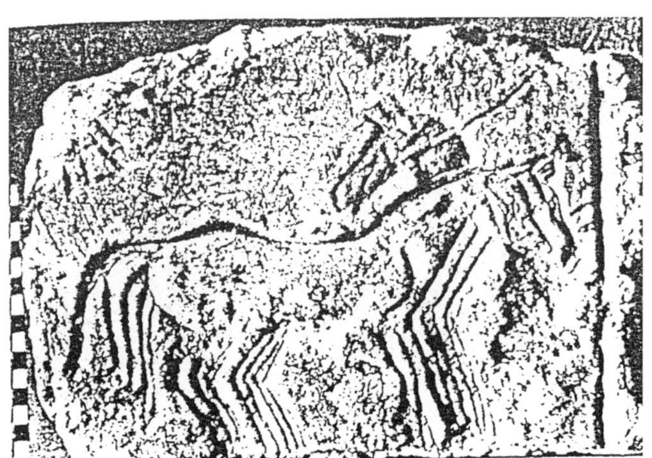

Fig. 9 Stone relief showing horses tied to a column from Tell el-Amarna, 14th century BCE (Pendlebury 1951: Pl. IX, 1) Location unknown

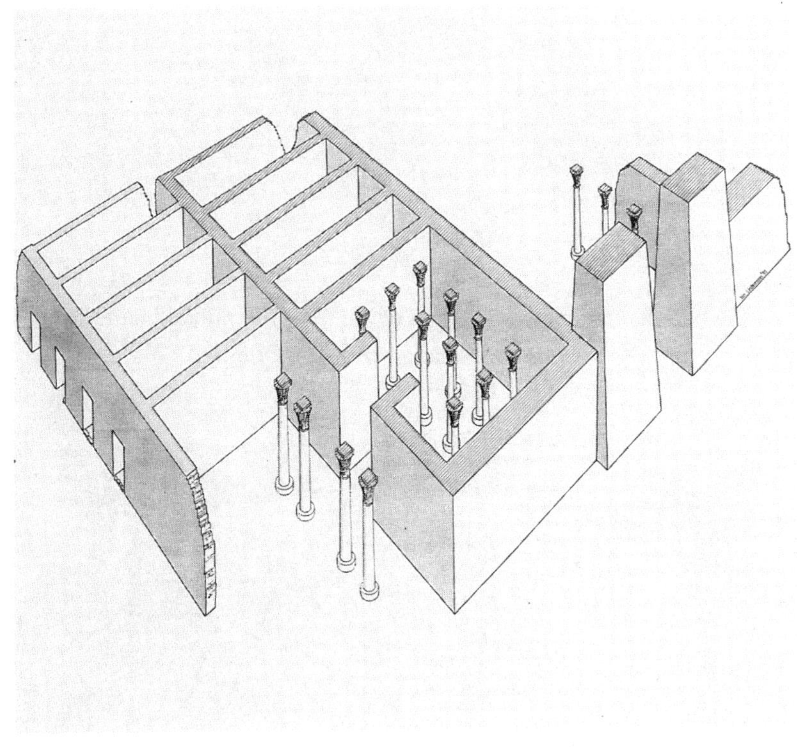

Fig. 10 Schematic reconstruction of the royal horse stable at Qantir
(Pusch 1996: Fig. 126)

Fig. 11 Octagonal pillar with an inscription from Qantir, 12th century BCE (Pusch 1996: Fig.128) Pelizaeus Museum

Q IV, FZN 87/0066: Door lintel with hindparts of horse; limestone; width: x + 35 + y cm.; height: 31.2 + x cm.; thickness: 11.5 cm.

QANTIR, FZN 94/0067: Door lintel with foreparts of a horse in front of the cartouches of Ramesses II; limestone; width: x + 47 + y cm.; height: 30 + x cm.; thickness: 14.2 cm ;

Fig. 12 Door lintels showing parts of horses from Qantir, 12th century BCE (Herold 1998: Figs 8-9) Pelizaeus Museum

Fig.13 Surface of a stable floor from Qantir (Herold 2004: Abb 14.a)

Fig.14 Reconstruction of a stable, with animal models, Qantir (Herold 2004: Abb 14.b)

Fig. 15 Reconstruction of buildings from QIV, Qantir (by the BBC) (Herold 2004: Abb 13)

Fig. 16 Reconstruction of inner part of the buildings in Fig.15 (by the BBC) (Herold 2004: Abb14.c)

Fig. 17 Masonry in northeast corner of stable unit 403, Meggido (Lamon and Shipton 1939: Fig 52)

希正 崔夢龍 敎授 停年退任論叢(Ⅰ)

21세기의 한국고고학 Ⅰ

편　저 / 최몽룡
발행인 / 최병식
발행처 / 주류성 출판사
인쇄일 / 2008년 8월 22일
발행일 / 2008년 8월 30일
등록일 / 1992년 3월 19일 제 21-325호
주　소 / 서울특별시 서초구 서초동 1308-25 강남오피스텔 1212호
T E L / 02-3481-1024(대표전화)
F A X / 02-3482-0656
HOMEPAGE / www.juluesung.co.kr
E-MAIL / juluesung@yahoo.co.kr

값 30,000원

ISBN 978-89-6246-003-2 94910
세트 978-89-6246-002-5 94910